▶ 主编简介

沈桥林，男，江西都昌人，1965年12月生，现为江西师范大学政法学院副院长、博士、教授，教育部法学教学指导委员会委员、江西省人民政府学位委员会学科评议组成员、江西省中青年学科带头人、江西省法学会常务理事、江西省法学会宪法学研究会副会长兼秘书长、中国宪法学会理事、中国法理学会理事，并兼任江西华邦律师事务所律师，南昌仲裁委员会仲裁员、江西省劳动人事争议仲裁院仲裁员。

近年主要成果有：《从世贸组织看国家主权》，法律出版社2008年版；《法治的超国家价值》，载《法学评论》；《WTO的宪法解读》，载《政治与法律》；《试论分权理论演进的三个阶段》，载《江汉论坛》；《模拟法庭实训课的组织与实施》，载《中国大学教学》；《〈中华民国临时约法〉之政体性质再探》，载《厦门大学法律评论》。

江西省法学教材系列

宪法学

主　编　沈桥林

副主编　宁立成 张扩振

▶ **撰稿人（按撰稿章节顺序）：**

沈桥林 宁立成 张晓明 张扩振 刘　国

黎晓武 朱丘祥 汤印大 程关松 冯道康

厦门大学出版社 XIAMEN UNIVERSITY PRESS 国家一级出版社 全国百佳图书出版单位

总 序

党的十八大根据全面建成小康社会的新形势和新要求，作出了“全面推进依法治国”的重大决策和战略部署。习近平同志在中央政治局就全面推进依法治国进行集体学习时强调，要坚持依法治国、依法执政、依法行政共同推进，坚持法治国家、法治政府、法治社会一体建设。江西省第十三次党代会根据建设富裕和谐秀美江西的发展战略，提出了加快推进依法治省进程的明确要求。党中央、江西省委为新时期法学研究和法学教育事业发展提出了新的要求并指明了方向。

法律的进步和法治的完善，是一项综合性、系统性的社会工程。全民法律意识、法律素质的提高，是实现全面推进依法治国战略关键的、决定性的因素。在推进法律进步和法治完善进程中，法学教育无疑处于基础的地位。江西省的法学教育自上世纪 70 年代末恢复开展以来，取得了长足的进步。时至今日，开设法学本科教育的大专院校就有二十余所，培养了大批的优秀法律专业人才。随着国家的发展、社会的进步和法治建设的深入推进，高等法学教育日益面临新的任务。这就需要全省高校各法学院（系）加强合作与交流，共同推进我省高等法学教育事业发展，以适应全社会对法律专业人才的多样化需求。要搞好法学教育，自然离不开一套好的法学教材。为了适应新形势下我省高等法学教育和民主法治实践发展的需要，提升法学本科教学和研究水平，江西省法学会组织全省高校各法学院（系）联合编写了这套适应法学本科教育，具有江西特色，符合社会主义法治理念要求的法学系列教材。

本套教材以我省高校主要法学院（系）的师资力量为依托，由具有丰富教学经验和科研能力的资深教授领衔主编，约请全省二十余所高校法学专业骨干教师联袂参编，作者权威，阵容强大。在内容和体例上，教材特别强调以学生为本，从法学本科生的知识需要出发，既注重保留传统教材的精华，又力求有所突破和创新。首先，各册教材根据巩固基础、够用好学的要求，对相应领域的法律知识进行了高度整合，形成一个逻辑严密、便以理解掌握的知识体系，帮助学生打下扎实的法律专业基础。其次，突出理论与实践的结合，在各章之前增设了“引例”，通过案例激发学生的学习动力和兴趣，切入相关知识体系，从而进一步理解抽象的法律专业知识。同时，根据当前法科学生必须通过司法考试方能取得司法从业资格的实际需要，注意了理论教育与职业教育之间的衔接，在各章之后增加了"司法考试真题链接"，帮助学生将理论知识与司法考试有机结合起来。在学术观点上，为了避免给学生学习上带来过多困惑，通篇采用了我国法学界公认的理论观点，对存有争议的部分不作深入探讨。

本套教材既是江西省各高校法学院（系）通力协作、共同努力的结果，集中体现了我省法学教学与科研的最新成果，凝聚了广大教师的心血和智慧，也是一套面向新时期、反映我省当今高等法学教育最新状况的法学教材。相信本套教材的出版，一定能够为新时期我省高等法学教育的繁荣发展发挥应有的作用。

本套教材的编写，由厦门大学出版社策划并提供大力支持，得到了中共江西省委政法委的指导。在此，谨致深切的谢意。由于水平和经验有限，错误和不当之处在所难免，敬请读者批评指正，以助日后不断修改完善。

江西省法学教材系列编委会

2013 年 3 月

前言

江西省法学会与厦门大学出版社决定共同组织江西省高校法学院(系)联合编写出版一套适合本省高校使用的法学教材。本人受命担任《宪法学》一书的主编,承蒙信任,不胜惶恐。教材乃教师授课之范本,学生进步之阶梯,大到结构体例,小到语言表达,均不得有一丝一毫的懈怠。倘若编写工作未能达到应有水准,上有负于领导的信任与厚爱,下有负于莘莘学子求学成才之期待。然,既领命,唯有尽心尽责,尽力而为。

本人从事宪法学专业工作虽多有年月,但在开始草拟编写大纲之前,还是翻阅了大量国内已有之宪法学教材,期望能够从广大前辈和同仁处吸取营养,从已有教材的字里行间找到灵感,力求让本教材既体现学界已有之定例,又反映当下最新之研究成果。

初成之际,再加检点,自认即将付梓的这本教材之特色有二:

一是编排体例上作了一些新的尝试。已有教材的体例给人印象深刻的有如下两种:一种是偏重于宪法理论,整个教材以理论阐述为主,现行宪法制度穿插于相关理论章节之中,这种教材给人的感觉就是宪法基础理论教材,宪法制度似乎被淹没于理论之中而失去了在教材中的应有分量;另一种是偏重于现行宪法制度,整个教材以现行宪法制度为基本框架,只是在教材的前面辟专章对宪法理论作简单系统的阐述,这种教材中的宪法理论分量似乎显得不足,课堂教学中也容易让学生产生厌倦,因为学生在中学阶段即对宪法有了基本的学习,对现行宪法制度亦有基本的掌握,倘若大学教学内容与中学学习的内容重复比例较大,就容易产生厌学情绪。而且,由于理论章节过于单薄,整个教材在结构上似乎也有失平衡。在教学上,这种结构布局的教材也不便于老师分配教学课时,因为,如果前面基础理论一章分配课时过少,则不利于学生对宪法理论的掌握,如果前面基础理论一章分配课时过多,学生就会认为老师的教学缺少统筹安排,前面讲得过慢、过细,后面则轻描淡写、一带而过,似乎老师上课是跟着感觉走,讲到哪算哪,到学期快结束时便拼命赶进度。本教材尝试把宪法理论与宪法制度各自成编,以照顾二者之间的平衡。同时,考虑到公民基本权利和义务的重要性,且既不是单纯的理论,又不是单纯的制度,故独立成编,置于理论编和制度编之间。当然,基本权利和义务的内容在本书中写得还是比较简单，之所以如此安排，主要是考虑到教学课时数的原因。根据培养方案，本科生的宪法课时数大多为54个课时，在这54个课时中，要将基本权利的理论展开，同时分门别类地介绍各项基本权利，几乎不大可能。而且，宪法课大多安排在大学第一学期，对刚进大学校门的学生而言，过于详细深入的理论，可能让他们难以消化理解。我们认为，教材还是以照顾到大多数学生的情况为好，对于部分悟性较高的学生，可以通过引导他们多看课外书，达到较为理想的教学效果。

二是加入了国家制度的内容，并将国家制度独立成章，单独拿出来作了比较系统的阐述，这在以往的教材中还不多见。写作过程中，相关制度阐述注重吸收了党的十八大报告精神，力求将最新成果反映到教材之中。

本书各章写作分工如下：

沈桥林（江西师范大学政法学院副院长、教授、博士）：第1章。

宁立成（南昌大学法学院副教授、博士）：第2、7章。

张晓明（九江学院政法学院副教授、博士）：第3、4章。

张扩振（江西师范大学政法学院副教授、博士）：第5章。

刘国（江西财经大学法学院副教授、博士）：第6章。

黎晓武（南昌大学法学院教授、博士）：第8、9章。

朱丘祥（江西财经大学法学院副教授、博士）：第10、11章。

汤印大（南昌大学科技学院讲师、硕士）：绪论、第12章。

程关松（江西省社科院法学研究所所长、研究员、博士）：第13章。

冯道康（江西警察学院副教授、博士）：第14、15章。

全书由主编统稿。

必须说明的是，本书的写作，借鉴吸收了不少专家学者的研究成果，当然也论及了作者自己的一些学习体会，包含了作者的辛勤劳动。同时，本书的出版，得到了江西省法学会和厦门大学出版社的大力支持，特别是本书的责任编辑，更是不辞辛苦，做了大量具体细致的工作，在此一并致以诚挚的谢意！

由于我们水平有限，学识粗浅，加之时间仓促，书中错漏之处难免，诚望广大同仁批评指正！

沈桥林

2013年2月3日

目录

中编 公民基本权利和义务

下编 宪法基本制度

绪 论

一、宪法学的研究对象与研究范围

(一)宪法学的研究对象

宪法学是以宪法和宪法现象及其发展规律为研究对象的法律科学,是法学的一个重要分支学科。

在我国宪法学界,自20世纪50年代至今,对宪法学的研究对象众说纷纭,代表性观点主要有以下几种:一是认为宪法学是以宪法为主要研究对象的一门法律科学。二是认为宪法学是一门研究宪法现象的具有实践价值的理论体系,同时它是一种未来指向性的、具有预测功能的知识体系。三是认为宪法科学应当主要研究宪法的产生和发展规律,宪法的本质、特征、形式和作用,宪法的制定和实施,宪法的解释、修改和监督,以及各种宪法规范和思想现象等方面的宪法关系。四是认为宪法学研究就是从静态和动态结合的角度对"立宪—行宪—护宪"问题的全方位研究,这就是宪法学的研究对象。五是认为宪法学是以宪法规范为主要研究对象的一门法律科学,我国的宪法规范集中地表现在宪法典上。但是作为宪法学研究对象的宪法是作为法的一个部门的宪法,它的范围除宪法典之外,还包括国家机关的组织法,代表机关的选举法,以及其他的宪法性法律。六是认为宪法学研究的对象应从宪法的实质内容着眼,举凡一国宪法,莫不规定根本的国家制度,社会经济制度,公民的基本权利和义务,国家机关及其组织与活动原则等内容。七是认为宪法学的研究对象是国家。具体而言,宪法学是研究国家的根本法,国家的性质,国家的政体,国家机构以及公民的基本权利和义务的一门学科。八是认为宪法学总的来说是以宪法为其研究对象的,宪法学是研究宪法及其发展规律的科学。具体可分为宪法理论与宪法规范。

从上述列举的观点可以看出,虽然学者们的表述互有差异,但是大致可以归为两类:一类是从列举宪法规定的角度,阐述宪法学的研究对象;另一类则是从综合概括的角度,阐述宪法学的研究对象。

我们认为,宪法学就是研究宪法现象及其发展规律的法律科学。首先,宪法现象是一个复合的、概括的概念。它涵盖了宪法学研究所要涉及的各个方面,不仅包括了书面的宪法(静态的宪法),即宪法典和其他宪法性文件;而且包括现实的宪法(动态的宪法),即宪法规范的实施状态。在实践中,选举人民代表的活动、国家元首颁布戒严令的行为、公民基本权利的实现和保障等,都是宪法现象的具体表现形式;从理论上说,宪法的产生和发展、宪法规范的确立、宪法关系的形成和调整、违宪行为的发生及追究等,都属于宪法现象的范畴。将研究对象确定为"国家制度和社会制度的基本原则",或"宪法",往往使人们误以为只是研究书面的宪法、静态的宪法。其次,宪法学研究宪法现象,不是就现象看现象,它的主要任务在于揭示宪法现象的本质及其发展规律，从而更好地实现宪法对社会关系的调整。

按照马克思主义的观点，世界上任何事物都不是静止不变的，而是作为一个过程存在的，都有它的产生、发展和消亡的规律。宪法和宪法现象同任何其他事物一样，也有其因果变化、运动轨迹和发展规律。因此，当宪法学以宪法和宪法现象为研究对象时，也就理所当然地应该以宪法和宪法现象的发展规律为研究对象。

（二）宪法学的研究范围

研究范围，即对象所涉及的具体内容和界限。研究范围与研究对象是两个既有联系又有区别的概念。就两者的联系来说，研究的范围不能脱离研究的对象而随意确定，如研究发展规律就不能脱离宪法发展史的范围；从两者的区别来讲，由于同一研究对象可以从不同的侧面进行研究，因而研究范围是研究对象的具体表现，所以，我们应把研究范围与研究对象区别开来，以防混同。

由此看来，尽管在宪法学研究对象与研究范围的相互关系上，宪法学者存在着诸多观点，但一般都承认研究对象与研究范围是一种内容与形式的关系。如果说宪法学研究的对象主要体现在宪法的实质内容上，那么宪法学研究的范围，则是指宪法学研究对象赖以存在的法律形式。因此，宪法学的研究范围是指具体的宪法形式，包括不同时期不同国家的各种宪法、宪法性法律、宪法惯例、宪法判例等。

通常情况下，宪法学的研究范围，具体包括三个方面的内容：

1. 宪法的基本理论。包括，宪法的概念、历史发展、分类、基本原则、作用以及宪法解释等。对宪法的基本理论进行研究，有助于深刻理解宪法并指导本学科的发展。

2. 现行宪法的基本内容和精神。包括现行宪法所确立的国家制度和社会制度的基本原则、公民的基本权利和义务等。更重要的是从宪法的规定中把握宪法的内在精神。

3. 宪法的实施和保障。也就是探寻宪法规范的实现和保障制度。

二、宪法学的主要特点与学科体系

（一）宪法学的主要特点

由于宪法是国家的根本大法，因而宪法学在整个法学体系中处于重要的地位，即基础和根本地位，其学科特点主要表现为以下几个方面：

1. 宪法学是基础理论学科。这是由宪法的根本法性质决定的，因而在学习时，一要注重理论，二要注重宪法学与其他法学学科的联系。

2. 宪法学具有很强的政治性、政策性。任何一部宪法无非是由国家权力的正确行使和公民权利的有效保障两大方面组成。说到底，宪法就是通过根本大法的形式，规范国家权力，从而保障公民权利。因而在某种意义上，宪法学可称为治国安邦之学，也可称为国家政治之学，所以我们说宪法具有很强的政治性、政策性。为此，在学习中，一是不能脱离国家的政治条件、政治状况和特定阶级的政治愿望、政治利益，二是不能脱离统治阶段的相关政策。

3. 宪法学研究的是国家最根本最重要的问题。宪法规定了国家最根本、最重要的问题。因此,宪法学必然研究的是国家最根本、最重要的问题。所以在学习时必须从国家的根本利益出发,从宏观的角度去分析和理解问题,如政体的研究和学习就必须结合人民和历史的选择的人民代表大会制度。

4. 宪法的涉及面很广。作为国家的总章程,宪法规范必然涉及国家生活的各个方面,包括政治、经济、文化、社会、科技教育等,这一特点决定了我们在学习时必须扩大知识面,包括政治学、经济学、历史学等。

(二)宪法学的学科体系

对于宪法学的学科体系,目前虽然学者的认识不一,但大多数人的看法是,宪法学主要包括以下十个分支学科:宪法学原理、中国宪法学、外国宪法学、比较宪法学、宪法思想史、宪政制度史、宪法社会学、宪法经济学、宪法政治学、宪法解释学。

三、宪法学的历史发展

(一)宪法学在世界范围内的历史发展

宪法学作为法学体系的一部分,其产生和发展也经历了一个漫长的历史过程。从历史和文化的角度看宪法学的产生和发展经历了三个时期。

1. 萌芽时期

近代意义的宪法是资产阶级革命的产物,但从思想渊源来说,宪法思想早就存在着。也就是说,古希腊、罗马时代,虽没有近代意义的立宪活动,但已存在着宪法思想,因此,从古希腊、罗马到封建社会末期是宪法学的萌芽时期。其代表人物有:柏拉图、亚里士多德、西塞罗、乌尔比安、福德斯库、博丹和科克等。其宪法思想体现在四个方面:(1)关于政体问题。许多人从不同角度,论述了政体的含义、政体的优劣、政体的划分、政体的变更、政体的建立以及国家等问题。当时已提出了理想的政体是君主共和制,其构成要件是:普通的选举制度、最高的权力机关是元老院、行政首脑是最高执行官、国家设立监察官、具备完善的司法制度等。还提出依主权归属而划分的君主制、贵族制、民主制三种政体形式。代表人物有柏拉图、亚里士多德、西塞罗、博丹。(2)关于法治问题。在无法实现哲学王之治的前提下提出法治(柏拉图),提倡法治,反对人治,论述了法治的含义(亚里士多德),提出不允许任何人享有法律以外的特权、在法律面前应当平等(西塞罗)等观点。(3)关于基本法问题。亚里士多德将法律分为基本法与非基本法,他认为基本法就是宪法,一般法律必须以宪法为依据,必须从属于宪法政体,也必须依宪法而定;古罗马法学家乌尔比安首创了把法律分为公法和私法的分类方法,"公法是与国家组织有关的法律"。(4)关于国家主权问题。博丹第一个论述了国家主权问题包括国家主权的不可转让性、最高性等。

总之,从近代宪法和宪法学中,我们都能找到上述宪法思想的影子,比如民主共和政体、法治国家、基本法思想等。因此这一时期思想家的这一些认识,无疑具有宪法学思想渊源上的意义。

2. 创立时期

随着资本主义的建立，特别是资产阶级革命胜利后，近代宪法的颁布实施，宪法学也开始进入初创阶段，并随着资产阶级宪政运动的不断推进而日益完善，进而建立了完整的宪法学。因此，从资本主义形成到 19 世纪末是宪法学的创立时期（即从零碎的宪法思想发展成为理论体系）。代表人物有格劳秀斯、霍布斯、洛克、孟德斯鸠、霍尔巴赫、黑格尔、杰弗逊、马歇尔、戴雪等。涉及的相关问题和贡献主要是："天赋人权"问题，"社会契约"问题，"人民主权"问题，"分权"问题以及"政治法"等问题。

3. 发展时期

就世界范围而言，20 世纪宪法学处于繁荣和发展时期，特别是社会主义宪法和民族主义国家宪法的出现，使宪法学的发展呈现出丰富性的特点，但在不同的国家有不同的表现。(1)在德国，宪法学的发展最突出地表现在涌现出许多不同的学派，如围绕宪法本质问题的纯粹法学和政治宪法派；围绕宪法学基本原理，出现了规范主义宪法观，决断主义宪法观和综合过程论宪法观三大派别。(2)在法国，出现了狄骥和马尔佩两个 20 世纪最著名的宪法学家，出版了一系列专著，狄骥创立了法国社会连带主义宪法学理论；马尔佩变革了早期资本主义的宪法理论，对宪法的一些基本原则和观念重新作了分析。(3)在英国，宪法学的发展一是主要围绕坚持、补充、批判戴雪的宪法学理论而展开，即扩大宪法限制权力的范围并进一步发展了有关宪法惯例的理论，其代表是詹宁斯的《法与宪法》；二是对一些重要课题进行研究，如英国宪法的渊源、宪法的概念、文官制度、法的统治等。(4)在美国，宪法学的发展体现在：一是第 16 条至第 27 条宪法修正案的颁布，为宪法学的研究提供了素材，二是出现了一大批青年宪法学家和相关论著，如霍尔姆斯的《普通法》、卡尔顿的《司法程序的性质》等就代表了宪法学研究的水平。(5)在日本，宪法学的发展体现在两个对立学派的出现：民主主义宪法代表人美浓部达吉和保守宪法学代表人穗积八束；以及两种宪法的产生：以相对主义思想为基础的宪法学（宫泽俊一）和马克思主义宪法学（铃木安藏）。

（二）我国宪法学的产生和发展

1. 萌芽时期

19 世纪末到 20 世纪初是宪法学在中国的萌芽时期。此时主要是考察学习，尤以日本为主，人们对宪法方面的一些问题有了理性的认识，如民主、宪法、共和、议会等并形成了一种理论体系。1893 年郑观应在《盛世危言》中首先提出实行立宪政治。1840 年林则徐的《四洲志》与魏源的《海国图志》首先介绍了西方的议会制度。19 世纪下半叶，改良派代表人物如康有为、梁启超介绍了西方政体，并提出了关于改革中国政体的意见。端方的《日本宪政疏政》等为清末立宪提供了宪法理论基础并首先使用"宪法"一词，即现代含义的宪法。王鸿年 1902 年的《宪法法理要义》是中国人最早的宪法学著作。在这一时期中国人最初接触的西方宪法学学说主要是日本宪法学，因此，日本宪法学在中国早期宪法理论发展过程中具有非常重要的影响，如从 1902 年开始共翻译日本宪法学著作二三十部。

2. 形成时期

1911—1930 年为形成时期。这时已经有了初步的宪法学知识体系，出现了中国历史上第一部具有资产阶级民主共和国性质的宪法——《中华民国临时约法》(1912 年 3 月)。孙中山先生五权宪法思想的提出,也是中国特色宪法思想形成的标志。此外,宪法学教育也开始在中国得到发展,钟赓言的《宪法讲义》(1919 年)是较早的宪法学讲义,最早用于朝阳大学。这一时期还出现了宪法学研究的组织,如 1922 年北京宪法学会等。而且对外国宪法的研究也已经从日本扩大到了欧美国家。

3. 发展时期

1930—1949 年为发展时期。其发展主要表现在:第一,宪法学教育得到了进一步发展,许多大学专门开设了宪法课程;第二,比较宪法的理论研究有了进展,出版了一些专著,如 1935 年王世杰、钱端升的《比较宪法》等;第三,宪法学专题研究的开展——如五权宪法理论,相关著作有 20 余部,再如 1940 年铁怀的《妇女宪政问题读本》、伍启元的《宪政与经济》、潘公展的《宪法与教育》等;第四,新民主主义宪法理论的产生,如《中华苏维埃共和国宪法大纲》;第五,对苏联宪法理论的研究为中国马克思主义宪法学的产生奠定了基础,张友渔、潘大逵、费孝通等学者对宪法与宪政问题的研究标志着马克思主义宪法学在中国的形成。

4. 新中国宪法学时期

1949 年至今为新中国宪法学时期。新中国宪法学的发展又可以分为以下几个阶段:第一,初创阶段,时间跨度为 1949—1957 年。共同纲领和 1954 年宪法的制定为宪法学的研究和发展提供了有利条件,开始依据理论探讨问题,试图建立理论体系,其表现是发表了大量文章,初步建立了宪法学课程体系,其中苏联宪法学产生了广泛的影响。第二,曲折发展阶段,时间跨度为 1957—1965 年。由于人治思想和法律虚无主义思想的影响,宪法学失去了社会基础且政治性色彩浓厚,科学性和学术性相对不足,宪法研究成果主要是宣传性和注释性内容。第三,停滞阶段,时间跨度为 1966—1976 年。由于宪法的名存实亡,宪法学的研究失去了条件和环境。第四,恢复和发展阶段,时间跨度为 1978 年至今。尤其是 82 宪法的制定与实施使宪法研究更加广泛和深入,形成了现实性、开放性的宪法学理论体系,主要体现在队伍、机构壮大完善,教育体系、课程体系形成,研究方法科学,理论深度增加,实践应用、经济分析深入,各方面的研究成果大量出现。

四、学习宪法学的意义和方法

(一)学习宪法学的意义

宪法是国家的根本大法,宪法学是法学体系中的基础理论学科。因此,学习和研究宪法具有极为重要的意义。

1. 为其他法律专业课程的学习奠定基础。因为其他法律是依据宪法而制定的,有的条款还是从宪法中直接派生出来的,因此通过学习宪法可以掌握国家的根本制度和政策方针,有助于了解法律的精神实质,促进法律的完善。

2. 有助于推进改革开放和民主政治的发展,建设法治国家。现行宪法是改革开放的产物,又是改革开放的体现,因此有助于保障改革开放事业的健康发展,而改革开放呼唤民主政治和法制建设的加强。

3. 有助于形成宏观思维习惯。由于宪法是从宏观的角度、全局的角度规定国家生活中最根本、最重要的问题，因而势必促使学习和研究宪法者逐渐形成宏观思维的习惯，这样不仅会开阔人们的视野，拓展人们的思路，而且会促使人们在分析和解决问题时，既能够立足根本、高瞻远瞩，又能紧紧把握构成整体各部分之间的密切联系。

（二）学习宪法学的基本方法

1. 了解宪法学的课程体系，把握宪法学的整体框架结构和宪法的精神实质，如公民基本权利保障与限制问题。

2. 注重比较。宪法学的内容涉及面较广，如果将许多问题进行比较，可以看出其中的区别与联系，便于理解和记忆。例如戒严权问题，我们将全国人大常委会有"决定全国或者个别省、自治区、直辖市的戒严"的权力与国务院有"决定省、自治区、直辖市的范围内部分地区的戒严"的权力进行比较，就能更清楚地了解我国宪法在戒严权方面的具体授权规定，同时，还要进行不同宪法典、不同教材、不同历史时期的比较。

3. 理论与现实相结合，提高学习效果。如在学习第九章我国公民的基本权利和义务时，可以联系 1982 宪法条文加深理解。

4. 归纳整理教材的有关重要概念和理论内容，把握整个理论体系，使之系统化。其中，理论内容关键在于那些论述条理清晰、宪法理论较强的内容。

上编

宪法基础理论

第一章 宪法及其历史

宪法是一样先于政府的东西，而政府只是宪法的产物，一国的宪法不是政府的决议，而是建立起政府的人民的决议……宪法对政府的关系犹如政府后来制定的各项法律对法院的关系，法院并不制定法律，也不能更改法律，他只能按已制定的法律办事，政府也以同样的方式受宪法的约束。

——潘恩

第一节 宪法的概念

一、宪法一词的中文含义

宪法一词，古已有之。在中国古代的典籍中，曾出现过“宪”“宪法”“宪令”“宪章”等词语。虽然在运用过程中，它们之间的含义也存在差别，但大致说来，这些概念的含义可以分为三种情况：一是指一般的法律、法度，或曰国家、社会生活的根本准则。这是宪法学者关注最多也引用最多的一种。如《尚书·说命》中的“监于先王成宪”，《国语·晋语》中的“赏善罚奸，国之宪法”，《管子·七法》中的“有一体之治，故能出号令，明宪法矣”等等。二是指适用于政治领域、优于普通法律的基本法。如《墨子·非命上》中的“先王之书，所以出国家、布施百姓者，宪也……是故古之圣王，发宪出令，设以为赏罚以劝贤沮暴”。再如《管子·立政》中的“正月之朔，百吏在朝，君乃出令布宪于国。宪既布，有不行宪者，谓之不从令，罪死不赦”，《韩非子·宪法》中的“法者，宪令著于官府，刑罚必于民心”等等。三是指颁布法律、效法、实施法律。如《周礼·秋官·小司寇》中的“宪，刑禁”，汉郑玄注曰“宪表也，谓悬之也”；《中庸》中的“祖述尧舜，宪章文武”等等。

在中国，近现代意义上的宪法是晚清时期开始从西方引进的。宪法概念在这个时期传入中国，与当时国人的富国强兵之梦紧密相连。在当时的历史背景下，国人引进西方宪政就是希望能够效仿他们，借此让中国走向繁荣富强。

二、宪法一词的外文含义

在古代西方，“宪法”一词也是在多重意义上使用：一是指有关规定城邦组织与权限方面的法律。古希腊思想家亚里士多德曾在《政治学》一书中，对158个城邦的政制进行了考察研究，并根据法律的调整范围、作用及性质将城邦的法律分为宪法和普通法律。他指出：“政体（宪法）为城邦一切政治组织的依据，其中尤其着重于政治所由以决定的‘最高治权'组织。"[①]"法律实际是,也应该是根据政体(宪法)来制定的,当然不能叫政体来适应法律。"[②]而"政体可以说是一个城邦的职能组织,由以确定最高统治机构和政权的安排,也由以订立城邦及其全体各分子所企求的目的"。[③] 在这里,亚里士多德将宪法与政体两个概念等同。二是指皇帝的诏书、谕旨,以区别于市民会议制定的普通法规。在古罗马的立法和法学著作中,曾经常出现宪法或宪令这样的词语,古罗马皇帝查士丁尼的《法学总论》一书,仅在序言中就多处使用"宪令"一词。三是指有关确认教会、封建主以及城市行会势力的特权,以及它们与国王等的相互关系的法律。例如,1164 年,英王亨利二世颁布的规定英王与教士关系的《克拉朗敦宪法》(*The Constitution of Clarendon*),1215 年英王约翰颁布的规定英王与英国贵族、诸侯与僧侣关系的《大宪章》(*Magna Carta*)等等。当然,这里已经蕴含了近现代宪法的含义。

在罗马帝国的拉丁语中,该词是指代国王立法行为的专门用语。教会从罗马法中借用该词,以指代整个教团或某特定教区的教规。由教会始,或许是从罗马法本身始,到中世纪后期,该词已适用于当时的世俗立法。[④] 此一时期,宪法一词经常被用于意指一个特定的政府立法,以区别于古代习惯。

第一个在现代意义上使用宪法一词的是豪尔主教(Bishop Hall),他在 1616 年曾用过这样一个短语,即"以色列共和国的宪法"。在此,他用宪法一词指代国家的整个法律框架。[⑤] 也许是从此以后,宪法就被人们与主权国家一一对应,并留传下来了。

三、通常意义上的宪法概念

人们通常所说的宪法,都是指近现代意义的宪法。这种意义的宪法产生于封建社会后期,形成于资产阶级革命时期,是伴随反对封建专制和建立资产阶级民主制度的过程而产生的。

资产阶级革命成功之后,通常都会制定一部成文法典,以此来奠定国家的基本框架,决定国家机构的设置,进而限制国家权力、规范权力的行使,并保障公民的基本权利。这样一部法典因其决定的都是国家的大政方针,是国家的根本制度,显然不同于其他普通法律,其地位和效力必然要居于其他普通法律之上,于是人们就用"宪法"这一概念来定义它,将这样一种法律称为宪法。近代以来,绝大多数国家都制定了这样一部成文的宪法。当然,也有些国家并没有统一的宪法典,如英国宪法,就是由一系列宪法性法律,包括宪法惯例和判例组成。在英国,宪法性法律与普通法律在形式上是一样的,也没有特别的制定和修改程序。英国资产阶级革命过程中,伴随革命的进程,议会制定了一系列限制国王权力、保障公民权利的法律,这些法律在精神上是与宪法精神一致的,甚至是奠定了宪法精神的基础。正因为如此,尽管英国没有统一的成文宪法典,但人们却称英国为宪法的发源地。

---

① [古希腊]亚里士多德:《政治学》,吴寿彭译,商务印书馆 1983 年版,第 129 页。
② [古希腊]亚里士多德:《政治学》,吴寿彭译,商务印书馆 1983 年版,第 178 页。
③ [古希腊]亚里士多德:《政治学》,吴寿彭译,商务印书馆 1983 年版,第 178 页。
④ [美]C. H. 麦基文:《宪政古今》,翟小波译,贵州人民出版社 2004 年版,第 19 页。
⑤ [美]C. H. 麦基文:《宪政古今》,翟小波译,贵州人民出版社 2004 年版,第 20~21 页。

无产阶级革命胜利后,社会主义国家也大都制定了这样一部法律,用来建立和巩固国家政权,维护社会主义民主法治。与资本主义国家宪法不同的是,社会主义国家的宪法往往公开承认社会主义国家是无产阶级专政的国家,后来发展为人民民主专政。而资本主义国家宪法往往不敢公开承认资产阶级专政,而是虚伪笼统地承认人民主权。

这种意义上的宪法就是通常人们所说的作为国家根本大法的宪法。现代社会,绝大多数国家都有这样一部根本大法,以此来规范国家政治、经济、文化、社会等基本层面,保证国家法规范和法秩序的统一。毛泽东同志曾说,一个团体要有一个章程,一个国家也要有一个章程,宪法就是这样一个治国安邦的总章程。毛泽东同志还说,世界上历来的宪法,无论是英国、法国、美国或者苏联,都是在革命成功有了民主事实以后,颁布一个根本大法,并承认它,这就是宪法。

为了奠定宪法的根本法或高级法地位,不少国家的宪法都明确宣称本法的地位和效力高于普通法律。例如:《美国宪法》第 6 条规定,本宪法和依本宪法制定的合众国法律,以及根据合众国的权力已经缔结或将要缔结的一切条约,都是全国的最高法律。任何州的法官都应受其约束,即便州宪法和法律中有与此相反的规定。日本 1946 年《宪法》第 98 条规定,本宪法为国家的最高法律,与本宪法条款相违反的法律、命令、诏敕以及有关国务的其他行为的全部或一部,一律无效。格鲁吉亚 1995 年《宪法》第 6 条规定,格鲁吉亚宪法是国家的基本法,所有其他法律文件都应符合宪法。

我国现行宪法更是具体、明确地规定了宪法的根本大法地位和最高法律效力。现行《宪法》不仅在"序言"的最后一段明确规定,本宪法以法律的形式确认了中国各族人民奋斗的结果,规定了国家的根本制度和根本任务,是国家的根本法,具有最高法律效力。而且,在《宪法》"总纲"部分,第 5 条又结合我国国情,对宪法的最高法律效力作了具体表述,规定,一切法律、行政法规和地方性法规都不得同宪法相抵触;一切国家机关和武装力量、各政党和各社会团体、各企业事业组织都必须遵守宪法和法律;一切违反宪法和法律的行为,必须予以追究;任何组织和个人都不得有超越宪法和法律的特权。

四、部门法意义上的宪法

日常生活中,人们通常说到宪法,都是指国家根本大法这样一部法典,但在宪法学习和研究工作中,仅仅包括这样一部法典是显然不够的。

在法学学习和研究工作中,为了方便起见,人们一般都会根据法律的调整对象和调整方法的不同,将国家法律体系划分为若干不同的法律部门,如刑法、民法、诉讼法,等等。无论从调整对象还是调整方法来看,宪法和其他部门法都有很大不同,因此,在法学研究中,宪法必然被当作一个独立的、无可替代的法律部门。

从部门法意义上说,宪法是指所有调整国家与公民关系的法律规范的总和,既包括前文所说的宪法典,也包括其他许多宪法性法律。在我国,宪法性法律主要有:选举法、全国人民代表大会组织法、国务院组织法、人民法院组织法、人民检察院组织法、全国人民代表大会和地方各级人民代表大会代表法、监督法、立法法、法官法、检察官法、民族区域自治法、香港基本法、澳门基本法、集会游行示威法、戒严法、国旗法、国徽法、地方各级人民代表大会和地方各级人民政府组织法,等等。所有这些宪法性法律在制定和修改程序上,与其他普通法律没有区别,在法律效力上也不像宪法典那样有明文规定要高于其他普通法律。但这些宪法性法律因其与宪法具有相似的属性、相同的调整对象和调整方法,故在研究工作中,通常归入宪法法律部门。

五、宪法概念是否专属于主权国家

从宪法概念的历史来看,宪法并不是主权国家独享的概念。宪法一词具有与主权国家一一对应的关系,这只是人们的一个误解。这种误解始自上述引证,发展于后来的宪法实践。在美国宪法之后,宪法实践得以广泛发展,各个国家都开始制定自己的宪法,特别是革命成功之后的新政权,都用宪法的形式巩固革命成果,组织自己的政权。于是,宪法似乎就只是属于主权国家了。

其实,在美利坚合众国成立之前,美洲大陆上就已经存在诸多宪法。众所周知的《五月花号公约》(*The May Flower Pack*)也不是国家的宪法,而只是一个新社会的构想或纲领。即便是今天,美国各州也依然保留着各自的宪法。

"宪法"一词来源于拉丁语 Constitutio,它指的是"人民在其政治联系中的'形态'、'组成'或'建制'"。因此,一个政体的宪法并不仅仅是规定一些职位和权力,规定政府的结构。更普遍的说,它是一种"秩序",按照这种秩序把某些事物组织起来形成一种体制。因此,宪法不仅限制政府,而且形成一个政治实体,通过赋予这个实体以形式,使它得以运转。①

在英语中,"constitution"一词的词根是"constitute",作动词讲时,意思是组织、构建等。"constitution"在英语语境中,既可以用来表示主权国家的宪法、宪政,也可以用来表示其他非国家性质的公共组织、甚至是私人性质的组织的结构或建构方式。

《韦氏新世界词典》对"宪政"一词的解释是:政府、国家、社会等的组织方式(the way in which a government,state,society,etc. is organized)②。在《牛津词典》里,"宪法(constitution)"一词有多种解释。它可以指规定和命令的行为,或借此确立的规定和命令;也可以指决定某事物性质的制作和构造,既适用于外物,也适用于人的灵和肉;还可以指一个国家的整个法律框架。③

可见,宪法和宪政并不是必须局限于主权国家的层面上的,而是包括了政府和社会等。事实上,宪法制度从来就不是局限于主权国家的。1215 年英国的《大宪章》,则是英国地方贵族迫使英王约翰接受的封建宪章,它规定了地方贵族与君主之间的权力与义务关系,由此使中央权力受到地方贵族的有效限制,按地域而形成了一种自然的权力分配。④ 讲到宪法就以为一定是基于主权国家而言,更多的是出于习惯,而不是宪法一词的原意。

在宪法史上,宪法曾被用于将若干个较小组织联合起来,组成一个较大的政治实体,

---

① [美]斯蒂芬·L.埃尔金、卡罗尔·爱德华·索乌坦:《新宪政论》,周叶谦译,三联书店 1997 年版,第 153 页。

② Webster's New World Dictionary, 3rd college edition, Prince Hall, 1991, p. 299.

③ [美]C. H. 麦基文:《宪政古今》,翟小波译,贵州人民出版社 2004 年版,第 19～20 页。

④ 张千帆:《西方宪政体系(上册·美国宪法)》,中国政法大学出版社 2000 年版,第 4 页。

并通过纵横两方面的权力配置来保障较小实体的利益和民众的基本权利。我们看到的美国宪法,就是当年讨论修订《邦联条例》时的意外收获。正是这部美国宪法,将当时北美独立各州组织成了一个全新的美利坚合众国。即便是从近现代意义上说,"宪政制度在其产生初期并不是仅仅适用于某一主权国家内部的;恰恰相反,它主要是通过对某一包含着若干独立政治实体之较大社团的组织形式及其纵横两个方向的权力分配,来确保民众的基本权利和自由"①。

当今欧洲,不少有识之士为之而努力的欧洲宪法也是这样一部法律,其目的就在于将欧洲各国更加紧密地联合起来,形成一个全新的政治体。

此外,国外有的学者还将世界贸易组织称为"世贸组织宪法"(The World Trade Constitution)。他们认为,世界贸易组织的根本目的不是追求利润的最大化,而是国际社会的持续、协调发展,世界贸易组织不是单纯的国际经济组织,其规则也不是简单的国家间的经济合同,而是以贸易为突破口的一种世界性体制。美国的麦金尼斯等人在其所著的《世界贸易宪法》一书中就旗帜鲜明地宣称:世界贸易组织可以在全球范围内实现与麦迪逊宪政主义相似的目标。②

从以上事实可以看出,宪法并不是专属于主权国家的概念。宪法概念一开始并不是和主权国家联系在一起的,更不是国家主权的象征和体现。直到现在,宪法与主权国家也没有建立起一一对应的关系。宪法与主权国家的对应关系只是因为近代以来几乎所有国家都要制定一部宪法作为建国大纲,或者说是用宪法作为治国安邦的总章程才给了人们这样一种感觉。

在某种意义上,我们可以说,宪法概念与其说是一个法律概念,不如说是一个文化概念。宪法,作为一种高级法,作为一种统治人类社会的至上权威,来源于西方,根植于西方长期以来形成的文化精神,这种精神的源泉,据有的学者考察,认为源自古巴比伦。就这种意义而言,宪法与其说是一部法律条文,不如说是一系列原则和精神,这些原则和精神深深地根植于传统和文化之中。

宪法至上中的"至上"一词,在英文里是用"supremacy"来表示的,意为至高无上、最高权威等,也就是说,宪法具有至高无上的权威。在法学领域,这种最高权威来源于自然法思想。西方社会,自然法思想源远流长,在他们看来,自然法是高级法,宪法是自然法的转化形态。正如有的学者所说:"赋予宪法以至上性并不是由于其推定的渊源,而是由于其假定的内容,即它所体现的一种实质性的、永恒不变的正义……有某些关于权利和正义的特定原则,它们凭着自身内在的优越性而值得普遍遵行,全然不用顾及那些支配共同体物质资源的人们的态度。这些原则并不是由人制定的;实际上,如果说它们不是先于神而存在的话,那么它们仍然表达了神的本性并以此约束和控制神。它们存在于所有意志之外,但与理性本身却互相浸透融通。它们是永恒不变的。相对于这些原则而言,当人法除某些不相关的情况而有资格受到普遍遵行时,它只不过是这些原则的记录或摹本,而且制定

---

① 孙璐:《WTO规则:国际经济领域的世界性宪法》,载《法制与社会发展》2002年第6期。

② John O. McGinnis and Mark L. Movsesian, The World Trade Constitution, *Harvard Law Review*, Vol. 114, No. 2, December 2000.

这些人法不是体现意志和权力的行为，而是发现和宣布这些原则的行为。”①

第二节 宪法的本质

所谓本质，是指事物本身所固有的、决定事物性质、面貌和发展的根本属性。宪法的本质，就是指宪法本身所固有的，决定宪法性质、面貌和发展方向的根本属性，是宪法区别于其他事物的、深刻的、稳定的方面。

鉴于宪法一词古已有之，为免异议，在此我们只讨论近代以来的宪法本质。这种意义上的宪法是资产阶级革命的产物，是用以专指规定国家的政权组织、权限、活动原则和公民基本权利义务的国家根本大法。毛泽东同志曾说：“讲到宪法，资产阶级是先行的，英国也好，法国也好，美国也好，资产阶级都有过革命时期，宪法就是他们在那个时候搞起来的。”②社会主义宪法是继资本主义宪法之后的宪法新类型，是比资本主义宪法更为先进的宪法。当然，无论是社会主义宪法还是资本主义宪法，二者的共性也是肯定存在的。

关于宪法的本质，有人从宪法所体现的意志来讨论，相关观点有神志论、全民意志论、意志调和论和阶级意志论，等等。我们认为，从以下几个方面来讨论宪法的本质，似乎更有利于人们对宪法的理解和把握。

一、宪法也是法

说到宪法，人们下意识的第一反应就是，宪法乃国家根本大法。在人们的日常心理中，宪法作为国家根本大法，似乎是远离人民群众日常生活、高高在上，甚至是可以事不关己、高高挂起的法律。其实，宪法作为国家的根本大法，既可以高居庙堂之上，也可以深入江湖之远。宪法也是法律的一种，与人民群众的生活密切相关。而且，宪法也和其他法律一样，具有所有法律共同的特征。其中最为重要的一点就是，宪法必须被遵守，否则，就应当承担相应的法律责任。违反宪法就要承担宪法法律责任。

宪法也是法，是所有法律中的一种，可以从以下一些方面来理解。

（一）宪法同其他法律一样，具有强制性

所谓法律的强制性，简而言之，就是法律必须得到认真全面的遵守，不能变通，也不能选择性地遵守，否则就要受到法律的追究。宪法作为国家的根本大法，无疑具有法律的强制性。宪法以国家和公民之间的基本关系为调整对象，规定国家根本制度和大政方针，奠定国家和社会的基本框架，是国家和社会的基本规范，必须得到认真遵守。作为宪法法律关系的基本主体，国家和公民都必须切实遵守宪法规范，行使宪法权利，履行宪法义务。

（二）宪法必须由一定的机关加以适用

古人云：“徒法不足以自行。”这也就是说，好的法律还必须要有人去执行。宪法作为

① ［美］爱德华·S. 考文：《美国宪法的“高级法”背景》，强世功译，三联书店 1996 年版，第 25 页。

② 《毛泽东选集》（第 5 卷），人民出版社 1977 年版，第 127 页。

国家行为的最高准则，作为国家的根本规范，也必须由一定的机关加以适用。

早在1803年，美国联邦最高法院在审理“马伯里诉麦迪逊”一案（Marbury V Madsion）时，就开创了解释和适用宪法的先例。在该案的判决中，联邦最高法院的大法官们明确宣称，解释和适用宪法是法官的职责，立法机关制定的与宪法相抵触的法律无效。由此奠定了美国的违宪审查制度，确立了司法机关对立法和行政行为的违宪审查权。继美国之后，奥地利于1919年创立了宪法法院。法国也在1946年建立了宪法委员会，作为宪法的实施保障机关。德国在1949年通过基本法之后，组建了独立的宪法法院专门处理宪法争议和宪法诉讼。

总的说来，由专门机关适用宪法已经成为当今世界发展的普遍趋势。我国宪法也规定，全国人民代表大会和全国人民代表大会常务委员会监督宪法的实施。

（三）违宪者必须承担相应的宪法法律责任

众所周知，违法就要承担相应的法律责任。违反刑法，要承担刑事法律责任；违反民法，要承担民事法律责任。同样，违反宪法也必须承担宪法法律责任。只不过，各种法律责任的形式和内容不同而已。刑事法律责任通常意味着刑罚，更多的是失去人身自由；民事法律责任通常意味着承受经济损失；宪法法律责任常见的有弹劾、罢免、违宪的法律无效，等等。

《中华人民共和国宪法》规定：宪法是国家的根本大法，具有最高的法律效力。全国各族人民、一切国家机关和武装力量、各政党和各社会团体、各企业事业组织，都必须以宪法为根本的活动准则，并且负有维护宪法尊严、保证宪法实施的职责。这也就是说，任何机关、单位和个人都必须切实遵守宪法，以宪法为根本行为准则，否则就要承担相应的法律责任。

（四）宪法可以而且应当成为法院裁判的依据

宪法可不可以成为法院裁判的依据？这个问题本来应该不是问题。但在普通群众的印象里，不少人似乎觉得宪法不可以作为法院裁判的依据。事实上，新中国成立后，我国人民法院也很少援引宪法作为裁决的依据。之所以如此，原因是多方面的。有人认为，宪法条文由于具有高度的概括性与抽象性，因而只能在具体化为普通法律之后，才能在诉讼中发挥作用，成为司法机关的裁判依据。也有不少人将其归因于最高人民法院1955年的一个批复。

1955年，最高人民法院对新疆省高级人民法院（55）刑二字第330号报告作了一个批复。该批复说到，中华人民共和国宪法是我们国家的根本法，也是一切法律的“母法”。刘少奇委员长在关于中华人民共和国宪法草案的报告中指出，“它在我们国家生活的最重要的问题上，规定了什么样的事是合法的，或者是法定必须执行的，又规定了什么样的事是非法的，必须禁止的”。但在刑事方面，宪法并不规定如何论罪科刑的问题。因此，最高人民法院同意新疆高院的意见，在刑事判决中，宪法不宜引为论罪科刑的依据。

不少人据此认为，最高人民法院反对法院在司法实践中援引宪法作为裁判的依据。其实，这是人们对上述批复的不适当理解，或者说是扩大化的理解。仔细分析上述批复可以发现，它是针对一个刑事案件的具体意见，本来就不应当作扩大化的理解，不应把最高人民法院不赞成在这个具体案件中援引宪法，推广理解为最高人民法院不赞成在司法实践中援引宪法裁决所有案件。而且，因为批复涉及的是刑事案件，在刑事审判中，必须遵循"罪刑法定"原则。又因为宪法条文大多都是原则性规定，含义宽泛笼统，若援引宪法原则性规定给刑法没有明文规定的行为定罪科刑，显然有可能扩大刑事打击面，有违我国刑法"不枉不纵"的基本精神。

我们认为，宪法不仅可以，而且应当成为法院裁判的依据。像其他所有法律一样，宪法也具有强制性和规范性，必须得到遵守。不能成为法院裁决依据的法律，就很难说得上是真正的法律。

当然，我们也必须指出，援引宪法作为裁判依据不等于宪法适用，也不等于宪法诉讼，更不等于宪法实施保障。通常而言，保障宪法实施的重任由专门机关承担，普通司法机关并不审理宪法诉讼案件，也不承担保障宪法实施的责任。但是，不审理宪法诉讼并不意味着不能援引宪法裁判。在民事和行政审判领域、在涉及公民基本权利保障时，若宪法的某些条款尚没有得到立法实施，也就是没有具体化为其他普通法律时，普通司法机关完全可以根据案件需要，直接援引宪法作为裁判的依据，这在法理上应该不存在障碍。就像普通司法机关的民事审判机构，虽然不能审理行政诉讼案件，但并不妨碍其在审理民事诉讼案件时援引行政法作为裁决的依据。

事实上，我国人民法院也有过援引宪法作为裁判依据的先例。1988 年，最高人民法院在给天津市高级人民法院的一个批复中就曾说到，对劳动者实行劳动保护，在我国宪法中已有明文规定，这是劳动者所享有的权利，张学珍、徐广秋身为雇主，对雇员理应依法给予劳动保护，但他们却在招工登记表中注明"工伤概不负责"，这种行为既不符合宪法和有关法律的规定，也严重违反了社会主义公德，应属于无效的民事行为。这个批复就是一个援引宪法裁判的很好例子。

二、宪法是国家的根本大法

宪法也是法，与其他法律具有许多共同的特征，但同时宪法又是国家的根本大法，具有其他法律所不具有的一些特征。宪法与其他法律比较而言，在内容、效力、制定和修改程序等方面都与其他法律明显不同。所有这些，都决定了宪法在一个国家的法律体系中具有至高无上的地位，是国家的根本大法。

宪法是国家的根本大法，可以从以下一些方面得到说明。

(一)宪法的内容不同于一般法律

宪法作为国家的根本大法，其内容涉及国家政治、经济、文化、社会、内政外交等各方面的重大原则性问题，规定的都是国家的根本制度。也就是说，宪法不仅涉及的内容广泛，而且都是国家政治经济生活等方面的重大原则问题。如我国宪法规定了我国政治制度、经济制度、文化制度、社会制度等各种根本制度，还规定了公民基本权利和义务，等等。而一般法律的内容往往只涉及社会生活的某一个方面、某一个领域。如刑法主要规定什么是犯罪及对犯罪行为施加什么样的刑罚，民法只是规范平等主体之间的民事法律行为，等等。

更为重要的是，宪法还奠定了一个国家的根本框架。宪法除规定国家根本制度外，还规定国家的政权组织形式、国家结构形式、国家象征等等。具体说来，如国家机关的设置、各国家机关之间的关系、中央和地方的关系、国旗、国歌、国徽、首都等。所有这些加在一起，就决定了一个国家的性质，奠定了一个国家的基本框架。这样一种奠定国家基本框架的法律，想要说它不是国家根本大法都不可能。

此外，我们说宪法是国家的根本大法，还因为宪法调整的是一个国家最重要、最根本的关系，即国家与人民之间的关系。正因为如此，许多国家的宪法都明确规定人民在国家的主人翁地位，规定人民主权原则。并进而规定保障公民的基本权利是国家应尽的职责。

（二）宪法的制定和修改程序不同于一般法律

因为宪法决定了国家和社会生活的基本面，宪法的稳定就至关重要。一个国家的稳定程度与该国的宪法稳定程度是密切相关的。

为保障宪法和国家的稳定，大多数国家的宪法都具有比一般法律更为严格的制定和修改程序。在宪法制定方面，不少国家都要求成立专门的制宪机关来制定宪法，如制宪会议、国民大会等。制宪机关是专为制定宪法而设立的，其唯一任务就是制定宪法，在完成宪法制定任务以后，该机关即行解散。

在宪法修改方面，世界上大多数国家的宪法也作了严格规定，这些严格规定大致说来有如下几方面：一是对修宪主体作出明文规定，除此以外，其他任何机关均无权修改宪法。二是限定宪法修改提案动议，规定只有少数机关或有限的主体才能提出修宪动议，如《美国宪法》第 5 条规定：国会两院 2/3 以上议员认为必要时，才能提出宪法修正案，或者根据 2/3 以上州议会的请求，提出宪法修正案。三是修改表决程序较普通法律严格，普通法律一般只需半数以上有表决权者赞同即可，宪法则往往需要 2/3、3/4 以上有表决权者赞同方能通过。四是有些国家宪法明文规定宪法的某些内容不得修改，如《意大利宪法》第 139 条规定，共和政体不能成为修改的对象；《法国宪法》规定，任何有损于领土完整的修改程序不得着手进行，等等。

我国《宪法》第 64 条也规定了比一般法律更为严格的修改程序，该条规定："宪法的修改，由全国人民代表大会常务委员会或者五分之一以上的全国人民代表大会代表提议，并由全国人民代表大会以全体代表的三分之二以上的多数通过。"而一般法律和其他议案只需由全国人民代表大会以全体代表的过半数通过即可。

（三）宪法具有最高法律效力，是其他法律制定的依据

宪法具有最高法律效力是指，在一个国家之内，宪法应当成为所有社会主体的行为准则，得到所有社会主体的遵守，包括国家立法机关，也必须认真遵守宪法，不得制定与宪法相违背的法律。

正是从这种角度，人们通常说，宪法是一个国家的母法，是其他所有法律制定的依据。其他法律都是依据宪法原则制定而来。相应的，一切法律、法规也都不得同宪法相抵触。所有同宪法相抵触的法律都没有法律效力。

我国宪法也规定，宪法是国家的根本大法，是全国各族人民，一切国家机关和武装力

量、各政党和各社会团体、各企业事业组织的根本活动准则。我国宪法还规定，全国人民代表大会及其常务委员会监督宪法实施。地方各级人民代表大会及其常务委员会保证宪法在本行政区域内的实施。根据宪法和立法法，一切法律、行政法规和地方性法规都不得同宪法相抵触。国务院、中央军事委员会、最高人民法院、最高人民检察院和各省、自治区、直辖市的人民代表大会常务委员会，其他国家机关和社会团体、企业事业组织以及公民，认为下位法违反上位法的，均可向全国人民代表大会常务委员会书面提出进行审查的建议，由常务委员会工作机构进行研究，提出意见。根据这些规定，在我国，有权提出法律审查请求的主体相当广泛，这些规定有利于保证我国法制的统一，也有利于保证我国宪法的最高法律效力。

[案例]2007年1月2日，王某下班步行至公交车站时，被一辆小货车撞伤。经交警部门认定，王不负交通事故责任。王某受伤后，其所在公司没有向劳动保障部门申请认定工伤，而是于3月8日给其办理了离职手续。王的亲属于3月27日向广州市黄埔区劳动局申请工伤认定。黄埔区劳动局认定王为工伤。王所在公司对这一决定不服，向黄埔区人民法院提起诉讼。公司认为，公司《员工手册》规定，"非因上班或休假没有任何手续而在外面留宿者，将予严惩"，王出事时未经批准外出，属于违规，公司不应承担责任。黄埔区法院判决认为，我国宪法赋予公民广泛的自由权利，王经一天劳动后回家休息，合乎常理。该公司的规定与我国宪法精神相悖，与社会文明抵触，故法院不予支持。最终，法院驳回了公司的诉讼请求。①

[解析]一个国家的宪法奠定的是国家的根本秩序，反映了国家的基本价值诉求，其他所有法律尽管有其自身独立的价值，但均不应违反宪法的基本价值，反而应当共同维护宪法价值，实现宪法秩序。

三、宪法是一个国家内各种政治力量对比关系的集中表现

宪法和其他法律一样，都具有阶级性，都是被上升为国家意志的统治阶级的意志。但宪法在表现统治阶级意志过程中也存在自身的特点，这就是宪法比其他法律更集中、更全面地表现了统治阶级的意志。当然，宪法体现统治阶级意志的时候也不是随心所欲、一味地追求自己的意志，而必须同时考虑到国内其他阶级或阶层的意志。特别是和平时期的宪法，要构建和谐社会，团结一切可以团结的力量参与到国家建设中来，在国家建设中充分发挥各阶级、阶层的积极性，就必须保证各阶级、阶层的和平共处，和衷共济，这就不能不让各阶级、阶层的意志在治国安邦的总章程中都能够有所体现。

宪法的阶级性可以从以下几方面来理解：

（一）宪法是阶级斗争的产物

从历史上看，宪法就是资产阶级革命的产物，资产阶级革命后的情况也大体如此。总

① 案例参见：《南方都市报》，2008年3月1日。

体而言,宪法是阶级斗争的产物,是由在阶级斗争中取得胜利、掌握国家权力的阶级所制定的,用以巩固革命的胜利成果,维护本阶级的政权和统治。1791 年法国宪法是法国资产阶级 1789 年大革命胜利的最后总结;1918 年苏俄宪法是俄国工人阶级十月革命胜利后制定的;我国 1954 年宪法也是中国革命胜利成果的体现。

从宪法的阶级实质或者说体现的主要阶级意志来看,现代世界各国的宪法大致可以分为两种类型,即资产阶级宪法和社会主义宪法。

(二)宪法体现了国内各阶级的地位及相互关系

革命导师列宁曾经说过,宪法的实质在于,国家的一切基本法律和关于选举代议机关的选举权及代议机关的权限等等的法律,都表现了阶级斗争中各种力量的实际对比关系。这也就是说,宪政本质上是阶级力量和政治力量对比关系的集中反映。

宪法所表现的阶级力量对比关系具体表现为两个方面:一是阶级力量强弱的对比关系,由此决定了谁是统治阶级,谁是被统治阶级。宪法是在统治阶级主导下制定的,这本身就表明统治阶级的力量要比被统治阶级强大。二是阶级力量强弱差距程度的对比关系,统治阶级在宪法中所确定的统治方式即与这种强弱差距程度密切相关。阶级力量强弱差距不同,统治阶级在宪法中确定的统治方式也必然有所区别。

一个国家的政治力量对比中,阶级力量对比固然居于首要地位,但阶级力量对比也绝不是政治力量对比的全部。政治力量对比较之阶级力量对比的含义要广泛得多。政治力量对比既包括阶级力量的对比,也包括与阶级力量相关的同一阶级内部各阶层、各派系力量的对比。此外,政治力量对比还包括国内各种政治派别、社会集团,甚至不同民族、不同宗教信仰、不同利益群体的力量对比等等。

在制定或修改宪法的时候,统治阶级必须全面考察当前历史时期各种政治力量的对比关系,并以这种对比关系为依据确定宪法的基本内容,在宪法中全面反映各种政治力量对比关系。否则,就难以保证宪法的稳定,也难以保证宪法得到全面的贯彻实施。与宪法相比较,其他法律即便也能表现政治力量的对比关系,但它反映的只是某个方面的对比而已。宪法和一般法律相比,具有全面、集中地表现各种政治力量对比关系的明显特点。

(三)宪法随国内阶级力量对比关系的变化而变化

在一个国家的不同时期,阶级力量的对比关系不会一成不变。随着阶级力量对比关系的变化,宪法也会发生相应的变化。

这种变化主要表现为两种形式:一是当阶级力量对比关系发生根本变化时,即统治阶级发生转变时,宪法的阶级实质也会发生变化。例如,无产阶级革命胜利后的资本主义国家,宪法也由资本主义宪法转变成了社会主义宪法;再例如,中国人民在中国共产党领导下取得全国革命的胜利,这种阶级力量对比关系的变化,也决定了新中国宪法与旧中国宪法的本质区别。二是在阶级力量对比关系总体不变的情况下,各阶级力量对比发生此消彼长的情况,这时,即便对比关系没有发生质的变化,但只要量的变化达到一定程度,宪法的具体内容发生一定变化也是在所难免的。例如,我国 1954 年宪法和 1982 年宪法,虽然阶级力量的对比在性质上没有发生变化,但是由于阶级结构和力量对比在量上的不同,两部宪法在具体内容上也表现出很大的不同。

四、宪法以保障人权为己任

宪法是近代资产阶级革命的产物,资产阶级革命是在西方文艺复兴基础上发生的。文艺复兴时期以后,人们的主体意识高度觉醒,人民主权理论深入人心,相应的,人权和公民权也受到空前的尊重。人应该成为真正意义上的人、成为有尊严的人,这成为了时代的共识。在这种背景下产生的宪法,理所当然地将保障人权作为首要价值。虽然不同类型的宪法对人权的确认和保障程度不同,但是自近代宪法产生以来,就几乎没有不确认和保障基本人权的宪法。如果说此前更为强调的是人民对国家的义务的话,那么,此后更为注重的便是国家对人民的义务,是国家保障人权的责任。

综观宪法发展史,我们完全可以说,宪法是人权的保障书,人权是宪法的出发点与归宿。

革命导师马克思就曾说过,法典是人民自由的圣经。列宁更是说道,宪法就是一张写满人民权利的纸。代表中国最广大人民群众根本利益的中国共产党,也一贯重视通过宪法保障人权。早在新民主主义革命时期,《中华苏维埃共和国宪法大纲》就规定了工、农、兵及一切劳苦民众和他们的家属,不分男女、种族、宗教,在苏维埃法律面前一律平等,并享有劳动权、监督权、受教育权以及言论、出版、集会、结社和信仰宗教等自由。该宪法大纲还规定婚姻自由,保证妇女参与经济、政治、文化生活的权利。在抗日根据地,我党也十分重视人民的权利。1941 年中共中央政治局批准公布的《陕甘宁边区施政纲领》就规定,保证一切抗日人民(地主、资本家、农民、工人等)的人权、政权、财权及言论、出版、集会、结社、信仰、居住、迁徙之自由权,还规定,除司法系统及公安机关依法执行职务外,任何机关、部队、团体不得对任何人加以逮捕、审问或处罚。新中国成立前夕,1949 年制定的《中国人民政治协商会议共同纲领》继承并发展了过去的优良传统,明确规定了中华人民共和国人民享有的一系列权利,并规定,各民族人民享有平等的权利和义务。1954 年宪法关于公民基本权利和义务的规定,无论从内容上还是形式上,更是较以前有明显的进步。在这部宪法里面,公民基本权利和义务专设了一章,共有 19 个条文,确认了公民的广泛权利,充分表现了我国社会主义宪法的本质。

2004 年,我国对现行宪法修改时,又将"国家尊重和保障人权"写入了宪法,而且还增加了保障公民权利的几项重要规定,包括依法保护公民的私有财产权、完善土地征用制度、健全社会保障制度等。这次的宪法修改,使尊重和保障人权从国家政策上升成为了国家根本大法的一项基本原则,为中国人权事业的发展开辟了广阔的前景,同时也提供了有力的保障。

宪法的核心价值就在于保障人权。宪法以保障人权为己任。为更好地保障人权,宪法还需要对国家权力施加约束,避免国家权力侵害公民权利。孟德斯鸠曾说:"一切有权力的人都容易滥用权力,这是一条万古不易的经验。有权力的人使用权力一直到遇有界限的地方才会休止。"①为此,各国宪法在保障人权和公民权的同时,都特别注重国家权力

---

① [法]孟德斯鸠:《论法的精神(上)》,张雁深译,商务印书馆 1961 年版,第 154 页。

的配置，为各种权力设定边界，并设计出各种方法对权力进行约束和监督，防止权力滥用。

第三节　宪法的渊源

宪法渊源，通常而言，也就是宪法的表现形式。受本国文化传统、法律传统、政治需要等原因影响，各国宪法的表现形式不尽相同。综观世界各国情况，宪法的渊源主要有宪法典、宪法修正案、宪法性法律、宪法惯例、宪法判例、宪法解释、国际条约和国际惯例等。

一、宪法典

在大多数国家，宪法的主要表现形式就是宪法典。宪法典是指一个国家将最根本、最重要的问题通过一定的逻辑形成系统的书面法律文件，这种法律文件通常由特定机关通过特定程序制定，在一国法律体系中具有最高的法律效力。其优点是宪法的形式完整、内容明确、便于把握，而且，由于宪法典一般都会规定严格的修改程序，也有利于保证宪法的稳定。美国宪法是世界上第一部成文宪法，也是世界上最早的宪法典。该宪法形成于1787年，于1789年生效实施。我国现行有效的宪法典是1982年12月4日第五届全国人民代表大会第五次会议通过的《中华人民共和国宪法》(以下简称《宪法》)。

二、宪法修正案

宪法修正案是宪法修改的一种形式。由于法律本身不可能制定得完美无缺，更由于社会的发展变化，宪法的修改在所难免。宪法修正案是对原宪法文本不作直接变动的情况下，按修改时间先后，对修改内容另起序号，形成另一个相对独立的文件，附于原宪法文本之后的宪法修改形式。这种修改形式因对原宪法不作任何变动，有利于维护宪法的权威，保证宪法的稳定，不足之处在于增加了阅读宪法的困难。根据“后法优于前法”的原则，新修改的内容取代此前与之相矛盾的内容发生法律效力，故要完整地把握宪法，必须认真通读原宪法和所有宪法修正案，才能准确把握宪法的内容。

宪法修正案是宪法典的有机组成部分，通常也都附于宪法典之后，故很多人通常不将宪法修正案作为一种独立的宪法渊源。我们认为，宪法修正案于宪法典具有相对独立地位，故在此单列。我国1988年以后也以宪法修正案的形式对宪法进行修改。截至目前，我国共有4个宪法修正案，分别是1988年4月12日第七届全国人民代表大会第一次会议通过的《中华人民共和国宪法修正案》、1993年3月29日第八届全国人民代表大会第一次会议通过的《中华人民共和国宪法修正案》、1999年3月15日第九届全国人民代表大会第二次会议通过的《中华人民共和国宪法修正案》和2004年3月14日第十届全国人民代表大会第二次会议通过的《中华人民共和国宪法修正案》。4个宪法修正案分别有2条、9条、6条、14条，共31个条文。

三、宪法性法律

宪法性法律是指以一般法律的形式出现的，调整宪法法律关系的法律。这些法律也是部门法意义上的宪法，包括在宪法法律部门之中。

通常而言，宪法性法律包括两种情况：

1. 是指在不成文宪法国家中，国家最根本、最重要的问题不是采用宪法典的形式，而是由多部单行法律文件予以规定，这些单行法律文件就是宪法性法律。在不成文宪法国家，宪法性法律制定和修改的机关、程序与普通法律的制定和修改相同。从这一意义上说，宪法性法律与其他法律一样，并无区别。英国作为不成文宪法国家的代表，不存在根本法意义上的宪法，只存在部门法意义上的宪法。

2. 是指在成文宪法国家中，由国家立法机关制定的调整宪法法律关系的法律。因此，在成文宪法国家，既存在根本法意义上的宪法，也存在部门法意义上的宪法。根本法意义上的宪法就是宪法典，部门法意义上的宪法除宪法典之外，还包括一般法律中规定的宪法内容的法律。主要有：

(1)关于国家机关组织的法律，如《中华人民共和国全国人民代表大会组织法》、《中华人民共和国国务院组织法》、《中华人民共和国地方各级人民代表大会和地方各级人民政府组织法》等；

(2)关于国家机关职权的法律，如《中华人民共和国戒严法》等；

(3)关于选举的法律，如《中华人民共和国全国人民代表大会和地方各级人民代表大会选举法》等；

(4)关于人大代表的地位、权利与职责方面的法律，如《中华人民共和国全国人民代表大会和地方各级人民代表大会代表法》、《香港特别行政区全国人民代表大会代表执行代表职务的办法》等；

(5)关于议事程序和决定程序方面的法律，如《中华人民共和国缔结条约程序法》等；

(6)关于立法方面的法律，如《中华人民共和国立法法》等；

(7)关于权力机关行使监督职权的法律，如《中华人民共和国监督法》等；

(8)关于公民基本权利方面的法律，如《中华人民共和国未成年人保护法》、《中华人民共和国妇女权益保障法》、《中华人民共和国老年人权益保障法》、《中华人民共和国残疾人保障法》、《中华人民共和国归侨侨眷权益保护法》等；

(9)关于地方自治和特别行政区的法律，如《中华人民共和国民族区域自治法》、《中华人民共和国香港特别行政区基本法》、《中华人民共和国澳门特别行政区基本法》、《中华人民共和国村民委员会组织法》、《中华人民共和国居民委员会组织法》等；

(10)关于国旗、国徽、国歌和国籍方面的法律，如《中华人民共和国国旗法》、《中华人民共和国国徽法》、《中华人民共和国国籍法》等。

四、宪法惯例

宪法惯例是指宪法条文未作规定，但在实际政治生活中长期存在，并被反复运用，为国家机关、政党及公众所普遍遵循，与宪法具有同等效力的习惯或传统。

宪法惯例多见于不成文宪法国家，但成文宪法国家也并不鲜见。在不成文宪法国家，由于宪法文件比较分散，缺乏系统性，又由于这些国家一般比较注重实务，在宪政实践中积累了不少经验，形成了不少惯例，这些惯例日积月累，起到了规范国家政治生活的作用，为宪政打下了良好的基础。如英国，许多政治实践就是由宪法惯例形成的。在英国，君主是虚位元首，在政治上保持中立，不参加任何党派，不参加内阁会议，对内阁和议会的决定，君主只能表示同意，内阁首相由议会下院多数党领袖担任等等，都是由宪法惯例形成的，久而久之，所有这些就成了英国不变的宪政实践。

在成文宪法国家，由于宪法典不可能对国家政治生活中的所有问题都作出规定，天长日久，也会形成不少宪法惯例，形成对宪法典的补充。如美国，总统本应由各州产生的选举人间接选举，但后来，各州的总统选举人都必须将票投给同一候选人，而不得自行决定取舍，这一惯例就使得美国总统选举实际上演变成了直接选举。再例如，我国宪法的修改也形成了一个惯例。根据《宪法》第 64 条第 1 款的规定，宪法的修改，由全国人民代表大会常务委员会或者 1/5 以上的全国人民代表大会代表提议。也就是说，根据这一规定，我国修宪动议只能由全国人民代表大会常务委员会或者 1/5 以上的全国人民代表大会代表联名提出。实践中，我国宪法的修改都是由中共中央首先提出建议，全国人大常委会收到中共中央的修宪建议后，再向全国人民代表大会正式提出宪法修改建议。应该承认，这也是一个宪法惯例。

五、宪法判例

宪法判例作为宪法的渊源之一，主要存在于英美法系国家。在英美法系国家，由于缺少成文法，根据“遵循先例原则”，判例具有法律上的约束力，最高法院及上级法院的判例是下级法院审理同类案件的依据，这也就是通常人们所说的“法官造法”。在这些国家，由于没有成文宪法典，法院在宪法性法律没有明确规定的情况下，就有关宪法问题作出的宪法判例自然也是宪法的表现形式之一。例如，在英国，关于公民自由权利及保护公民权利不受国家权力侵犯的司法程序，大都是由法院的判例确立的。

六、宪法解释

宪法解释，是指宪法制定者或者根据宪法规定享有宪法解释权的国家机关，依据宪法精神对宪法规范的内容、含义和界限所作的说明。

宪法解释机关对宪法作出的解释，本身就是对宪法含义的阐明，显然具有宪法效力，是宪法的渊源之一。宪法解释无论是在成文宪法国家还是非成文宪法国家中都不可避免地存在，只是不同国家宪法解释的机关和形式不同而已。

根据我国宪法的规定，我国的宪法解释权由全国人大常委会行使。这一规定源于 1954 年宪法。1954 年宪法就规定，全国人大监督宪法的实施，全国人大常委会有权解释法律。1954 年宪法实施后，全国人大常委会也曾以法令的形式对宪法作出过解释。1975 年宪法删去了全国人大监督宪法实施的规定，只保留了全国人大常委会解释法律的权力。1978 年宪法又明确赋予了全国人大监督宪法实施的职权，并把解释宪法和法律作为全国人大常委会的一项职权规定下来。1982 年宪法在 1978 年宪法的基础上，增加了全国人大常委会监督宪法实施的权力，即规定，全国人民代表大会和全国人民代表大会常务委员会都有权监督宪法实施。1982 年宪法在保留全国人大常委会解释宪法权力的同时，又赋予了其监督宪法实施权，从而使我国宪法解释实施制度进一步具体化和完善化。

1982 年宪法颁布实施后，全国人大常委会切实履行职责，行使宪法解释权，作出了一系列宪法解释，包括对香港特别行政区基本法的解释。例如：1999 年 6 月 26 日九届全国人大常委会第十次会议作出的《关于〈中华人民共和国香港特别行政区基本法〉第二十二条第四款和第二十四条第二款第（三）项的解释》、2004 年 4 月 6 日十届全国人大常委会第八次会议作出的《关于〈中华人民共和国香港特别行政区基本法〉附件一第七条和附件二第三条的解释》、2005 年 4 月 27 日十届全国人大常委会第十五次会议作出的《关于〈中华人民共和国香港特别行政区基本法〉第五十三条第二款的解释》，等等。

香港特别行政区基本法是我国的宪法性法律，在香港特区具有最高法律效力。根据我国宪法和香港特别行政区基本法，只有全国人大常委会才有权对之进行解释。全国人大常委会对香港特别行政区基本法进行解释，是履行宪法和香港特别行政区基本法赋予的职责，有利于解决香港问题，化解香港的社会危机。特别是 2004 年 4 月 6 日《关于〈中华人民共和国香港特别行政区基本法〉附件一第七条和附件二第三条的解释》，明确了四项重要内容：一是附件中规定的“2007 年以后”的含义，二是附件中规定的“如需修改”中“如需”的含义，三是对行政长官和立法会产生办法等进行修改的具体程序，四是如果对行政长官和立法会产生办法等无须修改时原有规定的适用问题。这一解释对于确保正确理解和切实执行香港基本法，确保香港政治体制在基本法框架内健康发展，保证香港政改有序进行，保持香港的长期繁荣稳定，都具有十分重要的意义。

［宪法解释事例］新中国成立以来，全国人大常委会通过决定、决议等形式对宪法作出过一系列解释。当然，对于其中有些决定和决议是否属于宪法解释，学术界还存在一些争议。但一般认为，1983 年 9 月 2 日全国人大常委会通过的《关于国家安全机关行使公安机关的侦查、拘留、预审和执行逮捕的职权的决定》属于宪法解释。因为这一决定涉及国家公权力分配和公民基本权利限制，这两者均属宪法规范的范围。这一决定作出以后，便成为宪法法律渊源之一，具有法律效力。只有依据这一宪法解释，国家安全机关才可以行使国家公安机关的相关职权。

七、国际条约和国际惯例

国际条约是国际法主体之间就权利义务关系缔结的一种书面协议，国际惯例是指各国在相互交往中长期以来形成的一种有法律约束力的行为规则。

“条约必须遵守”是国际法的一项基本原则，国际惯例一旦被各国所接受，也应该具有普遍的约束力。国际条约和国际惯例是国际法的主要渊源，但能否成为国内法的渊源，特别是宪法的渊源，则取决于一个国家的国际参与和认可程度。西方有些国家在本国宪法中，对国际条约和国际惯例在国内的法律地位和效力有专门的规定，如美国 1787 年《宪法》第 6 条规定，合众国已经缔结和即将缔结的一切条约，皆为合众国的最高法律，每个州的法官都应受其约束。再例如，《德国基本法》第 25 条规定，国际公法的一般原则是联邦法律的组成部分，它们的地位优于法律，并直接创制联邦境内居民的权利和义务。在这些国家，国际条约和国际惯例应当被认为是其宪法渊源之一。

第四节 宪法的分类

宪法分类是指按照一定的标准把宪法划分为不同类型的活动。宪法分类是为了学术研究的方便,将复杂的宪法现象系统化和规律化的基本途径,这是宪法与宪法学不断发展的必然要求。随着宪法与宪法学的发展,立宪和行宪已经成为现代国家的普遍现象,民主宪政已经成为世界各国的普遍追求。随之而来的是,宪法与宪法现象也变得日益纷繁复杂,特别是由于各国国家政权的阶级本质、政治力量对比状况、历史文化传统和民族心理等方面存在诸多差异,因而给人们认识、掌握宪法和宪法现象造成很大困难。根据不同标准,对宪法进行分类,将宪法划分为不同类型,有助于人们对宪法进行总体把握,认识宪法发展规律,了解宪法的特征和本质,也有利于对宪法进行分门别类的比较研究和具体把握,有利于更好地制定宪法和实施宪法,推动国家宪政的发展。

宪法分类,可以说是从宪法和宪法学产生之时就已经开始,其中有些方法甚至在古希腊亚里士多德那里就已有体现。迄今为止,宪法的分类标准和分类方法多种多样,下面从不同角度进行介绍。

一、传统分类

传统宪法分类即早期宪法学者对宪法所作的分类,主要有以下几种:

(一)成文宪法与不成文宪法

根据宪法是否具有统一的法典,人们通常把宪法分为成文宪法和不成文宪法。所谓成文宪法,是指有一个规定国家根本制度和根本任务的宪法典。世界上最早的成文宪法是 1787 年的美国宪法。现代世界上绝大多数国家的宪法都是成文宪法。所谓不成文宪法,是指没有一个统一的宪法典,宪法由宪法性法律、宪法判例、宪法惯例等共同构成的宪法。英国宪法是世界上典型的不成文宪法,主要由宪法性法律文件、法院判例、宪法惯例构成。

由于不成文宪法是“自然生长”起来的宪法,其中也包含有成文的宪法性法律文件,故也有些学者认为成文宪法与不成文宪法的称呼不科学,应该把这种分类精确为“法典化宪法”和“非法典化宪法”。

(二)刚性宪法与柔性宪法

根据宪法的制定,特别是修改程序的不同,人们通常把宪法分为刚性宪法和柔性宪法。所谓刚性宪法,是指制定和修改宪法的程序比普通法律严格的宪法。当今世界上绝大多数国家的宪法属于这种类型的宪法,由于宪法是国家的根本大法,绝大多数国家都为宪法设定了更加严格的制定和修改程序。所谓柔性宪法,是指制定和修改宪法的程序与普通法律完全相同的宪法。在柔性宪法国家,由于宪法的制定和修改程序与普通法律相通,从形式上无法区别宪法与其他普通法律,故在法律效力上,二者也没有特别明显的差别。英国是典型的不成文宪法国家,也是柔性宪法国家,作为英国宪法组成部分的宪法性法律文件是在不同历史时期，由议会以一般立法程序制定和修改的。有学者认为，正是由于英国宪法缺少刚性统一的法典，能够更好地适应各种时代和形势的变化，具有更高的适应性。

（三）钦定宪法、协定宪法与民定宪法

根据制定宪法的主体不同，人们通常把宪法分为钦定宪法、协定宪法与民定宪法。所谓钦定宪法，是指由君主或以君主的名义制定和颁布的宪法。钦定宪法奉行主权在君的原则，它往往产生于封建势力还很强大、资产阶级虽有一定力量但还不能占据优势的情况下。1814 年法国国王路易十八颁布的宪法、1848 年意大利萨丁尼亚王亚尔培颁布的宪法、1889 年日本明治天皇颁布的宪法和 1908 年中国清政府颁布的《钦定宪法大纲》等都属于钦定宪法。钦定宪法是封建君主迫于社会要求民主的压力而制定颁布的，这种宪法产生于封建势力依然强大的时期，故宪法反映的主要还是君主的意志，其目的在于向新兴势力作出一定让步的同时，通过宪法维护君主统治，确保君主享有至高无上的权威。在这种宪法里面，关于人民权利的规定往往不够完整，也不够真实。所谓协定宪法，是指由君主与国民或者国民的代表机关协商制定的宪法。协定宪法往往是阶级妥协的产物，当新兴资产阶级尚无足够力量推翻君主统治，而封建君主又不能实行绝对专制统治的情况下，协定宪法也就成为必然。如 1215 年英国的《自由大宪章》就是英王约翰在贵族、教士、骑士和城市市民的强大压力下签署的。1830 年法国“七月王朝”时期的宪法也是这种类型的宪法，其目的是为了防止巴黎人民通过革命夺取政权。协定宪法因为是君主与人民相互妥协的结果，反映的往往是双方共同的意志和利益。所谓民定宪法，是指由民选议会、制宪会议或公民投票表决制定的宪法。当今时代，绝大多数国家的宪法都是民定宪法。民定宪法奉行人民主权原则，强调以民意为依归，以民主政体为价值追求，这种宪法是人民意志和利益的反映，符合社会发展的潮流。

二、现代分类

第二次世界大战以后，受亚非拉地区的民族独立运动和社会主义运动的影响，出现了大量新独立的国家和新兴社会主义国家，这些国家纷纷制定了自己的宪法，也丰富了世界宪法的内容，推动了世界宪法的发展，从而为宪法分类开辟了广阔的新空间。面对宪法发展的新形势，各国学者对宪法分类提出了不少新的主张，所有这些分类主张都有利于更好地认识宪法和宪法现象，推动宪法向更高程度发展。

二战以来的宪法分类，主要有以下一些：

（一）规范宪法、名义宪法与语义宪法

这种宪法分类是从宪法与现实政治生活中权力运行的相互关系角度进行的。所谓规范宪法，就是指宪法实际作为组织国家并规范国家权力运行的依据，在这种国家，宪法实际决定着政治运行过程，并规范着国家权力的运行。所谓名义宪法，就是指当一个国家的宪法具有法律上的意义，但在实践中未能很好地实现对政治和公共权力的规制。名义宪法往往是因为这些国家的宪法是从外部输入，本国传统缺少宪法精神，缺乏宪法生存的土

壤，因此宪法在国家政治生活中实现得不是很理想。如亚非拉不少二战后独立国家的宪法因为是从欧美输入的“宪法制成品”，输入本国后施行得就不是很理想。所谓语义宪法，就是指宪法仅仅停留在纸面上，作为一种政治宣言，其目的本不在于规制国家公权力，而是作为政权合法性的宣示，这种宪法在实际政治生活中很少得到认真执行。

罗文斯坦曾拿宪法和人的衣服相比较，认为在规范宪法国家，宪法规范驾驭着政治过程，权力运行服从于宪法规范，这种国家的宪法犹如“一件合身，而且经常被穿着的衣服”。名义宪法则有点像一件过于宽大而不合身的衣服。在罗文斯坦看来，语义宪法并不是一件衣服，而只是一种化妆。

(二)原生宪法与派生宪法

原生宪法与派生宪法是以宪法内容是否具有原创性为标准而划分的。原生宪法是基于本国的传统和国情，在本国革命和民主运动中产生的宪法，这种宪法具有创造性而非由移植或模仿而来。最为典型的原生宪法是英国宪法和美国宪法，英国宪法创立了议会内阁制，美国宪法创立了三权分立制度。法国宪法也是原生宪法，法兰西第五共和国宪法创立了“半总统、半议会”这样一种复合型制度。苏联宪法则创立了苏维埃制。派生宪法缺乏原创性，主要是模仿其他国家的宪法而来。如中国辛亥革命后制定的《中华民国临时政府组织大纲》，就是模仿美国宪法而制定的；再例如日本宪法的内阁制就是模仿英国宪法而来。

(三)纲领性宪法、确认性宪法与中立性宪法

这是根据宪法的作用和功能来对宪法作的分类，这种分类方法将宪法和国家意识形态联系在了一起。所谓纲领性宪法，是指宪法的内容包括目前尚未实现或正在争取实现的内容，这种宪法规定了未来奋斗的纲领，而奋斗纲领往往反映了一个国家的意识形态。如苏联 1936 年宪法和我国 1954 年宪法，都是纲领性宪法。所谓确认性宪法，是指宪法内容主要是对已有成果的确认，基本不涉及未来的奋斗目标。所谓中立性宪法，是指宪法只规定政府组织等内容，而不规定意识形态。

(四)实质意义上的宪法与形式意义上的宪法

这是根据宪法的本质和精神，依据在政治生活运行中发挥宪法作用的实际规范来进行的分类。所谓实质意义上的宪法就是指，凡是能够约束国家权力，保障公民权利，起实际宪法作用的法律规范，不论其是否是成文宪法典，也不论其名称是否是宪法，只要是实际发挥着宪法的规范作用，规范了国家权力的运行，这些规范就具有宪法的意义，是实质意义上的宪法，也称为立宪意义的宪法。实质意义上的宪法可能是宪法典、宪法性法律、宪法解释、宪法判例以及宪法惯例，等等。所谓形式意义上的宪法，是指以宪法典等成文宪法形式表现出来的宪法类型，不论其名称是否为“宪法”，只要其表现形式是比较完备的宪法典，即可归属于形式意义上的宪法。例如，德国基本法，虽然名称不是宪法，但也属于这种宪法类型。形式意义上的宪法的特点在于，宪法的表现形式较为集中。

三、马克思主义的宪法分类

随着无产阶级国家政权的建立，无产阶级国家的宪法也随之产生。由于无产阶级政权及其赖以存在的经济基础完全不同于资产阶级政权及其赖以存在的经济基础，因而无产阶级国家的宪法与资产阶级国家的宪法之间也必然存在着本质的区别。因此，马克思主义宪法学也有自己对宪法的分类方法和标准。

（一）社会主义宪法与资本主义宪法

这是根据宪法所赖以产生和存在的经济基础的性质以及国家政权的性质进行的分类。所谓社会主义宪法，又称无产阶级宪法，是指建立在社会主义公有制基础之上和确认人民当家做主的宪法。社会主义宪法建立在生产资料社会主义公有制基础之上，为社会主义经济制度服务，并公开确认无产阶级在整个国家中的领导作用。所谓资本主义宪法，又称资产阶级宪法，是指建立在资本主义私有制基础之上和确认资产阶级专政的宪法。资本主义宪法建立在生产资料私有制基础之上，为资本主义的经济制度服务，确认和保护资产阶级专政。

根据历史唯物主义原理，经济基础决定上层建筑。当今世界存在两种不同的经济所有制，一种是资本主义私有制，一种是社会主义公有制。同这两种经济所有制相对应，世界上也有两种不同类型的国家制度，一种是资本主义类型的国家制度，一种是社会主义类型的国家制度。宪法作为国家的根本大法，属于一定经济基础之上的上层建筑，其本质必然受国家经济制度的影响。故根据宪法赖以存在的经济基础的不同，可以将宪法分为两种最基本的类型：一种是社会主义类型的宪法，一种是资本主义类型的宪法。这种分类方法最鲜明的特点在于，一目了然地揭示了宪法的阶级本质，反映了宪法的阶级属性，有利于人们对宪法的科学认识。

（二）现实的宪法与法定的宪法

这是以宪法是否与现实情况相一致为标准对宪法进行的分类。所谓现实的宪法，又称事实的宪法或真正的宪法，是指一个国家的宪法反映了现实的社会经济和政治关系，以及现实的政治力量对比关系。所谓法定的宪法，又称成文的宪法，是指统治阶级通过法定程序制成的书面形式的宪法。这种宪法未必能够反映真实的社会经济和政治关系，也不一定反映现实的政治力量对比。

列宁曾经指出，当法律同现实脱节的时候，宪法是虚假的，当它们是一致的时候，宪法便不是虚假的。在列宁看来，现实的宪法决定法定的宪法的性质和内容，只有当法定的宪法真实地反映现实的经济、政治关系，与现实的宪法相一致，才能符合社会发展要求和广大人民的愿望，法定的宪法才是真实的。

四、其他宪法分类

除上述宪法分类外，不同国家的宪法学者在不同时期还提出了其他许许多多宪法分类方法和标准，大致有：

1. 以宪法制定时代为标准,将宪法分为古代宪法、近代宪法与现代宪法。

2. 以国家政体为标准,将宪法分为君主宪法与共和宪法、议会内阁制宪法与总统制宪法、三权宪法与五权宪法。

3. 以国家结构形式为标准,将宪法分为单一宪法与联邦宪法、分权宪法与集权宪法。

4. 以国家代表机关的组成为标准,将宪法分为一院制宪法、两院制宪法与三院制宪法。

5. 以构成宪法文件的多寡为标准,将宪法分为单一文件宪法与复式文件宪法。

6. 以宪法有无序言为标准,将宪法分为有序言的宪法与无序言的宪法。

7. 以宪法的适用时期为标准,将宪法分为平时宪法与战时宪法。所谓平时宪法,就是指在正常时期或和平时期适用的宪法。所谓战时宪法,就是指在战争时期或紧急状态期间适用的宪法。平时宪法与战时宪法相比较,它的特点是,规定的内容和结构都比较全面、周密,公民的自由和权利能够得到比较全面的保障。在战时宪法期间,由于战争或紧急状态正在进行之中,国家经常需要采取一些断然措施,故公民的自由和权利可能受到一定的限制。当然,即便是战时宪法期间,公民最基本的权利也还是需要保障的,不能随便克减。

第五节 宪法的发展历史

一、国外宪法的产生和发展

当今意义的宪法,是产生于近代西方世界的。西方封建社会后期,由于资本主义生产关系的发展,加上启蒙思想家理论和学说的影响,在资产阶级革命过程中和革命胜利后,各国纷纷制定宪法,建立了与封建社会完全不同的国家机构和政治制度。从此,世界历史开启了一个全新的民主宪政时代。

(一)英国宪法的产生和发展

英国是近代宪法萌芽之地,也被称为近代宪法之母。在英国封建社会后期,随着资本主义生产关系的发展,资产阶级与封建国王进行了一系列的斗争,通过斗争,国王的权力被一步步的压缩和控制,国家权力日益转移到新兴的资产阶级手中,并日益得到规范的行使和运用。在英国宪法产生的过程中,有一个明显的特点就是,封建势力与新兴资产阶级既相互斗争,又相互妥协。正是因为这一特点,英国宪法的产生和形成也经历了一个相当长的历史时期。

众所周知,英国宪法是不成文宪法,所谓英国宪法,并没有一部统一的宪法典,而是由一系列颁布于不同时期的宪法性法律文件和在历史发展过程中逐步形成的宪法惯例、宪法判例共同构成的。这些宪法性法律、宪法惯例、宪法判例经过时间的沉淀,积累了若干原则和精神,孕育出了近代世界宪法。

一般认为,英国最早的宪法性法律文件是1215年的《自由大宪章》,该宪章已经蕴含了王权的有限性原则和社会的法治精神。

到1628年的《权利请愿书》,已经明确表达了议会应在四个方面对国王的权力施加约束。一是未经议会同意,不得强迫任何人缴纳贡金、借款、租税等;二是未经法律程序,不得逮捕、监禁、流放任何人或剥夺其财产;三是在普通居民家中,不得专断地违法派驻军队,不得按战时戒严法令审讯和处罚普通居民;四是在每一个案件中,任何人不得干预或终止案件的审讯过程,或者通过建立临时法庭进行审判。

1679年的《人身保护令》,是针对有关机构和个人在司法活动中不能切实保障人们之自由等情况,为使人民自由之保障更为妥善并取缔海外之监禁而制定,其中规定,除特殊情况外,被逮捕的个人及其亲友有权要求法院发出拘票,看守所长和典狱官在接到拘票后的24小时内必须将犯人移交法院并申报逮捕理由。法院在审核这些理由后应决定将被捕者释放、交保释放或是继续羁押。对违反这些规定的司法人员应课以罚金。

1689年,"光荣革命"后,英国议会制定了人类历史上第一部《权利法案》(全称《国民权利与自由和王位继承宣言》,英文为 *An Act Declaring the Rights and Liberties of the Subject and Settling the Succession of the Crown*),该《权利法案》确认:

1. 凡未经国会同意,以国王权威停止法律或停止法律实施之僭越权力,为非法权力。

2. 近来以国王权威擅自废除法律或法律实施之僭越权力,为非法权力。

3. 设立审理宗教事务之钦差法庭之指令,以及一切其他同类指令与法庭,皆为非法而有害。

4. 凡未经国会准许,借口国王特权,为国王而征收,或供国王使用而征收金钱,超出国会准许之时限或方式者,皆为非法。

5. 向国王请愿,乃臣民之权利,一切对此项请愿之判罪或控告,皆为非法。

6. 除经国会同意外,平时在本王国内征募或维持常备军,皆属违法。

7. 凡臣民系新教徒者,为防卫起见,得酌量情形,并在法律许可范围内,置备武器。

8. 国会议员之选举应是自由的。

9. 国会内之演说自由、辩论或议事之自由,不应在国会以外之任何法院或任何地方,受到弹劾或讯问。

10. 不应要求过多的保释金,亦不应强课过分之罚款,更不应滥施残酷非常之刑罚。

11. 陪审官应予正式记名列表并陈报之,凡审理叛国犯案件之陪审官应为自由世袭地领有人。

12. 定罪前,特定人的一切让与及对罚金与没收财产所做的一切承诺,皆属非法而无效。

13. 为申雪一切诉冤,并为修正、加强与维护法律起见,国会应时常集会。

《权利法案》之后,还有1689年的《议会法》、1701年的《王位继承法》、1832年的《选举改革法》,等等。

所有这些法律文件,连同宪法判例、宪法惯例一起,建立起了英国的议会共和制,形成了英国的议会民主,确立了英国的议会主权和议会至上。从此,国王失去了专制君主的独断权力,变成了事实上的虚君。这个君主不再像以往一样大权在握,而只是英国的一个精神象征。

(二)美国宪法的产生和发展

如果说英国宪法的产生主要还是就其精神实质而言的话，或者说，英国宪法的产生只是奠定了近代宪法的精神和实质内容，而没有形成完备的宪法形式的话，那么，美国宪法的产生，则使宪法无论在内容上还是形式上，都发展得比较完备，为宪法日后在世界范围内的传播和发展构建了一个基本的框架。

美国是世界上最早制定成文宪法的国家，美国宪法是世界上第一部成文宪法。18世纪后期，北美13个殖民地为摆脱宗主国的殖民统治，联合起来与英国进行了一场独立战争。1776年，这些殖民地宣布独立，并发布了著名的《独立宣言》。《独立宣言》开宗明义地宣称，人人生而平等，造物者赋予他们若干不可剥夺的权利，其中包括生命权、自由权和追求幸福的权利。为了保障这些权利，人类才在他们之间建立政府，而政府之正当权力，是经被治理者的同意而产生的。当任何形式的政府对这些目标具破坏作用时，人民便有权力改变或废除它，以建立一个新的政府。

宣布独立后不久，大陆会议便着手制定北美联合的框架文件。1777年11月19日，大陆会议通过了《邦联条例》(全称《邦联和永久联合条例》，英文为：*Articles of Confederation and Perpetual Union*)。这一条例是筹建十三个州统一政府的第一个正式文件。根据该条例，设立一个邦联国会，每个州都可以派若干代表参加，各州不论人口多少，在国会中都享有一票表决权，国会通过重大事项均需要九票赞成才能通过，对条例的修改则需要十三个州一致同意。在《邦联条例》框架下，各州保留了很大的独立性，各州享有征税、征兵和发行纸币的权力。作为中央政府的联邦国会则只享有宣战和媾和、派遣对外使节、掌管邮政、确定度量衡标准、调整各州关系等权力。国会无权征税，只能向各州募集款项，国会也无权管制外贸、建立全国法庭或强制实施自己的命令。这一时期，各州俨然就是独立的国家，美国还不是一个真正的国家，而只能说是一个由十三个独立国家组成的联盟。而且，由于一些州不愿意压缩自己的统治权，《邦联条例》直到1781年才最后由十三州全体批准并生效。1781年3月1日，随着马里兰州的正式批准，《邦联条例》开始正式生效。

独立战争胜利后，美国并没有进入人们希冀的理想状态中，相反，胜利后的美国充满危机。新独立的各州各自为政、相互提防、相互猜疑、互设贸易壁垒，等等。因为根据《邦联条例》成立的美利坚合众国在许多原则问题上含混不清。其中最严重的问题就是，美利坚合众国究竟是一个主权国家，还是一个由十三个主权国家组成的联合体？这就使得邦联机构缺少必要的权威和手段，无法统筹全美事务。鉴于这种局面，为消除北美大陆的危机，独立各州决定派代表到费城召开闭门会议，修改《邦联条例》。因为在他们看来，问题就出在《邦联条例》上。然而，会议召开后，代表们很快发现，若要维持原来的邦联框架，就无法实现预期目的，若要实现预期目的，就必须突破此前的邦联框架，建立一个能有效管理北美事务的全国性政府。顺着这一思路，会议代表们将修改《邦联条例》的会议变成了事实上的制宪会议，制定出了一部全新的美利坚合众国宪法。该宪法最初是着眼于建构美国中央政府，总共才7条。第1条是关于立法的，第2条是关于行政的，第3条是关于司法的，第4条规定各州与联邦的关系，第5条规定宪法修改程序，第6条规定宪法的地位，第7条规定宪法的生效。

就是这样一部短小精悍的宪法，对即将成立的美国联邦政府体制作出了堪称精密的设计。该宪法秉持这样一种理念，即：既需要一个力量强大的有效政府，又要求必须是保护人民权利的限权政府，从而使政府的权力被界定在宪法许可的范围之内。在美国的政府体制中，存在着双重分权制衡。正如麦迪逊和汉密尔顿所认为的那样，在制宪会议所构建的政府体制中，人民交出的权力首先分给两个不同的政府行使，即州政府和联邦政府，然后又把各政府分得的那部分权力再分给几个分立的政府部门。两个政府将互相控制，同时各政府又自己控制自己。前一种分权和控制就是联邦制，它体现为联邦主义原则，后一种分权和控制就是各政府内部的分权制衡，即实行立法权、司法权和行政权之间的分权和制衡。

由于美国宪法最初缺乏公民权利的内容，宪法生效实施后不久，1791 年就通过了 10 条宪法修正案，该宪法修正案对人权和公民权作了比较系统的规定，通常称为“权利法案”。包括这个权利法案在内，迄今为止，美国宪法总共才有 27 条宪法修正案。由此可见，在美国宪法中，人权和公民权利的分量。

（三）法国宪法的产生和发展

法国是欧洲大陆第一个制定成文宪法的国家。1789 年以前的法国尚没有近代意义的宪法，此前的法国是一个等级制社会，第一等级是教士，第二等级是贵族，第三等级为中下层人员，包括资产阶级、工人和农民。1789 年 5 月，国王路易十六因财政危机下令召开三级会议。后来，第三等级代表退出三级会议，自行组成国民议会，并进而宣布为制宪会议。8 月 26 日，制宪会议通过了《人权宣言》（全称为《人权和公民权利宣言》）。《人权宣言》由序言和正文组成，共 17 个条文，提出了资产阶级的基本主张，其核心是保障人权。

《人权宣言》是法国历史上第一部宪法性文件，尽管它不是一部完整意义上的宪法，但该宣言的制定标志着法国制宪活动的开始，是法国近代宪政史的开端。《人权宣言》体现了资产阶级启蒙思想家特别是卢梭和孟德斯鸠的政治法律思想，在法国乃至世界宪政史上都占有非常重要的地位。它不仅提出了资产阶级革命纲领，还有力推动了法国大革命，成为法国乃至世界历史上划时代的历史事件。

1791 年 9 月 3 日，法国通过了其历史上第一部宪法——《法兰西王国宪法》（即《1791 年宪法》）。该宪法在结构上分为两大部分：宪法序言和宪法正文。该宪法以《人权宣言》作为序言，由此可见其对人权的重视程度。作为大革命后的第一部宪法，《1791 年宪法》对法国后来的宪法和其他国家的宪法均有一定的影响。

此后，法国历史上又出现了《1793 年宪法》、《1795 年宪法》、《1799 年宪法》、《1801 年宪法》、《1803 年宪法》、《1814 年宪法》、《1815 年帝国宪法补充条款》、《1830 年宪法》、《1848 年宪法》、《1852 年宪法》、《1870 年宪法》、《1875 年宪法》、《1946 年宪法》和《1958 年宪法》。

其中，比较有代表性的是《1793 年宪法》、《1848 年宪法》和《1958 年宪法》。《1793 年宪法》又称《雅各宾宪法》，是法国第一部比较完整地体现资产阶级的政治要求，并在一定程度上反映了小资产阶级、工人和农民利益的宪法。这部宪法虽未付诸实施，但它所包含的资产阶级民主原则,在许多国家产生了深远影响。1848 年宪法是巴黎工人六月起义失败后资产阶级共和派所控制的立宪会议为巩固资产阶级专政而制定的宪法。它所建立的国家机构具有现代资产阶级民主共和国政体的许多特点。

《1958 年宪法》,又称《法兰西第五共和国宪法》、《戴高乐宪法》,亦即法国现行宪法。这部宪法在序言中重新确认了《人权宣言》规定的原则,反映了戴高乐的一贯思想。该宪法大大削弱了议会的权力,扩大了总统的权力,使法国现行政体兼具议会制和总统制的特色,被称为半总统半议会制。

(四)德国宪法的产生和发展

1871 年,德国完成民族统一,成立了德意志第二帝国,为宪法的制定提供了政权基础。同年 4 月,德国公布了第一部全德宪法,即《德意志帝国宪法》。《德意志帝国宪法》是一部钦定宪法,保存了很多封建因素,但它的颁布对德国社会是一大进步,对德国乃至亚洲国家都产生了深远的影响,日本明治宪法就有这部宪法的影响因素。

1919 年 1 月,第一次世界大战后的德国,制定了一部新的宪法,即《德意志共和国宪法》,因该宪法在魏玛制定,又称《魏玛宪法》。《魏玛宪法》全文共 181 条,分两编,规定了个人的各种基本权利,尤其是社会权利,开创了宪法新风尚,因此通常被看作是现代宪法的开端。

希特勒上台后,建立了法西斯独裁统治,《魏玛宪法》名存实亡。

第二次世界大战后,德国被一分为二。联邦德国于 1949 年 5 月 8 日通过了《德意志联邦共和国基本法》,该法于 1949 年 5 月 23 日生效。《德意志联邦共和国基本法》一定程度上继承了《魏玛宪法》的传统,保留了《魏玛宪法》的许多内容。

《德意志联邦共和国基本法》制定之初只在联邦德国有效,之所以用"基本法"作为名称就是要表明该法的临时意味,目的在于待德国统一后再制定全德统一的宪法。1990 年 10 月 3 日,德国重新统一。由于德国统一实质上是采用民主德国加入联邦德国的方式实现的,这样一来,《德意志联邦共和国基本法》就顺理成章地成为统一后的德国宪法。

(五)日本宪法的产生和发展

明治维新之后,日本逐步走上了近代法治道路。迫于各方压力,天皇于 1875 年 4 月 14 日颁布诏书,表示要逐渐确立国家的立宪政体。1882 年 3 月,天皇派伊藤博文等人赴欧洲考察宪政。伊藤博文受命后,认为英美法的宪法过于自由激进,德国宪法君权赫赫,遂重点考察了德国宪法。结束考察回国之后,伊藤博文即负责宪法起草工作。1889 年 2 月 11 日,天皇颁布了这部名为《大日本帝国宪法》的法律。1890 年,日本议会正式通过该宪法,并决定于同年 11 月 29 日生效。

日本宪法是亚洲第一部宪法。该宪法的颁行是对日本明治维新的一次总结,也是日本近代化的重要标志。

第二次世界大战后,作为战败国的日本,在战胜国尤其是美国的主导下,制定了 1946 年《日本国宪法》,该宪法于 1946 年 11 月 3 日公布,1947 年 5 月 3 日起生效。

1946 年的日本宪法将原来明治宪法的君主立宪制改成了议会内阁制,并将过去的君主主权改成了人民主权，大大提高了国民地位，强化了国民权利。尤其需要说明的是，这部宪法吸取第二次世界大战的教训，在第二章中规定了日本放弃战争、不维持武力、不拥有宣战权等内容。因此，这部日本国宪法也被称为和平宪法。

二、旧中国宪法的产生和发展

（一）晚清政府的立宪活动

西方宪法传入中国，是晚清政府时期的事情。清政府后期，不少有识之士开始将视野投向世界。林则徐率先提出“睁眼看世界”，他还请人翻译介绍西方著作。1836 年，《世界地理大全》刚在伦敦出版，林则徐便请人译成中文，并在此基础上编成了《四洲志》。即便鸦片战争失败后被发配到伊犁，他还委托好友魏源完成了《海国图志》的编纂工作。在《海国图志》一书中，不仅介绍了西方的历史和地理，还涉及了西方的法律制度，并对美国的民主共和制有所介绍。

19 世纪 60 年代，江南制造局专设翻译馆。传教士傅雅兰大量翻译西方著作，其中有不少法学著作。林乐知、舒高第等人翻译的《美国宪法纂释》，更是让西方的宪法观念在中国得到广泛传播，并成为后来中国立宪运动的必备参考书。

到 19 世纪末，清政府受形势所迫，开始设立宪政编查馆。1905 年，清政府又派载泽、戴鸿慈、徐世昌、端方、绍英五大臣出洋考察宪政。1906 年，清帝明谕预备立宪。1908 年，宪政编查馆草就《宪法大纲》，并附有《臣民权利义务》、《议院法要领》、《选举法要领》及《九年立宪计划》。光绪皇帝谕裁公布，此即《钦定宪法大纲》。同年，清政府还颁布了《咨议局章程》，并诏令各省召集咨议局。由于议员需要选举，这便成了国人享有选举权和被选举权之开端。

1911 年，辛亥革命爆发后，清政府为骗取舆论，挽救危亡，仅用 3 天时间即议决《宪法重大信条十九条》（简称《十九信条》），并告太庙，举行仪式正式公布。然而，这一切为时已晚，已经无法改变清政府覆灭的命运。

（二）南京国民政府的立宪活动

辛亥革命胜利后，南方各省随即在南京成立了中华民国临时政府。1911 年 12 月 3 日，由各省都督府代表联合会通过了《中华民国临时政府组织大纲》。这是中华民国第一部具有宪法性质的法律文件。

1912 年 1 月 1 日，中华民国政府宣告成立，孙中山先生在南京就任临时大总统。此后，南北议和达成，清帝下诏退位，辛亥革命的胜利果实被袁世凯窃取，孙中山先生辞去临时大总统职务，由袁世凯继任。

为约束袁世凯的政治野心，迫使袁世凯走上民主共和道路，以孙中山先生为首的资产阶级革命派，在孙中山先生辞去临时大总统职务前，赶制了一部《中华民国临时约法》。《中华民国临时约法》1912 年 3 月 8 日由南京临时参议院通过，3 月 11 日，由孙中山先生公布实施，正式取代《中华民国临时政府组织大纲》。该法有总纲及人民、参议院、临时大总统、副总统、国务员、法院、附则 7 章 56 条。其要点有二：一是确立资产阶级民主共和的国家制度，二是确认了国民广泛的公民权利和政治权利。

1912年3月10日，袁世凯在北京宣誓就任临时大总统，国家政治中心移往北京。

（三）北洋军阀的立宪活动

袁世凯就任中华民国临时大总统后，中国进入北洋军阀统治时期。这一时期，北洋军阀可谓是“你方唱罢我登台”。但无论是谁，其目的都是试图以武力为后盾，实行专制统治。宪法只是他们的合法外衣和遮羞布而已。综观这一时期的宪法文件，主要有以下一些：

1913年10月31日，由国会宪法起草委员会草拟的《中华民国宪法草案》(因在天坛起草，也称《天坛宪草》)，迫于袁世凯阻挠的原因，全部草案于一天之内三读通过。三天后，袁世凯下令撤销国民党议员的议员资格。这部宪法草案永远成为了草案。

1914年，根据袁世凯授意成立的约法会议议决《中华民国约法》，这部约法将总统的权力扩大到了几乎接近皇帝的地步。

袁世凯死后，直系军阀曹锟用武力迫使黎元洪下台，接着又以每票5000大洋的价格贿赂议员选举他为总统。为了给自己披上合法外衣，他又以恢复法统的名义，炮制了一部宪法，即《中华民国宪法》。这部宪法由前两部宪法拼凑而来，目的在于用根本法的形式确认其军阀专制统治，因该宪法由贿选而来，因而也被称为“贿选宪法”，但它是旧中国第一部正式出台，并以宪法命名的国家根本法。

1925年12月，在段祺瑞的主导下，国宪起草委员会三读通过了一部《中华民国宪法草案》。按照段祺瑞政府制定的制宪程序，宪法应由国民代表会议进行审议和通过，但直到段政府跨台也没能召开国民代表会议，故该宪法草案亦只是草案而已。

（四）国民党政府的立宪活动

1925年，孙中山先生去世。孙先生为反对袁世凯等北洋军阀政府而在广州另组的广州政府亦改组为国民政府。大元帅既殁，国民政府遂改采委员会制。1926年，蒋介石任国民革命军总司令率军北伐。1928年，张学良易帜，战事结束，国家统一基本实现。

北伐战争胜利后，北洋军阀的统治宣告结束，以蒋介石为首的国民党在南京组织了国民政府。孙中山先生的“五权宪法”思想也开始付诸践行。

1931年5月12日，国民政府颁布《中华民国训政时期约法》。该法有8章共89条，蕴涵的主要思想是宣告军政时期结束，中国开始进入训政时期。这部法律一直实施到抗日战争结束，才被新的法律取代。

1931年“九一八”事变发生后，国民政府迫于抗日民主运动的压力，于1932年底通过了制宪决议。1933年初，国民政府立法院开始着手《中华民国宪法草案》的起草工作。1934年宪法草案完成。1936年5月5日，中华民国宪法草案公布，此即《五五宪草》。该宪法草案因未能召开国民代表大会审议通过而尚未成为正式宪法。这年底，发生“西安事变”，第二年即爆发全面抗战。

1945年，抗战胜利后，国共两党在重庆举行了和平谈判，签订了“双十协定”，但随后国民党政府撕毁协定，发动全面内战，并召开没有共产党和其他民主党派参加的国民大会，于 1946 年底通过了《中华民国宪法》，1947 年 1 月 1 日公布，1947 年 12 月 25 日开始施行。这就是国民党政府的《中华民国宪法》。该宪法有 14 章共 175 条，确立了总统制的政治体制，并根据孙中山先生的五权宪法思想设立了立法、行政、司法、考试和监察五院制的国家机关体系，这种机关体系在我国台湾地区一直沿用至今。

三、新中国宪法的产生和发展

新中国成立前夕，在尚不具备普选条件的情况下，中国共产党邀请各民主党派、人民团体、人民解放军、各地区、各民族代表及海外侨胞代表共 635 人，在北京召开了第一届中国人民政治协商会议，共商国是，讨论建国方针，会议于 1949 年 9 月 29 日通过了《中国人民政治协商会议共同纲领》。《中国人民政治协商会议共同纲领》包括序言及总纲、政权机关、军事制度、经济政策、文化教育政策、民族政策和外交政策，共 7 章 60 条，内容涵盖国家性质和任务、政权组织原则、公民权利义务等。在新中国成立之初，人民代表大会召开之前，该《共同纲领》起到了临时宪法的作用，是新中国第一部宪法文件。

新中国成立以后，我国共制定颁布过四部宪法，分别是“五四宪法”、“七五宪法”、“七八宪法”和“八二宪法”。

（一）1954 年宪法

新中国成立后，在中国共产党的英明领导下，经过全国各族人民的共同努力，《共同纲领》得到了全面的贯彻实施，整个国家发生了巨大的变化，民主革命遗留的任务已经基本完成。面对新形势，1952 年 12 月 24 日，在中国人民政治协商会议第一届全国委员会常务委员会第 43 次会议上，周恩来代表中共中央提议由政协向中央人民政府建议，于 1953 年召开全国人大和地方各级人大，并开始进行起草选举法和宪法草案等准备工作。[①] 1953 年 1 月 13 日，中央人民政府委员会第 20 次会议通过了《关于召开全国人民代表大会和地方各级人民代表大会的决议》，开始筹备制宪工作。1953 年 2 月《中华人民共和国选举法》颁布后，通过中国历史上第一次全国规模的普选，选出了基层代表 566.9 万人，全国人大代表 1226 人，[②]这就为召开全国人大、制定宪法准备了必要的条件。

1954 年 1 月至 3 月，毛泽东同志亲率宪法起草小组，赴杭州起草宪法。在毛泽东同志的主持下，宪法起草小组广泛参阅中外宪法文件，特别是苏联等社会主义国家的宪法文件，完成了宪法草案的起草工作。宪法起草委员会随后通过各种形式，在不同范围内广泛征集意见，反复进行修改，最后形成了提交第一次全国人民代表大会审议讨论的《中华人民共和国宪法草案》。1954 年 9 月 15 日，在第一届全国人大一次会议上，中共中央副主席刘少奇代表宪法起草委员会作《关于中华人民共和国宪法草案的报告》，1000 多位全国

---

① 中共中央文献研究室：《周恩来年谱（1949～1976 年）》（上卷），中央文献出版社 1997 年版，第 274 页。

② 中华人民共和国国务院新闻办公室：《中国人权发展 50 年》，2000 年 2 月。

人大代表又进行了认真的讨论。20日，会议以无记名投票方式，一致通过了《中华人民共和国宪法》，由大会主席团予以公布实施。

1954年宪法是新中国诞生后的第一部宪法，包括序言和总纲、国家机构、公民的基本权利和义务、国旗国徽首都4章共106条。1954年宪法通过是新中国的一件大事，得到了全国人民的广泛拥护和普遍称赞。该宪法的通过，对巩固人民民主专政、促进社会主义经济建设、团结全国各族人民进行社会主义革命和建设，都发挥了积极的推动和保障作用。但由于受过渡时期历史条件的局限，1954年宪法也存在一些不足，这部宪法还不具备完全的社会主义性质，而是一部过渡时期的宪法。毛泽东同志曾说，这部宪法“是社会主义类型的宪法，但还不是完全社会主义的宪法，它是一个过渡时期的宪法”①。正因为如此，1956年我国社会主义三大改造完成以后，这部宪法就表现出其与社会实践的不相适应。

（二）1975年宪法

1957年反右斗争开始后，我国社会主义法制逐渐遭到破坏，进入“文化大革命”以后，更是表现出法律虚无主义，本该早就提上议事日程的宪法修改工作也一拖再拖。

1970年3月8日，毛泽东同志提出召开四届全国人大和修改宪法的建议，同时提出改变国家体制、不设国家主席的建议。次日，中共中央政治局根据毛泽东同志的意见，开始了修改宪法的准备工作。同年8至9月召开的中共九届二中全会专门讨论了修改宪法问题，就是否设置国家主席问题进行了激烈讨论。1975年1月，中共十届二中全会决定将中共中央政治局常委张春桥主持修改的《中华人民共和国宪法修改草案》提请全国人大讨论。1975年1月17日，四届全国人大一次会议通过对宪法的修改。

1975年宪法的格式与1954年宪法基本相同，但修改后的宪法总共只有30条，这部宪法继承了《五四宪法》关于国家基本制度的规定，确认了我国已经进入社会主义的历史事实，并首次写入我国外交的和平共处五项原则。但“1975年的宪法，是在那种很不正常的条件下制定出来的。这个宪法对于很多需要认真规定的东西，都过于草率”②。因此可以说是一部存在严重缺陷的社会主义宪法。

（三）1978年宪法

粉碎“四人帮”以后，“文化大革命”结束，我国社会主义革命和社会主义建设进入了一个崭新的时期，形势的发展要求对宪法作出进一步的修改。1977年，中共中央副主席叶剑英主持了这次宪法的修改工作。在修改草案起草过程中，反复征求了党内外广大干部群众的意见，于1978年2月形成了提交全国人大审议的正式草案。1978年3月5日，第五届全国人大一次会议通过了对宪法的修改。

1978年宪法恢复了1954年宪法曾经规定而被1975年宪法取消的一些国家机关及其职能，丰富了公民的权利义务体系，还明确提出了统一台湾的历史任务。应当说，该宪

---

① 中央档案馆：《共和国五十年珍贵档案》（上册），中国档案出版社1999年版，第323页。

② 《胡乔木文集》（第2卷），人民出版社1993年版，第512页。

法在一定程度上纠正了1975年宪法的错误，恢复了1954年宪法的许多正确内容，但由于当时各项拨乱反正工作正在进行之中，许多问题尚来不及澄清，对极“左”错误的认识也不够深入，故还只是一部不够完善的宪法。如该宪法在序言中依然坚持“以阶级斗争为纲”和“无产阶级专政下继续革命”的指导思想，甚至肯定了“文化大革命”的成绩，在地方国家机关中，也保留了“革命委员会”的称谓。

（四）1982年宪法

1980年9月，第五届全国人民代表大会第三次会议接受中共中央的修宪建议，决定成立宪法修改委员会。1980年9月15日，宪法修改委员会第一次会议召开，到1982年12月4日第五届全国人民代表大会第五次会议通过对宪法的修改，这次宪法修改工作历时2年零2个多月。

在进行大量调查研究并广泛征集各方面对宪法修改意见的基础上，1982年2月，宪法修改委员会提出《中华人民共和国宪法修改草案》讨论稿，面向社会征求意见。1982年11月23日，宪法修改委员会第五次会议通过了宪法修改草案，决定提交第五届全国人民代表大会第五次会议审议通过。据统计，出席第五届全国人民代表大会第五次会议的3040名全国人民代表大会代表（占全国人民代表大会代表总数3421名的88.86%），以3037张的压倒多数赞成票通过了新的宪法，只有3人因对个别地方有不同意见，投了弃权票，这本身也说明了这次宪法的通过真正发扬了民主。①

1982年宪法是我国现行宪法，除序言外，正文有4章共138条。该宪法以中国共产党1981年通过的《关于建国以来党的若干历史问题的决议》和1982年召开的中国共产党第十二次全国代表大会的文件为重要的依据，继承和发展了1954年宪法的基本原则，全面总结了新中国成立以来正反两方面的经验教训，规定了国家的根本任务和发展措施，是新时期治国安邦的总章程。

1982年宪法通过以后，迄今为止通过了4次共31条宪法修正案。

1988年4月12日，第七届全国人民代表大会第一次会议对宪法进行了第一次修改，这次宪法修正案共2条，主要内容是国家允许私营经济在法律规定的范围内存在和发展，允许国有土地使用权转让。

1993年3月29日，第八届全国人民代表大会第一次会议对宪法进行了第二次修改，这次宪法修正案共9条，内容涉及宪法序言和国家经济制度等，并将县级人民代表大会代表的任期由3年改成了5年。

1999年3月15日，第九届全国人民代表大会第二次会议对宪法进行了第三次修改，这次宪法修正案共6条，主要内容有：确立邓小平理论的指导思想地位；规定我国实行依法治国，建设社会主义法治国家；经济制度和分配制度；将“反革命活动”修改为“危害国家安全的犯罪活动”。

2004年3月14日，第十届全国人民代表大会第二次会议对宪法进行了第四次修改，这次宪法修正案共14条。此次修宪是1982年宪法实施以来修改幅度最大的一次，这次

① 王向明：《宪法若干理论问题的研究》，中国人民大学出版社1983年版，第13页。

修改全面反映了党的十六大理论创新成果，并在宪法中写进了“国家尊重和保障人权”，使我国宪法变得更加完善。

【思考题】

1. 如何理解宪法的本质？
2. 宪法与主权国家之间是否应该建立一一对应的关系？
3. 浅析区分规范宪法、名义宪法、语义宪法的意义。
4. 试述北洋军阀统治时期宪法变动频繁的原因。

第二章 宪法的价值

宪法的价值大体上可以分为两个层次：第一层次为，保障人权和公民权，规范国家权力运行；第二层次为，促进社会和谐、国家昌盛、经济发展。

第一节 宪法价值概述

一、价值与法律价值

价值是一个难有定论的概念，马克思认为："Value，Valeur，这两个词表示物的一种属性。的确，它们最初无非是表示物对人的使用价值，表示物对人有用或使人愉快等等的属性。……实际上是表示物为人而存在。"①依据这个说法，价值包括以下几层含义：其一，价值是个关系的范畴，表示客体能够满足主体的需要；其二，价值是一个积极的关系范畴，表示客体对主体有积极的、正向的作用，而不是消极的、不利的作用；其三，价值是一个以主体为中心的范畴，虽然价值表示的是个关系的范畴，但是主体和客体的地位并不是相等的，客体的特点和属性只有对主体有积极的作用时才能称之为价值，价值的存在与否取决于主体的需要；其四，价值是客体在服务主体的过程中所显现出的属性和特点，所展现的是客体具有的对主体的价值。综上可知，所谓的价值就是"作为主体的人和作为客体的外界物的关系中表现出来的客体对主体的效应"②。

法律是人的行为规范，其作用的对象是人，规范的是人的行为，有学者认为"法的价值是标志着法律与人关系的一个范畴，这种关系就是法律对人的意义、作用或效用和人对这种效用的评价。因此，法的价值这一概念包括以下几个方面的基本含义：第一，法律对人的作用、效用、功能或意义。……第二，人对法律的要求和评价"③。还有学者认为法律的价值应当是比法律的作用和功能更抽象、更形而上的概念："严格意义的法的价值应该是指在法的功能与作用之上的，作为功能与作用之目的的目标与精神存在。只有法基于自身的客观实际而对于人所具有的精神意义或人关于法所设定的绝对超越指向，才是最严格的法的价值。法的价值是以法的物质存在为基础的精神存在，是以法的知识体系为基础的超知识范畴。法的价值是以法与人的关系作为基础的，法对于人所具有的意义和人

① 《马克思恩格斯全集》(第26卷第3册)，人民出版社1974年版，第326页。

② 李龙：《法理学》，武汉大学出版社1996年版，第86页。

③ 严存生：《法律的价值》，陕西人民出版社1991年版，第28页。

关于法的绝对超越指向。"[①]这种观点是很有道理的，因为价值比作用、功能等概念的含义更深刻、更内在。简言之，法的价值就是法对于人所具有的意义和内在的指向，是法对人和社会产生作用与效用的内在原因。

二、宪法价值的历史溯源

宪法是法，当然法的价值理论也适用于宪法，但是宪法还有其不同于一般法的独特之处，宪法是最重要的、最根本的法，宪法的价值也有不同于一般法的价值的独特之处。宪法与一般法的相同之处在于都是人的行为规范，其价值的主体都是人，不同之处在于宪法的内容是对国家最根本、最重要问题的规范，其核心内容是公民和国家之间的关系；宪法的形式在于其效力最高，制定的程序最严格。宪法的这些特点决定了宪法特有的价值。

"历史从哪里开始，思想进程也应当从哪里开始，而思想进程的进一步发展不过是历史过程在抽象的、理论上前后一贯的形式上的反映；这种反映是经过修正的，然而是按照现实的历史过程本身的规律修正的，这时，每一个要素可以在它完全成熟而具有典型性的发展点上加以考察。"[②]马克思的逻辑和历史的辩证统一的思想也是我们分析思考宪法价值的理论武器，我们应当首先研究分析宪法的产生是为了实现什么价值，其历史是怎样的。还原历史的真相，英美法这三个原生性宪法国家的立宪目的是什么？"立宪法、开国会"的价值追求是什么？答案就是保障人民权利。

英国是世界上最早产生宪法的国家，是世界上最早制定宪法性文件并实行宪政的国家。1215 年的《自由大宪章》和 1628 年的《权利请愿书》等法案体现了限制王权、保障权利的基本精神，被认为是英国宪法的组成部分，但是，英国宪法的真正产生和确立是在 1688 年的"光荣革命"后，1689 年的《权利法案》和 1701 年的《王位继承法》最终确立了君主立宪制的宪政体制，世界上最早的宪法得以产生。宪法之所以在英国产生，最直接的原因是工业革命和资产阶级革命。工业革命发源于英格兰，18 世纪中叶，英国人瓦特改良蒸汽机之后，一系列技术革命引起了从手工劳动向动力机器生产转变的重大飞跃。在瓦特改进蒸汽机之前，整个生产所需动力依靠人力和畜力。伴随着蒸汽机的发明和改进，以前依赖人力与手工完成的工作逐渐被机械化生产取代。工业革命是一般政治革命不可比拟的巨大变革，其影响涉及人类社会生活的各个方面，使人类社会发生了巨大的变革，对人类的现代化进程推动起到不可替代的作用，把人类推向了崭新的蒸汽时代。蒸汽机为机械提供了动力，结束了人类对畜力、风力和水力由来已久的依赖。工业革命的经济意义在于大大提高了生产力，政治意义在于促进了资产阶级的产生与壮大。随着资产阶级力量的壮大，资产阶级必然要求取得与自己强大的经济力量相对应的政治权利，并希望建立有利于资本主义发展的政治经济制度，于是冲突不可避免，资产阶级革命一触即发。1215 年《自由大宪章》的一个重要内容就是限制国王的征税权从而保障公民的财产权，国王课征超过惯例的赋税必须召集大议会，征求"全国公意"，1628 年的《权利请愿书》也是在人

---

① 卓泽渊：《法的价值论》，法律出版社 2006 年版，第 49 页。

② 中央编译局：《马克思恩格斯选集》（第 2 卷），人民出版社 1995 年版，第 43 页。

民的抗捐抗税斗争中产生的,《权利请愿书》中提出今后只要未依国会制定的一般性同意,任何人不须承担所谓的赠与、贷付、上纳金、税金及其他类似的负担,并不受强制性约束。《权利请愿书》创制了不承诺课税原则,是对国王征税权的又一次限制。1688年的《权利法案》再一次强调了未经国会同意禁止课税的原则。

简言之,英国宪法产生的最主要的价值就是保障资产阶级的权利,特别是财产权。由于英王和贵族掌握了国家政权和国家机器,而工业革命的新兴资产阶级拥有巨大的财富却没有政治权利和政治地位,这样的财富缺乏保障性,“朝不保夕”的形势迫使资产阶级通过斗争和法律保卫自己的权利特别是财产权,其主要方式是开国会、立宪法。

美国的独立战争起因也和税收有关。1765年,英国通过了《糖税法》、《印花税法》和《茶叶税法》,人民高喊着“要自由,不要印花税”的口号爆发了人民起义,随后召开的纽约议会会议宣称“人民由自己的代表来课税,是每个自由国家的最重要的原则,是人类天赋的人权”。在《权利和不平等条约》中声明:英国国王在美洲的臣民与英国本土的臣民一样,都享有天赋的权利和自由,未经他们本人同意不得向他们征税。征税唯一的合法机构是殖民地议会,而不是英国议会。在1774年又因税收问题引发了“波士顿茶叶案”,第一届大陆会议起草的《权利宣言和怨由陈情书》再次指出只有代表殖民地人民的机构才有权向他们征税。1776年的《独立宣言》中指出纳税而无代表权是暴政,使得“无代议士不纳税”成为美国独立战争的响亮口号。

法国大革命的爆发也与税收有着千丝万缕的联系。路易十四宣称“朕即国家”,具有无限的权力,可以随时制定或修改法律,任意对人民横征暴敛。1787年,国王路易十六要求巴黎高等法院通过一项借款和课征新税的计划,国王的专制和横征暴敛激起了法国人民的反抗,1789年,巴黎市民攻陷巴士底狱,全国掀起了革命热潮,8月26日,宪法制定会议通过了《人权和公民权利宣言》,提出把赋税、征收租税的权力交给人民,并提出了租税平等原则,扩展了租税的权利。

通过上述对英、美、法三国宪法产生历史的简要回顾,我们可以看到三国宪法的目的和价值追求都是“保障权利”,特别是财产权,具体说就是资产阶级的财产权。当然我们也看到三国宪法产生的目的很明确,但是客观上也产生了国家强大和社会发展的效果,这些效果是客观产生的,而不是立宪者当初的目的追求,当时他们还真的没有这么崇高的理想,纯粹是“无心插柳柳成荫”。作为后发的、派生性宪法国家立宪的价值追求却与英美法这三个派生性宪法国家相反,它们的目的直奔主题,那就是“强国”,他们看中的是三国立宪的客观效果而不是其最初的价值追求:保障权利。当然这与后发国家当时所面临的历史现实有关。我国清末的“戊戌变法”和“辛亥革命”本身就是在列强入侵、中国面临“亡国灭种”的历史危急关头的奋力一搏,其最直接、最强烈的目的就是“救亡图存”,看到西方国家因为立宪而强大自然心向往之,希图以“宪法”作为强国之工具,“戊戌变法”和“辛亥革命”希望通过立宪来达到“救亡图存”的目的注定是“南辕北辙”和“缘木求鱼”,因为宪法的内在追求是个人权利的保障,为达此目的需要限制国家权力,但是在民族危急存亡关头,最需要的恰恰是集中全民之力、纪律,而不是个人的自由和权利。

从这种意义上说,戊戌变法和辛亥革命希望通过立宪来达到目的确实是搞错了方向,经过多次挫折失败之后的孙中山于1923年1月29日在《申报》五十周年纪念专刊上发表

《中国革命史》一文，认为革命分为三个时期：军政时期、训政时期、宪政时期，认为骤然实行宪政并不可行，孙中山在1924年借鉴俄共组织模式改组国民党，把一个组织松散的国民党基本上改组成了一个纪律严明、组织严密的党，这是因为孙中山已经认识到立宪及其价值对于革命成功的作用很可能是消极的，"军政、训政、宪政"三阶段理论是孙中山设计的政治路线图，他认为只有革命成功，人民经过训练之后才可能实行宪政。应当说，孙中山的主张有相当的道理，革命战争年代最紧迫的任务是集中力量，尽一切可能"破坏敌人势力"而不是实行宪政。

总之，我们从宪法产生的历史可以看到，宪法的价值和目的在于保障权利，这一点从英、美、法三国宪法产生之时的价值追求中可见一斑，事实证明后发的国家欲用宪法实现革命成功和强国梦想是行不通的，只有革命成功、国家稳定之后，宪法的实行才成为可能，通过保障人权激发人民的积极性和创造性，最终实现国家之强大才有可能。

三、宪法价值的逻辑分析

从英、美、法三个原生性宪法国家宪法产生的历史来看，宪法的价值就在于保障权利，这是宪法首要的、最直接的价值，除此以外，人们经常认为宪法对于促进国家的强大、经济的发展、社会的和谐有重要价值，甚至认为宪法是国家强大的"不二法门"，这些观点并非没有道理，但是我们认为这些都是第二层次的价值，保障权利才是第一层次的价值。

保障公民权利和人权是宪法的首要价值和终极追求也是其本质特征和内在特点，一部宪法如果不具备这些特点和价值那么就不能被称为宪法，或者只能被称为"伪宪法"，如果一部法律能够促进国家的强大、经济的发展、社会的和谐，但是它不保障人权，这样的法律就绝对不是真正意义的宪法，在奴隶制和封建制国家能够促进国家强大甚至迅速扩张的法律制度确实存在，但是它们不能被称为宪法。因此，保障公民权利和人权是宪法第一层次的价值，离开这个价值宪法其他的价值就无法实现，或者说只有通过保障公民权利和人权才可能实现宪法的其他价值。

规范国家权力运行与保障公民权利和人权是一体两面，或者说规范国家权力运行是保障公民权利和人权的必然要求，这如同我们说要保障禾苗的阳光就必须移去遮挡其阳光的物体一样。因此，保障公民权利和人权是宪法首要的和第一层次的价值，规范国家权力运行是与其对应的必然要求。

促进国家强大、经济发展、社会和谐是宪法第二层次的价值。首先，这些价值不是宪法特有的、首要的价值，因为并不是只有宪法才有这些价值，并不是只有宪法才能达到这些目的；其次，通过保障公民权利和人权，人民的积极性和主动性得以发挥，社会秩序得以维护，国家权力得以规范，最终实现促进国家强大、经济发展、社会和谐的目的和价值；最后，促进国家强大、经济发展、社会和谐虽然很重要，但是与公民权利和人权的保障相比，毕竟是第二位的。

因此，我们可以说，宪法的价值大体上可以分为两个层次：第一层次为，保障人权和公民权，规范国家权力运行；第二层次为，促进社会和谐、国家昌盛、经济发展。

第二节 保障公民的基本权利

一、宪法的首要价值:保障公民的基本权利

前文提到,从历史和逻辑两个方面观察和分析可知保障公民的基本权利是宪法的首要价值,这是宪法展开其价值、发挥其作用的起点和基础,也是宪法的终极追求。

1. 宪法的产生就是为了保障公民的基本权利,这是个原生性宪法国家的共同规律。我们已经看到,英、美、法三国在资产阶级革命过程中制定出的宪法,其目的非常明确,那就是保障公民的基本权利,保障每个公民的财产权、生命权、自由权等权利不受肆意的剥夺和限制,这是宪法最初的目标和价值追求。

2. 宪法的内在特点和目的就是保障公民的基本权利,不以保障公民基本权利为目的的宪法不能称为宪法。资产阶级启蒙思想家关于宪法有很多理论,但是保障公民基本权利几乎是这些理论的共同点。现代世界各国普遍认同人民是国家的主人,国家是为人民服务的,国家和国家机关的工作人员应当是为人民服务的"公仆",国家就是应当为保障公民的基本权利而存在,我国 1982 年制定的宪法将"公民的基本权利和义务"置于"国家机构"之前就表明了宪法的价值应当是保证和要求国家机构为公民服务的意蕴。

3. 宪法其他价值的展开、作用的发挥离不开保障公民基本权利这个起点和基础。例如,经济的发展、政治的民主、社会的和谐都必须从保障公民基本权利入手。一个国家实行宪政,严格保护公民的基本权利,就很可能一步步地实现社会各方面的全面发展和进步,当然,如果没有其他条件的配合,仅仅依靠保障公民基本权利也不一定能够实现社会的整体进步,保障公民基本权利并不是社会发展的充分条件,但是它一定是现代社会实现长期、稳定、和谐、可持续发展的必要条件,一个连公民的基本权利都得不到保障的国家不可能实现持续的稳定和长期的发展。换言之,我们如果要使宪法各方面的价值得到充分的实现,就必须首先实现保障公民基本权利这一项价值,否则其他的价值就失去了支撑和着力点。

二、公民基本权利的理论渊源

保障公民基本权利的理论源自人权理论的产生和发展。实际上,公民基本权利和人权往往是相互通用的,人权和公民权利的理论源远流长。

1. 人权的起源。荷马时代,就出现了将权利与法相结合的观念。当时的权利观念所追求的是权利的平等。梭伦改革废除债务奴役制表明人类在追求解放的道路上迈出了第一步。庇昔特拉图改革使平等精神成了权利观念的核心。克利斯梯尼改革进一步增强了公民的平等权意识,伯利克里改革将平等权思想发展到了高峰,确立了古希腊最早的民权思想和一些人权原则。要求实现彻底的平等权利的主张来自于早期智者学派的一些进步人物。近代人权理论的一些基本形式和内容在早期智者学派中是可以找到萌芽的,智者学派关于自然法和自然权利的理论为近代人权理论的产生提供了理论框架和理论形式,亚里士多德的理论则具有明显的集体本位主义倾向。伊壁鸠鲁的权利理论代表了个人主

义的思想倾向，将自由视为个人相对于社会的独立，而不是对社会政治的积极参与。斯多葛学派从自然和理性出发，认为奴隶制是不合理的，从自然正义出发，认为四海之内皆兄弟，一切人都是相互平等的。

真正近现代意义的人权理论是资本主义商品经济得到较大发展后的产物。较系统地阐述资产阶级人权理论的是霍布斯、洛克、卢梭等资产阶级启蒙思想家以及后来的杰斐逊、潘恩等思想家。首先提出人权口号并对其予以理论证成的是资产阶级启蒙思想家。他们从与自然法理论相结合的社会契约论出发，主张在国家产生之前人类曾经生活于一种自然状态中，人人均有自然权利，国家的产生是由于人们相约组成政府以保护这种自然权利。荷兰古典自然法学派的创始人格劳秀斯第一次使用了“人权”一词，并在其名著《战争与和平法》中专章论述了“人的普遍权利”。荷兰另一个思想家斯宾诺莎首次提出并论证了“天赋之权”。把人权理论系统化的是英国思想家洛克，他总结、归纳了前人关于人权理论的成果，使之成为一个较完整的理论体系。卢梭等人则从社会契约论的理论基点出发，推演出了人民主权的思想并把自由、平等提到了政治权利的高度。

2. 文艺复兴对人权的贡献。中世纪以后，西方社会以文艺复兴运动为先导，开始了全面的思想启蒙运动，近代启蒙运动最早的制度性尝试是荷兰资产阶级革命，新兴的资产阶级将人权作为反对政治独裁势力和守旧社会组织的思想上和政治上的斗争武器。在这场革命中诞生了两位启蒙思想家——格劳秀斯和斯宾诺莎，他们初步触及了近代理性自然法学的实质，初步论证了近代天赋人权思想。

3. 近代资本主义人权理论的确立。真正近现代意义的人权理论是资本主义商品经济得到较大发展后的产物。较系统地阐述资产阶级人权理论的是霍布斯、洛克、卢梭等资产阶级启蒙思想家以及后来的杰斐逊、潘恩等思想家。荷兰古典自然法学派的创始人格劳秀斯第一次使用了“人权”一词，并在其名著《战争与和平法》中专章论述了“人的普遍权利”。荷兰另一个思想家斯宾诺莎首次提出并论证了“天赋之权”。将人权理论系统化的是英国思想家洛克，他使人权成为一个较完整的理论体系。卢梭等人则从社会契约论的理论基点出发，推演出了人民主权的思想并把自由、平等提到了政治权利的高度。

4. 马克思主义人权理论。马克思主义人权理论一方面高度赞扬了资本主义“人权理论”的进步意义，另一方面也批判和揭露了其局限性和阶级性，在此基础上马克思主义人权理论特别强调人权的阶级性，强调用阶级的、历史的、具体的、发展的观点把握人权的实质。马克思主义人权观与资本主义人权观的主要区别在于：第一，在人权的来源方面，马克思主义认为人权是历史的、商品经济的产物，而资产阶级认为人权是天赋的。第二，在人权的属性方面，马克思主义认为人权是具体的、有阶级的，不是普遍和超阶级的，而资产阶级主张普遍人权。第三，在人权的主体方面，马克思主义认为人权除个人的、私人的权利之外，还应包括集体的权利，如被压迫民族的自决权、发展中国家的发展权；而资产阶级的主流观点认为人权的主体只能是个人，集体不可能是人权的主体。

三、公民基本权利立法的产生与发展

公民基本权利和人权的理论需要法律予以规范化、制度化从而将其贯彻实施，将人权的理论、原则载入宪法是将人权理论法律化的最基本、最主要途径。当然，将人权理论由宪法加以确认还只是实现人权不可或缺的第一步，而不等于人权的实现。宪法所规定的基本人权只有由其他法律来加以具体化并严格实施，才能将宪法确认的基本人权具体化，也才能将人权的理论现实化。

1. 1215 年的英国《自由大宪章》是人权立法的开端。一般认为 1215 年的英国《自由大宪章》是人权立法的开端，它在一定程度上限制了绝对王权从而保障了人权。后来的《权利请愿书》、《人身保护法》和《权利法案》等法律文件进一步将人权从王权的束缚下解放出来。

2. 美国的《独立宣言》和法国的《人权与公民权宣言》。美国率先将资产阶级人权理论予以规范化，1776 年的《弗吉尼亚人权宣言》和《独立宣言》都确立了这样一种精神：为了保障和促进人权，人们组成自己的政府，政府的权力来自被统治者的同意。政府如果违背保障人权的目的，人民就有权利推翻它并建立新政府。法国 1789 年的《人和公民的权利宣言》更完整、更准确地规定了人权，并将人权和公民权明确区分开来。

3. 1791 年美国宪法的 10 条修正案（又称“权利法案”）和 1791 年的法国宪法是最早确认人权原则的资产阶级宪法。1791 年法国宪法将《人权和公民权宣言》作为序言，在宪法的正文中专门规定了公民的基本权利。

4. 社会主义国家政权建立以后，也都在宪法中确认了人权原则。

5. 三代人权的发展。学界在总结人权立法后，通常认为人权的立法经历了三代：第一代人权立法就是早期资本主义国家的人权立法。它们侧重于个人的公民和政治权利，被称为“个人人权法”或者“政治人权立法”。第二代人权为以生存权为中心的经济、社会和文化权利，《魏玛宪法》和 1918 年苏俄宪法是其开端，罗斯福新政后的美国也大大推进了对经济、社会和文化人权的立法和保障。第三代人权概念以国际人权文件所确认的发展权、和平权、环境权、人类共同遗产的财产权、人道主义援助的权利等为核心的连带权利。第三代人权是以发展权为中心的群体人权，多见于国际条约，如《非洲宪章》第 22 条规定：“一切民族在适当顾及本身的自由和个性并且平等分享人类共同遗产条件下，均享有经济、社会和文化的发展权。”1972 年联合国人类环境会议所通过的《人类环境宣言》确认了环境权，以后又被许多多边和双边国家协议所认可。被压迫民族的自决权被国家社会所承认和重视。三代人权之间并非处于割裂状态，下一代人权包含并发展了上一代人权，人权立法是一个不断发展和完善的过程。

四、公民基本权利在外国宪法中的体现

人权是宪法的出发点和归宿，一个国家的宪法是否保障人权是判断这部宪法是否为真正的宪法和“良宪”的重要标准和试金石，现代世界各国的宪法基本上都以各种形式体现了人权原则。当今世界各国宪法体现人权的形式，概括起来，大致有三种：

1. 在宪法序言中确认人权原则，然后在公民基本权利与义务中具体规定人权的范围与内容。这种形式为当今大多数国家所采用。

2. 只规定公民的权利，而不规定人权原则。美国、德国、丹麦、荷兰、比利时等国家的现行宪法就是如此。

3. 只确认人权原则，而不规定公民的权利或者很少规定公民的基本权利。当今世界

上这种形式的宪法已很少见了。

4. 既不确认人权原则，又不规定公民的基本权利。美国的现行宪法在通过1791年宪法修正案之前就是如此。不过，现在世界上这种宪法已极其罕见。

5. 人权原则在国际条约的体现。人权原则除了在各国宪法中得以直接体现以外，还在国际条约中得到规定，从而在一些国家的宪法规定本国签署的国际条约适用于本国的情况下，国际条约中规定的人权原则就体现在宪法中了。

五、人权原则在我国现行宪法中的体现

曾几何时，我国占据主流的观点认为人权是一个资产阶级的口号，随着时代的发展，这种观念开始受到质疑。经过一系列的争论，理论界开始接受人权，1989年11月人权问题开始"解冻"，1991年11月1日，国务院新闻办公室在北京发表题为《中国人权状况》白皮书，这是我国政府第一次以白皮书的形式向世界介绍中国人权状况的变化，阐述中国政府关于人权问题的原则立场和基本政策，表明我国政府对人权问题的开放、交流的态度。

1. 明确宣示确认人权原则。2004年的《宪法修正案》在《宪法》第33条中加入了"国家尊重和保护人权"的规定，正式将人权原则明确载入宪法。

2. 以专章规定公民广泛的基本权利。我国《宪法》第二章"公民的基本权利和义务"中有18条规定了我国公民的基本权利。

3. 在我国《宪法》第二章"公民的基本权利和义务"之外的条款中规定公民基本权利。经过2004年《宪法修正案》的修正，我国《宪法》第一章"总纲"的第13条规定了公民的合法的私有财产不受侵犯。第125条第2款规定："被告人有权获得辩护。"第134条规定："各民族公民都有用本民族语言文字进行诉讼的权利。人民法院和人民检察院对于不通晓当地通用的语言文字的诉讼参与人，应当为他们翻译。"

[**法律事例**]2012年3月14日，第十一届全国人民代表大会第五次会议表决通过了关于修改《刑事诉讼法》的决定。修改后的刑事诉讼法，将"尊重和保障人权"明确写入了总则。此次刑事诉讼法的修改内容还涉及证据制度、强制措施、辩护制度、侦查措施、审判程序、执行程序等，并增加了特别程序的规定。所有这些规定，都有利于实现和保障人权。

与2004年"尊重和保障人权"入宪不同，这次修法不再是人权原则的文本宣示，而是实现人权原则的具体制度设计。

第三节 规范国家权力的运行

一、保障公民基本权利的必然要求：规范国家权力的运行

规范国家权力的运行与保障公民的基本权利是一枚硬币的两面，须臾不可分离，放任国家权力肆意妄为则公民基本权利绝对得不到保障，要保障公民的基本权利就必须规范

国家权力的运行。规范国家权力运行的目的是保障公民的基本权利，怎样规范、如何规范国家权力的运行应当以保障公民的基本权利的实现为依归。“人类千万年的历史，最为珍贵的不是令人炫目的科技，不是浩瀚的大师们的经典著作，不是政客们天花乱坠的演讲，而是实现了对统治者的驯服，实现了把他们关在笼子里的梦想。因为只有驯服了他们，把他们关起来，才不会害人。我现在就是站在笼子里向你们讲话”，不管这是否是美国前总统小布什的讲话，这段话确实表明了权力应当受到规范和制约的理想和追求，体现了宪法的价值。

宪法对权力的规范主要通过三种方式：其一是通过权利规范和制约权力，其二是通过权力制约权力，其三是通过社会权力补充、参与和监督国家权力。

二、通过权利规范和制约权力

国家权力存在的价值就是为人民服务，现代世界各国普遍认同人民主权理论，也就是说认同人民是国家的主人，政府应当为人民的权利提供保障和服务。卢梭认为人民主权理论源于社会契约。他认为人类不平等的发展经历了三个阶段：私有制的产生，国家的建立，政府权力的腐化。根据社会契约原则，如果国家违背了人民订立的契约，执政者滥用职权侵犯了人民的利益，人民有权取消这种契约，任何人拒不服从公意，全体人民就要迫使他服从公意。通过社会契约，国家主权由封建专制时代的君主手中转移到了人民手中，人民主权得以建立，政府存在的价值和意义就在于保障公民的权利。

通过权利规范和制约权力有三种具体的方式：

1. 通过明确和规定公民权利，为国家权力设立界限。宪法规定公民基本权利的同时，实际上就是在对国家机关提出要求：你一定不得侵害这些权利，不得逾越界限而侵入公民的权利领域，特别是人身自由权、财产权和隐私权等。换言之，宪法对公民权利的规定就是对政府权力的规范和限制，所有的公民权利都在对政府权力的行使设置界限。

2. 通过明确和规定公民权利，为国家权力设立积极作为的义务。有些宪法规定的公民基本权利需要国家的积极作为才能够实现，这些权利基本上都属于社会经济文化权利，这实际上就是在对国家机关提出要求：你必须保障这些权利的实现，否则就是未履行自己的法定责任。

3. 公民通过参政议政的民主权利实现对权力产生和运行的监督。公民通过行使选举权和罢免权、言论自由权、结社权、知情权、检举和举报权实现对公共权力的制约和控制。这些权利都是人民当家作主的具体体现，体现了国家权力来源于人民、服务于人民、受人民制约的价值和理念。

三、通过权力制约权力来规范权力的运行

从广义说权力制约包括两层意义：一是作为整体的国家权力应受到限制，政府的权力应是有限的，即有限政府原则。二是国家权力各部分之间的制约，即狭义上的权力制约。我们通常所说的权力制约是狭义上的，是指国家权力的各组成部分之间相互监督、彼此牵制，保障公民权利的实现，其根本目的是防止独裁统治、政府异化变质和保障人权。

权力制约的理论依据：一是人性包含有恶的成分。汉密尔顿认为，一个国家的统治者

和被统治者都不是天使而是人,"如果人是天使,就不需要任何政府了;如果是天使统治人,就不需要对政府有任何外来的或内在的控制了"①。亚里士多德认为:"常人既不能完全消除兽欲,虽最好的人们(贤良)也未免有热情,这就往往在执政的时候引起偏向。"②杰弗逊在美国建国初期,坚持主张在美国必须建立代议制的民主共和国,指出政府必须在人民的控制之下体现和执行人民的意志,保障人民的自由权利,保护人民的经济利益和社会地位。他认为:"世界上每一个政府都带有人类弱点的某种痕迹,带有腐化堕落的某种胚芽,运用狡智便能发现,居心叵测便去发掘、培植和助长。"③二是人民主权原则与政府的矛盾。人民主权宣示主权属于人民,但是在现实中人民本身不可能事事由自己做主,组织政府是必然的选择,主权的所有者和权力的行使者发生了分离,为了避免作为"仆人"的政府异化为独裁者,加强对国家权力的制约和监督,国家权力各部分之间的分立与制约不失为一个可行的办法。三是实现人权原则的需要。"任何政府如果单纯托付给人民的统治者,就一定蜕化,所以只有人民本身才是政府的唯一可靠的保护人。"④没有权力制约权力,人民权利对国家权力的制约将是无力的,或者是破坏性的(如发动暴力革命),相对来说权力对权力的制约更直接、更有效、更有益于人权原则的实现。

资本主义宪法都体现了权力制约原则,通过宪法规范公开或隐蔽地确认"权力分立与制衡"的精神,但是因各国历史传统、民族状况、政治力量对比等因素的差异,造成了反映分权学说的不同政体模式,概括起来主要有三种:美国模式、英国模式和法国模式。

社会主义国家宪法中所规定的监督原则不同于资本主义的权力制约的关键点在于:坚持人民代表制,其他国家机关由人民代表机关产生,对它负责,受它监督,但是其他国家机关不能监督人民代表机关。其他国家机关之间的监督不是体现为立法、行政、司法三权的分立与制衡,监督是单向的而不是双向的。权力制约原则在社会主义国家中体现为监督原则,主要体现形式:代表机关监督其他国家机关,其他国家机关之间的相互监督,选民和选举单位监督人大代表。权力制约原则在我国宪法中的体现:宪法明确规定了各国家机关的权力分工和范围;人民代表大会产生和监督其他国家机关;依据我国宪法的规定,人民代表大会不受其他国家机关的监督;法院、检察院、公安机关相互配合与制约。现行《宪法》第135条规定:"人民法院、人民检察院和公安机关办理刑事案件,应当分工负责,互相配后,互相制约,以保证准确有效地执行法律。"

总之,权力制约是一种手段,不是为了制约权力而制约权力,其目的是规范国家权力的运行,保障公民权利和人权的实现。

四、通过社会权力补充、参与和监督国家权力

社会权力制约国家权力是托克维尔所首倡,并为西方现代民主理论家罗伯特·A.达尔(Robert·A. Dahl)所发展起来的一种控权理论,认为"多元政体的社会条件存在得越

① [美]汉密尔顿等:《联邦党人文集》,程逢如等译,商务印书馆1982年版,第264页。
② [古希腊]亚里士多德:《政治学》,吴寿彭译,商务印书馆1983年版,第169页。
③ 《资产阶级政治家关于人权、自由、平等、博爱言论选录》,世界知识出版社1963年版,第58页。
④ 《资产阶级政治家关于人权、自由、平等、博爱言论选录》,世界知识出版社1963年版,第58页。

充分，人和少数由于政府行动减少其最有价值的自由的可能性越少……并且为少数人提供保护”①，同时“多重独立的社会组织的存在，提供了一种相互控制的机制，从而能有效地抑制等级体系和支配，达尔特别提到，这种相互控制的机制以及从支配向相互控制的转型，对于权威主义政体统治下的国家更有意义。同样，有了这种多元的社会组织，任何精英群体也难以压制社会从而使多元政体走向权威主义”②。社会权力的出现是伴随着各种社会组织，例如政党、非政府组织、公司企业、公益团体、不同利益群体组织等的不断涌现而出现，这些组织已成为现代社会的重要权力，社会权力越来越多样化、分散化和强化。社会权力的实质是公民权利的多元组合，这种组合使得民众的力量得到了扩大和加强，实质上是社会权力发展成为相对独立的主体和力量，从而更有利于对国家权力的监督和规范。

通过社会权力来补充、参与和监督国家权力主要有以下一些表现：

1. 补充国家权力之不足。国家权力是为人民服务的，但是有些事务由国家承担可能并不好，或者说其成本可能更高，这些事务由社会团体进行更合适。由社会团体承担，一是能够培养民众的自主和自治能力，二是减少了国家权力的负担，三是使权力适度分散，改变国家权力过度集中的情况。

2. 参与国家权力。公民联合成为工会、党派、行会等各种社会团体，能够通过这些社会组织集中反映不同社会群体的意见与要求，更有效地参与国家行政、司法以及立法活动的决策和执行过程，相比公民个人直接参与国家权力，这样的参与模式更有效。

3. 监督国家权力。社会团体拥有作为个人的公民所没有的组织力量、舆论媒体和强大的影响力，这些力量一方面支持政府履行为民众服务的责任，另一方面又监督政府不得侵犯公民的合法权利，不得异化变质为谋一己私利的组织和团体。

2013 年 1 月 22 日，中共中央总书记习近平在十八届中央纪律检查委员会第二次全体会议上发表重要讲话，强调要加强对权力运行的制约和监督，把权力关进制度的笼子里，形成不敢腐的惩戒机制、不能腐的防范机制、不易腐的保障机制。

第四节　促进社会的和谐发展

正如前文所言，无论是从历史的发展来看，还是从逻辑上分析，宪法的价值均可以分为两个层次:第一层次是保障公民权利和人权。为了保障公民权利和人权就必须规范国家权力的运行，规范国家权力的运行是保障公民权利和人权的手段和方式，是保障公民权利和人权所必须。第二层次是促进社会和谐发展、国家强大、经济发展。

从英、美、法三个原生性宪法国家宪法产生的历史来看，宪法的价值就在于保障权利，这是宪法首要的、最直接的价值，除此以外，人们经常认为宪法对于促进国家的强大、经济

① [美]罗伯特·达尔:《民主理论的前言》，顾昕、朱丹译，生活·读书·新知三联书店、牛津大学出版社 1999 年版，第 185 页。

② [美]罗伯特·达尔:《民主理论的前言》，顾昕、朱丹译，生活·读书·新知三联书店、牛津大学出版社 1999 年版，译者后记“以社会制约权力”，第 227～228 页。

的发展、社会的和谐有重要的价值,甚至认为宪法是国家强大的"不二法门",这些观点并非没有道理,但是我们认为这些都是第二层次的价值,或者可以说是宪法对社会的作用,保障权利才是第一层次的价值。宪法能够促进社会和谐发展、国家强大、经济发展,归根到底的原因在于宪法具有保障公民权利和人权的价值,还在于保障公民权利和人权、权力制约、人民主权和法治是宪法的基本原则和内在特点,这些基本原则和内在特点能够促进社会和国家长期稳定持续的发展。

(一)保障公民权利和人权对社会和谐发展的作用

一个真正和谐的社会不可能是公民权利和人权得不到保障的社会,而应该是一个尊重人权、保障人权、以人为本的社会,这是和谐社会最基本的要求。社会是由人构成的,如果每个人或者是大多数人的权利不能得到保障,这样的社会不可能和谐,国家和社会经济也不可能得到很好的发展。个人的权利代表着社会的和谐,马克思说,"人就是人的世界,就是国家、社会"。"国家的职能和活动是人的职能和活动……国家的职能等等只不过是人的社会特质的存在和活动方式";"社会本身即处于社会关系中人的本身"。[①] 人与社会、国家及历史就是内在的统一。宪法的价值是保障人权,从而促进人类社会全面、和谐的发展。我国宪法明确规定了国家尊重和保障人权,表明宪法是人权的根本保障书的价值追求。

保障公民权利和人权是宪法的出发点和归宿,一个国家的宪法是否保障基本人权是判断这部宪法是否为真正的宪法和"良宪"的重要标准和试金石,现代世界各国的宪法基本上都以各种形式体现了对基本人权的追求。保障公民权利和人权的价值除了在各国宪法中得以直接体现以外,还在国际条约中得到规定,从而在一些国家的宪法规定本国签署的国际条约适用于本国的情况下,国际条约中规定的保障公民权利和人权就体现在宪法中。世界上很多国家在宪法中确认了本国签署的国际条约的效力问题,例如美国宪法第6条第2款规定:"本宪法与依照本宪法制定的合众国法律,以及以合众国的名义缔结或将要缔结的条约,均为合众国最高的法律,即使与任何州的宪法或法律相抵触,各州法官仍应遵守。"美国签署的国际条约与宪法有同等的法律效力。也就是说,对于那些规定了本国签署的国际条约与本国宪法有同等法律效力的国家,本国已经签署的国际条约上所规定的人权内容就等于也已经规定在本国的宪法中。当然,也有一些国家没有赋予本国所签署的国际条约以等同于本国宪法的效力,而只是赋予其与本国的普通法律相当的效力。现在有关人权的国际公约主要有《世界人权宣言》、《公民权利和政治权利国际公约》和《经济、社会和文化权利国际公约》,以及其他地区性的国际人权公约。

曾几何时,我国占据主流的观点认为人权是一个资产阶级的口号,随着时代的发展,这种观念开始受到质疑,经过一系列的争论,理论界开始接受"人权"观念,1989年11月人权问题开始"解冻",1991年11月1日,国务院新闻办公室在北京发表题为《中国人权状况》白皮书,这是我国政府第一次以白皮书的形式向世界介绍中国人权状况的变化,阐述中国政府关于人权问题的原则立场和基本政策,表明我国政府对人权问题的开放、交流

① 《马克思恩格斯选集》(第1卷),人民出版社1972年版,第226页。

的态度。[1] 在此之前，我国只讲公民基本权利而不讲“人权”，在此之后，我国政府积极开展人权问题的国际交流与合作。

我国现行宪法主要以三种方式体现对公民权利和人权的保障：一是明确宣示确认基本人权原则。这就是2004年的宪法修正案在《宪法》第33条中加入了“国家尊重和保护人权”的规定，正式将基本人权原则明确载入宪法。二是以专章规定公民广泛的基本权利。我国《宪法》第二章“公民的基本权利和义务”中有18条规定了我国公民的基本权利。第33条规定了公民的平等权；第34条规定了选举权和被选举权；第35条规定了公民的表达自由；第36条规定了宗教信仰自由；第37条规定了公民的人身自由；第38条规定了公民的人格尊严；第39条规定了公民的住宅不受侵犯；第40条规定了公民的通讯自由；第41条规定检举、申诉和控告权利；第42条第1款规定劳动的权利及劳动者的休息权；第44条规定退休人员的生活保障权；第45条第1款规定获得物质帮助权；第46条第1款规定了受教育权；第47条规定了科研、创作和其他文化活动自由权；第48条规定妇女合法权益受国家保护权；第49条规定婚姻、家庭、母亲和儿童受国家保护权；第50条规定华侨、归侨和侨眷的合法权益受国家保护权。三是在我国《宪法》第二章“公民的基本权利和义务”之外的条款中规定公民的基本权利。经过2004年宪法修正案的修正，我国《宪法》第一章“总纲”的第13条规定：“公民的合法的私有财产不受侵犯。国家依照法律规定保护公民的私有财产权和继承权。国家为了公共利益的需要，可以依照法律规定对公民的私有财产实行征收或者征用并给予补偿。”《宪法》第三章“国家机构”的第七节“人民法院和人民检察院”第125条第2款规定：“被告人有权获得辩护。”第134条规定：“各民族公民都有用本民族语言文字进行诉讼的权利。人民法院和人民检察院对于不通晓当地通用的语言文字的诉讼参与人，应当为他们翻译。”这些都是在第二章“公民的基本权利和义务”之外规定公民基本权利的条款。不过，在专门规定公民基本权利和义务的章节之外规定公民的权利和义务并不合适，将这些公民权利条文归入第二章比较合理。

“民之为道也，有恒产者有恒心，无恒产者无恒心”，权利得到保障的公民才会真正感觉到自己是国家的主人，是主体而不是被动的客体，才会安心生产与生活。我国宪法对公民权利和人权的规定和保障在实践中对社会的和谐发展起到了重要的作用，这些保障大大激发了公民的积极性和创造性，促进了广大民众投身于生产建设和创造之中，人民更富足了，社会更和谐了，国家更强大了。

（二）权力制约对社会和谐发展的作用

权力制约，首先，能够保证权力之间的和谐有序，既不相互争权夺利也不互相推诿，很好地实现国家权力的有序运行；其次，保障了人权不受国家权力的肆意侵害；最后，还能保障国家权力为人权的发展、人民的福利而服务。

一个权力不受制约，权力专制横行的国家是不可能和谐的，因为在这样的社会中，人权得不到保障，社会的有序运转也不可能持久。正当、有序地配置国家权力，国家权力得到规范和制约是构建和谐社会的必然要求。国家权力应该实现分权与制衡，各种权力之

---

① 郭道晖：《法的时代呼唤》，中国法制出版社1998年版，第695～700页。

间应当形成有条不紊的和谐状态。杰斐逊曾说："如果国内外一切政务，事无巨细，均集中到作为一切权力中心的华盛顿的话，一个政府部门对于另一个政府部门的牵制就成为无力的了，并且变为……腐败和暴虐的了。"①

我国长期以来存在权力过分集中的问题，权力之间没有形成和谐有序的状态，因此，邓小平同志多次提出要适当分权，他指出："政治体制改革的目的是调动群众的积极性，提高效率，克服官僚主义。改革的内容，首先是要党政分开，解决党如何善于领导的问题。这是关键，要放在第一位。第二个内容是权力要下放，解决中央和地方的关系，同时地方各级也都有一个权力下放的问题。第三个内容是精简机构，这和权力下放有关。"②宪法的主要功能就是对国家权力进行合理配置，通过这一功能，实现权力的和谐配置和运转。

（三）人民主权对社会和谐发展的作用

人民主权的确立使人民得以当家作主，人民的主体地位得以实现，从而为社会和谐发展提供了坚实的基础和保障。

在前宪政社会，国家的主权不属于人民而是属于君主或者贵族等极少数人，这样的社会不可能真正和谐发展，历史也证明了这个道理，人类历史上的朝代长的数百年，短的数十年甚至更短，怎样才能长治久安、和谐发展是困扰每一个统治者而又未能解决的大问题。毛泽东同志在回答黄炎培关于中国历史上"其兴也渤焉，其亡也忽焉"的周期率问题时指出："我们已经找到新路，我们能跳出这周期率。这条新路就是民主。只有让人民来监督政府，政府才不敢松懈。只有人人起来负责，才不会人亡政息。"③邓小平同志说："要有群众监督制度，让群众和党员监督干部，特别是领导干部。凡是搞特权、特殊化，经过批评教育而又不改的，人民就有权依法进行检举、控告、弹劾、撤换、罢免，要求他们在经济上退赔，并使他们受到法律、纪律处分。"④江泽民同志也说过，要"拓宽监督渠道，充分发挥人民群众监督的作用"⑤。党的十五大报告指出："完善民主监督制度。我们的权力是人民赋予的，一切干部都是人民的公仆，必须受到人民和法律的监督。要深化改革，完善监督法制，建立健全依法行使权力的制约机制。坚持公平、公正、公开的原则，直接涉及群众切身利益的部门要实行公开办事制度。把党内监督、法律监督、群众监督结合起来，发挥舆论监督的作用。"

这些说法归根到底就是四个字——人民主权。一个人或者极少数人"主政"天下，绝大多数人作为被统治者和客体，这样的社会就不可能真正和谐，就摆脱不了"改朝换代"的命运，一些统治者幻想着一世、二世乃至万世、世世不易，一代、二代乃至万代、代代相传，这样的想法是不可能实现的，因为既然"天下属于一家或者一个小集团所有"，那么谁都想将其变为自家或者自己所属的小团体所有，如此则不可能实现和谐发展、长治久安。人民

---

① 应克复等：《西方民主史》，中国社会科学出版社 1997 年版，第 198 页。

② 《邓小平文选》(第 2 卷)，人民出版社 1994 年版，第 177 页。

③ 薄一波：《若干重大决策与事件的问题》(上卷)，中共中央党校出版社 1991 年版，第 156～157 页。

④ 《邓小平文选》(第 2 卷)，人民出版社 1994 年版，第 332 页。

⑤ 江泽民：《加强和健全党内监督》，载《论党的建设》，中央文献出版社 2001 年版。

主权的实质就在于天下是人民的，不属于一家一姓也不属于哪一个小团体，这样就如《道德经》所言的“夫唯不争，故天下莫能与之争”，国家领导人和代议机关的代表谁上谁下全由人民选举决定，一方面我们可以说这样的国家总在“改朝换代”，总在改变领导或者政党，另一方面我们也可以说这样的国家没有“改朝换代”，一直保持稳定，一直是“人民主权”的国家，一直是和谐发展的国家。

我国现行《宪法》第 2 条规定：“中华人民共和国的一切权力属于人民。”这就明确宣示了人民主权原则。《宪法》第 1 条规定：“中华人民共和国是工人阶级领导的、以工农联盟为基础的人民民主专政的社会主义国家。”经过 2004 年宪法修正案的修改，我国《宪法》“序言”明确规定：“社会主义的建设事业必须依靠工人、农民和知识分子，团结一切可以团结的力量。在长期的革命和建设过程中，已经结成由中国共产党领导的，有各民主党派和各人民团体参加的，包括全体社会主义劳动者、社会主义事业的建设者、拥护社会主义的爱国者和拥护祖国统一的爱国者的广泛的爱国统一战线，这个统一战线将继续巩固和发展。”这些规定明确了我国人民的主体范围包括：全体社会主义劳动者、社会主义事业的建设者、拥护社会主义的爱国者和拥护祖国统一的爱国者。我国宪法还规定了人民实现当家作主权利的广泛途径和坚实基础。《宪法》第 2 条规定：“人民行使国家权力的机关是全国人民代表大会和地方各级人民代表大会。人民依照法律规定，通过各种途径和形式，管理国家事务，管理经济和文化事业，管理社会事务。”《宪法》第 111 条还规定了基层群众自治制度，人民通过基层群众自治组织行使管理国家和社会的权力。宪法通过确认社会主义的经济制度，奠定了人民主权原则实现的经济基础和经济条件。宪法还通过确认广泛的公民权利及其保障措施，保障和促进人民主权原则的实现。人民的主体地位、人民参与国家管理归根到底要由公民的权利来体现和实现，如言论自由、选举和被选举权、对国家机关及其工作人员的监督权等政治权利，社会保障、受教育、劳动等社会经济权利。我国宪法规定了公民享有法律面前一律平等的权利；政治权利和自由，包括选举权和被选举权，言论、出版、集会、结社、游行、示威的自由；宗教信仰自由；人身与人格权，包括人身自由不受侵犯，人格尊严不受侵犯，住宅不受侵犯，通信自由和通信秘密受法律保护；监督权，包括对国家机关及其工作人员有批评、建议、申诉、控告、检举并依法取得赔偿的权利；社会经济权利，包括劳动权利，劳动者休息权利，退休人员生活保障权利，因年老、疾病、残疾或丧失劳动能力时从国家和社会获得社会保障与物质帮助的权利；社会文化权利和自由，包括受教育权利，进行科研、文艺创作和其他文化活动的自由；妇女保护权，包括妇女在政治、经济、文化、社会和家庭生活等方面享有同男子同等的权利；婚姻、家庭、母亲和儿童受国家保护的权利；华侨、归侨和侨眷的正当权利；私有财产权等权利。另外，我国宪法还规定了较完整的司法制度，使公民享有的权利得到了较好的保障。广泛的公民权利及其保障措施，保障和促进人民主权的实现。

（四）法治对社会和谐发展的作用

法治是实现社会和谐发展的重要手段和方式，社会主义和谐社会应该是一个法治社会。法治基本上是相对于人治而言的，以民主政治和良法为前提，以严格依法治理为理性原则的一种治国方略。

法治相对于人治而言更有利于社会的和谐发展，其原因在于法治优于人治。

1. 法治更公平。法治要求所有人都必须遵守法律，体现了公平与正义。亚里士多德认为法治优于一人之治，他说："法治应包括两重意义，即已成立的法律获得普遍的服从，而大家所服从的法律又应该本身是制定得良好的法律。"①具体来说：(1)法律得到普遍的服从。这表明社会中的任何人不管地位高低，财产多少都必须守法，这是对专制社会中的法外特权的否定，也必然要求当法律权威与个人权威发生矛盾冲突的时候，任何个人权威应服从法律权威。(2)良法之治，笔者以为良法不应仅从其规定的内容是否维护民主和人权来判断，还要看其制定的主体和程序是否体现了人民主权的精神，只有当法律依据民主的程序，由人民的代议机关制定并且维护了民主和人权的时候，我们才能说这是良法。因此划分"人治"与"法治"的标准就是两个：一个是，法律是否得到普遍的服从，是否任何人都必须服从法律，无一例外。"不管一个国家的政体如何，如果在它管辖范围内有一个人可以不遵守法律，所有其他的人就必然会受到这个人的任意支配。"②我国古代的名言"王子犯法与庶民同罪"常常被人们用来说明中国古代有完善的法律制度，其实这句话恰恰说明中国古代没有"法治"，因为这句话里没有包括国王或者皇帝，国王或者皇帝凌驾于法律之上。如果我们说"皇帝犯法与庶民同罪"，那么这个社会就差不多可以被称为法治社会了。在"法"与"人"发生冲突时，是"人"大于"法"还是"法"大于"人"就是检验法律是否得到普遍服从的一个最主要的标准和试金石。另一个是，法律是否是良法。良法的标准有两个：内容是否维护民主和人权，立法的主体和程序是否体现了人民主权的精神。

2. 法治更民主、更稳定，也更优良。在现代社会"法"是人民或者人民的代表制定的，代表了人民的意志，不管是什么人都应该遵守，任何人的意志都不能凌驾于人民的意志之上。法治的实质就是人民当家作主，人民或者人民的代表制定的法律所有人必须遵循，没有任何人能够违反法律。法治国家的立法程序都比较严格和规范，无论是制定法律还是修改法律都不是某一个人或者几个人可以随心所欲就能够决定的，相对于人治社会中皇帝"言出法随"、"口含天宪"来说，法治无疑更稳定、更和谐。一个人的智慧往往不及一群人的智慧，人民或者人民的代表经过严格的立法程序讨论通过的法律往往比一个人或者极少数人指定的法律更公平、更合理、更周密、更优良。

3. 法治更有利于法律的实行和实施。由于在法治国家中法律是由人民或者人民的代表机关制定的，法律的产生经过了人民的广泛参与，这一方面保证了法律本身的质量和公正性，另一方面也保证了广大人民能够自觉地遵守法律，法律能够比较顺利地得到实施。相对来说，人治社会由于法律是由少数人制定的，广大民众没有充分地参与，这样的立法一方面很可能由于人民的参与不够而质量不高、公正性不够，另一方面由于人民的参与不够就很可能引起人民的不快和不满，从而不利于法律的实施。

法治理论在社会主义国家也经历了一个产生和发展的过程，在我国，随着依法治国，建设社会主义法治国家的不断推进，社会主义法治理论也日益丰富和发展。因为依法治国作为治国之道，不仅是控权与保权的辩证统一，也是主权与人权的辩证统一，而且是坚

① [古希腊]亚里士多德：《政治学》，吴寿彭译，商务印书馆1983年版，第199页。

② [法]卢梭：《论人类不平等的起源和基础》，李常山译，商务印书馆1962年版，第52页。

持党的领导与依法办事的辩证统一。①

法治在我国现行宪法中的体现主要是以下几方面，这些规定对于我国的社会和谐发展具有非常积极的作用。

（1）明确宣告我国实行依法治国，建设社会主义法治国家。《宪法》“序言”宣告：“发展社会主义民主，健全社会主义法制。”《宪法》第5条第1款、第2款规定：“中华人民共和国实行依法治国，建设社会主义法治国家。国家维护社会主义法制的统一和尊严。”

（2）确认宪法的最高法律地位和权威。《宪法》“序言”规定：“本宪法以法律的形式确认了中国各族人民奋斗的成果，规定了国家的根本制度和根本任务，是国家的根本法，具有最高的法律效力。全国各族人民、一切国家机关和武装力量、各政党和各社会团体、各企业事业组织，都必须以宪法为根本的活动准则，并且负有维护宪法尊严、保证宪法实施的职责。”《宪法》第5条第3款、第4款、第5款规定：“一切法律、行政法规和地方性法规都不得同宪法相抵触。一切国家机关和武装力量、各政党和各社会团体、各企业事业组织都必须遵守宪法和法律。一切违反宪法和法律的行为，必须予以追究。任何组织或者个人都不得有超越宪法和法律的特权。”

（3）宪法规定法律面前一律平等、保障人权。《宪法》第33条规定：“中华人民共和国公民在法律面前一律平等。国家尊重和保障人权。”

（4）规定非经正当程序不得剥夺任何人的权利和自由。《宪法》第37条规定：“中华人民共和国公民的人身自由不受侵犯。任何公民，非经人民检察院批准或者决定或者人民法院决定，并由公安机关执行，不受逮捕。禁止非法拘禁和以其他方法非法剥夺或者限制公民的人身自由，禁止非法搜查公民的身体。”

（5）规定了国家机关的权力以及国家机关之间的关系。《宪法》第三章“国家机构”系统规定了各国家机关的权力与职责，以及国家机关之间的关系，使得国家权力能够依法运行。

（6）宪法不仅宣布“国家尊重和保障人权”，而且规定了公民广泛的基本权利和自由。

（7）宪法确立了人民主权原则。《宪法》第2条第1款规定：“中华人民共和国的一切权力属于人民。”国家的法律及其制度以社会主义民主为其基础和保障，人民通过人民代表大会行使权力，在社会主义民主的前提下不容许有越超宪法和法律的特权存在，更不容许有破坏社会主义民主、侵犯公民权利的权力。

（8）宪法规定了权力制约。我国《宪法》第3条规定：“中华人民共和国的国家机构实行民主集中制的原则。全国人民代表大会和地方各级人民代表大会都由民主选举产生，对人民负责，受人民监督。国家行政机关、审判机关、检察机关都由人民代表大会产生，对它负责，受它监督。中央和地方的国家机构职权的划分，遵循在中央的统一领导下，充分发挥地方的主动性、积极性的原则。”《宪法》第135条规定：“人民法院、人民检察院和公安机关办理刑事案件，应当分工负责，互相配后，互相制约，以保证准确有效地执行法律。”

（9）人民法院、人民检察院依法独立行使审判权、检察权。《宪法》第126条规定：“人民法院依照法律规定独立行使审判权，不受行政机关、社会团体和个人的干涉。”第131条

① 李龙：《宪法基础理论》，武汉大学出版社1999年版，第199～200页。

规定:“人民检察院依照法律规定独立行使检察权,不受行政机关、社会团体和个人的干涉。”

【思考题】

1. 宪法价值可以分为哪两个层次?
2. 宪法的首要价值是什么?如何理解?
3. 为什么说法治对社会和谐发展有重要作用?

第三章 宪法原则

【引例】

2004年3月，第十届全国人民代表大会第二次会议通过的宪法修正案把"国家尊重和保障人权"写进宪法。此次修宪将尊重和保障人权的主体提升为"国家"，这在中国历史上具有里程碑式的意义，将对人权提供强有力的宪法保障。应该相信，一个以宪法基本人权原则为指导，由法律、法规、规章等为基本内容的多层次的人权保障法律体系将会有力提升我国人权保障水平，进一步改善我国的人权状况。

第一节 宪法原则概述

一、宪法原则的概念

宪法原则是宪法学最重要的基本范畴，作为宪法制度的基础和前提，它构成了现代宪法制度的逻辑起点。[①] 但何谓原则？什么是宪法原则？而宪法原则又有哪些？这些问题，宪法学界虽经过了长期的研究和讨论，却难以达成一致的意见。

所谓原则，在汉语中的含义是指说话或行事所依据的法则和标准。至于什么是宪法原则，有学者从宪法原则的正当性、确定性和有效性出发，认为：宪法原则应该是决定"形式宪法"和内容的基本价值准则，而宪法原则的功能在于"反对特权现象"，宪法原则源于立宪主义的实践和对宪法功能与普通法律功能的区分。[②]

通常说来，宪法原则是可作为法律规则基础的原理和准则，具有抽象性、综合性和稳定性。宪法原则是宪法的精神实质，是宪法的灵魂。宪法原则未预先设定任何具体的事实状态，未规定具体的权利和义务，也不规定具体的法律后果，但对人们的行为有指导作用。宪法原则是宪法的重要内容，也是宪法学的基本范畴。虽然宪法学界对宪法的概念和具体构成存在不同的观点，但是都肯定了宪法原则的重要地位和指导作用。

不同国家的宪法原则或是同一国家不同时期的宪法原则是有可能不同的。资本主义宪法的原则和社会主义宪法的原则也会存在差别。有学者对一些代表性国家的宪法原则进行了总结。英国的宪法原则为议会主权原则、法治原则与责任政府；德国的宪法原则为民主原则、法治国家原则、社会国家、联邦制原则；而日本的宪法原则为分权制衡原则、国民主权原则、基本人权原则、和平主义原则；美国的宪法原则为分权制衡原则、联邦制原

① 莫纪宏：《论宪法原则》，载《中国法学》2001年第4期。

② 莫纪宏：《论宪法原则》，载《中国法学》2001年第4期。

则、有限政府原则。[1] 也有学者总结我国宪法的基本原则有坚持中国共产党的领导原则、一切权力属于人民原则、尊重和保障人权原则、民主集中制原则、权力监督与制约原则及法治原则。[2] 另有学者将我国宪法的基本原则归纳为人民主权原则、基本人权原则、权力制约原则和法治原则。[3]

尽管有学者批评现有的宪法原则一般是基于经验式的列举和道德化的认定而产生的，很难获得普遍性的认同。从各国宪法的理论和实践看来，我们认为宪法原则主要有人民主权原则、基本人权原则、权力监督原则和法治原则。这四项原则是宪法内在精神的核心内容，也是现代宪政体制的基本支柱。这些原则所形成的逻辑关系是：人民主权是逻辑起点，基本人权是终极目的，权力监督是基本手段，民主法治是根本保障。

二、宪法原则的特征

宪法原则作为宪法实践的最高指导准则，通常具有以下特征：

1. 普遍性。人类为协调追求文明的步调，必须遵守某些具有普适意义的宪法原则。宪法原则是人类所共享的法律文化成果，表现了人类的共同价值追求，能在各国普遍适用。且宪法原则是一国立宪、行宪和护宪都必须遵循的准则，贯穿于该国宪法实践的全过程。

2. 独特性。宪法原则是宪法的原则，而不是其他法律的原则，必须符合宪法调整对象的特点。宪法原则是宪法本身所特有的原则，主要用于指导宪法实践活动。

3. 终极性。宪法原则是宪法价值的最高体现。而宪法是根本法、最高法。故在由法律所调整的社会关系所形成的准则体系中，宪法原则处于最高的地位，是判断一切政治行为和普通法律性文件是否具有合法性的最高尺度和终极依据。

4. 抽象性。宪法原则是人们在各种宪法现象和宪政实践的基础上进行高度抽象概括而归纳出来的，集中体现了宪法精神和价值。宪法原则往往蕴含于宪法规范之中，也有少数宪法原则由宪法规范直接予以确认。

5. 稳定性。宪法原则是在长期的宪政实践中总结和概括出来的。因此，宪法原则具有较强的稳定性，一般不会因宪法条文的变更而变化。相反，宪法条文的变更往往以宪法原则为依据。

三、宪法原则的功能

宪法原则作为宪法的灵魂，对于宪法实践具有不可替代的重大作用和多重功能。

1. 整合功能。宪法原则是宪法规范的核心，具有最高性的特征，是保证宪法规范的内容逻辑统一的关键要素。宪法原则能消除冲突、整合众多的宪法规范和制度，形成和谐的宪法体系。故宪法原则是连接宪法指导思想和宪法规范的桥梁或纽带。能消除宪法规范和宪法制度之间的冲突与不协调，将众多的宪法规范和宪法制度统合成具有内在逻辑

[1] 王广辉：《比较宪法学》，北京大学出版社 2007 年版，第 98～115 页。

[2] 《宪法学》编写组：《宪法学》，高等教育出版社、人民出版社 2011 年版，第 92～104 页。

[3] 周叶中：《宪法》，高等教育出版社 2011 年第 3 版，第 91 页。

关联的统一体。

2. 稳定功能。宪法实施要求宪法被广泛地遵守和普遍地适用。宪法原则是对宪法指导思想的具体化，又能够协调整合宪法规范，是宪法实施的重要依据。宪法原则既能够弥补宪法规则的漏洞，也可为宪法的灵活解释提供依据，从而使宪法得以最大限度地适应社会的变迁。宪法原则能比较好地容纳和回应经济社会发展，保持宪法最核心的精神和价值取向的稳定性。

3. 导向功能。宪法原则是判断任何公共权力或政治组织行为合法性和正当性的终极依据，也为构造正当性的权力秩序预设了价值内涵。在现代民主政体中，民众最大的诉求就是对合法性和正当性的诉求。任何公共权力都必须具有合理来源，而任何公共权力的行使都必须满足合法和正当的价值需求。而我们对合法或合理的判断，最终必须以宪法原则为依归。

第二节　人民主权原则

一、人民主权学说的历史发展

（一）主权概说

主权是指国家的最高权力。主权理论最早出现于西方。应该说，主权这个概念与民族国家相伴而生，它的兴起与西方近代民族国家的形成存在密切的关系。

近代意义上的主权观念为法国人博丹所创立。博丹在其所著的《论共和国六书》中，认为主权为国家的要素。他认为凡属国家，必有一种中心机关，对于全国人民享有一种最高权力。而此种最高权力的特质，即在其不受任何人为限制的法律的限制，而只受上帝的法律或自然法律的限制。[①] 博丹之所以创建主权说，其目的在于给予当时的事实以一种理论上的基础，从反对封建领主的割据状态出发，赞同建立在神权基础上的君主主权，从而使国王的威权有所凭借。

在博丹之后，格劳秀斯、霍布斯、洛克及卢梭等学者，继续探讨了主权问题。但他们的观点各有不同，有主张主权在君者，有赞同主权在民者。譬如霍布斯将主权视为国家的“灵魂”，认为主权的基本性质在于其所具有的至高无上性和不可分割性。霍布斯坚持集权专制，主张君主主权，但坚决反对君权神授。而洛克则提出了议会主权，反对君主主权；但“当人民发现立法行为与他们的委托相抵触时，人民仍享有最高权力来罢免或更换立法机关”。卢梭则在进一步发展资产阶级主权理论的基础上系统地阐述了人民主权学说。

主权理论在几百年的演变过程中，对于主权是否存在限制、是否可以分割，学者们争论不休。现在，通常认为，主权是国家最主要、最基本的权利，是国家所固有的权力，是国家的最重要属性。主权作为国家的固有权利，表现为对内的最高权、对外的独立权和防止侵略的自卫权三个方面。而所谓对内的最高权，是指国家行使最高统治权，国内的一切中

---

① 王世杰、钱端升：《比较宪法》，中国政法大学出版社 1997 年版，第 29～30 页。

央和地方的行政、立法和司法机关都必须服从国家的管辖。而主权的归属问题，到底是人民主权，还是国家主权，也是一个复杂的问题。

（二）人民主权思想的历史发展

在人类社会的发展史上，人民主权观念很早就出现了，随着时代的发展，到近代资本主义时期，逐渐发展出丰富的人民主权思想。

1. 资本主义社会的人民主权思想

在英国资产阶级革命时期，阿里哲尔楠·锡德尼和乔治·劳森都主张人民主权原则。法国资产阶级启蒙思想家卢梭则系统且明确地提出了人民主权理论。卢梭认为人民通过订立社会契约而建立国家，国家是社会契约的结果。在社会契约的订立过程中表达了公意，且社会契约在本质上也是一种公意。故由社会契约产生的政府和主权行使者，是公意表达的结果，其权力来自于人民的授予。

根据这一时期的人民主权思想，主权来源于人民并属于人民，主权具有以下一些特性：

（1）主权的不可分割性。卢梭强调，"因为意志要么是公意，要么不是；它要么是人民共同体的意志，要么就只是一部分人的"。公意是人民作为一个整体的公共意志，是不能分割的。而主权是公意的具体体现和运用，因而主权也是不能分割的。

（2）主权的不可转让性。卢梭认为，"主权既然不外是公意的运用，所以就永远不能转让；并且主权者不过是一个集体的生命，所以就只能由它自己来代表自己；权力可以转移，但是意志却不可以转移"。确实，若主权能转让，那转让主权就意味着转让意志；而转让意志就是出卖自由、出卖生命；这是主权者所绝对不能容许的。故主权是不能转让的。

（3）主权是不能代表的。卢梭主张，"主权本质上是由公意所构成的，但是意志又是绝不可以代表的；它只能是同一个意志，或者是另外一个意志，而绝不能有什么中间的东西"。

（4）主权是绝对的。主权是绝对的，这意味着主权是至高无上的和不可侵犯的。故卢梭的人民主权理论昭显了人民是国家最高权力的来源，国家是自由的人民根据契约协议的产物，而政府的权力则是人民授予的。因而，国家的主人是人民而不是君主，治理者只是受人民委托。故主权只能属于人民。

卢梭之后的一些思想家继续沿袭卢梭的思路，围绕主权与国家之间的关系来探讨主权问题。虽然思想家们对人民主权的研究角度和内容各不相同，但是其核心通常都定位于主权在民这一点上。人民主权思想遂成为西方民主理论中最有代表性的理论，在近代宪政史上产生了巨大的政治与社会能量。资产阶级上升时期的人民主权理论意义不仅仅在于其在反对封建专制主义所起到的进步作用，还在于其所确立的原则对国家及政府构建和存续的重大作用。其局限性则在于其理论基础是无法证实自然状态理论和社会契约理论，而"人民"的范围实际上并不是全体人民群众。

2. 马克思主义的人民主权思想

马克思主义经典作家也对人民主权理论进行过论述。马克思在批判黑格尔君主主权思想时指出:“人民的主权不是从国王的主权中派生出来的,相反地,国王的主权倒是以人民的主权为基础的。”[①]故马克思把人民主权和君主主权看成两个完全对立的概念,不是君主的主权,就是人民的主权。而君主主权是一种幻想,只有人民才是具体的。正是人民构成了现实的国家。恩格斯在谈到卢梭的辩证法时,曾用肯定的语气引用了卢梭表达人权主权思想的一个论断。列宁在《三种宪法或三种国家制度》一文的提纲中,曾十分清楚地指出了民主共和制的本质就是“全体人民享有全部权力”[②]。由此看来,无产阶级的领袖人物充分吸收了人民主权理论的精华,将其改造为马克思主义的人民主权学说,并以此为武器,领导无产阶级反对封建专制主义和资产阶级政府。

应该说,人民主权学说的出现,是国家学说发展史上的一大飞跃。人民主权思想的一些核心含义,已成为所有现代国家所遵循的原则。首先,主权属于人民,政府的权力来自人民。因而,政府的建立应经人民的同意,政府的权力行使应受人民的监督。在政府与人民之间,人民是主人,而国家机关及其工作人员只是受托者。其次,政府的权力来自人民,人民就有权要求政府为其服务。

(三)人民主权的含义

人民主权原则,或称主权在民原则,其核心为国家权力来源于人民、属于人民。一般说来,人民主权是指国家中的绝大多数人拥有国家的最高权力。[③] 为准确把握人民主权的含义,在此我们可以对一些容易混淆的概念稍作区分。

人民主权不同于国家主权。人民主权与国家主权之间有密切的联系,但两者不能混为一谈。首先,人民主权的主体是人民,国家主权的主体是国家。人民主权中的人民是全体人民,不是人民中的一部分,也不是人民中的多数或少数。其次,人民主权能产生宪法,而国家主权不能产生宪法。相反,国家主权是被宪法产生的,因此国家主权不能制约宪法,而是要受到宪法的制约。再次,人民主权是国家主权合法性的源泉,没有人民主权就没有国家主权。国家主权要论证自己存在的合法性就必须求助于人民主权,国家主权若不是来源于人民主权就缺乏正当性。国家主权来源于人民主权,故国家主权不是最高的、最终的主权。国家主权以及国家权力都在人民主权之下,人民主权才是最高、最终的主权。国家主权是要受人民主权约束的。只不过人民在将主权委托给国家之后一般就不再直接行使主权,只是在某些特殊时期,譬如举行全民公决时,人民会直接站出来行使主权。在一些时候,人民主权与国家主权又是相互重合的,通常由国家代替人民行使主权。而且,这种代替是确有其必要的,原因在于人民直接行使主权是相当不经济的。

人民主权也不同于议会主权。议会主权是在英国这样没有成文宪法的国家里,不存在立宪者与立法者的区分这种特定情况下提出来的。而在成文宪法国家里,通常议会有权力但并不拥有主权。主权只能是由人民或国家享有。议会主权这个提法本身是值得怀疑的,并不具有广泛的适用性。议会虽是由人民的代表组成,但人民的代表并不等于人

---

① 《马克思恩格斯全集》(第1卷),人民出版社1956年版,第279页。

② 《列宁全集》(第8卷),人民出版社1959年版,第524页。

③ 周叶中:《宪法》,高等教育出版社2011年第3版,第92页。

民。更何况,人民主权也不能理解为人民代表主权。议会不是国家,它只是国家的一部分,它行使国家权力中的立法权等权力,但立法权不是国家权力的全部。人民通过宪法将主权授予国家,而不是授予诸如议会这样的某个国家机关。虽然议会在这一系列国家机关中或许是最重要的,但是绝对不是唯一的。人民在转让主权的时候,是转让给了整个国家,而不是转让给了议会。因此人民转让主权的结果是产生了国家主权,而不是议会主权。议会肯定拥有一部分国家权力,但不能拥有国家主权。而用制宪权与选举权的关系也能很好地区分人民主权与议会主权。

二、人民主权原则与宪法

(一)人民主权先于宪法

人民主权理论强调,主权是属于人民的,人民为了更好地生活才建立国家。先有人民存在,然后人民建立了国家。而国家是人民主权的产物。于是,先有人民主权,然后才有国家主权,国家的主权是人民委托给国家的,这个委托的契约就是宪法。宪法是人民给国家的委托书,通过宪法这个中介环节完成了人民主权向国家主权的过渡。故在此状态下,制宪权就是人民主权的表现。是因为主权属于人民,人民才能够制定宪法,通过宪法将主权转让给国家,才形成国家主权,并产生国家权力。所以,“国家权力是一种‘宪法现象’,而不是一种‘前宪法现象’”。而人民主权是先于宪法存在的,也是高于宪法的。西耶士的制宪权理论认为制宪权是一种“始原性的权力”,存在于自然状态之中,也很好地验证了这一点。

人民主权既然先于宪法存在,就不可能是宪法的产物。虽然许多国家的宪法中确认了人民主权原则。这并不意味着宪法产生人民主权。世界各国不但在宪法中肯定了人民主权原则,而且通常都将其确认为宪法基本原则的首要原则。原因在于,若宪法不能说明国家权力来源的正当性这一基础性问题,那建立在这一基础上的全部国家机器就可能会因缺乏坚实的基础而坍塌,整个宪政体制可能就会崩溃。故一切宪法都是建立在确认人民主权原则的基础上的。而人民主权原则是为了“满足对政治合法化的诉求和关于权利来源的终极性追问”。并且,人民主权原则并不仅在论证国家权力起源的正当性上才有意义,在现实生活中也是有价值的,它为人民监督国家权力提供了理论依据,为人民在必要的情况下行使直接民主权留下了空间。

(二)人民主权原则在宪法中的体现

人民主权学说是资产阶级民主思想的核心内容。自 1776 年美国《独立宣言》宣布“政府的正当权力得自被统治者的同意”,以及 1789 年法国《人权宣言》宣称“整个国家主权的本源寄托于国民,任何团体任何个人都不得行使主权所未明白授予的权力”以来,人民主权原则成为资本主义国家宪法和社会主义国家宪法共同的一个基本原则。毫无疑问,人民主权原则具有高度的抽象性,其基本内涵是国家的最高权力属于人民。各国宪法体现人民主权原则的方式可以是抽象的原则宣告,也可以是具体的制度设计。从各国的宪法内容来看,通常以三种形式规定人民主权原则。

1. 明确宣告人民主权原则

民主制度的建立是宪法产生的政治前提。无论是资产阶级还是无产阶级,在夺取民主革命胜利的过程中,都曾以人民主权学说作为推动革命的思想武器,在革命取得胜利之后,多在宪法中宣告了人民主权原则。而这种宣告式的规定,常见于一些国家的宪法序言和总纲中。不过一些国家的宪法只是简单地宣告主权属于人民,而另外一些国家的宪法除此之外,还明确规定了人民主权行使的原则或方式。

譬如日本1946年宪法规定,"兹宣布主权属于国民"。《斯里兰卡宪法》规定:"主权属于人民,并不可剥夺。"而意大利1947年宪法规定:"主权属于人民,人民在宪法所规定的方式和范围内行使主权。"玻利维亚1967年宪法规定:"主权属于人民;主权不可侵犯也不受约束;主权由立法、行政和司法三个权力机构行使。"委内瑞拉1961年宪法规定:"主权属于人民,以选举权通过政权部门来行使。"《法国第五共和国宪法》第3条规定,国家主权属于人民,人民通过自己的代表和通过公民复决来行使国家主权。人民中的一部分或任何个人都不得擅自行使国家主权。

社会主义国家的宪法则明确规定:"一切权力属于人民。"譬如我国现行宪法规定:"中华人民共和国的一切权力属于人民。"古巴1976年宪法规定:"古巴共和国的一切权力属于劳动人民。"越南1992年宪法规定:"越南社会主义共和国的国家是人民的、来自人民的和为人民的国家。一切国家权力属于人民,而其基础是工人阶级与农民阶级和知识阶层的联盟。"虽然社会主义国家的宪法没有明确规定人民主权原则,但是"一切权力属于人民"的内涵从实质上讲就是人民主权原则。

应该提及的是,一些君主立宪制国家的宪法,在宣布了人民主权原则的同时又确立了君主主权的一定地位。譬如1991年《泰王国宪法》规定:"国家权力来自全体泰国人民。国王作为国家元首,根据本宪法的规定,通过国会、内阁和法院行使国家权力。"日本1946年宪法一方面宣布主权属于人民,另一方面又规定天皇是日本国的象征,是日本国民统一的象征。

2. 规定人民行使国家权力的形式来保障人民主权

人民是主权者,国家的一切权力,包括作为最高国家权力的主权和一般国家权力,都属于人民。而人民必须有效行使这些权力,才能体现这种主权者的地位和作用。

故各国宪法除了明确宣告人民主权原则以外,还通过各种具体的制度来保障人民行使国家权力。人民行使国家权力的形式有直接形式和间接形式两种。因而各国宪法的具体规定可以属于直接形式、间接形式,或是直接与间接并存的权力行使形式。

故其一是间接形式。譬如《玻利维亚宪法》规定:"人民只能通过自己的代表和依法设立的当局商讨国事和治理国家"。厄瓜多尔1984年宪法规定:"主权属于人民,人民通过国家权力机构行使主权。"其二是直接的形式。有些国家宪法规定公民有创制权、复决权等直接行使国家权力的权力,如《俄罗斯宪法》规定:"人民行使权力的最高的直接形式是全民公决和直接选举。"尼加拉瓜1986年宪法规定:"独立、主权和民族自决是尼加拉瓜人民不可放弃的权利和尼加拉瓜民族的基础。"其三是直接和间接并存的权力行使形式。如罗马尼亚1991年宪法规定:"国家主权属于罗马尼亚人民,并通过其代表机关及公民投票予以行使。"立陶宛1992年宪法规定:"人民直接地或通过他们民主选举的代表行使属于他们的最高权力。”我国《宪法》第2条规定：“人民行使权力的机关是全国人民代表大会和地方各级人民代表大会。人民依照法律规定，通过各种途径和形式，管理国家事务，管理经济和文化事务，管理社会事务。”

3. 通过规定公民的权利和自由来体现人民主权

各国宪法除了把人民主权确定为宪法的原则以外，一般还通过规定公民广泛的权利与自由以及国家权力配置的相关规范，使人民主权更加具体化。故此时，人民主权在一方面，通过人民的委托表现为国家机关的权力；另一方面，则表现为公民享有广泛的权利和自由。宪法的内容主要包括公民权利的有效保障和国家权力的正确行使两个方面，公民权利的有效保障始终处于支配地位。规定主权的所有者享有广泛的权利和自由是宪法实现人民主权的重要途径。

应该明确的是，资本主义国家宪法中尽管有人民主权原则的规定，并不意味着广大劳动人民群众享有当家作主的权利。只有在社会主义国家里，人民主权原则才有可能真正实现。

第三节　基本人权原则

一、人权理论的历史发展

什么是人权？中外学者的解答难得统一。《布莱克维尔政治学百科词典》认为：人权被设想为人们作为人凭借其自然能力而拥有的道德权利，而不是凭借他们所能进入任何特殊程序或者他们要遵循其特定的法律制度而拥有的权利。美国的克兰斯顿认为：人权可定义为普遍的道德权利。国内有学者认为，人权的原意是指某种道德观念或价值观念，因而它是一种道德意义上的权利和义务。① 国内有学者主张应从三个层次去揭示人权的内涵：首先，人权是一种道德意义上的权利，属于应有权利的范围，是指作为人应有的权利。其次，人权就实质而言，是国内法管辖的问题，又是一种法律权利。最后，人权还必须是一种实有权利，一种实实在在的现实权利。②

人权是历史的产物，其内涵与外延处于不断丰富与拓展的过程中。不同的时代或是同一时代的不同背景下，人权被赋予了不尽相同甚至是根本对立的含义。故学者对人权的概念存在分歧是在所难免的。应该说，人权就是作为一个人应当享有的权利。更具体地说，人权是指作为一个人，为满足其生存和发展需要而应当享有的权利。人权是在人的自然属性上对人的应有道德权利的期待，而人权的实现则离不开人的社会属性。

人权思想萌芽于古代社会，最早产生于古代自然法与自然权利的理念之中。古希腊作者在公元前400年就提出了人权一词，它被看成是在自然正义下公平、公正或法这些词的同义语。而人权概念及人权理论则产生于近代欧洲。到文艺复兴时期，人文主义思想家发掘出人权这一思想传统并加以改造，通过倡导人权作为反对神权、反对宗教桎梏的思想武器。而古典自然法学派将这种人权思想系统化为全面的人权理论体系，提出了“天赋

① 沈宗灵：《比较宪法》，北京大学出版社2002年版，第54页。

② 沈宗灵：《法理学》，高等教育出版社1994年版，第190～194页。

人权说”，又称“自然权利说”，将自然法与天赋人权（即自然权利）联系起来。譬如荷兰著名的法学家格劳秀斯在其名著《战争与和平法》一书中专章阐释了人的普遍权利，并用“人权”作为第五章的标题。而将人权思想系统化的是英国思想家洛克。洛克认为，自然权利是天赋的、超阶级的和抽象的，自然权利的基点是个人，其主要内容包括生存权、平等权、自由权和财产权。生活在自然状态下的人们让渡部分权利形成政治权力，而在让予一部分自然权利后还剩下一部分自然权利，即生命、自由和财产权利，其中财产权利是自然权利的核心。而政治权力的存在目的是保护这些天赋的人权。洛克归纳和总结了前人的人权理论成果，将其整理成一个较为完整的理论体系。

卢梭的研究进一步促进了天赋人权思想的发展和成熟。卢梭认为，“每个人都生而自由、平等”，而“放弃自己的自由，就是放弃自己做人的资格，就是放弃人类的权利，甚至就是放弃自己的义务”，而政府的目的就是“为了树立人权”。卢梭等人不但提出了人民主权思想，还把平等、自由等人权提到政治权利的高度。

西方的天赋人权思想在几代思想家的共同努力下趋于成熟，以其为指导构建的是以抽象人性论为基础、强调个人权利的正当性、以财产权为核心权利的人权思想体系。美国《独立宣言》和法国《人权宣言》都是天赋人权思想走向实践的产物。相应地，美国《独立宣言》将人权分为生命权、自由权、幸福权和起义权。法国《人权宣言》所指的人权主要是人身权利与政治自由。

二战后，人权国际化的征程开启，人权进入国际领域。而马克思主义人权观的广泛传播，民族国家的独立运动给人权领域注入了新的活力，也带来了新的矛盾与问题。以社会权为主要内容的第二代人权和以发展权为主要内容包括环境权、民族自决权在内的第三代人权相继被提出。人权思想不断丰富和发展，人权已涵盖公民权利和政治权利、经济、社会与文化权利。

当然，在人权领域存在着各种理论的纷争，其中最为重要的是马克思主义人权理论与资本主义人权理论的分野。在批判和借鉴资产阶级人权思想的基础上发展起来的马克思主义人权理论，打破了人权思想单一的理论模式，改变了资本主义人权理论一统天下的局面。马克思主义经典作家在肯定了资产阶级人权思想的历史作用的同时，也指出了其局限性和虚伪性。具体说来，在人权的来源方面，资产阶级人权理论认为人权是天赋的，马克思主义认为人权是历史的；在人权的属性方面，资产阶级人权理论认为人权是普遍的、超阶级的，马克思主义认为人权是具体的、有阶级的；在人权的范围和内容方面，资产阶级人权理论坚持传统的人权观念，认为人权是一种个人的、私人的权利，而马克思主义认为除此之外，还应包括诸如被压迫民族的自决权、发展中国家的发展权等集体权利。马克思主义人权理论认为，资产阶级人权理论试图用流通领域中的自由与平等掩盖生产领域的奴役和剥削，用形式上的平等掩盖实质上的不平等，用抽象的人替代现实的人，具有无法掩盖的虚伪性。

基本人权是与人权紧密联系的一个概念。我国学者一般都认为，基本人权具有固有性、排他性和母体性等特征，构成人权的核心部分。[①] 而随着人类社会的不断进步与人权

① 李龙：《宪法基础理论》，武汉大学出版社 1999 年版，第 149～150 页。

理论的逐渐丰富，基本人权的内容也在逐步扩充。

二、基本人权原则的宪法体现

西方资产阶级启蒙思想家提出的人权口号及天赋人权学说，不但是资产阶级革命的有力思想武器，而且在资产阶级的政治宣言和资产阶级国家政权建立后的宪法中得到了体现。

对基本人权最先予以规范化的是被马克思誉为世界历史上第一个人权宣言的美国《独立宣言》。《独立宣言》公开宣布："我们认为这些真理是不言而喻的：人人生而平等，他们都从他们的'造物主'那边被赋予某些不可转让的权利，其中包括生命权、自由权和追求幸福的权利。为了保障这些权利，所以在人们中间成立政府。"紧随其后的是 1789 年法国的《人权宣言》。它宣称："在权利方面，人们生来是而且始终是自由平等的"；"任何政治结合的目的都在于保存人的自然的和不可动摇的权利。这些权利就是自由、财产、安全和反抗压迫"。《人权宣言》还特别强调指出，"凡权利无保障和分权未确立的地方，即无宪法"。法国资产阶级革命取得胜利后，将《人权宣言》作为 1791 年宪法的序言，并在宪法的正文中专门规定了公民的基本权利。而 1787 年的美国宪法并未规定人权的内容。后美国于 1791 年通过了 10 条宪法修正案，又称《权利法案》，以概括列举的方式规定了公民的基本权利。法国宪法和美国宪法是最早确认基本人权原则的资产阶级宪法。而以宪法确认基本人权原则而创设的人权宪法保障模式，对后来各国的人权立宪产生了深远影响，被多个国家所仿效。

现代世界各国，在宪法中确认基本人权原则已是通行做法；社会主义国家也不例外。实际上，列宁指出："宪法是写着人民权利的纸。"故立宪的目的是保障人权。社会主义国家的宪法，理应成为公民权利的保障书，确认基本人权原则也是理所当然的。而基本人权原则的实质是使得保障基本人权成为宪法的出发点和归宿，而宪法中是否体现基本人权原则是判断其是否是"良宪"的一个重要标准。

从各国宪法的规定来看，宪法中体现基本人权的模式主要有以下几种：

第一种模式是宪法既明确规定基本人权原则，又规定基本人权的具体内容。

其中最为常见的是以公民基本权利的形式规定基本人权的具体内容。此种模式为包括我国在内的当今大多数国家所采用。我国现行《宪法》第 33 条规定"国家尊重和保障人权"，对抽象的基本人权原则作了规定；而《宪法》第二章"公民的基本权利和义务"以专章列举了公民在政治、经济、文化等各个方面的权利和自由。孟加拉国宪法确认"国家的基本目标……保证全体公民都享有法治、基本人权和自由"，还在第三章"基本权利"中规定了人权的基本内容。白俄罗斯宪法在规定"努力确立白俄罗斯共和国每个公民的权利和自由"的同时，在第二部分"个人、社会、国家"中规定了基本人权的具体内容。其他，如日本国宪法、斯里兰卡宪法也是如此。另有少数国家的宪法，以基本人权原则为章名或者节名，在确认基本人权原则的同时在该章或节中具体规定基本人权的内容。譬如菲律宾宪法第十三章以"社会主义与人权"为章名，并在该章中具体规定基本人权的范围。意大利宪法在"基本原则"的大标题下确认基本人权原则，同时规定基本人权的具体内容。

第二种模式是宪法中并不明文规定基本人权原则，而是通过规定公民的基本权利来体现基本人权原则。比利时宪法只是在第二章“比利时国籍及国民的权利”中规定了国民的基本权利,并没明文规定基本人权原则。1787 年的美国宪法及后来的宪法修正案,并未直接宣告基本人权原则,但通过权利法案和宪法判例对公民基本权利进行了规定和确认,从而体现了基本人权原则。荷兰、丹麦等国宪法均采用的是此种模式。

第三种模式是法国式的,即既以人权宣言作序言,同时又在正文中明确规定公民的基本权利。1958 年法国宪法宣布,本宪法“遵循 1789 年的《人权宣言》所规定的,并由 1946 年宪法序言所确认和补充的人权和国家主权的原则”。该宪法还在正文中通过具体条文对公民的选举权作了补充规定。不过,世界各国宪法中,采用此种模式的较为罕见。

虽然各国宪法都确认或是体现了基本人权原则,但是由于人权理念与价值观念密不可分,对于“人权”或“基本人权”术语的广泛接受和使用,并不能够消除不同学者对人权理解的纷争,特别是东西方人权观的冲突。

三、基本人权原则在我国的适用

只有在宪法实践中适用基本人权原则,才能实现保障人权的宪法核心价值。而基本人权原则在我国的适用面临着以下亟待解决的问题:

(一)如何合理调适主权与人权的关系

从现代法理学的角度来看,人权与主权在本质上是统一的。因为,人权是人民的人权,主权也是人民的主权。① 但在当前的国际社会中,人权与主权的关系日趋紧张,出现了“主权高于人权”还是“人权高于主权”的争论。原因在于以下几个方面:其一,是某些西方国家总喜欢打着保护人权的旗号肆意干涉别国内政,歪曲了人权国际保护原则的内涵,影响了人权国际保护行动的声誉;其二,是国际社会对人道主义干涉的范围和适用的原则并没有一个统一的共识,对尊重国家主权与避免人道主义灾难的界限以及两者冲突时该如何处理,国际社会并没有一个被广泛接受的理论。具体就我国而言,我国宪法在宣告了“人民民主专政”的国体的同时宣布了“国家的一切权力属于人民”,也设计了人民行使主权的根本制度。这一宪法设计强调了人权的阶级性,故在我国,主权制度的运行和基本人权原则的适用之间可能会产生冲突。而国际人权保护机制的发展,以及人类共有的自然性而产生的共同道德尊严,使得包括我国在内的任何国家需慎待人权与主权的关系,合理调适自身对主权与人权关系的认识。毕竟,没有哪一个国家可置身于国际社会之外。

(二)如何处理人权的普遍性与特殊性关系

有些学者否认人权的普遍性,也有学者存在因人权的普遍性而导致人权世界主义的忧虑。我们认同人权的特殊性,因为“权利绝不能超出社会的经济结构以及由经济结构制约的社会的文化发展”②;但并不否认人权的普遍性,也不否定一个适应不同国家和社会

① 韩大元:《比较宪法学》,高等教育出版社 2003 年版,第 57 页。

② 《马克思恩格斯选集》(第 3 卷),人民出版社 1995 年版,第 305 页。

的最基本人权体系的存在。问题的关键在于这些最基本人权具体是哪一些，确定的标准又是什么？在此问题上，我们赞同的经典论述是，资本主义国家的宪法是以人权的普遍性掩盖人权的阶级性，以宣扬普遍性人权作为手段达到实现阶级性人权的目的。而社会主义宪法的特点是以人权的阶级性，谋求人权的普遍性，即以阶级的人权手段达到实现普遍人权的目的。[①]

（三）如何处理基本权利的冲突及效力问题

所谓基本权利冲突，有学者认为，是指数个基本权利主体所拥有的基本权利可以相互主张，而产生冲突之谓。也就是说因不同基本权利之间存在的相互联系而导致产生的摩擦和矛盾。基本权利的冲突有不同基本权利的冲突，同种基本权利的冲突；有真正的基本权利冲突，也有基本权利的假装冲突。[②] 而基本权利冲突的解决，国外已形成一定的解决方法和模式，例如德国的基本权利位阶秩序理论。德国宪法学者认为，基本权利之间是存在价值位阶秩序的，其中的某些基本权利的价值位阶高，而另外一些的基本权利则价值位阶较低。故不同种类基本权利冲突须考虑到各种基本权利的价值位序。此时宪法的根本价值的一致性可作为准则。[③] 当处于不同位阶的基本权利发生冲突时，应当优先保障价值位阶高的基本权利。虽然对什么是宪法的根本价值没有定论；而在宪法的根本价值下，哪一种基本权利的优先性更值得保护，学者们有见仁见智的意见。但基于“无冲突、不衡量”的原则，在个案判断上，仍有一定准则可循。对于这些理论与实践，我国能否予以适当借鉴，学界并没有定论。而我国目前较为典型的基本权利冲突是环境权与财产权、劳动权的冲突。譬如为治理环境污染，我国曾在淮河流域、珠江流域关停了一些造成严重环境污染的企业，在这些企业任职的劳动者只能重新就业。我们认为，目前迫切的问题是，为了更好地适用基本人权原则，如何在这些实践中发展出适合我国的处理基本权利的冲突的理论？

基本权利效力是指基本权利的价值与具体内容能够得到实现的一种力量，具体表现为基本权利对社会生活领域产生的拘束力。[④] 基本权利的效力一般而言具有广泛性、具体性、现实性等特点。传统的宪法理论认为，宪法的基本权利只拘束国家。而基本权利拘束国家的效力，其具体内容应包含下述内容：基本权利是一项价值体系，立法及行政部门的行为不应故意的背离，司法机关的裁判则应以之作为最高的准则。适用基本权利规定的机关，遇有多重意义的解释或解释上发生疑义时，应尽可能使基本权利条款发挥最大的效力。故而基本权利能拘束一切国家权力的活动与社会生活的所有领域；且基本权利效力一般应通过具体的事件予以体现，即特定主体在具体的活动中感受到基本权利的价值，在具体事件中解决因效力问题而发生的宪法争议。自19世纪末起，出现了大企业、大工会、大众媒体等大规模组织，这些组织对私人人权的侵害，已成为社会突出问题，产生私人

---

① 何华辉：《比较宪法学》，武汉大学出版社1988年版，第69页。

② 李惠宗：《宪法要义》，台湾元照出版公司2001年版，第121～122页。

③ 李惠宗：《宪法要义》，台湾元照出版公司2001年版，第121～122页。

④ 韩大元：《论社会变革时期的基本权利效力问题》，载《中国法学》2002年第6期。

关系间强者对弱者基本权利侵害的宪法问题。有鉴于对个人基本权的侵害，也可能来自于强大的社会势力，为落实基本权利的保障，乃要求基本权利规定亦应适用于私人间的司法性私法关系。于是，将基本权利适用于私人间关系的理论遂应运而生。基本权利对第三人效力等理论浮出水面，引发了激烈的争论。我国宪法学界近年来开始关注这些问题，如何具体借鉴还是一个有待解决的难题。

[**宪法事例**]2003 年 3 月 17 日晚上，湖北青年孙志刚因为没有办理暂住证，被广州警方送至收容站。在这里，孙志刚受到工作人员及其他收容人员的野蛮殴打，3 月 20 日，孙志刚死于收容站。此事在国内引起强烈反响，先后有两批法律学者上书，要求全国人大常委会就《城市流浪乞讨人员收容遣送办法》进行违宪审查。此后，国务院宣布废止施行了 20 多年的《城市流浪乞讨人员收容遣送办法》，同时通过颁行《城市生活无着的流浪乞讨人员救助管理办法》。

第四节 权力监督原则

权力监督原则是宪法的基本原则之一。在社会主义国家的宪法里，强调对权力的监督。而在资本主义国家的宪法里，强调权力之间的分权与制衡。而分权与制衡，从某种意义上来说，也是一种监督。

一、权力监督思想的演变

权力监督原则，是指国家权力的各部分之间相互监督、彼此牵制，以保障公民权利的原则。权力的制约与监督作为一种政治思想和理论，由来已久。一些政治家与思想家提出了权力制约与监督的观点，并付诸实践，且在实践中将观点升华成理论和思想。

早在古希腊时代，亚里士多德就提出了政府“三职能”说，将政府职能分为议事的职能、行政的职能和审判的职能。他在《政治学》一书中明确指出，一切政体都有三个要素——议事职能、行政职能和审判职能。而这三个要素是构成每一个政体的基础，当三者都有良好的组织时，一个政体将会是健全的机构。亚里士多德的政府“三职能”论，为权力制约思想的发展奠定了基础。亚里士多德还从人性恶的角度分析了权力制约与监督的必要性。他认为，人的天性是恶的。而相互制约与监督是防止人性恶性膨胀的根本途径。因此，为了有效消除执政者的兽欲，防止政治偏向，亚里士多德提出了选举、限任、监督和法治等一系列的权力制约与监督的方法。

古罗马思想家波利比阿首次明确提出了分权与制衡的主张。他在考察古罗马迅速兴盛的历史后发现，执政官、元老院、公民大会和护民官等机构分别掌控不同的国家权力，互相制约与监督并保持平衡，使每一种权力不至于走向极端，从而确保了古罗马的强盛。因而，波利比阿认为纯粹的统治机构会发生蜕变，只有代表君主政体的执政官、代表贵族政治的元老院以及代表平民民主政体的人民大会这三者权势分立并相互牵制，这样的混合政体才是最好的宪政制度。因为，当权力系统中的某一部分显现出过分揽权的倾向时，就会受到其他部门的抗拒和抵制。故而，只有掌控不同权力的国家机构之间的监督与制约，才能保证一个均衡、正常、稳定的国家结构。西塞罗在《论共和国》一书中认为，共和国最理想的制度安排是一种权力均衡的体制。他认为最好的政制是君主制、贵族制和民主制均衡结合，这种混合政体具有优势，协调均衡、富有活力，可使各人固守其位，可保持国家的长治久安。而混合政体内如何实现协调均衡，我们认为，不外乎就是制约和监督这些原则和方法。

近代意义的权力制约思想，起源于英国。洛克是近代分权学说的倡导者，第一次全面地提出了三权分立的学说。洛克在《政府论》中指出，政府是保障人权的工具，能够限制专横和防止滥用权力的办法就是将国家权力分为几部分，并使之互相制约。洛克将国家权力分为立法权、行政权、联盟权，这三种权力应由特殊机关分别掌握。并且，洛克认为上述三种权力不能集中在一个人和一个团体手中，并且特别强调立法权与行政权的分立。虽然立法权是国家的最高权力，但是洛克并不认为这是不受限制的权利。政府的权力来自于人民的委托，因而必须受委托条件的限制。孟德斯鸠在洛克分权理论的基础上，进一步完善了三权分立学说。孟德斯鸠将国家权力分为立法权、行政权和司法权，在他看来，无分权便无自由。孟德斯鸠主张人们必须建立三权分立的政体，即按照立法、行政、司法三权分立的原则组成国家。孟德斯鸠还认为，"一切有权力的人都容易滥用权力，这是亘古不易的一条经验"；而"有权力的人使用权力一直到有界限的地方才休止"。因此，孟德斯鸠得出的结论是："从事物的性质来说，要防止滥用权力，就必须以权力制约权力。"①在孟德斯鸠看来，一个自由的健全的国家必然是一个权力受到合理、合法限制的国家。而权力受到合理、合法限制，也就是通过权力之间的制约与监督，实现权力限制权力。

美国的汉密尔顿在《联邦党人文集》中写到："在组织一个人统治人的政府时，最大的困难在于首先使政府能管理被统治者，然后再使政府管理自身。"那政府怎样管理自身呢？那就是"野心必须用野心来对抗"。汉密尔顿根据洛克和孟德斯鸠的分权理论阐述了美国政府构建的原则，即立法、行政和司法三权应该分立，而且应该相互牵制与平衡。也就是说，国家权力分为立法权、行政权和司法权，并交由不同的国家机关分别行使；并且，立法权、行政权和司法权在行使的过程中相互牵制，达到势力的均衡。并且，政府在代表国家行使权力时必须进行制约和监督，而政府必须在人民的控制之下体现和执行人民的意志。因而，杰斐逊认为："世界上每一个政府都带有人类弱点的某种痕迹，带有腐化堕落的某种胚芽，运用狡智便能发现，居心叵测便去发掘、培植和助长。任何政府如果单纯托付给人民的统治者，就一定蜕化，所以只有人民本身才是政府的唯一可靠的保护人。"汉密尔顿、杰弗逊等人将"分权理论"具体运用到了宪法制定的实践以及国家机构的创建中，将"三权分立"由理论变成了现实；同时又为权力分立理论增加了权力制衡的内容。1787 年美国宪法所建立的分权制衡机制，将权力制约理论演绎得淋漓尽致。而美国宪法的巨大影响又使得其所确立的机制在世界上广为传播，促使权力制约成为宪法的一项基本原则。当然，也有部分学者质疑，美国的分权制衡机制存在弊端，并未能真正实现权力制约的目的。

① [法]孟德斯鸠：《论法的精神(上)》，张雁深译，商务印书馆 1982 年版，第 154 页。

马克思主义经典作家针对资本主义国家因实行“三权分立”所出现的弊端，从人民主权的理论出发，对“三权分立”理论进行了深刻的批判。但在批判资产阶级分权原则的同时，肯定其权力监督作用，且从未完全否定“三权分立”理论的历史合理性。恩格斯明确指出，事实上，这种分权只不过是为了简化和监督国家机构而实行的日常事务的分工罢了。这就不仅揭示了分权制度作为职权分工，以调整统治阶级内部关系的阶级实质。恩格斯还指出，现代社会主义“就其理论形式来说，它最初表现为18世纪法国伟大启蒙学者所提出的各种原则的进一步的似乎更彻底的发展”①。马克思主义经典作家还明确提出了权力监督的思想。在总结巴黎公社的经验教训时，马克思指出：“公社是由巴黎各区普选选出的城市代表组成的。这些代表对选民负责，随时可以撤换，来保证自己可能防范他们。”

在实践中，对社会主义国家来说，权力监督是必要的。社会主义国家虽实行人民民主专政，但在现阶段也只能用代表制作为民主实现的主要形式。这导致在客观上出现了权力拥有主体与权力行使主体不相一致的情况。并且，即便在社会主义条件下，权力固有的恶性也不能完全消除。因此，为保证权力的运行不出现违背人民的意志的异化情形，必须加强对权力的监督。邓小平强调指出：“斯大林严重破坏社会主义法制，毛泽东同志就说过，这样的事件在英、法、美这样的西方国家不可能发生。”②这进一步显示了权力监督对社会主义国家的必要性。

不同时代、不同国家的思想家对权力制约与监督思想的表述虽纷芜繁杂，各有特点，但是共同之处却是明显的，即权力必须受到监督和制约。为适应各国宪政实践不断向前发展的趋势，权力制约思想仍是思想家们深入探讨的课题之一。

二、权力监督原则的宪法体现

应该说，宪法是民主事实法律化的基本形式，而构建健全的权力监督机制是建设民主制国家的基本环节。宪法的逻辑起点和基本内容决定了权力监督原则成为宪法的基本原则。但权力监督原则在各国宪法中的表现并不一样。在资本主义国家的宪法中，主要表现为分权原则；在社会主义国家的宪法中，主要表现为权力监督原则。原因在于资本主义国家和社会主义国家由于政权性质、指导思想的不同，两类宪法关于权力制约与监督的表现也不相同。

（一）资本主义国家宪法中的分权原则

资本主义国家的宪法在制定时，皆以分权学说为指导，贯彻了分权原则，构建了分权制衡机制。国家权力分为几个不同的部分，分别由不同的国家机关独立行使，而这些国家机关在行使权力的过程中，形成了一种相互牵制和互相平衡的关系。因各资本主义国家历史传统、民族状况、政治力量对比等因素的差异，在宪法中出现了分权原则的不同反映模式，主要有三种基本模式：

---

① 《马克思恩格斯选集》(第3卷)，人民出版社1972年版，第56页。

② 《邓小平文选》(第2卷)，人民出版社1994年版，第333页。

1. 美国模式。美国是运用分权制衡原则的典型国家,其分权制衡的关系极为明确具体。依据美国宪法的规定,立法权由参众两院组成的国会行使,行政权由民选的美利坚合众国总统统一执掌,司法权则属于联邦法院及其下级法院。且为保证分权原则的实施,还规定合众国政府下供职的官员不得兼任国会议员。法官终身任职,总统对法官有任命权,但无罢免权;而国会对法官的任命具有同意或否决的权力,法官若犯罪可被依法弹劾。

美国宪法还规定了立法权、行政权、司法权三者之间的制衡关系。国会对总统的制约表现为:国会有权要求总统条陈政策以备审议,有权建议和批准总统对其所属行政官员的任命,有权批准总统对外缔结的条约,有权弹劾总统等。国会对司法机关的制约则体现为:宪法规定参议院对弹劾案有审判权,有权建议或批准总统对联邦最高法院法官的任命,有弹劾、审判联邦最高法院法官并撤销其职务的权力。行政权对国会的制约表现在:总统有立法倡议权,并具有有限的立法否决权;副总统兼任参议院议长,对立法机关的活动产生一定的影响。总统对司法权之间的制约表现在:总统有特赦权,有提名并任命联邦最高法院大法官的权力;美国宪法还规定了联邦最高法院首席大法官担任弹劾总统案的审判庭主席。此外,根据美国宪法的惯例,法院享有司法审查权,有权宣布"违宪的法律不是法律",这体现了法院对总统和国会的制约。

美国式的分权模式是典型的三权分立模式,其出发点在于保护公民和防止专制政府的出现。故在分权机制的设计上不允许任何权力分支机构掌握全部政府权力。美国式的分权模式对其他国家产生了重要影响,实行总统制的国家多采用此种模式。

2. 英国模式。英国式的分权模式以立法权为重点,立法权胜过行政权,建立的是以下议院为重心的责任内阁制。英国资产阶级曾经以下议院为革命阵地,与以国王为代表的封建王权进行过激烈的斗争。斗争的一个重要结果是确立了"议会至上"的原则。所谓"议会至上",是指议会拥有不受限制的制定或者修改法律的权力。英国责任内阁制的基本内容是:内阁由下议院多数党的党魁组织,内阁成员对下议院负连带责任。若下议院对内阁不信任,会导致内阁总辞职或内阁解散下议院重新举行大选的结果。"议会至上"原则与责任内阁制的结合导致下议院占多数席位的政党不仅控制了下议院的主导权,也获得了行政组阁权。而行政权力的总代表国王只是名义上的国家元首。实行君主立宪制国家基本上采用英国式的分权模式,譬如日本。

3. 法国模式。法国在现行宪法颁布后,一改先前所坚持的议会主权原则,总统不再是不实际参与政治的象征性领袖。法国现行宪法既吸收了总统制的特点,也借鉴了议会制的特点,建立了半总统半议会制的体制;扩大了总统的权力,将权力重心由立法机关转移到行政机关,构建了行政权为重点的分权模式。《宪法》第 5 条、第 64 条赋予总统众多首要责任。第 5 条的具体规定为:"共和国总统监督对宪法的遵守。总统进行仲裁保证国家权力的正常行使和国家的连续性。共和国总统负责保证民族独立、领土完整以及条约和共同体协定的遵守。"第 64 条的具体规定是:"总统负责保证司法独立。"宪法还规定:共和国总统有权在法定期限内要求议会重新审议其所通过的法案,议会不得拒绝;有权就一切涉及公共权力组织的法律草案提交公民复决。共和国总统有权任命政府总理并根据总理的建议任免其他政府官员;有权主持内阁会议,签署内阁会议所决定的法令和命令;总理就内阁会议讨论通过的施政纲领或者总政策,得对国民议会提出由政府承担责任的说明;当国民议会通过不信任案或当它不同意政府的施政纲领或总政策说明时,总理必须向共和国总统提出政府辞职。此外,总统还主管军事和国防。另总统还有紧急状态处置权,在紧急状态权力行使期间,总统的权力可扩展至议会的立法权。总之,法国现行宪法已将分权制衡的权力中心由议会转移到以总统为代表的行政系统。

应该提及的是,由于资本主义国家行政权的日益扩大以及立法权的日益削弱,分权原则正在日趋走向衰落。

(二)社会主义宪法中的权力监督原则

由巴黎公社首创、经马克思主义经典作家阐述与强调的权力监督原则,在社会主义国家的宪法里得到了明确体现。社会主义的宪法是在一种新型国家理念下来规划国家权力的所属与运行,以及国家权力与公民权利之间的关系。而社会主义国家的宪法通过强调国家权力的统一、权力行使中的相互配合与行使效率,力图克服资本主义国家分权原则所产生的种种弊端。并且,社会主义国家的宪法并没有放弃权力监督原则。纵观社会主义国家的宪法,主要从以下两个方面规定权力监督原则:在人民与代表和国家机关及其工作人员的关系方面,一般都规定人民代表都由民主选举产生,对人民负责,受人民监督,人民对国家机关及其工作人员都可提出批评、意见和建议等;在不同国家机关之间的关系问题上,一般都规定了有关监督方面的内容。

以我国现行宪法为例,规定人民代表都由人民选举产生,对人民负责,接受人民监督。人民有权对国家机关及其工作人员提出批评、建议、控告、检举,以人民相应权利的行使来制约和监督国家权力。宪法还规定全国人民代表大会是最高国家权力机关,全国人民代表大会及其常务委员会行使国家立法权;国家主席是国家最高代表;国务院是最高国家权力机关的执行机关,是最高行政机关。人民法院是国家的审判机关,人民检察院是法律监督机关。国家行政机关、审判机关和检察机关由人民代表大会产生,对它负责,受它监督。此外,宪法为保证执法机关正确执法,充分保证人民的民主权利,规定在行政机关和司法机关的系统内通过领导或监督实现内部的监督和制约。可见,我国宪法在遵循现代国家权力分工的基本原理和范式的同时,也有自身的特色,即强调权力机关对其他机关的监督和制约,其他的国家机关不能够对权力机关进行监督。

当然,由于观念等原因,在我国等社会主义国家里,权力监督原则亟待贯彻落实,权力监督原则的法律化、制度化还有待加强。

第五节　法治原则

一、法治的含义及其理论发展

现代意义的法治源于西方,最早则可追溯至古代社会。早在古希腊时代,法治思想就开始萌芽。自此开始,思想家们就对法治的内涵、基本价值取向以及具体制度构架等问题争辩不休。而正是这种对法治的持久关注和不断深入的争论促进了法治思想的丰富和发展。

在古希腊,柏拉图因建立理想国家失败而最终转向了对法治的诉求。他在《法律篇》中认为,法治国是第二等好的国家,法律是“第二等好的国家”的统治者。柏拉图所设想的法治国是一个奉行法律至上主义的国家,法律是真正的统治者,统治者和臣民都服从法律,而人民只接受法律而非强迫性的统治。毕达哥拉斯最早提出了“人治不如法治”的观点。而亚里士多德则强调,法律是有道德的文明的生活的一个必不可少的条件,是导致城邦“善”的一个条件。亚里士多德认为法治优越于人治,“凡是不凭感情治事的统治者总是比凭感情治事的人们优良,法律正是没有感情的”。他还阐述了法治的内涵,认为“法治应该包含两方面的含义:已成立的法律获得普遍的服从,而大家服从的法律又应该本身是制定得良好的法律”[①]。这其实已揭示了法治的本质要求,即良法至上。亚里士多德的法治理论对西方的法治传统产生了深刻久远的影响。

古罗马人的法治观源于希腊文明。古罗马人可能更擅长于法律的实践,罗马法是其留给人类社会的辉煌遗产。古罗马的法学家西塞罗的不朽名言——“我们是法律的仆人,以便我们可以获得自由”,至今还闪耀着智慧的光辉。西塞罗认为,只有正义的法律才是自由的法律,而正义的法律是符合自然理性和人民安全和幸福的法律。他还论证了法治的公平、公开和罪刑相适应等原则。古罗马同样为法治思想的发展作出了巨大的贡献。

近代资产阶级法治理论的形成受到了古希腊、古罗马法治思想的重大影响。近代的法治思想首先产生于十七八世纪的英国,经英国的哈林顿、洛克和戴雪等人的发展,并扩展到法国、美国等国家。

英国思想家哈林顿十分赞同“共和国是法律的王国,而不是人的王国”这一政治理想,主张构建以自由为最高的价值准则、以法律为绝对统治的国家体制。这就是其法治共和国的构想。在确立法治共和国的目标后,哈林顿面临的问题是:“一个共和国之中制定法律的是人。因而主要的问题似乎是:怎样才能使一个共和国成为法律的王国而不是人的王国?”[②]针对此问题,哈林顿开出了他的药方。哈林顿对法治思想的发展功不可没。洛克被后世誉为西方法治主义的奠基人。洛克认为,法律首先是自由的宣言和保障,“哪里没有法律,哪里就没有自由”,而政治权力必须服从法律。国家则“应该以正式公布的既定的法律来进行统治,这些法律不论贫富、不论权贵和庄稼人都一视同仁,并不因特殊情况而有出入”。他的法治思想主张以个人权利的维护为核心,从保护个人自由权利出发设定了法律的目标和政治权力行使的法治原则。戴雪提出了“法治三原则”,系统地阐释了法治的含义。戴雪主张,“除非明确违反国家一般法院以惯常方式所确立的法律,任何人不受惩罚,其人身或财产不受侵害”;“任何人不得凌驾于法律之上,且所有人,不论地位条件如何,都要服从国家一般法律,服从一般法院的审判管辖权”;“个人的权利以一般法院提起的特定案件决定之”。戴雪抓住了法治原则的基本要点,因而成为当时颇具权威性的法治理论。[③] 他的“法治三原则”对公民权利和自由的保护具有重要价值,对法治的理论和实践均有重大影响。

---

① [古希腊]亚里士多德:《政治学》,吴寿彭译,商务印书馆 1965 年版,第 199 页。

② [英]哈林顿:《大洋国》,何新译,商务印书馆 1963 年版,第 21 页。

③ 何华辉:《比较宪法学》,武汉大学出版社 1988 年版,第 77 页。

法国的卢梭、孟德斯鸠从自然法的角度，明确或隐含地表述了法治的思想。卢梭将实行法治的国家视为民主共和国。而在民主共和国里，遵守法律是最重要的一条法律。因为不管一个国家的政体如何，如果在他的管辖范围内有一个人不遵守法律，其他所有人就必然会受到这个人的任意支配。美国的独立战争进一步推动了法治思想的发展。潘恩指出，宪法是政府的政治圣经，“宪法是一样先于政府的东西，而政府只是宪法的产物。一国的宪法不是其政府的决议，而是建立其政府的人民的决议”[①]。在美国，法治所要求的法律至上首先体现为宪法具有至上的权威。宪法作为人民管理政府的根本规则，必须限制所有政府机构的权力。汉密尔顿、杰斐逊等开国元勋对法治都有其个人的理解，并将这种理解放置在他们建立一个法治国家的共同追求中。

20 世纪以来，西方各国的思想家、学者对法治进行了更为深入的研究。现代西方的法治理论沿着传统的形式主义法治理论以及企图修补形式主义法治缺陷的实质主义法治理论两条路径发展。形式主义法治理论的代表有英国学者拉兹和美国学者富勒。拉兹认为法治的字面含义是“法的统治”，提出了法不溯及既往等八项法治原则。富勒则关注法的道德性，也提出了法治的八项原则。实质主义法治理论开始于韦伯对资本主义法律合理性的探讨。20 世纪 50 年代以后，实质法治得到了更多的关注。1959 年于印度召开的“国际法学家会议”上通过的《德里宣言》，将法治概括为三条原则：其一，是立法机关的职能在于创设和维护使每个人保持“人类尊严”的各种条件；其二，是不仅要为制止行政权的滥用提供法律保障，而且要使政府能有效地维护法律秩序，借以保证人们具有充分的社会和经济生活条件；其三，是司法独立和律师自由是实施法治原则必不可少的条件。有学者认为《德里宣言》包含了实质法治的价值取向。[②]

二、法治原则在宪法中的体现

法治是国家治理的一种原则、理论和方法。那作为国家根本法的宪法理应将其纳入。故在一定意义上说，宪法是法治的核心要素。毫无疑问，宪法在一个国家的存在是实行法治的重要标志之一，即便因国家、民族、时代或法律背景的不同，法治原则在各国宪法中有不同的体现形式。

最早将法治思想规范化的是资产阶级革命早期的一些政治宣言和宪法，法国《人权宣言》和美国宪法是其中的典型代表。1789 年颁布的《人权宣言》后被作为法国 1791 年宪法的序言，其中的“法律面前人人平等”、“罪行法定和无罪推定”、“适当的法律程序”等内容体现了法治原则。具体如下：“法律对于所有的人，无论是施行保护或处罚都是一样的。在法律面前所有的公民都是平等的，故他们都能平等地按其能力担任一切官职，除德行和才能的差别外不得有其他差别。”“除非根据犯法前已经制定和公布的且系依法施行的法律之外，不得处罚任何人。”“任何人在未被宣告为犯罪之前应被推定为无罪。”“除非在法律规定的情况下并按照法律所指示的手续，不得控告、逮捕或拘留任何人。”美国宪法所规定的一些内容均体现了法治原则。具体有：联邦宪法、法律是全国的最高法律，各州宪法

---

① [美]潘恩：《潘恩选集》，马清槐译，商务印书馆 1981 年版，第 146 页。

② 韩大元：《比较宪法学》，高等教育出版社 2003 年版，第 61 页。

和法律不得与之相抵触;且未经正当法律程序,不得剥夺任何人的生命、自由和财产等。显然,1791 年法国宪法和美国宪法,虽没直接使用"法治"字样,但从其内容或者文字可以推论出该宪法以法治为基本原则。采用这种体例的还有《联邦德国基本法》,其第 97 章第 1 节明文规定:"法官应该独立,并仅服从法律。"同时基本法还确认了自身是具有切实效力的最高法律。

除此之外,资本主义国家宪法确认和体现法治原则的体例还有:(1)在宪法序言、宪法正文中明确宣布为法治国家。如《葡萄牙共和国宪法》的"序言"规定:"制宪会议庄严宣布:葡萄牙人民决心保卫国家独立,捍卫公民基本权利,确立民主制度的基本原则,确保法治在民主国家中的最高地位。"《摩纳哥宪法》第 2 条宣称:"公国是一个法治国家,尊重自由和基本权利。"《土耳其宪法》第 2 条规定:"土耳其共和国是一个民主的、非宗教的、社会的法治国家。"(2)不直接宣布实行法治,也不用其他条文间接反映法治精神,而是用"基本原则"为章名或在其他各章中体现了法治的政治体制。①

社会主义国家政权的建立,使法治原则发展到了一个新的历史阶段。以我国为例,在 1999 年 3 月宪法修改后,《宪法》第 5 条第 1 款明确规定:"中华人民共和国实行依法治国,建设社会主义法治国家。"也就是说,在宪法总纲中宣布了法治原则。当然,我国宪法除从总体上确立了法治原则之外,还在现行宪法的具体规范中体现了法治的精神和原则,具体如下:"国家维护社会主义法制的统一和尊严","任何组织或个人不得有超越宪法和法律的特权";在"公民的基本权利和义务"一章中规定了公民在法律面前一律平等以及公民的人身自由和人格尊严不受侵犯等内容;在"国家机构"一章中规定,人民法院依法独立行使审判权,人民检察院依法独立行使检察权,不受行政机关、社会团体和个人的干涉等内容。

当然,适用法治原则,推进社会主义法治建设,我国还应当进一步健全社会主义法律体系,在数量完备的同时还应注意提高立法的质量。也就是说,在追求法律面前人人平等、司法独立以及程序公正的同时还须寻求法律的良善性,以便实现良法之治。同时还需树立社会主义法治理念。社会主义法治理念是关于社会主义法治的理想、信念和观念,是社会主义法治的内在要求、精神实质和基本原则的概括和反映;主要有依法治国、执法为民、公平正义、党的领导等基本内容。社会主义法治理念总结了中国特色社会主义法治建设的实践经验,是在继承和发扬我国传统法律文化的优秀成果、吸收和借鉴西方法治文明合理因素的基础上形成的。它吸收和借鉴了世界现代法治文明的成果,符合法治国家的建设规律以及人类社会的发展规律,是先进的、科学的法治理念,将随着时代的变化和实践的发展而不断得到更新和深化。

【思考题】

1. 简述宪法原则的特征。

---

① 李龙:《宪法基础理论》,武汉大学出版社 1999 年版,第 201 页。

2. 宪法原则有什么样的功能？

3. 社会主义宪法中为何要强调权力监督原则？

4. 社会主义法治理念对法治建设的影响与作用是什么？

5. 典型资本主义国家分权模式的特点是什么？

第四章 宪法的制定

【引例】

1953年1月13日，中华人民共和国中央人民政府委员会举行第二十次会议，一致通过了制定宪法的决议，并决定成立以毛泽东同志为主席的宪法起草委员会。1953年底，中共中央决定成立由毛泽东同志领导的宪法起草小组。同年12月24日，毛泽东率宪法起草小组到杭州，于1954年1月起开始宪法草案的起草工作。在正式形成《中华人民共和国宪法草案》(初稿)后，中共中央向宪法起草委员会正式提出建议稿。宪法起草委员会共举行了七次会议，对《宪法草案》进行讨论和研究，并于1954年6月11日通过了《宪法草案》。宪法起草委员会通过的《宪法草案》又于6月14日经中央人民政府委员会第30次会议通过，并在全国范围内征求意见。1954年9月20日，中华人民共和国第一届全国人民代表大会第一次会议通过了《中华人民共和国宪法》，并予以公布实施。这就是我国的1954年宪法。

第一节 制宪权

世界上任何一个国家的宪法，都以宪法制定为前提，而宪法制定又以制宪权为前提。制宪权作为一个历史范畴，是随着近代西方立宪国家的建立而逐渐被关注的法律现象。制宪权描绘了特定国家适应社会正常发展所需要的基本宪政秩序，有助于人们从历史和现实等角度认识宪法的价值，从而为宪法规范与社会现实的协调等提供理论上的依据。而宪法的正当性、公民的宪法地位、国家权力运行等问题，都与制宪权存在着密切的联系。故制宪权是宪法学的基础概念。且制宪权的概念，是探讨制宪权理论的核心和关键之所在。

一、制宪权的概念及理论基础

一般认为，制宪权源于古希腊、古罗马的法制以及中世纪的根本法思想，并在与近代人民主权、立宪主义思想的结合中逐步形成为一个综合性的概念。制宪权在19世纪的出现是维也纳会议后，君主复辟所形成的君主立宪形式。当然，君主时期的立宪不一定为君主独断行使制宪权，但其意志对制宪权行使有决定作用。因而，制宪权概念的产生是近代社会权力世俗化的产物和重要标志。

(一)制宪权的主要思想

应该说，最早系统地提出宪法制定权概念并建立理论体系的学者是法国大革命时期的著名学者西耶斯，他在《第三等级是什么？》一书中提出了制宪权主体、制宪权性质等理论。西耶斯认为:“在所有自由国家中——所有的国家均应当自由,结束有关宪法的种种分歧的方法只有一种,那就是要求助于国民自己,而不是求助于那些显贵。如果我们没有宪法,那就必须制定一部;唯有国民拥有制宪权。”他的制宪权理论主要包括以下内容:制宪权的主体是国民,国民的制宪权是单一不可分的,在实质内容与程序上不受法的限制。制宪权不需要任何实定法上的依据,是具有法创造效力的“始原性的权力”,即制宪权存在于自然状态之中;宪法的任何部分都是制宪权的产物,制宪权应与宪法所创设的权力相区分,二者先后有别,而且效力高低不同。故国家权力应当分为两种,即制宪权力和由宪法所创设的权力。制宪权是国家制定一切法律、法规的源泉,是一种独立的权力,区别于立法权,所以不受任何规范的限制和约束。而宪法所创立的权力,包括立法权、行政权和司法权等,都只能根据宪法来行使,并且要受宪法的拘束。因此,制宪权高于宪法所创设的权力,具有最高性、独立性和始源性的特点。

按照西耶斯的论述,制宪权不仅存在于宪法秩序之外,甚至是先于宪法秩序的一种力量,是一切合法性的根源,也是正义的基础。西耶斯在阐释制宪权的特点时,强调国民意志的权威性,提出国民不仅不受制于宪法,而且不能受制于宪法,也不应受制于宪法。① 西耶斯的制宪权理论与他的宪法观有着密切的关系。在他看来,宪法是既规定立法机构的组织与作用,又规定执行机构的组织与作用的根本法,从根本上说,宪法从属于国民,只有国民才有权改变宪法,判断由宪法引起的争端,国民意志永远是最高的法律。② 西耶斯承认自然法的存在,并根据社会契约论,认为国家是按人民的意志而建立起来的,一切国家权力皆源于人民。本质上人民主权存在于国民的制宪权中,制宪权与人民主权实为一体两面,因此,制宪权的主体理所当然地属于人民——第三等级。对西耶斯而言,国民的制宪权正是从根底推翻旧政治体制的实定法体制,产生实定法体制之力,而且不受任何既存的法所拘束,同时其也不是单纯的事实,系不断将新创造出的法予以正当化之法的观念。当然,此种法观念对于推翻旧政体的法体制与创造新法体制的法国革命,提供了强有力的支援。③

西耶斯的制宪权理论是将卢梭的人民主权理论与孟德斯鸠权力分立理论加以融合,并予以体系化,当然其中也存在一些自相矛盾的地方。西耶斯的制宪权理论对德国宪法学及其以后的宪政实践产生了重要影响,受到各国宪法学理论研究的重视。

19 世纪中叶,法实证主义在德国盛行。拉班德和耶林涅克等人从法实证主义出发,否定了宪法制定权概念的合理性。他们主张,制宪权、修宪权、立法权是同一概念,不存在实质性的区别。这种学说否定了宪法制定权的权利属性与宪法规范的最高效力性,在一定程度上制造了宪法理论与宪法实践的矛盾和冲突。而制宪权虽被认为是作为不断发动创造、改变宪法的观念,但已被逐出法的世界之外。直到德国宪法学家施密特为应对魏玛宪法危机而创造出的“危机宪法学”,制宪权才再次作为宪法学的基本概念出现。④

---

① [法]西耶斯:《第三等级是什么?》,冯棠译,商务印书馆 1991 年版,第 62 页。

② 周叶中:《宪法》,高等教育出版社 2011 年版,第 84 页。

③ [日]阿部照哉等:《宪法》(上册),周宗宪译,中国政法大学出版社 2006 年版,第 40 页。

④ [日]阿部照哉等:《宪法》(上册),周宗宪译,中国政法大学出版社 2006 年版,第 41 页。

施密特在继西耶斯之后,使制宪权成为各种宪法体制通用的概念。施密特从决断主义宪法学理论出发,在一定程度上肯定了西耶斯的制宪权理论,发展和充实了制宪权学说,西耶斯的理论得到了本质性的改造。施密特首先采取了西耶斯关于制宪权最高性的理念,并在同时具体说明制宪权乃是"基于力量或权威所形成之政治意志,且有权作出对自我政治存在的类型与形式的整体性决定"。因此,宪法是基于源自于政治现实力量或权威的意志所形成的。代表此一政治意志的制宪权更决定了宪法条文之性质,也同时决定了实证意义上的宪法。① 施密特认为,宪法是一种政治判断,可从制宪权主体的立宪意志中寻求宪法本身的正当性。制宪权是统一而不可分的,是一切权力的总的依据。制宪权的根据在于对政治现实中独立存在类型和形态的政治判断。在施密特看来,制宪权是一种具有力或权威的政治意思用以针对固有政治实在的样态及形式,作为具体的整体决断,从而确立完整的政治统一体。宪法制定权力是超法律性、政治性、现实性实力,以权力者的政治性决定来制定宪法,因此,宪法制定权力并非存在于实定法之内的法律概念,而是存在于法律体系外的实际权力,它能具体地决定自己的政治形式。他并以宪法制定权力为区分国家形态之基准,认为变更宪法制定权力等于废弃,就是以合法的修宪手续仍不能变更宪法制定权力,否则就是革命行为。

故施密特制宪权理论可概括如下:首先,对于制宪权的主体,施密特不再如西耶斯那样强调人民主权,而是任何力量或权威所形成之政治意志均可以是制宪权主体。而从此理论出发,则可得出支配该国政治实力者均可为制宪权主体,在君主制国家之中制宪权主体为君主,在民主共和国中则为国民。其次,制宪权为实存的力量,位于一切规范之上;其正当性完全系于政治实存,既无必要也不可能以伦理或法的规范为依据。制宪权经常处于"自然状态",不受法形式与程序的限制,为始源性权力,从而成为一切宪法所创设的权力之根据。再次,制宪权为其他一切权力的概括性基础,高居立法、行政及司法等权力之上。并从宪法理论上区分了制宪权与修宪权的界限;修宪权也属于宪法所创设的权力之一,与制宪权有别,服从程序上的制约,并课予内容上的界限。

二战以后,立宪主义在世界各国得到了发展,制宪权受到了普遍重视。对于制宪权在理论上的独立意义已没有疑义。制宪权一方面作为保护现行宪法秩序的象征,另一方面支援着变更现状的运动。

(二)制宪权的概念

制宪权的概念标志着制宪行为的规范化和完善程度。制宪权的概念,在出现以后仍随着社会的发展而不断更新。西耶斯、施密特等人在提出其关于制宪权的思想时,基本上都会涉及制宪权概念这个问题。譬如西耶斯将制宪权描绘为不能被制定,不存在于宪法秩序内的权力,反而是存在于宪法秩序外与之上的权力;制宪权等于是基本规范的创造者。而施密特则认为制宪权是"基于力量或权威所形成之政治意志,且有权作出对自我政治存在的类型与形式的整体性决定"。到目前为止,对于什么是制宪权,中外学者们的表述各有不同。毛尔认为,制宪权是国民对政治存在所作出的根本性判断,基于这种判断,

① 陈慈阳:《宪法学(上册)》,台湾元照出版公司 2003 年版,第 96 页。

主体行使一定的权限。埃因斯特在《宪法·国家·自由》一书中认为，从发生学的角度看，制宪权以宪法的历史和政治起源、宪法成立及与此相关的“力”作为目标；从法理论的角度看，制宪权问题与宪法效力有着密切的关系。权宁星认为制宪权具有两方面的属性：其一，是事实上创造的力量，即创造宪法的力；其二，是把宪法加以正当化的权威性，即制定的宪法具有合法性与现实基础。芦部信喜则认为，制宪权乃是创造法秩序的权力，就是确定法秩序的种种原则，亦即用以确立种种制度的权力。制宪权是关于将国家的政治现实之情况及其形态，做成具体而且整体的政治决断之政治意思。

在我国，也有一些学者从制宪权的性质等角度给出了它的定义。谢瑞智主编的《宪法大辞典》中所给出的制宪权定义是：“指创造法律秩序之力，即能以政治意思与法律权力对国民之政治上实际存在，作根本而整体性决定之力量之谓。宪法制定权力是其他所有政治上权力之基础，因此它是具有统一而不可分之性质，由此乃能保障宪法秩序之整体的统一性。”有学者认为制宪权是指统治阶级按照一定的法律程序，通过立法机关创造宪法的活动。① 有学者则认为宪法制定权（简称制宪权），是指制宪主体按照一定的原则创制作为国家根本法的宪法的权力。从抽象的角度来看，制宪权是一种价值体系，因而既包括制宪的事实的力量，也包括把宪法加以正当化的权威与价值。② 还有学者则认为：“宪法制定权，是指宪政权力主体（人民）所享有的，并通过宪法制定机关根据特别程序行使的，旨在制定宪法性规范以调整国家基本社会关系的综合性和创造性权力。”③

或许，上述所给出的制宪权概念可能未能完整地描述制宪权的全貌，甚至也未能完整地描述制宪权在某一个阶段的全部特征。但无论如何，制宪权这种法律现象描绘了适应社会正常发展所需要的基本宪政秩序。制宪权理论的确立明确了国家的起源，彻底摧毁了神权、君权产生国家的神话，型塑了国家权力与公民权利的关系。而早已定型的一个基本共识是：国家权力由制宪权产生，并应当臣服于制宪权。

制宪权的概念，还可以通过与其他权力的比较显示出来。修宪权与制宪权相比较，在权力位阶上低于制宪权，要受制于制宪权，不可对制宪权有任何的违背。因为，制宪权是先于宪法秩序存在的权力，而修宪权则是属于宪法秩序内的权力，要受宪法中修宪条件所限制。对于被宪法所规范的权力，制宪权不仅具有优先性，还是宪法保留。而修宪权对于其他国家权力，也具有优先性和支配性，被一些称为“制度化的制宪权”④。

制宪权与立法权、行政权等国家权力相比，在地位、载体、作用方式、管辖范围与权力来源上存在区别。制宪权的地位高于立法权、行政权等国家权力；行使这些国家权力的机关都是常设的，而制宪机关则不一定是常设的；制宪权的作用不是经常的，而立法权、行政权等国家权力的作用却是经常的；制宪权不管理具体的国家事务，而立法权、行政权等国家权力都有自己固定的管辖范围；立法权、行政权等国家权力是由宪法确认的，在运行时

---

① 李龙：《宪法基础理论》，武汉大学出版社 1999 年版，第 227～228 页。

② 周叶中：《宪法》，高等教育出版社 2011 年版，第 83 页。

③ 杨海坤：《宪法学基本论》，中国人事出版社 2002 年版，第 330 页。

④ 陈慈阳：《宪法学》（上册），台湾元照出版公司 2003 年版，第 102 页。

不得与宪法相违背。[①]

（三）制宪权的理论基础

制宪权，是一种不同于一般国家权力的特殊权力。芦部信喜教授认为，将制宪权与一般国家权力区分的思想之所以产生，有种种法思想及政治思想作前提，当中扮演决定性角色的，系根本法思想与国民主权说，经由二者的结合、发展，制宪权理论获得稳固的基础。故而，在制宪权理论的产生与完善过程中，根本法思想、人民主权理论和立宪主义运动发挥了重要作用。

首先，制宪权概念与根本法思想存在着极为密切的关系。制宪权产生在法律方面的前提是"根本法"与"普通法"的区别与分离。显然，根本法思想的形成为制宪权概念的产生提供了理论基础。所谓"根本法"，即宪法的别称，是指规定国家根本制度、政权组织等国家整体性、根本性事项的法律，在一国法律体系中具有最高法律效力，是国家立法活动的法律基础。因一切法律都要以其作为制定根据而得名。也就是说，根本法是法律体系的基础，是比普通法律更高级的法律。

通常认为，在中世纪，已存在根本法的观念。当时的君主是不负政治责任的，君主权力是绝对不必承担责任的。但君主仍然受神法及自然法的拘束限制。也就是说，虽然国王拥有绝对的权力来统治臣民，但是仍有即使国王也不能不遵守的高级法（higher law）存在，这种法称为根本法（fundamental law）。而近代资产阶级启蒙思想家，将中世纪根本法的封建性进行变更，而将根本法视为保障国民之自由及为保障国民自由之国家组织的根本原则。西耶斯、洛克、卢梭等都对这种根本法进行了阐释论述，认为其是人民与国家的社会契约，即所谓根本法者，即指人民与国家或政府间的一种契约。而国家为自由的国民订立契约组织而成，实现此一社会契约的就是宪法（根本法），此一宪法（根本法）是国民不可让与的固有权利，意即是自然权利的重要内容。正如西耶斯所主张的，"人为法只能来源于国民意志，如果我们想对人为法的序列有一个正确的概念，我们首先注意到的便是宪法性法律，它们分为两部分：一部分规定立法机构的组织与职能；另一部分决定各种行动机构的组织与职能。这类法律称为根本法，这并非指它们可以独立于国民意志之外，而是因为依据根本法而存在和行动的那些机构，绝对不能与国民意志相抵触。宪法的每一部分都不能由宪法所设立的权力机构去制定，而是由立宪权力机构去制定。任何一种受委托的权力都不得对这种委托的条件作丝毫更动。正是在这个意义上，宪法性法律才是根本的"[②]。

根本法思想的形成及其后续发展，标志着法律体系的分化，即法律体系分解为根本法与普通法律。而宪法作为根本法，其制定和修改的程序与普通法律是不同的，其解释和监督实施机制也有不同于普通法律的特别规定。而根本法思想对于制宪权的重要意义在于，国家发挥宪法作为契约的功能，保障社会成员的固有的自然权利。作为根本法的宪法体现民意的最高意志，成为以契约为纽带所建立的社会共同体的价值体系。因此，任何形式的立法权都不能改变作为契约的宪法，不得与宪法相抵触。若没有根本法在法律体系

① 李龙：《宪法基础理论》，武汉大学出版社 1999 年版，第 229～230 页。

② [法]西耶斯：《第三等级是什么?》，冯棠译，商务印书馆 1991 年版，第 59 页。

中的独树一帜，就没有区分制宪与立法、制宪权与普通立法权的必要。

其次，人民主权理论在制宪权概念形成过程中发挥了重要功能。主权是指国家的最高权力。主权这个概念与民族国家相伴而生，它的兴起与西方近代民族国家的形成存在密切关系。近代意义上的主权观念为法国人博丹所创立。博丹创建主权说的目的在于反对封建领主的割据，赞同建立在神权基础上的君主主权，从而树立国王的威权。在博丹之后，格劳秀斯、霍布斯、洛克及卢梭等学者，继续探讨了主权问题。但他们的观点各有不同，有主张主权在君者，也有赞同主权在民者。而卢梭系统地阐述了人民主权学说。卢梭认为人民通过订立社会契约而建立国家，国家是社会契约的结果。在社会契约的订立过程中表达了公意，且社会契约在本质上也是一种公意。故由社会契约产生的政府和主权行使者，是公意表达的结果，其权力来自于人民的授予。人民主权，意味着主权来源于人民和属于人民，这决定了主权的特性：人民主权的不可分割性、主权的不可转让性、主权是不能代表的、主权是绝对的。在卢梭之后的一些思想家继续沿袭卢梭的思路，围绕主权与国家之间的关系来探讨主权问题，基本上将核心通常都定位于主权在民这一点上。人民主权理论遂成为西方民主理论中最有代表性的理论，在近代宪政史上产生了巨大的政治与社会能量。

应该说，人民主权理论是国家学说发展的巨大进步。其意义在于凸显了人民在国家中的地位。详细说来：一方面，主权属于人民，政府的权力来自于人民，因而政府的权力行使应该经过人民的同意，受人民的监督。而在政府和人民的关系上，人民是主人，国家机关及其工作人员只是受托者。另一方面，既然政府的权力来自人民，人民就有权要求政府为人民服务。故在以人民主权理论为基础建立的国家中，人民的地位高于一切，人民行使的权力应高于国家机关行使的权力。由人民行使的制宪权，其地位自然应当高于通过制宪权所制定宪法设立的立法权、行政法和司法权等国家权力。这就为制宪权思想的存在奠定了理论基础。如前所述，西耶斯的制宪权理论是融合卢梭的人民主权理论与孟德斯鸠权力分立理论的一个体系，试图以制宪权为基础建立国民主权与权力分立相结合的体制。正如芦部信喜教授所认为的，国民主权原理，是在对抗绝对主义时代的君主专制统治，主张国民作为政治主角的场合下，被作为理论性支撑的观念，在近代市民革命成功之后，作为国家统治的根本原理，在近代立宪主义宪法中得到广泛采用。因而，国民主权所反映的民意的最高性价值与制宪权所体现的对社会个体价值的尊重是制宪权正当性的基础。

最后，制宪权观念与立宪主义运动渊源深厚。立宪主义概念与宪法，被认为是宪法学的前提。立宪主义萌芽于亚里士多德的法治思想，源于限制国王权力的斗争。成型于近代西方的立宪主义，其思想源头最早可以追溯至古希腊。立宪主义的形成大体上有三大渊源：日耳曼法与封建制度、罗马法或其自然法观念及亚里士多德哲学。立宪主义的产生和发展经历了漫长的历史阶段，是自古希腊以来各种政治哲学相互竞争和妥协的产物。随着历史的发展，立宪主义在含义等方面都发生了相应的变化。而宪法学家们对立宪主义概念的表述，各有不同。如阿部照哉教授认为，依据宪法运行政治的原理，称为立宪主义。① 权宁星教授认为，立宪主义是依据保障人权、确立权力分立的宪法而进行统治的政

---

① [日]阿部照哉等：《宪法》(上册)，周宗宪译，中国政法大学出版社 2006 年版，第 6 页。

治原理。故从一定意义上讲,任何一个国家的政治史就是立宪主义发展史。

近代立宪主义思想最早系统地表现在法国的《人权宣言》与美国宪法的原则中。《人权宣言》中"凡权利无保障,分权没有确立的地方就没有宪法"的规定反映了近代立宪主义思想的核心。而近代立宪主义在形成和发展过程中,普及了立宪主义的普遍原理,又具有各国的特色。最早建立立宪主义体制的英、美、法等国,立宪主义形成的历史过程有所不同。近代立宪主义在20世纪初实现了向现代立宪主义的转变,1919年《魏玛宪法》中所确立的立宪主义原理的一系列变化是其主要标志。而二战以后,立宪主义在基本内容和价值取向方面又有了新的变化。现代立宪主义的基本特点是:积极贯彻国家主义,扩大国家干预国家生活的范围,恢复议会主义权力,实行行政国家主义;普遍建立违宪审查制度,实行司法国家主义。故而,立宪主义是一种不断发展的思想和原理,在历史和现实的各种背景中吸收新的营养而逐渐充实自己,修正那些过时的思想和原理。在一些国家,虽然制定了成文宪法典,并频繁修改宪法,但并不意味着确立了立宪主义。应该说,立宪主义作为一种依据宪法治理国家的思想与原理,包括了多个方面的内容。虽然立宪主义的具体内容,在不同的国家存在一定的差异。一般认为,立宪主义的内容包括宪法本身的正当性、法治原则、权力制约、人权保障和宪法的法典化等方面。立宪主义从形式上需要宪法的法典化,需贯彻成文宪法主义。立宪主义的前提是宪法内容的科学性及完备性,宪法是否具有正当性决定了立宪主义的价值。法治原则是立宪主义的基本内容。权力制约和人权保障机制是立宪主义的主要目标。①

立宪主义经历了不同的历史发展阶段,普及了制宪权理论,使制宪权获得更广泛的社会基础。立宪主义直接对各种形式的制宪活动产生了影响,给出了所制定宪法的一个基本轮廓,与制宪权的渊源深厚。

二、制宪权的性质与特征

作为一种创造宪法的力量或权限,制宪权的产生一般需要一种合理的基础,应具有合法性与权威性。对于制宪权的性质是什么?学者们提出了不同的学术主张。有学者认为制宪权是一种始原的创造性权力。也有学者认为不能简单地将制宪权表述为始原性的权力,否则会导致制宪权与国家权力之间的相互冲突。②

从对制宪权性质的分析我们可以归纳出制宪权的特征。实际上,制宪权性质蕴含在制宪权的特征中,通过制宪权的特征反映出来。通常说来,制宪权的特征主要有:

1. 统一性。制宪权的存在形态具有完整性和统一性。制宪权唯一的内容就是制定宪法,这项权能的统一性意味着其在内容上不能被进一步细分,也不能转让或者委托他人行使。

2. 阶级性与公共性的统一。在特定社会中,制宪权反映了特定阶级的根本意志,具有阶级性。而制宪活动又是对人类治理国家经验的总结与升华,故制宪权在客观上反映了社会公共职能,具有公共性。显而易见,制宪权是阶级性与公共性的统一。

---

① 徐秀义、韩大元:《现代宪法学基本原理》,中国人民公安大学出版社2001年版,第47~52页。

② 周叶中:《宪法》,高等教育出版社2011年版,第85页。

3. 权威性。制宪权不基于任何法律形式而独立存在，其主体属于组成国家的全体人民。制宪权可以创造最高效力的宪法规范，可以赋予宪法正当性和合法性，其行使也不受任何实体规范的约束，具有独立性。制宪权高于一切由宪法创设的国家权力，而任何国家权力都必须臣服于制宪权。制宪权具有一个统摄社会秩序的最高权威，从而确保社会的有序化。

4. 自律性。制宪权在具体应用过程中，所制定宪法的内容应体现主权国家的独立意志，不受本民族意志之外的其他意志的制约，体现特定民族意志的自律性。而制宪权的自律性在一定意义上而言是国家权力具有独立性的必然要求。[①]

三、制宪权的界限

西耶斯认为，人民是主权的主体，其意志不受限制，因此宪法只限制议会——根据宪法所产生的机关，而不能限制人民或人民选举出来的制宪机关。故在西耶斯等人的制宪权理论中，制宪权是创造宪法、决定国家权力的"始原的"力量；制宪权主体在制宪过程中，可不受任何原理或制度的约束；故制宪权是不受制约、没有界限的。而法实证主义认为，宪法学本身没有必要谈论制宪权问题，制宪权不受实证法的约束已是被普遍接受的命题。施密特的恣意论也认为制宪权是毫无界限可言的。

实际上，制宪权为不受实证法规范及宪法的拘束，并不意味着制宪权是万能的权力，不受任何拘束。而前述否认制宪权的界限的观点其实也缺乏说服力，无法解释具体制宪过程中所存在的原理及规范的约束。也有学者认识到制宪权的界限问题。譬如芦部信喜认为，第一，制宪权并非法学领域外的"社会力量"，亦非完全不受"法"拘束的绝对性力量；第二，制宪权受人权理念、人格不可侵犯原则的拘束；第三，制宪权的主体，本来应系国民，若有力量者皆可成为主体，则制宪权可能如施密特学说的主张一般，成为欠缺规范要素、纯粹实存的政治力；第四，通常，最初的制宪行为本身都会在宪法典中将制宪权组织集约化，转化为须依一定形式为之的权力(修宪权)。我们从制宪权的行使以及宪法的正当性出发，则无法认同制宪权行使毫无界限的观点。

应该说，制宪权是一种受制约的权力，客观上也存在一定的界限。[②] 制宪权的界限存在于宪法所核心保护的理念、原则、价值与共识中。故在基于人民主权所建立的国家里，在程序上，制宪权一定受到形式多数决的拘束；内容上受到公民的共识、共同的价值观念、共同的法正义观念、客观的自然法理念以及超越国家的人权保障的拘束。这些都是实质的内容拘束。[③]

具体说来，制宪权的限制主要表现在以下一些方面：

1. 受到法的理念的影响。制宪作为一种法的现象，当然是在法的领域内进行的。我们不仅有必要将制宪权纳入法学的对象，而且有必要将其定位为接受某种"规范上的拘

---

① 周叶中：《宪法》，高等教育出版社 2011 年版，第 85 页。

② 徐秀义、韩大元：《现代宪法学基本原理》，中国人民公安大学出版社 2001 年版，第 36 页。

③ 陈慈阳：《宪法学》(上册)，台湾元照出版公司 2003 年版，第 98 页。

束”。宪法与制宪权是不可分的结合体。[①] 而宪法作为根本规范，正构成了这种规范上的约束。正如某宪法名家所强调的：“根本规范乃是制宪权为主张自己之存在的基本前提，是拘束制宪权之活动的内在制约原理。”制宪活动当然会受到法的理念的影响。正义等理念会对具体制宪过程产生广泛的影响。无论如何，制宪者头脑中的法的理念会受到当时所存在的法的理念的影响。我们从近代宪法与现代宪法的区别中也不难看到这一点。而制宪过程中法的理念，有可能表现为一种规范，也有可能表现为一种法律文化。而具体国家的制宪活动，受到法律文化的影响，这是较为常见的事情。

2. 受自然法的影响。以近代宪法为例，美国、法国等西方国家宪法的制定，受到了古典自然法学派一些代表人物的自然法思想的影响。自然法是人类因其自然本性所决定，在自然状态中接受并在社会中继续存在，调整人类自然关系的规律。古典自然法学派的代表人物格劳秀斯认为，与自然法相对立的是“意志法”，即人定法。而古典自然法学派的代表人物还有洛克、孟德斯鸠等人。洛克的自然法思想强调社会契约建立在大多数人同意的基础上，而洛克的社会契约论是美、法等国宪法的指导思想。分权说是孟德斯鸠最为典型的自然法思想，被美国制宪者纳入而成为美国宪法的基本原则，三权分立与制衡学说遂成为政治现实。

3. 受制宪目的之制约。制宪者制定宪法的目的所在，这是制宪权行使过程中首先要回答的问题。一般而言，制宪目的能确定国家权力活动的组织体系和原则，规定公民的权利与义务，以形成社会的共同意思，使宪法具有正当性。而从各国的立宪史来看，制宪者有自己的制宪目的，因不同的制宪目的产生不同的宪法。当然，制宪目的也存在合理性的问题。并且，制宪目的的合理性与制宪权的合法性并不是始终吻合的，可能会存在差别与背离。而具有正当性的宪法，则必须正确反映制宪当时的历史、社会和政治情况，反映民众的政治要求。

4. 受国际法的制约。在一定条件下，制宪权可能会受国际法的制约。此种制约主要表现为战败国的制宪权受到制宪当时的国际法的影响。譬如“二战”后日本制定的1946年宪法受《波茨坦宣言》的影响，又被称为“和平宪法”。而联邦德国基本法中放弃战争等条文受到了国际势力和国际法的拘束。[②]

第二节 宪法的制定机关

一、制宪权主体

制宪权主体，是制宪权得以运行的首要因素。西耶斯曾主张，只有国民才能构成制宪权主体。施密特不再如西耶斯强调人民主权，而认为任何力量或权威所形成之政治意志均可以是制宪权主体。而从此理论出发，则可得出支配该国政治实力者均可为制宪权主体，在君主制国家之中制宪权主体为君主，在民主共和国中则为国民。

---

① 陈慈阳：《宪法学》(上册)，台湾元照出版公司2003年版，第94页。
② 陈慈阳：《宪法学》(上册)，台湾元照出版公司2003年版，第94页。

在近代以前，制宪权基本上由君主享有，君主主权成为国家活动的基本原则。除了君主以外，少数者组织、一定团体等在某种条件下可成为制宪权主体。在君主或国王全权颁布宪法，也就是说通过单方面的行为来颁布钦定宪法时，君主或国王行使了自己的制宪权。君主或国王可能需要等级代表或人民代表的参与或征得他们的同意，从而受到相应的拘束。这未必等于君主放弃了制宪权，也未必等于承认了人民制宪权。

而从君主主权向人民主权转化后，人民遂成为制宪权主体。当然，在这个转化过程中有一定的反复。法国资产阶级革命后到王朝复辟时期，用国王制宪权来反对人民制宪权，这是当时的明确命题，在理论上确有其必要性。

现代各国宪法中已普遍规定人民是制宪权主体。譬如《德国基本法》"序言"中规定："德国人民，意识到自己对上帝和人类的责任，为维护自己民族的政治的统一……凭借自己的制宪权为德意志联邦共和国制定本基本法。"这不但明确了国民的宪法地位，也表明了人民成为制宪权主体是现代宪法的基本特点之一。

人民作为制宪权主体，表明了制宪权的来源以及权力的享有主体。但这并不意味着全体人民都直接参与所有的制宪过程中，去具体行使制宪权。实际参与制宪过程的可能只是人民中的一部分或者经选举产生的代表。人民可以把具体制宪权的行使委托给代表，也可以通过投票来直接行使制宪权。后者主要有三种形式：由国民提出宪法制定提案后进行的国民投票；对由其他机关起草的宪法草案进行的国民投票；对制宪会议通过的宪法草案进行国民投票。

二、制宪机关

制宪机关，亦称立宪机关，即有权制定或批准通过宪法的国家机关。① 为了使制宪权主体有效地行使制宪权，各国成立了相应形式的制宪机关，赋予制宪机关相对独立的职权。制宪机关，可以是制宪会议、国民会议、立宪会议、制宪议会等机关，具体负责宪法的制定。其中的制宪议会不同于一般国会或民意机关，可不受旧宪法的约束，具有政治会议的性质。如印度制宪议会根据1947年7月15日的《独立法》，自动获得最高权力机关的地位，并组织了由7名委员组成的宪法起草委员会。宪法草案完成后于1948年11月提交给宪法制定议会，经审议后于1949年11月正式通过《印度宪法》。② 当然，制宪议会的职责并不是千篇一律的，在不同的国家可能会有所不同。有的国家所成立的制宪议会只承担通过宪法草案的任务。譬如伊拉克2005年初选举产生的过渡国民议会。过渡议会的首要任务是在8月15日前完成一部正式宪法的起草工作。伊拉克各派代表之间分歧严重，经三次推迟后过渡议会最终于8月28日进行表决。且为了满足逊尼派的要求，又对宪法草案进行了部分修改。在过渡议会就《宪法草案》表决之后，2005年10月15日，伊拉《克宪法草案》正式交付全民公决，由全体公民投票决定是否通过。

---

① 李龙：《宪法基础理论》，武汉大学出版社1999年版，第230页。

② 徐秀义、韩大元：《现代宪法学基本原理》，中国人民公安大学出版社2001年版，第38页。

[美国制宪事例]1786年9月，纽约、新泽西、宾夕法尼亚、特拉华和弗吉尼亚五个州的专员，在安纳波利斯开会。在讨论了相关议题之后，他们认为需要更充分的权力，于是制定一份将分别提交给各州以及国会的报告。在该份报告中，他们建议所有的州任命专员，“在下一年度5月份的第二个星期一，在费城召开制宪会议，来考虑合众国的局势；设计在他们看来是必需的条款，使得联邦政府的政体适合于合众国的紧急情况；并将为此目的法案报告给合众国的国会，当得到他们的同意之后并得到每个州的议会的确认，将为此目的作出有效规定”。

1787年，由13个州派出的55名代表在费城召开了制宪会议。在指定的时间和地点，12个州的代表到会了。只有罗德岛拒绝委任这个重大时刻的代表，而未能派代表与会。经过非常漫长的审议之后，制宪会议最终在1787年9月17日，通过了现行宪法的方案。①

制宪机关，可能是常设的机关，也可以是临时成立的专门机关。制定宪法的专门机关，其唯一职能就是制定宪法，当宪法制定工作结束后当即解散。② 而常设的制宪机关，除了制定宪法之外，还具有其他职权。

各国宪法对制宪机关的规定，不尽相同。许多国家的宪法明确规定了制宪机关，并赋予其独立的地位。也有国家的宪法对制定机关不作具体规定。21世纪以后，一些国家宪法的制定，更是显现出制宪机关构成与功能的多样性，具体有阿富汗的2004年宪法、伊拉克的2005年宪法等。

我国宪法没有具体规定制宪机关，只规定全国人民代表大会有权修改宪法。实际上，我国有权制定并通过宪法的机关是全国人民代表大会。从宪法原理及宪政实践来说，全国人民代表大会作为制宪机关的地位是明确的。这并不存在宪政逻辑上的矛盾。全国人民代表大会，同时作为宪法上制宪机关和最高权力机关，在地位上是一致的，并不冲突。

宪法起草委员会等宪法起草机构不是制宪机关。它们是制定宪法时临时成立的具体的工作机关，对宪法能否发生法律效力没有决定权，没有批准通过宪法并使之生效的职能。这也说明，制宪机关与宪法起草机构不一定是相同的。两者的主要区别在于：制宪机关是行使制宪权的国家机关，而宪法起草机构是具体的工作部门，不能独立地行使制宪权；制宪机关一般是常设的，而宪法起草机关是临时性的机关，起草任务结束后便解散；制宪机关有权批准通过宪法，而宪法起草机关无权批准通过宪法；制宪机关由公民选举产生，具有广泛的民意基础，而宪法起草机关主要是通过任命等方式产生，注重成员的广泛性。③ 如阿富汗2004年宪法在起草过程中成立了具有特色的制宪机关与起草机构，也容易发现前述区别。

① [美]约瑟夫·斯托里：《美国宪法评注》，毛国权译，三联书店2005年版，第131～134页。

② 李龙：《宪法基础理论》，武汉大学出版社1999年版，第230页。

③ 周叶中：《宪法》，高等教育出版社2011年版，第87页。

[**阿富汗制宪事例**]2001 年 12 月 5 日,阿富汗流亡政府和北方联盟的领导人 30 人左右在联合国的主持下,在德国波恩签署了《波恩协议》。该协议规定于 2001 年 12 月 22 日政权正式转交之后建立阿富汗临时政权。该协议还对阿富汗之后制宪的基本原则和方式作了规定,同时把阿富汗 1964 年宪法作了适当的调整,使之成为阿富汗的临时宪法。

2002 年 6 月 10 日,阿富汗大支尔格国民议会召开,会议同意建立阿富汗伊斯兰过渡政府;并决定由制宪大支尔格国民议会在 18 个月内制定阿富汗宪法。2002 年 10 月 5 日,过渡政府总统卡尔扎伊发布《第 141 号总统令》,正式成立宪法起草委员会。宪法起草委员会应当在宪法委员会开幕之日向其递交宪法草案初稿,并就有关未来宪法制定的意见向宪法委员会承担解释职责。2002 年 11 月 28 日卡尔扎伊签署《第 3273 号总统令》,建立制宪委员会秘书处以辅助宪法起草委员会,以及即将设立的宪法委员会和制宪大支尔格国民议会的工作。制宪委员会秘书处还对阿富汗的政治、宗教、社会、文化和经济现状,阿富汗以前的宪法以及各国宪法作了仔细的研究。2003 年 3 月 10 日制宪委员会秘书处公布《阿富汗制宪计划书》,对制宪委员会秘书处、制宪大支尔格国民议会各自的职责以及联合国的援助作了简要说明,对公众教育和咨询作了安排。同时,还制订了比较详细的制宪时间表。

为进一步推进制宪工作,卡尔扎伊于 2003 年 4 月 26 日发布《第 6 号总统令》,建立宪法委员会作为后续机构接管和取代宪法起草委员会的工作。宪法委员会由卡尔扎伊任命的 35 名法律和宗教方面的学者组成,且在其中有 7 名女性学者。宪法委员会主要职责有:制定并公布宪法草案;为公众提供有关制宪信息,促进公众对制宪计划的了解;收集阿富汗国内外个人或团体对制宪计划提出的建议;为制定宪法草案进行相关研究;就公众咨询所获资料制定有关阿富汗人民对制宪的观点的分析报告,并予以公布。宪法委员会为了制定一部既能够有效规范阿富汗新的社会政治生活,又能促进国家统一、增进民主繁荣的宪法,进行了大量的调查和论证分析工作。为了收集更多的信息,更好地了解阿富汗人民对新宪法的要求和期望,宪法草案出台日期由 2003 年 8 月 30 日往后延期了两个月。

2003 年 11 月 3 日,宪法草案出台,随后分发给各省地方长官和政治领袖、紧急大支尔格国民议会代表等有关方面,并交由媒体公开发表。2003 年 12 月 13 日,制宪大支尔格国民议会讨论,经逐条审议之后,于 2004 年 1 月 4 日表决通过。并由过渡政府总统卡尔扎伊签字后于 2004 年 1 月 26 日生效,此即为《阿富汗伊斯兰共和国宪法》。①

第三节　宪法的制定程序

制宪权该如何行使?基于制宪权先于宪法存在的本质,制宪权本身就可以制定制宪

① 韩大元:《外国宪法》,中国人民大学出版社 2005 年版,第 371～373 页。

的程序。而按施密特的学说，制宪权不受已存在之实证规范程序的约束，所以作为规范意义上的制宪权行使程序对于制宪权而言是不存在的。不过，基于人民主权原理，人民作为制宪权主体在制定宪法时，在制宪程序上要遵循人民主权原则，在制宪过程上要受到民主原则的拘束。故在制宪程序上，制宪权受到民主多数决的约束。

宪法制定程序是指制定宪法时所经过的阶段和步骤。在成文宪法国家，宪法是国家的根本法，其制定程序与普通法律不同，程序较为严格。各国宪法对宪法具体制定程序的设计存在差别，除了历史的政治的原因之外，也可能因为宪法制定的方式不同。一些国家的宪法是由国民通过投票方式直接行使制宪权而得以制定；一些国家是由国民选出的代议机关制定宪法；还有一些国家，则是把代议机关的制宪工作与国民投票方式结合起来制定宪法。

宪法在一个国家中所具有的重要地位要求保证制宪工作的权威性与严肃性。国家制定宪法通常有如下程序：

一、设立制宪机构

制定宪法，首先要成立专门的制宪机构，制宪机构的组成应具有广泛性，能代表各方面的利益。各国制宪机构的组成、功能与作用并不完全相同。而制宪机构产生是否民主，以及制宪机构组成成员的素质直接影响所制定宪法的社会效果。故从各国的制宪实践看来，保证制宪机构的民主性和权威性是宪法制度的关键环节。而作为国家独立“身份证”的宪法制定是国家主权独立性的标志。

韩国在1945年获得国家独立。韩国于1948年5月10日实施了总选举，组成大韩民国第一届国会。由于第一届国会的主要活动是制宪，故又称为制宪国会。1948年6月，由30名宪法起草委员和10名专门委员组成了宪法起草委员会，起草并讨论宪法草案。同年7月由国民选举产生的制宪国会审议和通过了宪法。故韩国第一部宪法被称为“建国宪法”。[①] 而在制定南非宪法时，曾围绕制宪机构的组成问题，当时的南非政府和国大党之间发生了严重的分歧。当时的南非政府主张制宪机构为两院制议会，由各种族、地区和党派平摊席位的上院必须具有制宪、修宪和批准宪法的权力，并对大选产生的下院的议案具有否决权。其目的在于将来在黑人在议会中占多数席位的情况下，占少数的白人仍能行使否决权。这一主张当然遭到南非国大党的反对，国大党主张在制宪会议中得到66%的议员赞成的议案即可通过成为法律。

2003年，伊拉克萨达姆政权被推翻后，同年11月15日，美英联军当局与伊拉克临时管理委员会(以下简称临管会)达成权力移交协议，规定临管会应不迟于2004年2月28日拟定一部基本法作为伊拉克过渡时期的临时宪法。经过反复磋商，直到2004年3月18日在巴格达正式签署该《伊拉克过渡时期国家管理法》(即《伊拉克临时宪法》)。《伊拉克临时宪法》颁行之后，伊拉克成立了临时政府，产生了临时议会。临时议会的主要使命是对伊拉克临时政府进行监督，并负责筹备2005年1月过渡议会选举事宜。2005年1月至2月，伊拉克选举产生过渡国民议会。3月16日，过渡国民议会召开首次会议，当选

① 韩大元:《亚洲立宪主义研究》，中国人民公安大学出版社2008年版，第114页。

的275名议员宣誓就职。过渡议会的首要任务是在8月15日前完成一部正式宪法的起草工作。2005年5月初，过渡国民议会任命了由55名议员组成的宪法起草委员会，但由于其中只有2名逊尼派的代表而遭到逊尼派的反对。6月初，伊拉克多个逊尼派团体举行了全国性的逊尼派民众大会，要求宪法起草委员会增加逊尼派代表名额，否则就可能抵制宪法的全民公决。根据《伊拉克临时宪法》的规定，在伊拉克18个省份中，只要有3个省的2/3以上选民在全民公决中投反对票，宪法草案就不能通过。由于逊尼派至少在3个省份中占优势，因此在宪法起草委员会的组成上不得不考虑逊尼派的利益。经过数周的艰难谈判，最终达成扩大宪法起草委员会的协议，同意增加15名逊尼派代表，将委员会代表从55名增加到70名。①

二、提出宪法草案

在制宪机构产生后便进行宪法草案的起草工作。在宪法草案起草之前，制宪机构通常会在公民的宪法地位、基本政治和经济制度框架以及基本宪政模式等方面，先确立一定的原则，以便具体起草机关在宪法起草工作中予以遵循。宪法草案的起草当然要遵循一定的指导思想或原则，以便保证草案内容的合理性。其中的指导思想体现了特定阶级的意志、利益以及核心价值观，起草机构通常会以适当的方式在宪法草案中予以阐明。宪法草案的起草和具体讨论过程中，需要根据一定的原则协调各种利益问题，通过利益协调寻求共同的社会基础。

我国1954年宪法草案在拟定过程中，以民主集中制原则为指导原则，将领导的意见和群众意见有机结合起来，使宪法草案充分显示了民主性和科学性。

1954年3月，宪法草案的初稿提出。草案初稿中一些重大的宪法体制的安排都是在反复考虑国外经验的基础上，根据本国的经验慎重地作出了选择。毛泽东认为："制定本国宪法，参照别国宪法和中国历史上有过的宪法，是完全必要的。人家好的东西，结合中国国情，加以吸收；不好的甚至是反动的东西，也可以引为鉴戒。"毛泽东在阅读了有关宪法的大量资料和著作后，强调了制宪过程中的中国国情，对不合国情的内容大胆给予否定，如在宪法结构、国家主席的设立、少数民族区域自治制度、国家机构的设置等方面规定了不同于苏联宪法的内容。

宪法起草委员会以草案初稿为基础，组织了对宪法草案的广泛而深入的讨论。在宪法草案的全民讨论过程中，据统计共有1.5亿人参加了宪法草案的讨论，提出了1180420条修改意见。宪法起草委员会对这些意见作了认真的分析和研究，吸收了其中的合理内容。②

三、通过宪法草案

在现代各国，宪法草案多由议会或代表机关决议通过。许多国家还对宪法的通过程序作了严格的规定，以便保证宪法的权威性与稳定性，常见的规定是：制定宪法要由国家

① 韩大元：《亚洲立宪主义研究》，中国人民公安大学出版社2008年版，第140～143页。

② 韩大元：《亚洲立宪主义研究》，中国人民公安大学出版社2008年版，第115～116页。

立法机关成员 2/3 以上或 3/4 以上的多数表决通过才有效。有的国家通过宪法时还需要全民公决、国民投票等形式。在宪法草案通过时，由于难以达成共识，有可能会多次推迟表决日期。如伊拉克宪法，根据《伊拉克临时宪法》的规定，过渡议会应当于 2005 年 8 月 15 日前通过宪法草案。但伊拉克各派代表之间分歧严重，经三次推迟后最终于 28 日进行表决。且为了满足逊尼派的要求，又对宪法草案进行了部分修改。在过渡议会就宪法草案表决之后，10 月 15 日，伊拉克宪法草案正式交付全民公决。10 月 25 日，伊拉克选举委员会宣布伊拉克新宪法草案的全民公决结果：伊拉克 18 个省中，参与投票率为 63%，其中 78%为赞成票，21%为反对票，只有安巴尔省和撒拉赫丁省的选民反对票超过 2/3。故新宪法草案获得通过，正式成为伊拉克宪法。此即为伊拉克 2005 年宪法。

四、公布宪法

宪法草案经一定程序通过后，由代表机关或国家元首予以公布。我国公布宪法的机关是全国人民代表大会。而阿拉伯也门共和国永久宪法由共和国委员会主席公布，巴林国宪法由世袭君主埃米尔以真主的名义公布等。

至于宪法的生效，一般有自通过之日起生效、在规定的时间到来后生效等模式。如我国 1954 年宪法是以中华人民共和国全国人民代表大会公告形式公布，自通过之日起生效。一些国家宪法对公布后宪法的生效时间作了具体的规定，如《日本国宪法》第 100 条规定："本宪法自公布之日起经 6 个月开始实行。"韩国宪法则具体规定了实施日，即"本宪法自 1988 年 2 月 25 日起实行"。意大利宪法规定："本宪法由临时国家元首在制宪会议通过后 5 天内公布，并于 1948 年 1 月 1 日起生效。"

从设立制宪机构，到通过宪法草案，这些程序是具有内在联系的有序的整体。制宪程序的每一个环节都在制宪过程中发挥着重要的作用。制宪内容的合理性与制宪程序的科学性是紧密相连的。因而制宪程序的科学性是判断一部宪法所蕴含价值的重要指标。故应高度重视宪法制定程序的功能和意义，并以此为基础探讨宪法的运行机制，推动宪政建设向前发展。

【思考题】

1. 制宪权的主体是怎样变迁的？
2. 简述制宪权的理论基础。
3. 简述制宪权与立法权的区别与联系。
4. 简述制宪机关与宪法起草机构的区别。
5. 简述制宪议会的特点。

第五章 宪法的修改

当法律同现实脱节的时候，宪法是虚假的；当他们一致的时候，宪法便不是虚假的。社会主义的宪法应该在实际适用中得到修正和补充。

——列宁

第一节 修宪权

一、修宪权的概念与性质

所谓修宪权，即法定主体依照宪法规定或者惯例形成的程序，对宪法部分内容进行删除、增加、变更的权力。修宪权享有的主体是全体人民，修宪权的行使主体一般为立法机关。但有些国家的选民有对宪法修正案进行复决的权力，这彰显了修宪权属于人民的意旨。

一般认为，修宪权的地位低于制宪权，从属于制宪权。但不能否定的是，修宪权也属于人民。从法律实证主义的角度来看，修宪权是一种经常行使的权力，对于人民而言是维护和扩展人民利益的根本法手段，因此不能忽视修宪权的重要意义。

关于制宪权与修宪权的区别，现在主流学者往往采用施密特关于制宪权与修宪权区分的理论，此理论本身问题不大，但却有着淡化修宪权重要的性的嫌疑。

一些学者提出了制宪权与修宪权无区别的学说，表面上是降低了制宪权的地位，但实质上是从现实出发，重视修宪权的行使。法国人西耶斯在他的《第三等级是什么?》的小册子中率先提出了制宪权理论，并对制宪权作了详细的论述。他同时认为，是制宪权产生了修宪权，修宪权是制宪权的一部分。在德国法学家施密特提出了制宪权与修宪权区分的理论后，德国学者拉班德、耶林等人则从法律实证主义出发进行了反驳，提出了制宪权、修宪权和立法权是同一概念，制宪权与修宪权不存在区别的学说。我们认为，制宪权与修宪权的“无区别说”固然有其问题，但其中所蕴含的实践意义值得深思。

宪法的根本性、重要性决定了宪法的每一条文都会对人民的生活产生重大影响，故而对这些条文的修改必须是遵从了人民的意愿，而不能操纵于个别精英之手。承认制宪权与修宪权的区别可以增加对制宪权的尊重，并使修宪权的行使遵循宪法所规定的程序和限制，不对宪法进行任意修改。这种理论意在限制民主的滥用和多数人的暴政，但无论如何这种限制必须是在民主的前提下进行的，否则将为少数人的专制和利益的垄断提供机会。

二、制宪权与修宪权关系的理论争议

对于制宪权与修宪权的关系问题，学界存在两种截然不同的观点：一种是认为二者完

全相同的“无区别说”，另一种是认为二者在性质上有根本差异的“区别说”。

（一）无区别说

“无区别说”学者的主要观点是：制宪权与修宪权没有根本的区别，只要按照宪法规定的修宪程序，宪法的任何内容都可以修改，不受任何原则或者程序上的限制；即使宪法条文明确规定了禁止修改的宪法内容，也可以成为修宪的对象。

“无区别说”的主要理论基础大致可归结为以下三种：

1. 宪法形式论。宪法和一般法律一样都是国家意志的体现，国家意志可以变化，那么体现国家意志的宪法和法律的内容当然可以随之改变。宪法和法律一样，都须随时代的发展而可以任意修改。日本学者佐佐木就没有对制宪权和修宪权加以区别，他认为，宪法的修改在内容上是不受限制的，只要是改变宪法的规定，任何内容都是允许修改的，而且修改过的规定其本身还可以再进行修改。① 日本结城教授认为：“修宪权无论是部分的还是全面的，都是从外部改造宪法的力，所以本质上属于制宪权力，因此也置于宪法之外而超乎宪法之上，而并不是被宪法条文化的‘权限’。修宪权之所以置于宪法之中且受到宪法条文的规范，是因为要满足法的安定性及预测可能性的要求而使制宪权力自制于一定的形态之中。”②

2. 绝对民主观。认为基于民主政治及主权在民的立场，不论制宪者的政治决定如何，或是理论上所谓的宪法基本精神与结构何在，只要人民多数的认同，就得以修改宪法的条文。如18世纪的瓦特尔等人，在观念上尚未区分宪法制定与宪法修改，或者说尚未认识到宪法有被宪法之下的国家权力修改的可能，认为宪法的成立与变更都只是人民行使订立契约权利的结果。美国宪法学者杰德罗·宾菲德认为：“只要人民愿意，人民可以废弃宪法的任何部分。”③他们把宪法的制定与修改归结成了一种契约，只要人民愿意就可以随意随时更改，甚至废止这项契约。

3. 政治主导论。“无区别说”几乎一致的看法是，即使宪法有明文规定之界限，也永远抵挡不了现实政治优势所主导的宪法修改。当政治与社会的变迁到了需要从体制上作彻底的调整时，制宪者原先所订定的核心决定，必然会屈服于现实的政治压力而作任何可能的修改。齐蒙格·耶瑟松认为，所谓的宪法精神随时代的变迁会失去其法律效力，所以根本就没有所谓绝对的宪法原则的存在。我国台湾学者林纪东教授强调，如果制宪权基于制宪时之政治背景而为，则修宪时之政治背景，亦应享有同等的权力与地位，不能谓制宪时之决定，可以永远限制尔后之国民意志。④ 所以，制宪权与修宪权并无区别。

---

① 李龙：《西方宪法思想史》，高等教育出版社2004年版，第282页。

② 姚中原：《“我国宪法”修改有无界限之探讨》，载《法学丛刊》1991年第189期。

③ Charles A. Kelbley, Pane I: The Constitutional Essentials Of Political Liberalism: Are There Limits To Constitutional Change? Rawls on Comprehensive Doctrines, Unconstitutional Amendments, And The Basis Of Equality. *Fordham Law Review*, 2004, pp. 15～19.

④ 许宗力：《宪法修改界限的理论》，载《宪政时代》（第7卷）1982年第3期。

（二）区别说

二战以后，区别说日渐受到重视，成为当今的主流学说，并广泛为各国的宪法制度所采纳。现代学者大多数认为制宪权与修宪权在概念上和性质上存在着根本的差别。二者的区别主要有以下一些表现：

1. 两者产生的依据不同。制宪权来自于特定阶级的政治实力，遵守的原则是维护统治阶级的根本利益，而修改宪法的权力来源于宪法的授权，须在原宪法的根本精神约束下进行。制宪权是一种原创造性权力，制定宪法是在创制新国家的基本秩序。因此制宪权是超越实定法的，除受自然法的拘束外，制宪权不受任何法秩序的约束，其本身并无所谓实定法上的正当性而具有一定的超合法性。而修宪权则是一个实定法的概念，是由宪法创设的权力，是派生性的权力。

2. 两者的目的不同。制宪权是创制宪法的权力，而修宪权是依据宪法产生的权力。制定宪法是为了以根本法的形式奠定国家政权的合法性、权威性，确立有利于统治阶级意志和利益的基本制度。而修改宪法是在宪法实施的过程中，由于立宪者或修宪者受主观因素和客观条件的限制，造成宪法规范与社会现实存在矛盾与冲突，而这些又难以通过宪法解释、宪法惯例等宪法变迁方式予以弥合，最后只能由修宪者动用修宪权才能解决。而且，宪法规范是静态的，而其所反映的社会关系却是动态的，宪法规范同现实的社会关系往往处于冲突—协调—再冲突—再协调的张力之中，当这种张力达到一定程度时，修改宪法就成了一种理性的选择。

3. 两者的主体、程序和方式不同。近代以来，人们一般认为国民拥有制定宪法的权力，国民是制宪权的来源和享有主体。基于制宪权先于宪法存在的本质特征，被规定制式的制宪权行使程序与方式对制宪权而言是不存在的。制宪权的原始性决定了其不受已存在实证规范程序与方式的拘束。从根源意义上说，修宪权亦属于人民。但与制宪权是人民主权的直接体现不同，修宪权是人民主权的间接体现。在成文宪法国家，修宪主体、程序、方式与范围等一般由宪法明确规定。修宪必须以既存的宪法为前提，在宪法秩序之下，依据宪法所规定的修改程序、方式、限制条件，合法地修改宪法。反之，如果违背既存的宪法秩序，逾越宪法对修宪的限制，颠覆宪法的基本原理，就是违宪的修宪。

4. 在权力位阶上，修宪权低于制宪权。制宪权是一切法律规范的原点，是修宪权的原始权力形式，实定法上的一切权力都直接或间接地源自制宪权，受制宪权的制约。制宪权还确立了宪法的基本原则，这些原则被看作宪法的“根本规范”，是所谓的“宪法核”。修宪权的行使要受到这些原则的限制，应以制宪权所确立的基本精神与原则为界限，还应有助于制宪目的的实现。所以，从法理上看，修宪权先天应受制宪权的限制，不可对制宪权有任何的违背。

三、制宪权与修宪权的联系

虽然制宪权与修宪权两者存在诸多的差异，但是我们在研究二者关系的时候不能“一刀切”，应该客观地认识二者的联系。

1. 修宪权是制宪权的转化形式：同质命题的原因

制宪权与修宪权二者在实证法上都是无限的权力，都不能视为国家机关所享有的权力。归根到底，它们都是人民意志的体现和表达，和主权相联系，所以它们是本质上相同的两个权力。

制宪权是使宪法产生的权力，是肯定的权力；而对已存在的宪法、修宪权则是否定的权力。人民的意志既肯定自己，又否定自己，这是否矛盾？

对于这个问题应该从制宪权和修宪权共同的性质——人民意志入手。一方面，人民意志本身有具体情境的限制。宪法是人民为了达成秩序和正义，在一定社会经济结构基础上所作的安排。当社会经济结构发生变动，人民必将重新安排。否则，秩序和正义的理想必将落空。因此，人民的意志是随社会的发展变化而变化的。另一方面，人民也在发生变化，实现着代际更替，可能到了一个阶段，后一代人完全代替了前一代人。每一代人都可以根据时代的变化，自主地选择适合的制度。但社会是延续性、规律性地发展的，人民的这种选择权和主动权的体现不应该以重新制定一部宪法来实现。相反，通过宪法修改制度删除和修改已经陈旧的宪法规定、增添需要的规范，这才是理性的选择。因此修宪权实质上就是作为制宪权的行使形态而出现的，这是制宪权和修宪权同质性的原因。

2. 修宪权是制宪权的法律化和制度化：同质命题的深化

(1)修宪权和制宪权都受到宪法原则的约束，但宪法原则对两者的约束力有所不同。近代以来，虽然都承认一切人定法都必须服从制宪权，产生制宪权的人民意志是不受一切人定法制约的，但是他们同时都一无例外地强调制宪权必须受到自然法的制约。而这些自然法表现为近代以来的一系列价值要求，包括人民主权、人的尊严等等，这实际上就是宪法原则对制宪的制约。“从时序上看，应当是先有宪法原则，后有宪法”①，制宪权受到宪法原则的制约。但是这种约束力比较微弱。在制宪的过程中，宪法原则往往体现为制宪目的，具有主观任意性。宪法产生以后，随着宪政实践的发展，宪法原则逐渐凝固在一个社会共同体的历史文化传统、道德信息、政治制度和法律实践之中。在成熟的法治社会宪法的修改必须对宪法原则表示极大的尊重。宪法原则的约束主要是理念约束，但是宪法原则在一定的社会条件下也可能和某些宪法条文相联系，这时候这些宪法条文在一定程度上就会显得不可修改。比如，1884 年《法国宪法》第 2 条规定：“共和政体不得成为修正案的议题。”《德国联邦宪法》第 79 条规定，对国民主权及人权的基本原则构成影响的修正不被容许。根据芦部信喜的看法，日本国宪法的人权条款以及国民主权原理，共同立足于“人的尊严”的原理上，结合成不可分割的共存关系，是近代宪法的本质与理念，属于宪法的“根本规范”，是不能被容许修改的。②

(2)制宪权和修宪权都需经过一定的程序，但是程序对于两者具有不同的意义。制宪程序只是宪法的制定过程，是一种事后描述的概念。因为，在制宪权之前并不存在限制制宪的任何规范，也就不可能存在限制制宪权的程序。修宪程序则不同，它不是描述性的，而是规范性的。和制宪程序在制宪过程中产生不同，修宪程序先在于修宪行为，修宪权的行使必须依照其进行，否则即为违宪。

---

① 莫纪宏：《现代宪法的逻辑基础》，法律出版社 2001 年版，第 212 页。

② [日]芦部信喜等：《宪法》，林来梵等译，北京大学出版社 2006 年版，第 348 页。

宪法是国家的根本大法，是各个政治体共同的法律秩序，是维系国家永久存续的基本规范，为避免因为宪法的任意修改而破坏了永续性与同一性秩序，自有必要区分制宪权与修宪权，明确修宪的界限。严格区分制宪权与修宪权，一方面有利于确保国家因能获得连贯的发展而存在；另一方面有利于确保宪政秩序发展的持续性。相反，对修宪权与制宪权不加区分，从根本上修改宪法，就容易对宪法自身的稳定性和连续性造成损害，易于导致宪法的信任危机，以至于建立在宪法实施基础上的宪政发展的持续性遭到削弱，甚至中断。因此，明确其宪政价值，对于指导我国修宪实践，促进宪政与法治国家建设的稳定发展具有重要的意义。

第二节　宪法变动与宪法修改

一、宪法的变动与变迁

宪法作为国家之根本大法，其制定被期待具有永久性，不能被轻率地改变。苏丹共和国1973年颁布了“永久宪法”，日本明治宪法被称为“不朽大典”，但至当下这两部宪法均已变动。

宪法的变动是指宪法因时代的变迁、历史情势的变革，其条文通过宪法解释、宪法修改、宪法惯例等合法方式发生了形式或实质的变迁，或者通过实力废弃、排除、破毁、停止原有宪法的非法方式产生的宪法变动。因此，就概念而言，宪法变动为涵盖面最广的概念，它包括了所有形式的宪法变化，在国内有些学者称之为广义的宪法修改。① 宪法的变迁则是宪法变动的下位概念，指宪法在默默中产生变化的现象。宪法解释则是宪法变迁的主要方式之一。宪法修改是宪法变动的一种形式，它与宪法变迁一起构成了宪法合法变动的主要方面。

对于非法形式的宪法变动，德国学者施密特总结了五种情形：第一，宪法的废弃。在废止现行宪法的同时废除宪法由以产生的制宪权。第二，宪法的废止。在废除现行宪法的同时保留宪法由以产生的制宪权。第三，宪法的非法修改。即在修改宪法时不遵守宪法法律规定的宪法修改程序。第四，宪法的打破。一个或几个特定的个别事例无视宪法，违反宪法规定。例如通过普通法律延长议会的任期，违反了宪法规定的议会任期制度。第五，宪法的临时中止。这是指宣布宪法某一部分停止或者无效，但宪法对这种中止行为并无明文规定，或者有明文规定却完全无视这种规定的制约。②

关于宪法变迁的含义，有学者持广义的观点，认为宪法变迁包括三个层面：其一，指世界各国宪法、某种类型宪法或者某个国家的宪法产生、发展的经过；其二，指某国宪法修改的经过；其三，指宪法的自然变更或者说无形修改。③ 我们持狭义的宪法变迁观点，认为宪法变

---

① 李步云：《宪法比较研究》，法律出版社1998年版，第226～227页。

② [德]卡尔·施密特：《宪法学说》，刘峰译，世纪出版集团、上海人民出版社2005年版，第112～114页。

③ 秦前红：《宪法变迁论》，武汉大学出版社2002年版，第2～3页。

迁仅包括上述第三种情况，宪法沿革和宪法修改不属于宪法变迁的内容。具体而言，宪法变迁是指通过立法、判决、议会或政府的有权解释，国家机关逐步形成的惯例等方式，在宪法文本没有变化的情况下，宪法的内涵却发生了悄然的变革。这是当宪法规范与社会生活发生冲突时，某种宪法规范的含义消失，在规范形态中出现了适应社会实际要求的新含义与内容。

宪法变迁包括了如下方面的内容：第一，通过宪法解释发生的变迁。例如关于巴丹宪法的恩赦权，由于政府的解释认为包括了大赦和特赦，扩大了恩赦权的范围。第二，基于政治上的必要所发生的变化。例如尽管有德国联邦参议院每年召集的宪法规定，但联邦参议院已成为常设会议。第三，基于宪法上的习惯或者惯例所发生的变化。例如失去下议院支持的大臣必须辞职等英国的传统。第四，因国家权力的不行使所发生的变化。例如英国君主有庞大的权力，但多数权力都不再行使，使这些权力名存实亡。第五，宪法精神发生了根本的变化。例如在美国，国会的权力发生转移，从国会转移到委员会或者小组委员会，特别是财政委员会和预算委员会。①

二、宪法的修改与解释

宪法的修改是指宪法在实施后，由于政治、经济、社会形势发生重大变化或者宪法自身条款的缺陷，导致继续执行遇到困难时，由有权机关依照法定程序对其内容与条款进行书面变更的行为过程。② 宪法修改有广义和狭义的区分。广义的宪法修改，是指某一个国家在其发展过程中，由于政治、经济、文化等方面的条件发生了重大变化，政治力量的对比关系出现了变更和重新排列组合，使得原有的宪法规定难以适应这种变化了的新情况，在国家政治舞台上处于统治地位的阶级和政治集团要求从根本上肯定社会变革的客观事实，巩固变革的成果，这种宪法修改的表现形式已不仅仅是对现行宪法的某些条文进行调整，或者补充、增加、改变和废除某一条文，而更多的是表现为制定新宪法来取代旧宪法。我们持狭义的宪法修改观点。狭义的宪法修改，是指统治阶级或者政治集团对现行宪法规定进行部分的调整，其目的是在肯定和保留宪法确定的国家制度的基础上，对已不适应客观情况的某些规定加以更正、补充、增加，使宪法的规定更加完善。③

宪法解释是宪法变迁的主要方式之一，学者对宪法解释、特别是宪法解释的主体的理解并不一致。这可以分为广义的宪法解释和狭义的宪法解释两类观点。第一类对宪法解释作广义的解读，从宪法解释的事实与价值关系出发，认为宪法解释的主体主要分为国家机关的宪法解释、学者的宪法解释与公民的宪法解释。其中享有宪法解释权的国家机关包括了宪法审判机关、国会、行政机关和司法机关。④ 第二类观点则持狭义的理解，认为

① ［日］阿部照哉等：《宪法》（上册），周宗宪译，中国政法大学2006年版，第72～73页。

② 韩大元、胡锦光：《宪法教学参考书》，中国人民大学出版社2003年版，第88页。

③ 李步云：《宪法比较研究》，法律出版社1998年版，第226页。

④ 胡锦光、韩大元：《中国宪法》，法律出版社2007年第2版，第124页。此部分为韩大元教授所写，应为韩大元教授的主张。持此类观点的学者还包括周伟、周叶中、林来梵、莫纪宏等。周伟：《宪法解释方法与案例研究》，法律出版社2007年版，第56～67页；周叶中：《宪法》，高等教育出版社2011年第3版，第363页；林来梵：《宪法学讲义》，法律出版社2011年版，第120页；李步云：《宪法比较研究》，法律出版社1998年版，第285～296页。

宪法解释的主体只能从宪法文本中寻找依据，并以文本解释的方法来解释有关主体的条文，只有宪法规定的主体才能够解释宪法。我们认为，宪法解释是指宪法实施过程中，由一定的主体对宪法的内容、含义及其界限所作的一种说明。这种说明必须对宪法的变迁产生直接的影响，使宪法产生一定的变化，这就把学者、公民等的解释排除在外。故而宪法解释的主体包括了各种国家机关，包括了政府、议会、总统、法院等。

宪法修改与宪法解释都是宪法变动的主要方式，都是为了使宪法适应社会发展的需要。基于宪法的稳定性要求，必须考虑宪法修改与宪法解释的关系。总的来看，宪法解释运用到极致便是宪法修改的开始。宪法修改和宪法解释是宪政运作中解决规范与现实冲突的两种基本形式，但二者有着各自不同的作用范围。在大部分情况下，规范与现实之间的冲突并不激烈，属于宪政运作中不可避免的“正常冲突”。在这种情况下，可以通过宪法解释对宪法的文字进行扩展而使现实的合理要求为规范所包含。只有在规范与现实冲突十分剧烈而达到违宪的程度时，才开始考虑动用宪法修改的方式。宪法本身基于其文本的模糊性而具有弹性机制，主要通过宪法解释来使这种弹性机制发挥作用，只有当其作用发挥到极限，无法再发挥作用时，才可以考虑修改宪法。因此，宪法修改和宪法解释有其各自不同的作用，二者的选择适用是以规范与现实之间冲突的激烈程度为依据的，宪法解释是正常的、优先的解决方式，而宪法修改是非常的、最后的解决手段。唯有如此，才能保障宪法的稳定性和权威性，树立全民的宪法信仰。

三、宪法修改的原因

随着宪政历史的发展演进，绝大多数的学者认可了宪法的可修改性这一观点。宪政实践也证明了，宪法不能一成不变，必须随着社会的发展和变化而进行有效的修订，以期与社会现实相接轨。从各国宪政的发展脉络来看，引起宪法修改主要有主观和客观两个方面的原因。

（一）宪法修改的主观原因

这主要是指由于受到人们认识能力的限制，制宪者在制定宪法时考虑不周造成的。主要表现在两个方面：一是由于制宪者缺乏对宪法基本精神属性的全面认识而形成的短期宪法指导思想，随着社会的发展，使得宪法很快失去了生命力，制宪者不得不对这种带着深刻时代印记的宪法予以修改。例如，我国的1975年宪法和1978年宪法就是这种情况下修改的。1975年宪法是在“文化大革命”的时代背景下国家制定的第二部宪法。这部宪法对1954年宪法的基本精神和许多内容与文字进行了全面的否定，在指导思想、内容和宪法体系上有严重的缺陷。1978年宪法虽然对1975年宪法作了修正，但仍然是一部过渡性的宪法，保留了1975年宪法“极左”路线的痕迹。二是由于立宪技术的缺乏造成的诸多宪法条文的不具体以及语言表达上的不清晰等原因造成的宪法修改。例如，1982年《宪法》第55条第2款规定：“依照法律服兵役和参加民兵组织是中华人民共和国公民的光荣义务。”“光荣”与“不光荣”是人的主观认识问题，法律对此没有硬性的标准。只要是法定义务，即使公民觉得不光荣，也必须履行；如果不是法定义务，不管有多光荣，公民也可以不参与。因此，类似于“光荣”这种主观性的措辞不应该成为立法语言。

（二）宪法修改的客观原因

宪法修改的客观原因主要是由于社会现实的发展变化所引起的宪法规范无法满足解决现实冲突的需要，从而凸显出了一定的滞后性。为了使宪法能够适应时代的发展步伐，弥补宪法规范的漏洞，宪法修改作为宪法滞后性与社会适应性的调和剂，往往是不可或缺的环节。社会现实变化引起的宪法修改一般有两种情况：第一种，是增补性的宪法修改。顾名思义就是当社会中出现新的利益需求时，公民要求以宪法规范的形式将其固定下来，从而取得该利益的宪法地位。例如日本新宪法就增补了人人平等、男女平等的规定；我国1999年《宪法修正案》第5条增加一款"中华人民共和国实行依法治国，建设社会主义法治国家"，2004年《宪法修正案》增补了"国家尊重和保障人权"。第二种，是变更性的宪法修改。就是对那些失去了社会调控力或者不适应社会现状的宪法规范加以变更、修改，使其实现对社会生活的适应性。例如我国宪法规定的私营经济、个体经济的地位就是在不同的社会转型期多次修改的。1982年《宪法》规定："在法律规定范围内的城乡劳动者个体经济，是社会主义公有制经济的补充。"1988年修宪，国家允许私营经济存在和发展，承认"私营经济是社会主义公有制经济的补充"，并规定对私有经济实行"引导、监督和管理"的政策。随着市场经济的不断发展，个体经济、私营经济在促进我国经济多元化、扩大就业渠道、活跃市场经济等方面发挥了十分重要的作用，因此1999年修宪时，又进一步规定"个体经济、私营经济等非公有制经济，是社会主义市场经济的重要组成部分"。2004年修宪，明确规定："国家保护个体经济、私营经济等非公有制经济的合法的权利和利益。国家鼓励、支持和引导非公有制经济的发展，并对非公有制经济依法实行监督和管理。"

四、宪法修改的方式

宪法的修改方式，各国不尽相同，大致可以分为以下几种：

（一）全面修改

全面修改又称为整体修改，是指在国家政权性质及制宪权根源没有发生变化的前提下，修宪机关依法对宪法的大部分内容进行调整、变动，通过、批准整部宪法并重新予以颁布的活动。全面修改分为实质意义上的全面修改和形式意义上的全面修改。前者是指新宪法与旧宪法相比，在宪法的基本原则、基本精神乃至基本制度上都发生了翻天覆地的变化。它与宪法制定的主要区别在于宪法修改是依据原宪法所规定的宪法修改程序进行的。形式意义上的全面修改是指宪法的实质意义内容没有改变，只是对宪法规定作了全面的修订。最早明确可以全面修宪的是1874年的瑞士联邦宪法。这部宪法规定宪法可以于任何时间作部分或者全部的修改。随着宪政的不断发展，越来越多国家的宪法中都明确了可以全面修宪的条文。我国宪法对此虽然没有明确的规定，但从立宪的实践可以看出三次修宪都是对前一部宪法的重新制定。特别是1975年宪法和1982年宪法，在指导思想、宪法规范、宪法结构、基本内容、基本精神、文字表达方面，较之前一部宪法都经历了全面的否定和演变。

一般说来，全面修宪都是在一国出现极为特殊的情况下，特别是国家政治生活的重大变革导致原宪法的基本指导思想或者绝大部分的内容已经不适应社会现实，无法调控社会利益时才进行的活动。其优点在于，通过全面修宪的形式能够及时协调宪法的社会适应性，保持宪法的真实性和权威性，防止宪法成为具文。但是必须认识到的是，宪法的稳定性决定了宪法的尊严。如果修宪次数太多，频率过高，就容易给国民造成宪法不严肃的错觉。例如，我国过去由于政治生活的不正常，导致宪法无法长期保持稳定，给国民造成了一种不信任宪法的心理。

（二）部分修改

部分修改的主要形式是宪法修正案，这是在不触动宪法原文的前提下，把按照特定程序通过的修正内容按前后顺序分条款附于原文之后而成为宪法的组成部分。美国是最先采用这种修宪形式的国家，随着宪政的不断发展，宪法修正案逐渐被大多数国家所接纳，成为各国重要的修宪形式。①

经过美国宪法 200 多年的实践，宪法修正案技术得到了很大的丰富，在功能上在"增"的基础上，又形成了宪法修改所必须具有的"补"、"删"和"改"的功能。所谓"补"，是指在原宪法或宪法修正案已经设有相关内容的规定，但是这一条文规定存在遗漏、不足而予以补充的情况。例如《美国宪法》第 13 条修正案在废除奴隶制的同时规定了国会有权以适当的立法实施该条，这一条款规定补充了《美国宪法》第 1 条第 9 款关于国会立法事项的内容。所谓"删"，是指废除原宪法或宪法修正案中有关规定。例如，《美国宪法》通过第 21 条修正案删除了第 18 条修正案。所谓"改"，是指修改宪法原文或宪法修正案中的有关规定。例如，《美国宪法》第 16 条修正案就是对国会征税权进行的修改。

随着宪政理念的进步和宪政实践的证明，宪法修正案是一种适应社会发展的宪法变动的形式，其所具有的独特功能也日益彰显。这些功能主要表现在：

首先，宪法修正案能够保持宪法的连续性。运用宪法修正案技术修改宪法，可以完整清晰地折射出宪法发展变化的全貌。历次宪法修改的内容以修正案的形式，按照修改时间的先后顺序排列于宪法正文后面，可以直观地反映一国宪法发展的历程。我们考察宪法文本和相对应的宪法修正案，既可以知道宪法制定之初的原貌，又可以了解宪法规范演变的全过程，以及该国立宪主义的根本精神与宪法的发展变迁。美国宪法虽然制定于 200 多年前，历经几次修改，但是通过阅读宪法原文就能够明白美国宪法历史变迁的大致脉络，这应当归功于美国采用宪法修正案这种修宪形式。

其次，宪法修正案还具有简化宪法修改程序的重要功能。一部宪法典得以出台，必须是以一定的制宪思想为基础，逻辑严谨、内容适合、结构均衡的规范体系。无论是采用全面修改，还是部分修改的方式修改宪法，都是对宪法典的重新修订。要完成这根本大法的修订工作，就必须秉着慎重严肃的理念，既要保证修改后的内容与原文中的其他规范相适应、无冲突，又要在逻辑结构上与其他部分相一致，这样就增加了宪法修改工作的难度。而宪法修正案则有效地降低了这些难度，它是在不触及宪法典原文的基础上，把宪法修改的部分独立出来，形成宪法修正案；然后把宪法修正案作为相对独立的部分置于宪法典原

① 韩大元、胡锦光：《宪法教学参考书》，中国人民大学出版社 2003 年版，第 94 页。

文之后，只要保证宪法修正案的规范性就完成了修宪工作和修宪目的。例如，美国独立战争之后，废除奴隶制是国民呼声最高的要求，也是时代发展趋势的必然结果。但是据统计，在宪法原文中直接涉及奴隶制的条款有5条，间接涉及的多达10多个条款，因此可以说采用其他修改宪法的形式势必是一项繁琐的工程。而采用宪法修正案，只需要使用几十个字，这些问题就迎刃而解了(《美国宪法》第13条修正案规定，在合众国境内受合众国管辖的任何地方，奴隶制和强制劳役不得存在，但作为对于依法判罪的人的惩罚除外。国会有权以适当立法实施本条)。

由于社会现实总是处在不断的变化、发展之中，而宪法是植根于现实基础之上的，因而宪法就必然存在一定的滞后性，社会现实与宪法规范的冲突就不可避免，旧的冲突在得到调整之后，随着社会现实继续发展变化，新的冲突就会随之而来。所以说宪法总是在冲突—调整—再冲突—再调整的循环中，不断地从现实中汲取养料，从而获得生机与活力。如果一味地追求宪法的长期稳定，那么，随着社会现实的推进、冲突的累积，就会造成法与现实的脱节，而影响宪法的权威及其贯彻落实。因此，及时修改宪法，是保持宪法的现实性和相对稳定性，使宪法得以生存和发展的必备条件，也是宪法充满生机和活力的重要环节。现代宪法学正朝着宪法规范与社会现实具有同等价值的方向转变，为了实现这种转变，平衡宪法稳定性与满足社会合理需求之间的紧张关系，保持宪法与社会生活的协调，就需要特定国家机关动用宪法赋予的权力，根据宪法规定的程序、方式和限制等要求对宪法内容作出一些废除、变更、增补。可以说，宪法修改不仅满足了社会不断发展中的现实需求，同时修改后的宪法又为社会的向前发展提供了宪法依据。

第三节　宪法修改的限制

一、限制宪法修改的理论

关于宪法修改有无限制的问题，学界的争议焦点有两个：一是对修宪的范围作出限定有什么依据以及修宪的界限是否可以有效地约束修宪权，二是宪法的哪些内容可以成为修宪的界限。在此基础上形成了两种学说，即“无界限说”和“有界限说”。

(一)无界限说的主要观点

主张宪法修改无界限说的学者认为，只要不违反原宪法规定的修宪程序，宪法的任何内容都可以成为被修改的对象，不受其他因素的限制。其理论依据与前章节的“无区别说”大致相一致，在此不再赘述。

(二)有界限说的主要观点

多数国家的宪法修改理论都承认宪法修改权的界限，认为宪法修改应当有法律上的限制。其出发理由一般都包括制宪权与修宪权是原生性与派生性权力的关系，以及宪法根本精神不得修改等。可以看出，这与“区别说”的立论基础有很多的相似之处。

关于这两种学说，在不同的时期应该都有其一定的合理性。但如果把二者绝对化，我们认为是不可取的。宪法该不该修改，哪些内容可以修改应当取决于该宪法内容是否能够适应社会现实的发展要求。如果该宪法在制定之时就违背了社会发展的规律，歪曲了社会发展的要求，阻碍了社会的文明与进步，此时如果对宪法修改进行苛刻的修改限制，后果将是该宪法与现实生活格格不入，从而造成宪法危机。如果宪法的内容是对社会生活的真实反映，适应社会发展的需要，那么为了维护宪法的稳定性和权威性，对修宪权进行适当的限制是有必要的，也是可行的。

[案例]袁世凯在镇压“二次革命”后，软硬兼施，迫使国会改变先定宪法、后选总统的程序，1913 年 10 月 6 日先进行正式大总统的选举。当天，被袁世凯所收买的便衣军警、地痞流氓数千人，打着“公民团”的旗帜包围了国会，高喊“今天不选出我们中意的大总统，你们就休想出院”，在会场外面捣乱。议员们最后屈服于袁世凯的淫威，选举袁为正式大总统。当选大总统后，袁世凯下令解散国民党，使国会不足法定人数无法开会而名存实亡。1914 年 1 月 10 日，正式下令解散了国会。2 月，袁世凯授意成立的“约法会议”，草草炮制出一个“字字皆袁氏手定”的所谓《中华民国约法》，于 5 月 1 日公布施行，以取代《临时约法》。新《约法》规定，“大总统总揽统治权”，凡一切内政、外交、军事、制定宪法和官制、任免大权，统由袁世凯独揽。12 月，“约法会议”通过《总统选举法》修正案，规定大总统无限期连任，大总统的继承人由大总统推荐。这样，袁世凯不仅可以终身独揽统治权，而且还可以传之子孙。袁世凯的头上除了剩下一块“中华民国”的空招牌以外，其他一切已和专制皇帝没有区别。

[解析]《中华民国约法》是建立在出卖国家民族利益、违背民主共和的历史发展潮流基础之上的，这种宪法一开始就缺乏正当性，失去了存在的意义，如果对修宪权进行不恰当的严格限制，将会导致逆流宪法长期得不到修改而阻碍社会进步，酿成宪法危机。

二、限制宪法修改的主要模式

在各国宪法中，对修宪权界限的规定存在不同的模式，主要是以联邦德国基本法为代表的，以明文规定的形式界定了修宪界限，即明示模式；以日本宪法为代表的，虽然没有明文规定修宪界限，但是理论上可以推理出宪法隐含着不可修改的内容，即暗示模式。

（一）德国模式

德国被视为从独裁专制国家转型为民主稳定国家的典范。德国能够完成并保持这种成功转型，与《联邦德国宪法》中明文规定修宪界限有着紧密联系。在德国基本法的结构中，权利规范被置于组织规范的前面。这种结构的变化体现了基本法将更关注人民的权利，权利规范是它的实质核心内容。这种变化不仅仅是对公民基本权利形式上的肯定，更重要的是对公民权利实质意义上的保护。《基本法》第 1 条第 1 款规定“人之尊严不可侵犯，尊重及保护此项尊严为所有国家机关之义务”。这一条款所表达的人格尊严构成了基本法的核心规范。第 79 条第 3 款规定：“对本基本法的修正，不得影响联邦划分为州，以及各州按原则参与立法的原则，或者第 1 条和第 20 条所规定的限制。”从此条规定可以看出，任何与此条款相抵触的宪法修正都不得成立。第 2 条第 2 款规定：“人人有生命与身体之不可侵犯权。”公民的基本权利成为可以约束立法、司法和行政的直接有效的法律。因此《德国宪法》第 2 条第 2 款到第 19 款的关于公民基本权利的规定作为不可修改的内容得以以根本法的形式固定下来。黑塞教授在评论这一条款时指出：此等条款“见证了（德国）已经走出了那一段过去的历史（希特勒独裁时期），在那一段历史时期里，对于人之生命与人身作为一个不可分割的整体的尊重，曾经是一个陌生的概念。对于‘无存在价值之种族’或者‘无存在价值之生命’的灭绝行为，以及在活人身上强制进行的人体试验、强制阉割以及所有类似的行为，不仅应该在道德上，而且要在宪法的意义上彻底消除”①。在规范意义上，这一条款不但意味着国家不得像纳粹政府那样戕害人的生命与身体，而且“还证立了对于并非来自于国家的侵犯生命与身体权利的行为进行保护的义务”②。从以上条款的内容我们可以看出，德国基本法在宪法修改的限制方面有着明文的宪法规范，特别是关乎人民的基本权利，如自由、尊严、生命等人格权方面，成了不得修改的界限。

德国宪法以明文的条文形式规定宪法修改权的界限有其深刻的时代背景。在二战之前的德国宪法理论界，德国《魏玛宪法》并没有以明文规定的形式规范宪法修改的界限，因此，尽管也有学者宣扬修宪权界限的理论，但是修宪权无界限说无疑是占有支配地位的学说。在一定程度上，正是由于无界限说的支配地位使得希特勒依据《魏玛宪法》第 76 条规定的修宪程序通过《授权法》，把整个《魏玛宪法》架空，直至废止，从而建立独裁政府，发动世界战争，给人民带来了巨大的灾难。正是基于《魏玛宪法》无法限制修宪权的惨痛教训，联邦德国《基本法》第 79 条明文规定联邦体制、人民民主、宪法至上、社会国家秩序等是宪法的基本精神，是国家存在的基石原则和根本性制度，不得予以修改。而今在德国宪法学界，修宪权界限学说成为占有主导地位的宪法学说，并深刻影响着世界各国关于限制修宪权的理论研究。

（二）日本模式

在日本国内虽然也存在着有界限说和无界限说之争，但是在日本的宪法学界宪法修改的有界限说却占据着通说的地位。与德国基本法不同的是日本宪法并没有以明文化、条文化的形式明确修宪的界限，但通过阅读日本宪法的文本，可以分析出宪法字里行间中所隐含的修宪应有的内容上的限制。

日本宪法序言中规定了排除一切反对人权、国民主权的宪法、法令及诏敕。这一规定不仅仅是一种政治态度或政治口号，同时我们也可以理解为日本宪法确认了宪法修改有限论。芦部信喜认为，如果宪法可以任意修改而不受任何限制的话，将会有“使宪法沦为政治的附庸，成为一种时尚的点缀”的危险。③ 因此，修宪权应该受到宪法规范、人民主权原则、宪法根本精神及宪法价值的限制而不能任意对宪法进行修改。我们从《日本宪法》

---

① ［德］黑塞：《联邦德国宪法纲要》，李辉译，商务印书馆 2007 年版，第 292 页。
② ［德］黑塞：《联邦德国宪法纲要》，李辉译，商务印书馆 2007 年版，第 293 页。
③ 周叶中：《宪法》，高等教育出版社、北京大学出版社 2000 年版，第 387 页。

第 9 条第 1 款中规定的国际和平的原理以及第 9 条第 2 款中的禁止保持武装力量和进行自卫战争条款就可以推理得出和平主义原则就是该宪法所隐含的不可修改的界限之一。学界普遍认为《日本宪法》有三大基本原则，即：国民主权主义、永久和平主义和尊重基本人权主义。虽然日本宪法没有明文规定与这三大原则不一致的修宪内容无效，但是可以认为以上这些原则就是该宪法的根本精神。因此，这三大基本原则都应该是处于修宪权之外的，那么与这三大根本原则相抵触的宪法修改当属无效。

在宪法理论上第一次明确提出修宪权隐含界限概念的，是宪法学大师托马斯·库利。库利在其《联邦宪法的修改权》一文中宣称，《美国宪法》第 5 条所规定的不可修改条款并不是排他性的，因为还存在着其他对修宪权的宪法限制。这些宪法限制虽然没有被宪法明文规定，但是它们实质上比明文规定的限制更加重要。在对《美国宪法》第 1 条到第 15 条宪法修正案的内容进行考察后，库利认为，这些修正案的一个共同特征，就在于它们都在进一步扩展民主原则的大方向上，而民主原则是美国宪法的基础。因此，将来的宪法修正案必须符合这个大的原则。库利进而认为，下列四种所谓的宪法修正案实质上是违宪的宪法修正案：一是试图将部分从联邦整体分离出去的修正案；二是试图建立贵族制度的修正案；三是试图在各州采用不同税率的修正案；四是试图建立君主制的修正案。按照库利的观点，这种关于修宪权的隐含限制是如此重要，以至于即使宪法不将它们明文规定，它们的存在也是理所当然、不需要论证的。① 库利打了一个简单的比方，解释制宪者当年为何没有明文规定这些更重要的、隐含的对修宪权的限制："果树的所有者并不需要明确宣告，以禁止其雇员给苹果树嫁接金缕梅或毒漆树。这种禁止实是由一种更高的律法来宣布的，在这种更高律法的力量之下无须画蛇添足。"②

三、宪法修改界限的主要内容

从各国的宪法规定来看，宪法修改的限制主要表现在宪法修改的内容、宪法修改的时间两个方面。

(一)宪法修改内容上的限制

一些国家的宪法明确规定了宪法的某些内容是不可修改的。例如《法国宪法》第 89 条规定："如果有损于领土完整，任何修改程序均不得开始或继续进行。""政府的共和体制不得成为修改的对象。"《意大利宪法》第 139 条、《土耳其宪法》第 102 条同样规定了共和国政体不得成为宪法修改的对象。《葡萄牙宪法》第 20 条关于修宪限制的规定更加的具体，这部宪法规定："修改宪法必须尊重：(1)国家的独立与统一；(2)共和政体；(3)教会与国家分离；(4)公民的权力、自由与保障；(5)工人、工人委员会与工会组织的权利……"还有一些国家的基本法的基本原则也作了不得修改的规定，例如《德国宪法》中关于"尊重人的尊严"的原则不得修改。《挪威宪法》第 112 条规定的宪法修正案只能在不改变宪法精

---

① 库利：《联邦宪法的修改权》，中国法律信息网，http://www.law-star.com/cacnew/201108/1230072320.htm，下载日期：2012 年 11 月 06 日。

② 杜强强：《修宪权的隐含界限问题》，载《环球法律评论》2006 年第 4 期。

神，不抵触宪法原则的前提下对某些具体条文进行修改。

（二）宪法修改时间上的限制

为了保证宪法的稳定性与权威性，大多数国家都对宪法修改的时间作了限制性的规定。这方面的限制大致可以分为三种情况：

1. 宪法颁布实施或者修改后的若干年内不得进行再次修改。希腊1975年《宪法》第110条第6款规定："在上次修改完成后未满五年，不得对宪法进行修改。"《科威特宪法》第174条规定："如果修改的原则和主要理由被否决，从被否决起一年内不得再提出此项修改。从本宪法开始生效之日起五年内不得对本宪法进行修改。"

2. 在特定状态下不得修改。《西班牙宪法》第169条规定："在战时或者第116条规定的某一状态下（紧急状态、特别状态、戒严状态）不得提议修改宪法。"《约旦宪法》第126条第2款规定："在摄政时期不得通过任何涉及国王及其继承人的权力的宪法修正案。"《葡萄牙宪法》第291条规定："在戒严或者紧急状态期间不得修改宪法。"

3. 明确规定宪法应该在经过一段时间后定期进行修改，即积极修宪。宪法不能过于频繁的修改，但是也不能一直不修改。波兰1921年《宪法》第125条就规定了宪法每隔25年至少修改一次。葡萄牙1919年《宪法》第82条规定了宪法每隔10年修改一次。这种明确定期修改宪法的情况大都出现在19世纪20年代到30年代，随着各国宪政的不断发展，这种积极修宪的规定已经少之又少了。

四、我国宪法修改的限制

虽然我国宪法没有对宪法修改内容的限制作出明确的规定，但根据修宪权的理论和历年宪法修改实践可以发现，全国人大的修宪权是存在一定界限的。

我国宪法中的一些特别的内容例如关于我国的国体、政体、国家结构、设立民族自治区、特别行政区的内容等方面不得修改。

第一，国体即国家的性质、国家的阶级本质，它是由社会各阶级、阶层在国家中的地位所反映出来的国家的根本属性。我国历届宪法都在第一条明确规定了我国的国体，以突出其重要的宪法地位。1954年《宪法》规定："中华人民共和国是工人阶级领导的，以工农联盟为基础的人民民主国家。"1975年和1978年《宪法》规定："中华人民共和国是工人阶级领导的，以工农联盟为基础的无产阶级专政的社会主义国家。"1982年《宪法》规定："中华人民共和国是工人阶级领导的，以工农联盟为基础的人民民主专政的社会主义国家。"从我国修宪实践可以看出，对人民民主专政的国体虽在表述上有着些许的文字差别，但并没有实质内容的改变。因此，可以认为，我国国体是宪法修改不能涉及的内容。

第二，我国的政体是人民代表大会制度。人民代表大会制度是我国的根本政治制度，是中国人民在长期革命斗争中创造出来的，是与我国人民民主专政的国体相适应的适合中国国情的政体。坚持和不断完善人民代表大会制度，对于推进政治体制改革，发展社会主义民主法制具有根本的意义。随着立宪技术的不断完善，我国从1954年宪法到1982年宪法，对国家政体进行了字面改进，但均没有原则上的根本改变。1982年宪法第2条规定："中华人民共和国的一切权利属于人民。人民行使国家权力的机关是全国人民代表大会和地方各级人民代表大会。"可见,宪法关于国家政体的规定不得修改。

第三,宪法关于国家结构和民族区域自治制度的规定不得修改。1954 年《宪法》第 3 条规定:"各少数民族聚居的地方实行区域自治。"1975 年《宪法》第 4 条规定:"实行民族区域自治的地方,都是中华人民共和国不可分割的部分。"1978 年《宪法》第 4 条规定:"各少数民族聚居的地方实行区域自治,各民族区域自治的地方都是中华人民共和国不可分割的部分。"现行《宪法》第 4 条规定:"各少数民族聚居的地方实行区域自治,设立自治机关,行使自治权。各民族自治地方都是中华人民共和国不可分离的部分。"这表明,我国不采取联邦制,而是坚持单一制的国家结构形式。在坚持单一制国家结构的前提下,对各少数民族实行区域自治。我国是统一的多民族的国家,民族区域自治是解决我国民族问题的基本政策,是国家的一项基本政治制度。因此,它们成了宪法修改不可触及的内容。

第四,现行《宪法》第 31 条规定:"国家在必要时设立特别行政区。在特别行政区内实行的制度按照具体情况由全国人民代表大会以法律规定。"宪法关于特别行政区的规定是我国处理港、澳、台问题的政策和基本原则。特别行政区的建立构成了我国单一制的一大特色,是马克思主义国家学说在我国具体情况下的创造性运用。特别行政区的设立,有助于维持香港与澳门的繁荣和稳定。特别行政区已经是被证明了的适合我国国情的一项制度。此外,《中华人民共和国政府和大不列颠及北爱尔兰王国政府关于香港问题的联合声明》和《中华人民共和国政府和葡萄牙共和国政府关于澳门问题的联合声明》关于香港、澳门回归后的经济制度、生活方式等的规定,可以说既是国际条约,也是我国的宪法性法律,具有宪法的法律效力。因此,《宪法》第 31 条关于特别行政区的规定至少在特别行政区成立之日起 50 年内不得修改,不仅是为了维护香港、澳门以及台湾统一后的繁荣和稳定,也是我国履行有关国际条约义务的要求。从这两方面的规定来看,宪法关于特别行政区的规定不可以修改。

法治社会的基本要求是严肃对待宪法,尊重宪法,捍卫宪法尊严。从宪法理性的角度看,我们不能把现实出现的种种问题简单地归结于宪法上的原因,从而指责现行宪法的无能,力图依靠彻底改变现行宪法体制来实现法治。不可否认,宪法存在一定的问题,但只要是该宪法是一部有用的、进步的宪法,我们就应该保持对其宽容的态度,在经过法定程序修改之前,应给予原宪法足够的尊重,并尽可能地通过一些比较缓和的手段完善宪法。从我国的宪政理论与制度来看,全国人大是我国的最高权力机关,本身受宪法的约束,应遵循制宪权确定的权力界限。当然,从修宪技术看,在宪法中详细列举不得修改的内容是有一定难度的,但宪法的基本原则、基本精神与根本制度不能成为修宪对象。为了发展社会主义民主政治,建设社会主义法治国家,有必要在总结本国经验与借鉴外国合理经验的基础上,进一步完善我国宪法修改制度,建立规范的修宪程序,强化修宪的程序功能,防止修宪程序工具化现象,努力在实体与程序价值的平衡中寻求完善的途径。

第四节 宪法修改的程序

一、提议程序

提议程序是宪法修改的开始阶段。修宪的提议程序主要涉及两个方面的内容:一是宪法提议的主体是谁，二是对该提议如何审查。宪法的修改，首先必须是有适格的主体提出，然后由有权机关对该提议的内容进行审查后才能决定是否进入下一步的修宪程序。

（一）提案主体

各国宪法对修宪动议的主体一般都作了严格的规定，从各国的宪法规定中，具有修宪动议权的主体可以分为以下几种：

1. 修宪动议权由单一主体享有。也就是说有权提议宪法修改的主体有且仅有一个，宪法只规定了一种修宪形式。《日本宪法》第 96 条规定："本宪法的修订，必须经过全体议员 2/3 以上赞成，由国会创议。"《葡萄牙宪法》第 286 条规定了共和国议会可随时以全体议员的 4/5 多数同意而行使修宪权。可见，这些国家的宪法修改的提议主体是国会，并须经一定比例的议员通过。《阿拉伯联合酋长国宪法》第 144 条第 2 款第 1 项规定："如果最高委员会认为，根据联邦最高利益需要对本宪法修改，最高委员会应向联邦议会提出宪法修改草案。"可见，该国家宪法的宪法修改提议主体是国家最高机关，由最高机关向立法机关提出。1889 年日本明治宪法对修宪提议主体规定得更为严格，该宪法第 73 条规定："本宪法的条款如在将来有修正的必要，以天皇的谕令将议案交付帝国议会审议决定。"这一条文直接规定了天皇是唯一有权提出修宪的机关。

2. 修宪动议权由二元主体享有。有些国家宪法把宪法修改提议权授予了两个主体，这种修宪倡议权大致分为三种形式：一是行政机关和立法机关；二是国家元首和立法机关；三是议员和立法机关。《法国宪法》第 89 条规定："修改宪法的倡议权，同时属于共和国总统和议会议员，共和国总统依照总理的建议案行使此项倡议权。"《黎巴嫩宪法》第 76 条规定："应共和国总统的提议，可以修改宪法，然后由政府向国民议会提出有关宪法修改的草案。"《尼泊尔宪法》第 82 条规定："国王得以文告修改本宪法，但国王只有在同特别委员会协商并取得该委员会全体委员的 2/3 以上多数委员同意后，方可行使第一款所规定的修宪权力。"我国现行《宪法》第 64 条规定："全国人大常委会或者 1/5 以上的全国人大代表有权提议修改宪法。"《美国宪法》第 5 条规定："国会在两院 2/3 的议员认为必要时，应该提出本宪法的修正案，或者根据各州 2/3 的州议会的请求，召开制宪会议，提出修正案。"

3. 修宪动议权由多元混合主体享有。也就是说，有 3 个或 3 个以上的主体都享有提出宪法修改的建议权。例如《阿尔巴尼亚宪法》第 111 条规定："修改宪法的草案可由人民议会主席团、部长会议或者 2/5 的议会代表提出。"《列支敦士登宪法》第 111 条规定："对基本法的任何修改和解释，不论由政府或者以议会或者依照倡议程序提出，均需得到议会的批准。"同时该宪法第 64 条第 7 款规定："任何涉及宪法本身的法案，必须有 900 名以上有选举权的公民或者 4 个以上的行政区，方可提出。"前南斯拉夫宪法甚至规定了 5 种载体都享有修宪创议权。其宪法第 399 条规定："着手修改南斯拉夫社会主义联邦共和国宪法的提案，可以由联邦院至少 30 名代表、南斯拉夫社会主义联邦共和国主席团、共和国议会、自治省议会和联邦执行委员会提出。"

（二）审查程序

有些国家设定了特定的主体对修宪提议者的提议内容进行审查。这种审查的性质是对宪法是否需要修改进行原则上的审查，是对宪法某个或某些条款是否具有了社会滞后性的一种单纯的判断，不涉及如何进行修宪的问题。这与宪法修改的议决程序是截然不同的。议决程序是宪法修改的草案形成后，有权机关进行的审议、表决，是宪法修改的决定阶段，而原则上的审查可以说仍停留在宪法是否有必要修改的层面。国家设定审查机关的目的是通过审查，可以阻止部分不适当的提议进入下一修宪程序，给国家修宪活动减轻负担，保持宪法的稳定性，也体现了国家对修宪的谨慎态度。对宪法是否需要修改的审查程序主要有两种情况：

1. 由议会审查是否应该修宪

《希腊宪法》第110条规定："宪法修改的提案，必须至少有50名议员的联名提出，经议会在间隔不得少于1个月的两次表决中均以全体议员的3/5多数票通过决议批准，由该项决议确定需要修改的条款。"这一程序中，议会的两次表决的做法就是审查程序的体现，而对审查程序的时间、次数、人数比例的限制，则体现了该程序的严格性，而这仅仅是批准一项修宪提议而已。

2. 由公民表决审查是否应该修宪

《瑞士宪法》第120条规定："如联邦议会中有一院提出全部修改联邦宪法而另一院不予同意的，或者有10万表决权的瑞士公民要求全面修改联邦宪法的，在此两种情况下，是否全部修宪问题应该交付瑞士全民表决。"这里的全民表决就是修宪提议的审查程序，宪法是否需要全面修改取决于全民表决的结果。如果表决通过，则联邦议会才可以着手修改宪法。相反，表决没有通过，该提议就夭折了。

二、议决程序

进入议决程序意味着宪法修改的提议程序完成。可以说，议决程序是宪法修改中各种利益主体谋取最高法地位的博弈过程，是宪法修改的关键环节。

(一)修宪法案的审议

修宪法案的审议一般是指修宪机关对修宪草案进行分析、讨论后，对该草案内容进行筛选、甄别，而作出的全面的审核行为。宪法的审议是为了提高宪法草案的质量，为宪法的通过做好前期的工作，铺好道路。通过审议，可以使修宪人员对宪法草案有比较清晰的认识，更有目的性地参与到表决过程中去。宪法法案的审议方式可为两种类型：一是没有专门规定修宪法案的审议程序；二是专门规定了修宪法案的审议程序。下文主要阐述几种具有代表意义的审议程序。

1."三读"审议。"三读"制是资本主义国家议会审议和通过议案(主要是法案)的一种程序，最早起源于中世纪的英国，后被美国、联邦德国、加拿大、印度、澳大利亚等许多国家效仿，逐渐普及。西方议会的"三读"一般都是在议会(或两院制中的某一院)全体会议上进行的。在"三读"制中，一读一般只宣读法案题目和要点，而后进行议案登记，交某委员会审查；二读法案全文及有关委员会审查结果的说明，进行大会辩论，逐条审议并提出修改意见；三读原则上只作文字上的修正，而不再进行实质内容的修改，并由议会进行正式表决。在中国实行"三审"制，与国外有所不同。在三审制中，一审是听取提案人对法律草案的说明，进行初步审议；二审是在委员们对法律草案进行充分调查研究后，围绕法律草案的重点、难点和分歧意见，进行深入审议；三审是在专门委员会根据委员们的审议意见对法律草案进行修改并提出审议结果报告的基础上再作审议，如果意见比较统一，即交付表决。

2. 两院制约审议。即国会与参议院对对方提出的宪法修正案具有审议的权力，一项宪法法案是否可以进入通过程序，取决于国会或者参议院审议的结果。巴基斯坦宪法议决程序就是这种两院制约审议的模式。凡修改宪法的法案必须在国会由议员提出，当修宪法案由国民议会以全体议员的 2/3 以上的多数通过后，应送交参议院审议。如果修正案由参议院经过修正后通过，应交国民议会复议。所以，在这种制度设计下，一项宪法修正案的通过必须经过两院协商一致，达成共识。还有更为特殊的模式是修改宪法须经解散原来的议会，再重新选举产生新的议会并按照一定的比例（各国规定的人数、方式有所不同）赞成，宪法修正案方才通过。

3. 征求地方意见和公民讨论。在一些国家修宪审议阶段，将修宪草案向社会公布，进行广泛的公民讨论，征求全民的意见。1954 年，我国就开展了第一部宪法草案的全民讨论。当时的宪法起草委员会于 1954 年 3 月提出宪法草案初稿，随即在北京和全国各大城市组织各民主党派、各人民团体和社会各方面代表人物共八千多人，用两个多月的时间，对初稿进行了认真的讨论。在这次讨论中收集了五千九百多条修改意见。1954 年 6 月 14 日，中央人民政府委员会向全国公布宪法草案，交付全国各族人民讨论。讨论历时两个多月，共有一亿五千多万人参加。广大人民群众提出了很多修改补充意见。根据上海市 1954 年 7 月以后的统计，当时全市六百二十七万人口中有二百七十万人听到有关宪法草案的报告，其中有一百五十六万人热烈地参加了宪法草案的讨论，共提出十六万五千多条修改补充意见。当时的宪法起草委员会根据全民讨论的意见，对原来的草案再度作了修改。1954 年 9 月 15 日，刘少奇同志代表宪法起草委员会向第一届全国人民代表大会第一次会议作了《关于中华人民共和国宪法草案的报告》。1954 年 9 月 20 日，全国人大第一次会议举行全体会议，到会代表一致通过《中华人民共和国宪法》，我国第一部宪法正式诞生。马克思指出要“使法律成为人民意志的自觉表现，也就是说，它应该同人民的意志一起产生并由人民的意志所创立”①。我国宪法修改草案的全民讨论就体现了这样的精神。我国人民通过宪法草案的全民讨论，把人民对管理国家的各种意见充分集中起来，通过立法机关上升为国家意志，制定成宪法，并由人民亲自参加和监督其实施。②

（二）宪法修正案的表决

修宪法案的表决的运行意味着修宪审议工作的结束，这一程序是修宪法案转化成国家宪法的重要环节。为此，各国一般都规定了比较严格的条件以规范之。

---

① 中共中央马克思恩格斯列宁斯大林著作编译局：《马克思恩格斯全集》（第 1 卷），人民出版社 2008 年版，第 184 页。

② 何佳：《全民讨论宪法修改草案的意义和作用》，载知识网站，http://www.cnki.com.cn/Article/CJFDTotal-ZHEN198301003.htm，下载日期：2012 年 11 月 8 日。

1. 以一定的人数比例表决通过。绝大多数国家在通过宪法修正草案时，都规定了须经修宪成员2/3的多数通过。这种比例的表决方式是目前比较共识的做法。中国宪法、朝鲜宪法、约旦宪法、越南宪法、荷兰宪法、意大利宪法、巴基斯坦宪法都是这样规定的。还有一些国家对修宪法案的通过只需过半数即可。泰国宪法、印度宪法就是如此。《印度宪法》第368条第2款规定："如有议员总数的2/3多数参加表决，并获得议员总数的一半以上投票通过。"

2. 由地方团体决定通过。联邦制国家宪法的修改，需要经过各州的审议，如果赞成修改的州数达到了法定多数时，即可通过修正案。典型的代表国家就是美国。美国各州都拥有宪法修改的一票，一项修正案的通过必须达到绝大多数州的投票方行。例如1972年美国国会提出的"平等权修正案"历经10年后得到了35个州的批准，但是由于不能达到38个州的门槛而宣告失败。瑞士宪法的规定与美国宪法有所不同。瑞士采用了"双重多数制"的表决原则。宪法修改草案必须得到全国公民复决的赞成和联邦多数州的赞成才能生效。可见，瑞士宪法修正案的通过受到了公民和州的双重限制。而加拿大宪法的规定更为特殊。它规定：对宪法普通条款的修改，必须得到代表全国人口50%以上的2/3各省议会的批准。

3. 全民复决。这是指宪法修正案最终必须由公民投票表决，在获得多数公民的同意后方才通过。全民复决的理论基础是人民主权学说。国家主权是属于人民所有，主权的不可转让性决定了由人民自己来行使修宪权力。《缅甸宪法》第194条就规定，宪法修改须经人民议会以全体人民代表75%的多数通过。韩国宪法、埃及宪法、俄罗斯宪法、日本宪法都规定了由全民复决的形式决定宪法修正案的最后通过。

三、公布程序

宪法修改案须经有权机关依法定程序表决通过后，并以一定方式予以公布，才能产生相应的法律效力。公布程序是宪法修改完成的最后步骤。各国有权公布宪法修正案的机关受国家的政治体制、文化传统等因素影响而有所不同，大致可以概括为三种机关：

（一）由国家元首公布

国家元首是一个国家的代表和象征，以国家元首的名义公布宪法，体现了宪法的尊荣地位。所以，由国家元首来公布宪法修正案成为现今比较流行的趋势。有些国家直接在宪法中明文规定赋予国家元首宪法修正案的公布权。例如爱尔兰宪法就规定宪法修正案经人民复决赞同后，总统应即签署，并依照规定的方式公布为法律。日本宪法也规定了宪法修改在经过国民承认后，由天皇以国民的名义，把它作为本宪法的组成部分予以公布。还有一些国家虽然没有明文规定，但是从其宪法实践的具体做法中可以肯定，其宪法修正案的公布权由国家元首享有。

（二）由行政机关公布

这种公布方式主要为美国采用，美国宪法中并没有明确规定由哪个国家机关公布宪法修正案。其实践中的做法是：当宪法修正案在交给各州批准后，各州将审议的投票结果通知联邦国务卿，由国务卿计算批准宪法的州是否已达到总州数的3/4，如果达到，则由国务卿宣布宪法修正案成立，正式公布该宪法案。

（三）由代表机关公布

采用这种公布方式的国家较少见。巴西是采用这种方式的代表国家。其《宪法》第217条规定了宪法修正案应该由众议院及参议院执行委员会全体委员签署公布。我国宪法虽然没有明确公布机关，但在具体操作上，一般都是由全国人民代表大会主席团以全国人民代表大会公告的方式公布。从实质上看，也是一种代表机关公布方式。采用此方式的原理在于，制宪权和修宪权属于代议机关，因此，把宪法修正案的公布权赋予代议机关行使是理所当然的。

四、我国宪法修改程序的完善

通过考察我国制宪及修宪的历史，应该说其实践是比较丰富的，宪法修改程序也随着修宪实践的发展在逐渐完善。但由于我国的宪法发展史相对来说时间短，因此无论是在修宪内容，还是在修宪技术上，与西方国家相比都有一定的差距。我国学者在研究国内外宪法的基础上，对我国修宪程序的不足之处也有一定的认识，并针对这些不足，提出了一些建议。

第一，关于执政党在修宪中的作用。在我国的修宪实践中，总是由中共中央向全国人大常委会提出修宪"建议"，然后由常委会正式向全国人大提出修宪，这种"惯例"是否有进一步完善的可能，似乎可以考虑。作为一个法律概念，修宪提案权与修宪建议权的主要区别在于主体不同：提案权的主体只能是法定的民意代表机构，而建议权的主体是多元的，可以是任何机关，可以是组织也可以是公民，并不要求是法定的主体。然而，在实践中，中国共产党由于其执政党的领导地位，能更好地掌握社会发展的实际情况，并有针对性地提出修宪建议，这要比其他社会主体的建议权更加有效和实际。因此进入正式修宪程序后，执政党的修宪建议权很大程度上影响甚至主导了民意机关对修宪提案权的行使。这样的操作是否合理，应当如何进行规范和完善，党应该如何领导修宪，如何才能做到一方面通过修宪将党的意志上升为国家意志，另一方面又能保证民意机关独立行使权力，保证公众的广泛参与，保障人民当家作主的实现等，这些都是值得探讨的问题。针对这一矛盾，朱应平认为，中共中央提议修改宪法应是一种建议，而不是修宪必经的前置性程序，所以应着重于修宪的理由，修宪的必要性、可行性等问题，不宜提出具体的修改内容、表述宪法规范及立法技术性问题，不必也无须拟定具体的条文草案。如果中共中央对草案有不同的意见，可以通过其党员代表在全国人大审议表决时，按照法定程序施加影响，但不宜对全国人大常委会的草案直接予以否定或要求如何修改。①

第二，关于修宪审议中的辩论。我国在修宪程序中没有设置对宪法修正案的辩论环节，这使得修宪草案的讨论和审议往往只具形式。因此，应在人大议事活动规则中设置辩论程序，特别是在辩论的时间和辩论的次数上应该合理地延长和增加。全国人大常委会

① 朱应平：《改进中共中央修宪工作的几点意见》，载《法学》1997年第12期。

仅仅举行一次会议难于达到理想效果，全国人民代表大会则由于规模问题难以展开辩论。这对于提高宪法修正案的质量可能会有一定影响。如果能够在修宪程序中增加辩论程序，并设置配套的辩论体制，那么就可以使人大代表在宪法修改中真正发挥作用。此外，还可以考虑将宪法修正草案向全国公布，交由全民讨论，广泛征集社会各界的意见和要求，进一步完善宪法修改的内容，从而使修宪决定更加集思广益。从某种意义上讲，修宪就是在相互竞争的利益之间寻求某种妥协，而在修宪过程中，如果所有受到影响的利益都能得到充分的反映，就有可能形成大家都能接受的妥协和修宪结果，有利于通过宪法维护社会的团结和稳定。在网络发达的今天，全国人大常委会还可以采用建立修宪网站、建立网上修宪讨论区、成立修宪的公共协商论坛等方式，尽可能地让人民参与到修宪的过程中来，表达自己的利益需求，提出修宪的建议。在今天的中国，不同的利益阶层已成为社会主体，多元利益格局已经形成。各种不同利益群体在参与宪法修改的过程中，充分表达自己的利益诉求，彰显自己的利益原则，可以说是宪法修改希冀的公众坐标。①

第三，关于表决程序的细化。我国对宪法修正案采用的是若干条一齐“捆绑式”通过的方式，这种简单的肯定或否定都有进一步改进的空间，可以借鉴国外的做法，采取一条一条逐次表决通过，使表决方式趋向科学、合理。

此外，我国宪法还应该明确公布机关。我国宪法未明确规定宪法修正案的公布机关，在实践中一般是由全国人大会议主席团以全国人大公告的方式公布。因此宪法可以明确规定由全国人大会议主席团，或者由国家主席根据全国人民代表大会的决定公布宪法修正案，并且规定宪法修正案生效的时间，以维护宪法修正案的庄严和权威。

【思考题】

1. 简述制宪权与修宪权的联系。
2. 简述宪法修改的必要性。
3. 从各国的宪法实践看，宪法修改有哪些限制？
4. 简述宪法修改程序的主要内容和特点。

① 苗连营：《进一步完善修宪程序》，载《法商研究》2000 年第 1 期。

第六章　宪法解释

【引例】

1999年6月26日，全国人大常委会第十次会议根据国务院就香港特区行政长官董建华提出的报告的提请，对《基本法》第22条第4款和第24条第2款第(3)项作出了解释。其解释的内容主要有两点：一是《基本法》第24条第2款第(3)项所列中国籍子女不包括其父或其母在成为香港永久性居民之前所生的子女；二是《基本法》第22条第4款的规定适用于该项所列人士(包括香港永久性居民在内地所生子女)进入香港。①

第一节　宪法解释的概念

宪法制定之后其内容必须得到贯彻落实，宪法解释是宪法实施的重要方式之一，在一国宪法实施中具有十分重要的地位。本节主要涉及宪法解释的内涵，包括宪法解释的主体、宪法解释的场合和宪法解释的对象，以及宪法解释与宪法阐释之间的关系问题。

一、宪法解释的内涵

解释就是主体对某一对象加以澄清和说明的活动。宪法解释就是解释者在适用宪法过程中对宪法所进行的澄清和说明。宪法一经制定，就应当被严格地实施。要保证宪法在实施过程中得到认真执行，防止歪曲甚至窜改宪法，就得对宪法的含义进行说明，只有在澄清宪法含义的前提下，才能准确地执行宪法，使宪法规范的内容得到贯彻落实。因此，为了保障宪法规范的内容得到实现，使宪法文本所规定的文字转化为现实的生活实践，保证宪法得到遵守和执行，必须首先对宪法进行解释。宪法解释这一概念的内涵主要涉及宪法解释的主体、宪法解释的场合、宪法解释的对象。

(一)宪法解释的主体

宪法解释的主体涉及的是谁有权从事宪法解释的问题。这里所说的宪法解释主体是指其所作解释具有约束力的有效解释，不包括一般公民、学者、其他组织或团体根据自己的理解对宪法所作的解释。虽然从宏观上来说宪法解释也是法律解释的一种，但由于宪法在国家法律体系中具有最高法律地位，再加上宪法解释所产生的影响十分广泛和深远，

① 参见《全国人民代表大会常务委员会关于〈中华人民共和国香港特别行政区基本法〉第22条第4款和第24条第2款第(3)项的解释》。

因此从事宪法解释的主体不同于一般法律解释的主体。由于各个国家的政治法律制度和历史文化传统不同，宪法解释的主体也有所不同。

1. 立法机关作为解释主体。这是由行使立法权的机关作为宪法的解释主体。我国1954年宪法将监督宪法实施的权力赋予全国人民代表大会，并赋予全国人大常委会解释法律的权力，对宪法解释没有作专门的规定。1975年宪法删去了这些规定。1978年宪法又重新规定全国人民代表大会具有监督宪法实施的权力，并增加规定了全国人大常委会享有解释宪法的权力。现行宪法继续沿用1978年宪法的规定，1982年《宪法》第67条第1款规定全国人大常委会是我国的宪法解释机关。从这条规定来看，在我国，作为权力机关的全国人大常委会是有权从事宪法解释的主体。同时，现行《宪法》第62条又规定了全国人民代表大会有权监督宪法的实施，有权改变或撤销全国人大常委会不适当的决定。这就意味着，全国人民代表大会有权改变和撤销全国人大常务委员会对于宪法解释的决定，这说明全国人民代表大会对宪法解释具有最终的决定权力。从这个意义上来说，在我国，全国人民代表大会和全国人大常务委员会都是具有宪法解释权的机关。除了我国是由立法机关作为宪法解释主体外，其他国家如英国、越南等国家也是由立法机关充当宪法解释的主体。

2. 司法机关作为解释主体。从世界范围来看，宪法解释的主体大多为司法机关或具有司法性质的其他特设机关。在以司法机关为宪法解释主体的国家中，最具代表性的莫过于美国联邦最高法院对美国宪法的解释权。在美国，联邦最高法院在具体案件中有权审查联邦法律或州法律是否违反宪法，这一权力以联邦最高法院有解释宪法的权力为前提。事实上，美国宪法并未规定联邦最高法院有违宪审查权，也没有规定联邦最高法院有解释宪法的权力。在1803年的马伯里诉麦迪逊案件中，马歇尔大法官认为，阐明宪法的意义是司法机关的职责，虽然宪法并未规定最高法院拥有解释宪法的权力，但在制宪者的观念中，解释宪法被认为是法院当然的权力。因此，法院拥有解释宪法并确认其他法律和国家机关的行为是否违背宪法的权力。由于美国是判例法国家，遵循先例是基本的司法原则，所以尽管马歇尔大法官的观点遭到一些人的反对，但这种传统仍然延续了下来。时至今日，美国联邦最高法院拥有无可争辩的宪法解释权。二战之后，司法机关作为宪法解释主体的模式得到许多国家的效仿。如今，除美国外，司法机关作为宪法解释主体的国家还有俄罗斯、韩国、日本、加拿大、印度、瑞士、阿根廷等。

3. 其他机关作为解释主体。有的国家宪法解释主体既不是权力机关也不是司法机关，而是具有司法性质的其他特设机构，如奥地利宪法法院、法国宪法委员会。特设机关作为宪法解释主体的模式源于奥地利法学家凯尔森的宪法理论。凯尔森认为，宪法实施保障的重点在于防止出现违反宪法的法律，该职责应当由宪法法院承担。奥地利根据该理论于1920年设立了独立于普通法院的宪法法院，专门行使包括宪法解释在内的宪法实施监督权。法国于1946年设立了宪法委员会，并在1958年宪法中得到进一步完善。

关于究竟应由司法机关还是立法机关或者是其他机关充当宪法解释的主体问题，在我国存在不同的观点和看法。大多数人认为应由司法机关作为宪法解释的主体。立法机关解释宪法存在以下问题：首先，立法者不是宪法的创制者，立法者只是宪法文本的一个读者，不能保证立法者的宪法解释一定符合人民这一宪法创制者的立宪原意。其次，立法者的宪法解释缺乏必要的监督,易使“人民的统治”异化为“立法者的统治”。最后,把宪法解释权赋予立法者,这种愿望只是一种不可能实现的“神话”。相反,由司法机关充当宪法解释的主体,具有以下几个方面的合理性:第一,宪法法律之解释是司法者存在的使命,法官为了裁判案件,必须有广泛的法律解释权。第二,独立的司法与公正的程序能够保证宪法的司法解释较立法解释更具优越性。第三,司法的公平正义精神保证了宪法的司法解释较之立法解释的优越性。因此,由司法机关解释宪法更趋于客观、公正,更符合立宪者的原意和立宪精神。①

(二)宪法解释的场合

宪法解释的场合就是解释宪法的条件或时机,也就是在什么样的情况下可以从事宪法解释。一般而言,宪法解释是在宪法适用过程中发生了疑问,为了解决这些疑问,需要对相关宪法条款进行澄清和说明。因此宪法解释发生的场合就是宪法适用。

宪法适用可分为宪法的立法适用、宪法的行政适用和宪法的司法适用。宪法的立法适用就是指国家立法机关或者其授权的法定机关,依据宪法的规定,按照法定权限和程序制定法律法规的活动。宪法的行政适用,意指国家行政机关根据宪法授权制定规范性文件的活动以及进行行政管理的其他具体活动。宪法的司法适用是指特定国家机关,包括司法机关和具有司法性质的其他机关,通过司法程序或者准司法程序,以宪法为依据判断并裁决有关事实或纠纷的活动。宪法的立法适用不涉及具体案件,属于宪法的抽象适用,宪法的行政适用和宪法的司法适用主要是将宪法条款应用于具体案件,是宪法的具体适用。因此,宪法适用过程中涉及的宪法解释包括抽象解释和具体解释两种情况。

在抽象宪法解释的场合,由于不是针对具体的案件和特定的当事人,只是在极少数特定的情况下才会出现这种宪法解释,发生的频率很低,因而是一种非常态的宪法解释。在具体宪法解释的场合,由于是针对具体的案件和特定的当事人,发生的频率很高,因而是一种常态的宪法解释。常态宪法解释就是把宪法解释活动作为一种经常性的行为,日常判案中凡涉及需要解释宪法的场合都可对相关宪法条款进行解释。非常态宪法解释则是宪法不能在案件中被经常性地进行解释,而是在出现特定情形时由专门机关进行抽象解释。常态宪法解释的主要特点是:宪法与普通法律一样可作为法院判案的依据,有案件管辖权的法官或者在审理案件过程中直接对涉案宪法条款进行解释(如美国),或者将其提交特设的有权机关针对具体案件进行解释。非常态释宪机制的主要特点是:宪法不能作为法院判案依据,普通法律适用者在审理案件时无权解释适用宪法,也不得将涉案宪法条款提交有权机关解释,释宪权由不审理具体案件的特设机关独享(如法国)。

在常态宪法解释场合,由于释宪者经常性地对抽象宪法条款进行具体化的解释,这不仅为人们的行为提供了明确的权威性活动规则,为化解纠纷提供了裁判依据,还满足了社会发展对制度供给提出的强烈要求。从常态宪法解释的特点可以看出,由于这种宪法解释能够使宪法解释与个案相结合,有利于推动宪法的实施和实现宪法权威,从而对于充分发挥宪法的价值和功能具有重大意义。而在非常态宪法解释场合,释宪权由不审理案件

① 范进学:《宪法解释的理论建构》,山东人民出版社2004年版,第79～89页。

的机关单独享有，由于它没有参与宪法的具体实施过程，无法了解宪法在实施中遭遇到的疑难与困惑，不能深刻感受到解释宪法的必要性，这种缺乏释宪驱动力的宪法解释最直接的后果，就是由于抽象的宪法条款难以得到具体化而使其内容在生活中很难得到充分实现。

在我国内地，全国人大常委会是唯一有权从事宪法解释的主体，其释宪行为属于抽象解释，法院在审理案件时遇到需要解释宪法条款的情形不能提请全国人大常委会解释，更不能自行解释。这种由全国人大常委会对宪法进行抽象解释的释宪机制属于非常宪法解释。就实践的角度而言，这种单一释宪机制至少有以下两个方面的缺陷：一是滞阻宪法内容的实现通道，阻碍宪法全面和有效的实施；二是使转型社会对宪法解释提出的急迫需要无法得到满足。不过，从我国的国情来看，由于这种非常态释宪机制符合人民代表大会制度的要求，仍有存在的正当性基础，故不能轻言废除而应予保留。但保留并不意味着胶柱鼓瑟于原有制度，更不是固步自封。随着我国改革开放的深入发展和社会转型的进行，对现有释宪制度进行创新的任务已迫在眉睫。

（三）宪法解释的对象

宪法解释的对象就是解释者进行宪法解释时所针对的客体。笼统地说，宪法解释的对象就是宪法。在宪法适用过程中，遇到有关宪法上的疑难问题需要进行解释时，解释者必须对相关宪法概念、宪法原则、宪法规范或宪法条文进行澄清和说明，然后再根据对这些内容的解释去解决纠纷和争议。宪法概念、宪法原则、宪法规范或宪法条文是宪法存在的主要形式，这些形式主要存在于宪法文本之中，所以准确地说，宪法解释的对象是宪法文本。

“宪法文本”一词就是指以某种文字记载在某种载体之上的宪法表现方式或存在形态。通过对世界各国宪法发展史的实践考察，我们发现，宪法不仅存在于以文字记载的载体上，而且还通过其他方式存在着，也就是说，宪法文本可分为文字文本和非文字文本两种基本类型。①

1. 文字文本宪法

文字文本宪法，是指通过宪法或宪法性文件以某种文字的形式表达或存在的宪法。以文字形式存在的宪法文本是最主要的宪法文本类型，这种类型的宪法文本包括传统宪法分类上的成文宪法和部分不成文宪法。成文宪法是由一个或几个宪法性法律文件构成的，显然是文字文本宪法；不成文宪法由宪法性文件、宪法判例、宪法惯例等组成，其中的宪法性文件是文字文本，而宪法判例和宪法惯例等并非通过宪法性文件以文字形式记载下来，属于非文字文本宪法。一般来说，成文宪法国家的宪法都是文字文本，不成文宪法国家的宪法既有文字文本也有非文字文本。文字文本的宪法都是由权威机构制定出来的，该文本的内容往往由制宪者先行确定下来，事后无论解释者怎么理解它，只要这个文本还存在，在它被废除之前，它就应该是有权威的。否则，如果解释者超越宪法的文字文本之外去赋予其他含义，这种含义就逾越了文字文本宪法的界限，进入非文字文本宪法的范畴。

2. 非文字文本宪法

非文字文本宪法，是指不是通过宪法或宪法性文件以文字的形式而是以其他形式存

---

① 刘国：《论宪法文本及其变迁方式》，载《广东社会科学》2009 年第 2 期。

在的宪法。非文字文本宪法主要存在于不成文宪法国家，它并非通过制宪者以明确的宪法条文的形式表现出来，但又具有文字文本宪法的性质和意义，在现实中起着文字文本宪法的作用，具有类似于文字文本宪法的功能，如宪法惯例和宪法判例等。

非文字文本宪法的来源和表现形式是多样的，如历史上形成的不成文的传统、现实社会中的多数人的意见、国家领导人或权威部门形成的先例乃至自然法精神和观念等等。当这些因素被有关国家权威机关认可、为国家领导人长期沿用，或在最高司法机关的先例性裁判中被加以运用时，它们事实上就成为一种非文字文本的宪法，并以"高级法"的形式产生无形的影响力和制约作用，引导和约束着有关部门和人员的行为，从而与文字文本宪法一样，成为宪法的另一种表现形式。如作为美国宪法基础的"自然法准则对美国宪法的发展有重要影响，自然法准则无疑促成了司法审判的惯例"①。

宪法惯例和宪法判例这类非文字文本宪法主要是在宪法实践中发展起来的，不仅具有文字文本宪法所没有的灵活性与适应力，还能够弥补文字文本宪法的缺陷与不足。非文字文本宪法与文字文本宪法之间存在着以下两种辩证关系：首先，非文字文本宪法应当围绕和依赖文字文本宪法的原则而发展，如宪法惯例不能违背宪法的原则和精神或与宪法条文的明文规定相抵触，否则会威胁文字文本宪法的权威，破坏法治的统一。其次，虽然非文字文本宪法建基于文字文本宪法之上，但它们一旦形成，却有趋于构成文字文本宪法的基础。如在英国，有时立法所涉及的制度纯粹是惯例的产物，并且有时立法与有关行政运作方式的惯例之间关系非常密切，以至于该立法只能根据惯例来解释，实际上，许多惯例与法律规则同等重要。②

二、宪法解释与宪法阐释的区别

人们在讨论宪法解释时，一般都没有对这两个概念详加追究，而几乎是在同一意义上使用它们。对这两个概念作出区分有利于进一步深入认识宪法解释这一概念的内涵。

(一)在是否超越宪法文本问题上的不同

解释就是发现并陈述某种符号的真实含义以传达思想，那些被发现的真实含义是使用该符号的人所希望表达的含义。"解释的任务就是使法律具体化于每一种特殊情况，这也就是应用的任务。"③宪法解释是发现宪法文本含义的一种常见的过程，这一过程实际上是将抽象的宪法文本转换为能适用于特定事实环境的规则，它代表着对已经存在于文本中的含义的探求。所以这一解释的过程就是发现的过程，虽然这一复杂过程需要解释者判断力的介入，但是其结果是对宪法文本中可能存在的某种东西的发现，它在本质上不是创造新的宪法含义，因为虽然在将抽象文本用于特定事实时发现了适用于该特定事实

---

① [美]詹姆斯·安修：《美国宪法判例与解释》，黎建飞译，中国政法大学出版社 1999 年版，第 154 页。

② [英]W. Ivor. 詹宁斯：《法与宪法》，龚祥瑞、侯健译，三联书店 1997 年版，第 58 页。

③ [德]汉斯·格奥尔格·加达默尔：《真理与方法——哲学诠释学的基本特征》，洪汉鼎译，上海译文出版社 2004 年版，第 427 页。

的规则，但这些规则只有通过直接与原来的文本相连接才能得以维持，如果这种连接中断了或变得脆弱了，那就不再是对原宪法文本的解释了。宪法解释领域中"解释主义"与"非解释主义"的争论正反映了这一区别。前者是发现已经存在于宪法文本中的含义，后者则超越了宪法文本，比解释宪法走得更远，由于它引入了当前的政治和社会价值，因此其作为解释的合法性受到很大的挑战，倒不是因为其方法本身受到了质疑，而是因为这种方法会动摇甚至颠覆作为根本文件的宪法原始文本的地位。宪法的含义也许是值得深入讨论的，但如果宪法文本要被解释的话，它就应当被发现而不是被发明。

宪法解释的前提是原始文本中有可被发现的含义，相反，宪法阐释的前提是宪法文本中没有可被发现的含义。不管宪法有多大程度的确定性，由于抽象宪法条文传达的含义并不具体，因此总有一些不易发现其明确含义的宪法领域存在，所以总不可避免地存在着一些不确定性因素。对这种条文的说明就需要一种超越解释的积极活动。例如有这样一个文本：买一辆车。解释者可以在这个文本所包括的界限范围之内划定含义的界限，你必须买一辆车，而不能买一套房、一台电视或一件衣服。但选择买什么牌子的车就是非解释性的了，一个纯粹的解释者没有选择买什么牌子的车的正当理由。因此要实现这个文本的意思就必然要求超越解释以便拓展其含义，这个步骤就是对该文本的阐释。对于这种宪法上的漏洞，在其已经给出了某种原则而非其他原则的意义上说，它是清楚的，但将该原则用于特定的情况时就变得模糊了，这时它并没有向应用该原则的人提供足够充分的信息，因此需要应用者来积极地填补这个漏洞。

（二）二者的本质属性不同

宪法解释本质上是法律性的，宪法阐释本质上是政治性的。在宪法解释中，解释者所采用的任何解释方法都将受到文本、文本的历史起源、宪法整体结构等因素所施加的限制，所有这些因素都可能渗入解释之中。然而在宪法阐释中，阐释者有较广阔的自由发展空间，而不受这些因素的影响和限制。宪法解释本质上是法律性的，而宪法阐释虽然仍然关注宪法文本的含义，但由于它不只是发现文本中先前存在的含义，而是注入了现实的社会和政治考量，这就不能通过纯法律的形式来理解，因而本质上是政治性的。宪法解释与宪法文本紧密相连，因此其范围是有限的；而宪法阐释与宪法文本的联系更为脆弱，它可以扩展宪法文本的含义，甚至极尽宪法文本可能的含义范围之外。宪法解释只是发现宪法的含义，而宪法阐释是发展与宪法有关的东西，尽管在一定意义上可能具有某种创造性成分，但宪法阐释还不属于宪法创造，后者如宪法的制定和修改，它们发明的是全新的宪法内容，是正式的宪法创造。宪法创造的主体和宪法阐释的主体是不同的，如果宪法阐释失去与原始文本的连接，就是违宪的宪法阐释，是以宪法阐释之名从事宪法创造之实，这可称为隐含的宪法创造。

第二节 宪法解释的方法

宪法解释的方法是释宪者从事宪法解释所采用的各种方式和手段。宪法解释的方法对于释宪者来说是十分重要的，无论由什么样的机关作为宪法解释主体，都必须首先掌握恰当和合理的解释方法,才能获得正确和可靠的解释结论。

一、传统宪法解释方法

自萨维尼(Savigny)以来,法律解释的四种方法,即文义、逻辑、历史、体系解释方法。虽经过学界的发展演变,但仍然被当作法律解释的重要方法。这些方法对宪法解释产生了重大的影响,传统上宪法的解释方法都来自于一般制定法的解释方法。

(一)文义解释方法

法学的终极目标在于追求法的目的,但法律始终不能离开法文字,法律都是通过文字表现出来的。文字既是法律的表现和存在方式,也是立法者表达立法意图的基本途径和手段。因此法律解释的第一步必然是文义解释方法,只有当采用文义解释方法出现多种结果时,才能用其他解释方法。[①] 无论是研究者还是实务工作者历来都认为"文义解释是法律解释的开始,也是法律解释的终点"[②]。

文义解释方法的好处是尊重立法者,有利于维护法的安定性。文字是立法者表达思想的工具,法律文字是我们理解立法者的立法意图的入口和着眼点,可以为我们了解法律含义提供基本方向和线索,因此采用文义解释方法是对立法者的尊重。采用文义解释方法可以维护立法者的立法原意,避免解释者按照自己的想法曲解立法者的意图,按照立法者当初的设想实现法律的目的,从而有利于维护法的安定性。然而文义解释方法依赖于法律意旨赖以承载的文字符号,这些文字符号由于各种原因本身又存在诸多的不确定性因素,由此使得文义解释方法存在很大的局限性。

宪法作为国家的根本法,其内容规定的是国家和社会生活最基本、最重要的事项,这就决定了宪法的具有比一般法律更强的概括性和模糊性特征。因此,释宪者在运用文义解释方法进行宪法解释时,必然会遇到意义含混、模棱两可的情况,这给解释者带来了无法确定宪法含义的困难。宪法的概括性、模糊性和不确定性则使这种困难进一步增大。

由宪法语词的概括性、模糊性与不确定性特征所引起的文义解释方法的困境,可以从这些语词所指涉的事物的本性中得到化解。事物的本性或本质,亦即"事物的本然之理",是指内含于事物本身之内的正确道理。事物本然之理,或叫事物的本质或本性,是整体法秩序成立的基础,因为法律既然要规范社会,自然必须遵循着万物的道理。宪法的含义是由其所指涉的事物的本性决定的,而不是由习惯、说话者意图或听众的看法决定的。制宪者使用一些简洁的语言,他们只是想用那种来传达他们所希望表达的观点或事物的本质,而不是想授权后代用他们的价值去填补这些空洞的,因为这些本来就不是空洞的,而是具有非常丰富的内涵,它们的含义能由其所指涉的事物的本性来引导。因此,解释者在对宪

① 杨仁寿:《法学方法论》,中国政法大学出版社 1999 年版,第 100 页。

② 王泽鉴:《法律思维与民法实例》,中国政法大学出版社 2001 年版,第 220 页。还有人认为,因为文字是法律意旨附丽所在,也因为它是法律解释活动的最大范围,因此,着手解释法律的时候,首先便须去确定文义涵盖的范围。黄茂荣:《法律方法与现代民法》,中国政法大学出版社 2001 年版,第 276 页。

法条款进行解释时，实际上不是在解释宪法的，而是在探寻这些所指称的事物的本质是什么。

在宪法文义比较清楚、明了的情况下，文义解释方法就是一种最便捷、最有效的解释方法。当宪法文义模糊不清时，文义解释方法就不一定是可靠和有效的方法了，这时需要解释者结合其他解释方法，综合运用各种途径解决遇到的困难。

（二）原旨主义解释方法

原旨主义解释方法就是以制宪者原初意图为依据去解释宪法的方法。在宪法解释方法中，原旨主义解释方法具有恒久的独特魅力。长期以来，凡研究宪法解释方法者没有不讨论这种方法的，无论对它是采取褒扬还是针砭的态度，都无法对它置之不理。

原旨主义方法是通过求诸于制宪者，作为一种有助于解决解释上的争议的权威性手段。求诸于制宪者的确可以获得解释上的权威，因为宪法是由他们制定的，只有他们自己最清楚其制定的宪法条款的含义究竟是什么。原旨主义解释方法的赞成者的有力主张是，从本质上看成文宪法具有不随时间而改变的固定含义，并且这种含义与宪法首次获得通过时的语词所表示的含义是一样的。总的来看，各种原旨主义主张主要有这样两个方面的重要理由：一是为了宪法的安定性价值，二是基于政府各部门之间权力划分的考量。从第一个方面来看，原旨主义者认为，之所以采取成文宪法的形式，就是为了保持其稳定性。只有按照宪法制定者的意图解释宪法，才能达到这个目的，使宪法不致因各种情势的变化而归于无效。他们认为，权威的安定性是宪法的重要价值，具有稳定性、可靠性和一致性的好处，这是在从事宪法解释时必须考虑的重要因素。因此，在宪法未被修改之前，就必须按其通过时的理解来进行解释，不仅在用词上，而且在意义上都是相同的，只要它以当前的形式存在，它就会以同样的词、同样的意义来解释，以制宪者制定出来并由人民投票通过时的意图来解释。① 从第二个方面来看，国家权力的划分要求宪法解释者必须尊重制宪者的意图。按照多数规则（Majority Rule）制定出来的宪法为国家机关各部门设定了权力行使的界限，释宪者的任务就是依照宪法条款、通过各种途径去探求宪法制定者的意图是什么，不能逾越其权力范围，否则就是对其他部门权力的侵蚀，尤其是在司法机关解释宪法的制度中，这样做就意味着司法篡权。

不过，也有人不赞成原旨主义解释方法，他们提出的反对理由主要有以下几点：(1)宪法的制定者是由观点并非完全一致的许多人组成的集合体，他们对宪法概括性条款的具体观点并非完全一致，甚至有时是相互矛盾的。(2)社会的发展变迁出现了制宪者当初没有意识到的情形，他们没有提供如何处理这些新问题的答案。例如他们没有预测到如下事件：电子监视、无线电和电视广播、因特网等。(3)无论制宪者是否预见到某一特定事件，有些宪法条款可能与制宪者表达的思想是相冲突的，也有些制宪者的行为与其所表达的意图相抵触。对一个成员众多的组织来说，要探求他们关于复杂问题的统一意图是没有意义的。他们的意图要么缺乏文件记载，要么记载残缺，有时甚至是被记录人员篡改

---

① ［美］保罗·布莱斯特等：《宪法决策的过程：案例与材料》，张千帆等译，中国政法大学出版社 2002 年版，第 177～192 页。

过,“要从这些记录中发现原初意图是一个不可能的解释任务”。(4)要确定宪法的批准者——人民或在批准会议上的人民代表——的意图更为困难,这些个人或其代表关于宪法含义的观点各不相同,认为能在这些人中发现统一的意图近乎荒谬。(5)无论制宪者的意图是什么,那都是过去了的事实和信念,把过去的东西转移到已经发生巨大变化的现在,可能产生与制宪者的愿望相反的结果,因为制宪者在他们那个时代所想要的未必就是我们这个时代所想要的。① 因此,解释者在遵循历史的伪装下有最终操作、修改甚至创造制宪者意图的权力,当他们宣称或相信他们客观地、非个人地探究制宪者意图时,他们发现的是他们自己的价值观。

宪法解释的原旨主义方法并未因其所遭受的来自各方面的抨击而销声匿迹,它的赞成者与反对者之间的争论就像古希腊神话传说中的雅典娜与海神之间的斗争不可能停止一样,只要有宪法解释,关于这种解释方法正反双方之间的争论就会继续下去。

(三)历史解释方法

历史解释方法是自萨维尼以来一直沿用到今天的重要法律解释方法之一。在宪法解释方法体系中,历史解释方法也是一种十分重要的方法。

历史解释是指探求立法者或其批准者于制定法律时所作的价值判断及其所欲实现的目的,以推知立法者的意思。② 历史解释就是法意解释,当今所谓法意解释不是探求历史上的立法者于立法当时的主观意思,而是探求法律于今日所应有之合理意思,亦即客观意思。所以在作法意解释时,一切立法材料,只是解释法律的参考材料,必须依社会现有观念,对立法资料予以评估,进行价值判断,以发现法律客观的规范意旨。历史解释不仅是根据立法草案、审议记录、立法理由书等立法材料推知历史上立法者所可能有的主观意思,它还要关注法律发展过程中客观历史事实对法律含义的影响。也就是说,历史解释不仅要判断立法者的主观意图,还要确定法律的客观含义。

[案例]1951 年,美国堪萨斯州公民布朗的孩子因州法规定黑白分校而不能进入白人学校就读,布朗于是向该州地方法院提起诉讼。败诉后,布朗上诉到联邦最高法院。1952 年 12 月最高法院将该案与来自南卡罗来纳、弗吉尼亚和特拉华几个州的类似案件进行合并审理。这期间因首席大法官佛瑞德·文森(Fred Vinson)突然病逝,艾森豪威尔总统提名厄尔·沃伦(Earl Warren)任首席大法官并获参议院批准。1954 年 12 月,最高法院再次对案件进行审理,并于 1954 年作出判决:在公共教育中,不能适用“隔离但平等”原则,原告和其他因类似情况而起诉的人被剥夺了宪法第十四修正案所保障的法律上平等保护的权利。

该案例中,首席大法官沃伦执笔的法院意见认为,尽管 1868 年通过的宪法第十四修正案的历史资料对我们有所启示,但它们不足以解决我们所面临的问题。毫无疑问

① Jeffrey M. Shaman, Constitutional Interpretation-Illusion and Reality, Greenwood Press, 2001, pp. 52～53.

② 梁慧星:《民法解释学》,中国政法大学出版社 1995 年版,第 219 页。

的是，战后修正案最积极的支持者必然试图取消任何对“在合众国出生或入籍的人”加以区别的法律；反对者则对此修正案进行抵制，希望尽可能缩小其影响的范围；而国会或州立法机构其他人的想法如何，则根本无法确知。法院考察了修正案通过时和该案发生时的教育状况。在修正案通过时，公立学校在当时尚未形成气候，教育大多被私人控制，当时公立教育的条件也很难与今天的情况相提并论，因此，修正案的历史很难说得上与公共教育有任何内在联系。在今天，教育是地方政府的重要职能，我们已经认识到教育对民主社会的重要性，它是成为一个良好公民的重要基础，如果剥夺一个孩子在今天的教育机会，那么就很难预料他在以后的人生中是否会取得成功。另外，法院考虑了学校实行种族分离制度对黑人孩子心理的影响，认为那样会使他们产生低人一等的感觉，会影响到他们的学习动机，从而无法获得白人孩子在教育中获得的能力和健康心理。因此，分离的教育设施根本不可能是平等的。①

[解析]这就是发生在美国的“布朗诉托皮卡教育委员会”案(Brown v. Board of Education of Topeka)。该案中，联邦最高法院应用宪法解释的方法，结合当时的美国实际，明确了宪法平等权的含义，作出了废除隔离的判决，在历史上留下了深远影响。

(四)目的解释方法

任何法律的制定均有其意欲实现的目的，宪法也不例外。因此，对宪法的解释尽管有其实用性的任务，但不能不顾及其规范的意旨，解释者在衡量诸种解释结果的时候，不能忽视所解释的宪法条文之目的。法的应用是一种有的放矢的意志活动的过程，在这个过程中，取自于法律的各种价值评判起着决定性作用，解释者必须从目的论上进行探讨，按其社会道德的和实际的目的，决定所解释的法律是否可以应用到某案件上。② 宪法适用发生在宪法制定之后，在这个过程中，必然发生政治、经济和社会等各方面的变化，社会状况与文化价值观的改变，就会产生旧的宪法规范如何适应新的现实的问题，目的论解释就是为解决这个问题而采取的一种解释方法。

目的解释就是根据法律规范的目的来阐释法律的含义的一种法律解释方法。解释者在解释之初，首先应明白被解释的法律的目的为何。对宪法解释而言，释宪者要探知宪法规定的价值与目的取向是什么。每一规定都有其意欲解决的利益冲突的价值决定，因此，目的解释就是在探求其价值取向及内容所在。如果解释者是以宪法规范的价值取向为内容去探知宪法规范的意旨，他所采用的就是目的解释方法。

就法律规范的价值而论，目的解释方法的确是解释者应当遵循和谨慎对待的方法。但法律方法本身的局限性决定了目的解释并非万能，其容易导致的分歧降低了法律的确定性程度，其复杂性容易被人作为合法形式掩盖非法目的之手段，故其使用自应受到一定

① [美]保罗·布莱斯特特等:《宪法决策的过程:案例与材料》,张千帆、范亚峰、孙雯译,中国政法大学出版社 2002 年版,第 709 页。

② [德]H.科殷(Helmut Coing):《法哲学》,林荣远译,华夏出版社 2002 年版,第 219 页。

的限制。虽然目的解释方法在法律解释中占有重要地位，法律解释必须尊重立法者，但对立法者们的尊敬并不需要孤立地或主要地把其使用的文字奉为神圣，在今天的法律解释中，更宜于尊重的是他们制宪时远大的目的和目标。目的解释尽管有其相对客观性，但由于把握不好也容易导致恣意，所以解释者运用目的解释方法时除了要处理好前述几对“目的”之间的关系外，在现代法治社会中，其解释活动还应遵循合宪解释的基本原则，解释的结果应符合宪政精神的基本要求。

为了实现法秩序所要求的合理性“目的”，在实践操作中，目的解释应受到的限制至少还应包括以下几个方面：第一，不得与法律文本的字义相抵触。法律文字的含义虽然可能有多种含义，但目的解释的结果不得违背其通义或特有含义。第二，不能违背法伦理原则。这是任何理论都应遵循的规则，目的论解释因为不是从文义得出的当然解释，故其逻辑推理尤应正确无误，否则难以获得令人信服的规范效力。第三，除非有重大、明显的根据，不得对原初目的作任意扩张或限缩。有如斯通大法官所说，我们理解法律文字不同于理解随时间而变化的法典，而是把它看作是一份永恒的文件，理解其所欲实现的伟大目标。

解释者只有在把握整体法秩序之目的的前提下，在个别目的与整体目的之循环互动中，理解法律的具体目的与抽象的终极目的之间的关系，同时根据法律伦理性原则去理解法律规定的客观含义，以使之“适合事理”，才能真正把握目的解释方法之真谛。在复杂的法律目的与多变的案件（尤其是疑难案件）之间，解释者必须在法律体系所指向的“事物本质”的合理性前提下，实现各法律目的（尤其是主观目的与客观目的）之间的融合，并充分运用司法论证理论中实体的或程序的相关论证方法，避免恣意与武断。

二、现代宪法解释方法

在现代宪法解释实践中，释宪者不再囿于传统的解释方法，而是发展出了一些新的解释方法。当然这些解释方法的出现并非与传统的宪法解释方法彻底脱离，从某种意义上可以说，这些解释方法是基于对传统宪法解释方法的深入思考发展而来的，因而具有传统解释方法内在的合理因子。

（一）原则解释方法

传统方法远不能满足现代宪法解释实践的需要。当宪法解释的实践性需求无法得到理论满足时，解释者为了使其解释行为获得理论上的支持，为了使其解释结论具有正当性基础，于是转而采取新的策略。宪法原则在宪法解释的实践中受到释宪者的青睐，除原则本身所具有的特性外，解释者对其行为的正当化欲求也是一个重要原因。

［案例］1949 年，联邦德国建立了 10 个州以及具有特殊法律地位的西柏林。在划分州界时，协约国主要考虑的是军事与行政便利，而忽视了德国各州传统的延续性。在西南地区，把具有 150 年历史的巴登(Baden)和乌藤堡(Wurttemburg)两州，分割为巴登、乌藤堡—巴登和乌藤堡—霍亨索伦三州。这种做法削弱了公民对各州政府的依附，因而给联邦主义造成了不利的影响。1949 年 5 月 23 日公布生效的德国《基本法》第 29 条规定，联邦领土应适当考虑其地区关系、历史文化联系、经济上的方便和社会结构，而

由联邦立法重新调整；任何地区都可以通过十分之一有州议会选举权的人同意而对重新调整决定作出更改；但如果一个地区大多数议员赞成重新调整，那么除非受影响地区的多数议员投票反对，任何其他地区的否决无效。① 针对西南地区，《基本法》第118条规定，可以由上述三个州之间的协定实行合并调整，如果三个州之间不能达成合并的协定，就由联邦政府立法实行重新调整而进行合并。

1951年的"西南重组"案(Southwest Case，1 BVerfGE 14)，是涉及西南地区的上述三个州的合并而引起的争议。这是德国联邦宪法法院成立后审理的第一个案件，被喻为德国的"马伯里诉麦迪逊"案。由于三个州未能达成合并协定，于是联邦政府两次通过重组法案，着手合并三州。其中第一重组法案为了避免州议会的重新选举，把州议会的任期延长到重组完成之后。第二重组法案根据《基本法》第118条，规定了三州合并的具体步骤。巴登州政府以重组法案违反民主和联邦原则为由，启动违宪审查程序，在联邦宪法法院挑战这两项法案的合宪性。在该案的判决中，联邦宪法法院指出：

1. 作为一个整体，宪法反映了某种控制个别条款的首要原则和基本决定。因此，本院同意巴伐利亚宪法法院的论断："并不因为它们是宪法的一部分，宪法条款就一定有效。某些宪法原则是如此根本，并表达了超越宪法的法律原理，以致它们也约束宪法的缔造者；其他次级宪法条款，也能因抵触这些原则而无效。"从这项解释规则可知，任何宪法条款的解释，必须符合上述原则及宪法缔造者的基本决定。《基本法》把民主作为政府体制的基石(第20条和第28条)：联邦德国是民主联邦国家。在《基本法》意义内，一州的宪政秩序必须符合基于法治的民主国体。联邦政府保障各州的宪政秩序与此政治秩序相一致。《基本法》规定，民主不仅要求议会控制政府，而且禁止以任何违宪手段，去消除或破坏选民的选举权。的确，民主原则并不要求各州议会的任期不得超过四年，或不能因为重要原因而延长。但既然各州人民在采纳其州宪法时确定了本州议会的任期，这项原则确实要求，任期延长必须经过宪法规定的程序或人民同意。如果未经州选民的同意即组织了被州宪法所规定期限的选举，那么联邦政府就侵犯了公民在民主国家的基本权利(即《基本法》第28条所保护的选举权)。

2.《基本法》的另一基本原则是联邦主义(第20条、第28条和第30条)。作为联邦成员，各州自身具有主权。即使这些主权的内容范围是有限的，他们并不来自联邦，而是受到联邦的承认。只要一州的宪政秩序处于第28条第1节的构架之内，它就属于州的权能范围。各州的专有权力范围，特别包括了确定各州宪法结构、职能和权力之规则。这项权力还包括调节选民表决的时机与场合，以及州议会过期的时间和条件。这项规则也适用于那些根据第118条第二句所制定的立法。的确，为了实现州的重组，联邦立法者有权"缩减"巴登、乌藤堡—巴登和乌藤堡—霍亨索伦州。但只要这些州仍然存在，联邦就不能扰乱它们的宪政秩序。州议会之取消，乃是取消这些州的必然结果；因此，这并不构成缩减职务任期。但延长任期却对现存州议会发生作用。这种延长需

① 姜士林等：《世界宪法全书》，青岛出版社1997年版，第704页。

要通过特殊立法，而联邦无权通过这类法律。各州也不能主动放弃立法权能；联邦不能经由州的同意，去获得《基本法》未曾授予的权能。第118条仅授权联邦立法调控三州的“重组”，因而它规定了宪法权力的极限。要使联邦立法有权去延长议会的任期，延长任期之举必须属于“一州立法不能有效调节的事务”。这项限制排除了延长州议会任期的权力，因为这类权力仍主要是州的事务。因此，我们必须宣布第一重组法案完全无效。

3. 人民必须在原则上自己决定其基本秩序，乃是民主原则的必然含义。作为联邦成员，巴登州必然属于该州人民。在民主国家，一州人民具有自决权利。然而，作为联邦的成员州，巴登并不自主或独立，而是联邦秩序的一部分；其主权在各个不同方面受到联邦秩序的限制。在某种程度上，就组成联邦的成员州而论，民主原则和联邦主义原则相冲突。只有两者同时承受某些限制，它们才能达成调和。对于联邦领土的重组案件，问题的性质决定：为了一项更为广泛的整体利益，一州人民的自决权应受到限制。在联邦国体可能的范围内，民主原则受到《基本法》的保障，该法第29条和第118条分别规定，联邦全体人民和重组地区人民的意愿，将作出最终决定。因此，联邦宪法法院驳回了巴登州对第二重组法案违宪的指控。

[**解析**]从上述德国联邦宪法法院的判决内容我们可以看出，该判决对德国《基本法》相关条款含义的解释，主要运用了基本法的人民主权原则和联邦主义原则。根据作为政府体制基石的人民主权原则，延长议会的任期必须经过宪法规定的程序或人民同意，这一权力主要是州的事务。延长任期对现存州议会有影响，这种延长需要通过特殊立法，而联邦无权通过这类法律，它不能经由州的同意，去获得《基本法》未曾授予的权能。因此，延长议会任期的第一重组法案无效。然而，根据联邦主义原则，为了一项更为广泛的整体利益，一州人民的自决权应受到限制，宪法关于联邦领土调整的规定将根据联邦全体人民和重组地区人民的意愿，作出最终决定。

（二）宪法解释的衡量模式

在宪法解释的实践中，衡量模式并非一开始就为解释者所一致采用的，它是由于以前的宪法解释方法不能满足社会实践发展的需要，也是在宪法解释的实践过程中对原有解释方法进行反思的结果。

宪法解释的衡量模式，是指解释者根据宪法的原则和精神，客观地对与解释有关的各种因素进行协调和权衡的一种宪法解释模式。这种模式为越来越多的学者所重视，实践中的许多宪法案件也采用了这种解释模式。

衡量模式之所以能在宪法解释的长期实践中为解释者所选择并成为宪法解释的重要模式，其原因主要有以下几个方面：

1. 衡量模式是客观的宪法解释模式

解释者必须意识到宪法的目标并将其与当下的社会环境相调适，寻求对宪法的合理解释——对宪法的条款、相关利益与价值进行权衡和协调。这种权衡与协调以历史、传统以及当下社会赋予选择对象的相应价值为根据，将解释者自身的价值观置之度外，它实际上是描述性的，解释者在没有表达自身价值观的情形下对诸因素进行客观的评价和判断并由此得出相应的结论。

2. 衡量模式是理性的宪法解释模式

解释者需要对相互冲突的利益加以比较并作出选择，这种选择取决于相关利益的重要程度，在这个过程中，解释者不可避免地要作出有偏向性的判断。但衡量模式的这种弹性并不是无原则的随意性。衡量的结果是对现实社会中相关利益的仔细分析与甄别，它摈弃了绝对论，进行衡量的解释者是在深刻理解宪政精神基础上，在全面掌握当下客观事实的前提下，然后再运用科学的法律推理完成的。

3. 衡量模式符合公平、正义的标准

在采取这种模式时，宪法解释者需要根据宪法的原则和宗旨，首先对其意欲判断的正反两方的诸因素加以列举，然后再对那些最有利于促进社会发展、推动历史进步的因素挑选出来加以保护，从而作出符合宪法的精神与目的的判断。这是一个缜密的思维活动过程，是建立在充分考虑各种因素基础之上，对涉及的利益作无所偏倚的衡量。

4. 衡量模式是保持宪法稳定与促进宪法发展的桥梁

宪法的规定只是多数人共同的根本利益的反映和体现。宪法在适用过程中通过衡量模式进行解释，使那些被忽略的少数人的利益以及那些多数人所保留的个别利益获得了被重视的机会，在这一过程中，解释者起着两个方面的重要作用：一是保持宪法的稳定而又不至于使宪法僵化，它避免了宪法因社会生活的变幻无常而频繁变动，从而保持了宪法的稳定，也避免了宪法的刻板和僵化。二是促进宪法发展而又无违宪之虞，它既可以对代表数额不足的团体的利益和制宪时尚未出现的后来者的利益予以考虑，又可对原为宪法认可但因社会变迁而发生局部变化的利益予以重新整合，使宪法真正成为适应社会生活的“活宪法”从而促进宪法的“与时俱进”。

总之，在多元文化的社会中，在各种价值和利益经常性地相互交流和碰撞的情境里，宪法解释的衡量模式对于维持一个宪法秩序下的和谐与稳定的社会环境是至关重要的。现代宪法解释的主要任务并不只是探究宪法用语的含义，而是注重将那些比较概括的含义适用于具体的案件中，然后根据案件所涉及的问题给予确切的内容，这个过程的主要特征是一种“衡量”的过程。衡量模式虽然不是宪法解释的唯一方法，但如果想要对宪法获得真正有效的、理性的解释，衡量模式就是十分重要的。

（三）结果取向解释方法

结果取向解释方法，就是解释者把因解释所作决定的社会影响列入解释的一项考量，在有数种解释结论可供选择时，选择对社会影响较为有利的那种解释结论。

结果取向的解释方法是新近发展起来的一种方法，其历史并不长远，现已经在一些国家得到解释者的广泛使用。结果取向解释方法往往与其他解释方法一起被释宪者在一个解释案件中适用，一般都是作为一种关键性的理由隐藏着，没有明确地表现在解释文或解释理由书的字面上。虽然不能从解释文字的字面上直接看到“结果取向”的字样，但从其行文结构及其含义中仍然能够看出，在一些案件中，解释者把这种方法作为获得其解释结论必不可少的重要方法。

结果取向解释方法又可称为结果考量解释方法，按照这种解释方法，宪法解释的实质并非理解宪法条文本身的含义，或探求制宪者的原意，而是“判定什么样的决定是比较好的、是社会可接受的”。法律解释者在对一法条进行解释时，需要考虑与案件有关的各种因素，这些因素对案件的判决结果都有不同程度的影响，而不同的判决结果反过了来又必然具有各种其他的社会影响。也就是说，解释者在解释法律时不光是要考虑和评价眼前与案件有关的各种因素，而且还必须考虑由这些因素所确定的结果对未来可能造成的结果和影响。解释者需要想象一下对法律的各种解释后果，在考虑了各种因素之后，选择那些后果更好的解释，因为其后果更好就是“正确的解释”。

这里的“结果”并非指一种原因引起的某种后果，而是指宪法解释的结论可能造成的后果，这些后果是在解释结论的影响下所带来的。解释者要预测其解释结论可能带来哪些后果，然后再选择能带来较好后果的解释结论。解释者为了能带来较好的后果而选择其中一种解释结论而不选择其他解释结论，因此，结果取向的宪法解释方法往往隐藏在目的解释方法之中，以符合宪法的某种目的为名，实际上暗地里是在从事一种结果考量。结果考量涉及了宪法解释结果的预测及其评价，必须首先使考量的结果与宪法规定或原则的目的产生一种回馈关系，并在考量结果时以宪法规定所体现的原则与价值作为衡量的准则，才能使考量的结果具有合理性。这可以用来说明为什么结果取向解释方法在实践中被广泛采用，却没被解释者明确地以书面形式表达出来的原因。

结果考量不必面对无穷无尽的结果，而是在法规范目的的范围内去思索与预测结果。具体在宪法解释上，应使宪法规范目的的关联为其适用的界限，在缺乏具体宪法规范时，则应使宪法的原则与价值建立关联。解释者在法规范的范围之内的解释结论必须具有相对的确定性和可预测性，否则法就不成为法了，其制定的意义与初衷就消失了。因此，解释者在法规范目的之内进行的结果预测是有可能的。

作司法决定者，尤其是终审法院的法官，无疑都会考量判决的可能结果，而予以评价，并不以补充法律漏洞为限。任何判决将来都可能影响到其他判决而有事实拘束力，因此法官自始即不应只考虑个案当事人的利益，他的影响及于未来不可知的社会，这种事实上的影响不因法官把自己的眼睛蒙起来而消失，法律人这种对社会的新增的责任感，以及反映到方法论上的结果取向，是不容忽视的。宪法解释不能仅以词典、日常用语的词义去理解和寻求宪法条文的真正含义，而应考虑宪法产生的历史背景、宪法原理、宪法哲学，特别是考虑宪法解释将会带来的结果、对社会领域的影响及与宪法基本原理的关系。结果取向解释方法作为一种实用性极强的解释方法，在现代法律观念之下已经获得实务界的广泛实践以及绝大多数理论界人士的普遍认同。

三、宪法解释方法与法律解释方法的区别

作为法解释学的具体分支，宪法解释方法与法律解释方法具有某些共通之处。但由于宪法具有区别于法律的特质，宪法解释方法亦具有区别于法律解释方法之处。如韩大元教授认为宪法解释过程与国家的政治共同体和社会的基本价值体系有着密切的联系，几乎所有的宪法规范客观上都存在解释的空间，宪法解释思维是一种宏观的思维模式，需

要从宪法价值体系的宏观角度揭示宪法的意义与内涵，而这些对一般法律解释则不然。[①] 宪法本身与政治无法割舍的较大关联性，以及由于宪法条文的抽象性致使其具有更大的调适功能所产生的特有解释方法，都使宪法解释方法与一般法律解释方法在存在法解释的相同之处时，还具有其自身的特色。

由于宪法的最高位阶性，使其与一般法律的解释存在着方法论上的差异，此即指导原则的问题。法律解释的对象是法位阶低于宪法的法规，因此有垂直规范的问题，法律解释必须受宪法所确定和衍生的规范内涵的拘束；此外由于很少有一个法律能独自完全规范一种事务，必须靠许多同位阶的法律共同规范一个相关的事务而构成整个法秩序，所以一个法律的解释也必须考量到其他法律的配合，此即平行规范的问题，法律的体系解释在其间乃更显重要。但宪法作为最高的根本大法，在它之上全然不存在垂直规范的问题，在它之侧，也没有平行规范的问题，对于宪法的评价判断基准，则不能提升到超宪法的层次，在这一层次，没有任何成文法规可资遵循与参考，宪法审查的价值基准，乃必须由解释者在宪法规范蕴含的原则中自行摸索。吴庚也认为："因为宪法与法律确有性质上的差别，特别是有关基本权的诠释，与一般法律解释颇有不同。"[②]为此，他提出了专用于宪法解释的规则（方法），这些解释规则在其他解释领域无适用的余地：以宪法解释宪法规则、政治问题不予解释规则、合宪性解释规则。

因此，由宪法在法体系中的最高位阶性、宪法的政治性、宪法规范本身的抽象性和原则性等特征所决定，宪法解释在方法论上所受到的挑战比一般法律解释更大。宪法解释与一般法律解释都意在通过一定手段来传达某种意志，但他们所表达的意志来自于不同性质的规范，从二者都旨在澄清规范的含义以维系命令间的和谐性以及将其适用于特定情形而言，它们有着相同的基本任务，这可能就是自德国萨维尼（Savigny）以来传统的法律解释方法被用于宪法解释的原因所在。虽然传统的法律解释方法对于宪法解释的合理化具有肯定的意义，但是宪法本身的特色使其在解释方法上所遭受的更大挑战，构成了宪法解释方法承担了超越于一般法律解释方法的艰巨任务。[③] 基于理论与实践的互动关系，在宪法解释实践中释宪者于一般法律解释方法之外发展出的解释方法，需要在理论上得到认可并加以系统化的证成。当然宪法本身的特色给释宪者在方法论上的这种广阔空间，并不构成其恣意解释的理由，相反由于其解释可能造成更大的影响，他们需要花费比一般法律解释更大的精力去论证其结论，并需要说明采取该方法的正当性理由何在，从而使其在学理上具有可讨论性与可批判性。

第三节　宪法解释的作用

宪法既是国家权力和公民基本权利的规范体系，又是社会生活共同体的价值准则。相对于其他法律规范而言，宪法规范具有高度的概括性、抽象性和模糊性的特征，因此，必

---

① 韩大元、林来梵、郑贤君：《宪法学专题研究》，中国人民大学出版社 2004 年版，第 168～169 页。

② 吴庚：《宪法的解释与适用》，台湾三民书局 2004 年版，第 558 页。

③ 苏永钦：《合宪性控制的理论与实际》，台湾月旦出版股份有限公司 1994 年版，第 262 页。

须对宪法规范的条文加以解释。通过宪法解释,从而发挥宪法对国家机关和公民行为的指引功能,对宪法内容和宪法文本来说都具有重要作用。

一、宪法解释对于宪法内容的作用

这是指通过宪法解释,对宪法原有内容所发生的作用。由于宪法条款具有高度的概括性和抽象性,其内容也具有很大的模糊性。宪法解释对于厘清宪法原意、弥补宪法漏洞、推动宪法与时俱进方面具有十分重要的作用。

(一)厘清宪法原意

制宪者颁布宪法都有其特定的目的和意图,宪法条款是表达制宪者意图的基本手段和途径,宪法解释的首要作用就是厘清宪法条款的原初目的。每一宪法条款都有其特定的含义,宪法解释就是要还原制宪者在制定这一条款时所赋予的基本含义。由于宪法是国家的根本大法,宪法条款具有高度的抽象性和概括性,这给解释者的解释活动带来了更大的困难和挑战。解释者需要从制宪者当初制定宪法时的场景出发,根据各种历史资料如宪法草案、制宪会议的辩论记录等,再运用各种解释方法,认真理解每一宪法条款的真实含义,准确地把握制宪者的原初意图。

在宪法解释过程中,有可能存在制宪者当初所赋予的宪法含义与宪法解释者所处的时代要求不相符的情况,当这种情况发生时,究竟应以当初的宪法含义为准,还是以当今的时代需要为准?这是一个长期以来一直存有争议的问题。但大多数人认为,宪法解释首先应当尊重制宪者的原初意图,如果解释者不尊重制宪者的原初意图而随意更改宪法内容,或者歪曲宪法原意,就是篡夺了制宪者的制宪权,这是与解释者的地位和职责不相符的。解释者只能严格地执行制宪者颁布的宪法,其职责就是把制宪者的原初意图贯彻到社会生活实践之中去。当宪法原来的内容不符合现实社会需求的时候,应由修宪机关通过宪法修改的方式,对宪法原来的条款进行修订,使宪法内容能够符合社会的实际情况。

(二)弥补宪法漏洞

任何法律都不是完美无缺的,宪法也不例外。宪法漏洞是指在宪法秩序下缺乏相应宪法规定的现象。出现宪法漏洞的客观原因,是由于宪法条款的稳定性使其不能随社会生活的变化而自动更新,必然出现宪法的僵化落后,这就会导致宪法在社会变迁过程中出现漏洞的现象。主观原因是由于人的理性的有限性使其不能预见未来的一切问题,即使能够预见,但由于手段有限也无法在制宪时完全表达出来;有时由于制宪者考虑不周,或虽考虑到但不周详,所有这些情况都势必造成宪法漏洞的产生。

宪法漏洞是不可避免的客观现象,弥补宪法漏洞最重要的途径就是宪法解释。如1983年9月2日全国人大常委会第二次会议通过决定,国家安全机关行使公安机关的侦查、拘留、预审和执行逮捕的职权。国家安全机关是第六届全国人大设立的,由其承担原公安机关主管的间谍、特务案件的侦查工作,具有国家公安机关的性质。但宪法没有关于国家安全机关的职权的规定,因而全国人大常委会通过决定,国家安全机关可以行使宪法和法律规定的公安机关的侦查、拘留、预审和执行逮捕的职权，弥补了宪法关于国家安全机关职权的漏洞。这实际上是对宪法规定的公安机关职权的行使主体的解释，属于宪法解释。

宪法漏洞是一种规范性漏洞，解释者应运用宪法基本原则和宪法精神去弥补这些漏洞。漏洞填补方法是一种重要的法律解释方法，解释者在解释宪法时，需要通过漏洞填补方法去弥补这些漏洞。由于宪法是国家的根本大法，不同于一般法律，因而解释者不能用一般的政策、习俗或道德等去填补宪法漏洞，只能运用具有更高层级的宪法原则和宪法精神作为填补宪法漏洞的材料和方法。超出宪法原则和宪法精神的范畴就不是宪法解释，而是新的宪法制定或宪法修改了。

（三）推动宪法内容与时俱进

"法律既为社会力，则社会变迁，法现象不能不与之俱变"①。宪法作为一国具有最高法律效力的规范，必须与社会的发展变迁相适应。宪法一经制定就保持相对的稳定性，并且宪法的稳定性比一般法律的稳定性更强，而社会生活处在不断的发展变迁之中，尤其在当今科技和经济文化日新月异的环境下，社会生活的变迁更为频繁和剧烈。如果社会已经发生了变化，宪法的内容还保持原封不动，一方面会造成宪法内容与现实脱节和违宪现象的发生，这会损害宪法的权威和尊严，另一方面又会使人们感到无所适从，担心其行为违宪而缩手缩脚，使社会缺乏活力和创造力。因此，为了维护宪法的权威和尊严，以及为了给人们提供最高的行为指引，必须通过宪法解释使宪法内容随着社会的变迁而与时俱进。

宪法解释可以在不改变宪法条款的前提下，赋予宪法条款新的内容，增强宪法的社会适应能力。例如美国联邦最高法院对美国联邦宪法第 14 条修正案关于"正当法律程序"的解释，虽然这一修正案的文字没有改变，但在不同历史时期其内容发生了很大变化。在 19 世纪中叶之前，联邦最高法院通常把"正当法律程序"解释为"正当的司法程序"，即程序性正当程序，指的是在民事、刑事案件的审判中给予原、被告以合理的程序保障。但到了 19 世纪中叶之后，"正当法律程序"的内容扩大到"正当的立法程序"，即实体性正当程序，这是指立法的内容必须符合宪法的精神，不得侵犯公民的宪法权利，否则就不符合正当法律程序。可见，随着社会不断向前发展，"正当法律程序"条款的内容也通过宪法解释不断得到更新，使其能够适应社会发展变迁的需要，使宪法条款的内容充满了生机与活力，从而避免了宪法内容的刻板和僵化。

需要注意的是，宪法解释在赋予宪法条款以新的内容时，必须在尊重制宪者的前提下进行。解释者只能根据宪法的原则和精神去探求宪法条款在新的历史时期的含义为何，而不能根据个人的主观感受随意添加新的内容，甚至作出违背宪法原则和精神的解释。

二、宪法解释对于宪法文本的作用

这是指宪法解释对于宪法文本方面所起的作用。宪法解释可以维护宪法文本的稳定性。

---

① ［日］穗积陈重：《法律进化论》，黄尊三等译，中国政法大学出版社 1997 年版，第 53 页。

(一)维护宪法文本保持适当的稳定性

各国的宪法解释机关在国家机构中都具有较高的权威地位,如实行司法解释制的美国联邦最高法院和德国联邦宪法法院、实行立法解释制的我国全国人大常委会、实行专门机关解释制的法国宪法委员会等。由这些宪法解释机关的职权和地位所决定,它们对原宪法文本内涵所作的解释形成了与原宪法文本并列的一种新文本,可以把这个新文本看作是对原宪法文本的补充或修正,并且往往都与原宪法文本自身具有相同的效力,其他任何机关和个人都必须遵守。宪法解释这种权威性能够保证宪法文本在变迁过程中保持一定的连续性和稳定性。而其他宪法文本变迁方式如立宪和修宪方式都会导致原来的宪法文本的废弃或产生更大的变化,有可能造成原宪法文本在适用过程中的中断,不利于维护宪法文本的稳定性,也无法保持社会秩序的协调与连贯。而宪法解释是宪法在适用过程中针对特定的具体事件而对宪法条文含义进行的说明,它不改变原宪法文本的形式,更不会引起原文本的废止,因此在维护宪法文本的稳定性上具有独特的意义和功能,也有利于维护宪法在民众心目中的权威地位。

(二)促进宪法文本与社会情势相适应

宪法一旦制定出来,就以文字的形式被定型化了,这种定型化的宪法文本与不断变化着的社会实际必然产生不相协调之处。宪法解释是宪法在实施过程中由于特定事件的发生而对宪法文本含义进行的说明,释宪者可以结合具体情况,灵活地将定型化的宪法文本作出符合客观需要的解释,赋予死板的文字文本以鲜活的实际意义,能够避免呆板地套用过去的成规来应对已经变化了的社会实践,从而逃脱过去"死亡之手"的控制,使宪法成为一部"活的宪法"(Living Constitution)。[①] 而宪法修改的程序十分复杂,往往需要花数年时间去调研和论证,加上由于宪法修改比一般制定法修改有更高的要求而不容易获得通过,这就会导致宪法的僵化,无法使宪法文本的内容随时代变化而变化,不能满足社会发展对宪法提出的新要求,因此这种宪法文本变迁方式具有滞后性的特点。宪法是为了满足人类生活的需要而制定的,要保持宪法旺盛的生命力,就必须使它与时代同步,为此,宪法解释就成为将宪法的文字文本与实际生活中的社会文本结合起来的重要桥梁和必要手段。释宪者在特定事件中根据宪法的精神和原则,通过权衡个案中涉及的相关利益,在历史与现实、个案当事人与国家社会关系的往返流转中,对宪法文本的含义作出符合当下情势的说明,起着"活着的宪法宣示者"[②]的作用,使宪法不至于落后于时代发展,进而防止宪法文本与其所处的社会文本相脱节,促进宪法文本变迁过程中与社会情势的变化相一致。

(三)防止宪法文本的突变引发社会不适

宪法作为根本法,必须保持稳定以维护其权威性,这是保障宪法实施和实现国家稳定

---

① William H. Rrhnquist, The Notion of Living Constitution, 54 Tex. *L. Rev.*, 1976. p. 25.

② [美]本杰明·卡多佐:《司法过程的性质》,苏力译,商务印书馆 1998 年版,第 7 页。

的重要保证。同时，宪法又是社会的产物，要随社会发展而变迁，那么，怎么才能在保持宪法文本稳定的同时又使其适应社会发展变化的需要呢？保持宪法文本的稳定并不意味着宪法一成不变，宪法文本的稳定性是在动态中的稳定。美国法学家庞德曾说："法律必须稳定，但又不能静止不变。"[①]法律天生具有滞后性，而社会则是不断发展变化的。马克思在谈到"法律基础"时指出："社会不是以法律为基础的，那是法学家们的幻想；相反地，法律应该以社会为基础。"[②]为了使宪法文本适应不断更新中的社会文本，它自身必然要处于不断的变迁之中。然而，这种变迁应当是渐变的而不应当是突变的。如果不断地创制新宪法，宪法文本时常处于突变之中，必将使人们感到无所适从，引起社会局势的动荡不安。为了维持人类正常的生产生活秩序，必须维护宪法文本在保持必要稳定性条件下的渐进性，这样才符合宪法作为保障权利的根本法的本质特性。保持宪法渐进性的唯一正确方法就是宪法解释的方法，这种方法可以根据社会经济文化的发展状态而对宪法文本的含义作出符合客观实际的说明，它是在不动摇宪法文本的基础上进行的，不需要修改宪法条文，避免了宪法因社会生活的变幻无常而频繁变动，从而保持了宪法的稳定性；同时它又根据情势的变更权衡各种因素作出符合客观实际的判断，不至于出现与现实相矛盾和冲突的局面，避免了宪法的刻板和僵化。因此宪法解释既能保持宪法文本的稳定性，又能与社会发展相协调而具有适应性，从而能够防止宪法文本的突变所带来的社会动荡与不安。

（四）避免宪法文本在变迁过程中受法外因素的干扰

宪法解释属于法解释的范畴，法律解释有其自身的规则可循，尽管法律解释有可能将政治因素考虑在内，但它本质上不具有政治性，"宪法解释本质上是法律性的"[③]。宪法解释的法律性决定了解释者在解释宪法文本的过程中，要遵循法释义学的内在规律性，其解释行为是以宪法文本的客观规范为基础和出发点的。其他宪法文本变迁模式如立宪和修宪模式是掌握主权者对国家政治生活中重大事项的决断，这是一种政治判断行为和权力意志行为，受到各种非法律因素的影响，所以立宪和修宪模式一般发生在国家成立之时或社会发生重大变革时期，国家的法律制度尚来定型。一旦国家法律制度成型之后，采取宪法解释模式有利于使宪法文本的变迁保持在既有的框架之内，不受法外因素的控制，从而有利于促进国家的法治化进程。虽然可能其他机关也在解释宪法，但是当今世界各国的宪法解释机关基本上都是司法机关或司法性的专门机关，这就决定了宪法解释的性质本身是一种行使司法权的行为。而司法权在本质上是一种判断权，[④]解释者都是受过长期专门训练的法律职业者，有着独特的法律职业思维，他们通过各种法律推理的方法，尽力从法律规则和原则中寻找合适的答案，这一过程主要是一种法律行为而非政治行为，这有

---

① [美]罗斯科·庞德：《法律史解释》，邓正来译，中国法制出版社 2002 年版，第 2 页。

② 《马克思恩格斯全集》(第 6 卷)，人民出版社 1973 年版，第 291 页。

③ [美]基思·E. 惠廷顿：《宪法解释：文本含义，原初意图与司法审查》，杜强强、刘国、柳建龙译，中国人民大学出版社 2006 年版，第 6 页。

④ 孙笑侠：《司法权的本质是判断权》，载《法学》1998 年第 8 期。

利于维持宪法文本在变迁过程中的法律性，保证解释行为免受法外因素的影响，从而能够针对具体个案作出客观公正的决定。

（五）宪法解释的程序性有利于克服宪法文本变迁过程中的恣意性

法律程序之于法的适用具有重要意义，伯尔曼曾说："程序是法律的核心，没有程序，法律就不可能存在。"[1]由于释宪者是国家授权的解释宪法的专门机关，它们在从事解释活动时除了要受到一般法律解释规则的约束之外，在说明一个宪法条款的含义时还必须遵循宪法解释所特有的严格规则的限制。宪法解释的这种程序性能够预防和制止对庄严的宪法条款的含义作出随意的解释，保证解释结果符合制宪者的意图或宪法文本的客观内涵。在宪法发展变迁的历史过程中，遇到特定的具体情况时，如果没有程序规则的限制，完全依凭解释者个人的主观价值判断，或受个人偏见或某些压力集团的影响而不能作出正确的理解，就有可能使解释的结果偏离宪法文本的实质意义。法律程序就能够克服这种弊端，解释者在法程序所限制的范围和框架之内，专注于个案事实与宪法规范，通过将事实一般化、将规范具体化的过程，实现宪法规范与个案事实的等置，这种程序化的解释策略是达到解释结果合理化与正当化的必要条件，能够防止外界偶然的因素或解释者自身的随意性所导致的不公，保障宪法正义价值目标的实现。

【思考题】

1. 简述宪法解释对于宪法实施的意义。
2. 宪法解释的对象是什么？
3. 简述传统宪法解释方法和现代宪法解释方法的种类。
4. 宪法解释的作用有哪些？

---

① 吕世伦：《当代西方理论法学研究》，中国人民大学出版社 1997 年版，第 263 页。

第七章 宪法的实施

【引例】

1803年，美国联邦最高法院首席大法官马歇尔在"马伯里诉麦迪逊"一案中，首开普通法院违宪审查的先河。在该案中，马歇尔大法官认为，当普通法律与宪法相冲突时，普通法律必须服从宪法。也就是说，违宪的法律无效。这对世界各国的宪法理论和宪政实践产生了重大的影响。

第一节 宪法实施概述

一、宪法实施的概念、意义与特点

（一）宪法实施的概念

法律是一种行为规范，制定法律的目的是规范人的行为，也就是将法律规定的内容在现实生活中实施，宪法也不例外。宪法实施是指宪法规范在现实生活中的贯彻落实，即将宪法文字上的、抽象的权利义务关系转化为现实生活中生动的、具体的权利义务关系，并进而将宪法规范所体现的人民意志转化为具体社会关系中的人的行为。①

宪法实施的概念有以下两重含义：其一，宪法实施最基本的表现和标志就是宪法的规范得到实现，宪法规定的权利义务关系转化为现实生活中的权利义务关系，这是宪法实施最直接的、最基本的表现和标志；其二，宪法实施最根本、最核心的价值是宪法之中所体现的人民意志得到实现，宪法只是一个文本，其本身所规定的内容不过是人的意志的体现，因此，从深层次来说宪法的实施就是宪法所体现出来的人的意志得到实现。

（二）宪法实施的意义

宪法实施的意义十分重大，是人民制定宪法最直接的目的，也是宪法本身价值得以实现的根本途径，换言之，得不到实施的宪法其本身的价值也得不到实现，其体现的人的意志也得不到实现，这样的宪法就仅仅剩下一点宣传和教育的意义。2012年12月4日，习近平同志在首都各界纪念现行宪法公布施行30周年大会上发表重要讲话，他指出："宪法的生命在于实施，宪法的权威也在于实施。我们要坚持不懈抓好宪法实施工作，把全面贯彻实施宪法提高到一个新水平。"由此可知，宪法实施的意义主要有三个方面。

① 周叶中：《宪法》，高等教育出版社2011年版，第338页。

1. 宪法的生命在于实施。“生命在于运动”，宪法的生命也在于运动，在于实施，一部宪法如果不实施，其生命力就会不断退化，最终必然衰退或者“名存实亡”，甚至“死亡”。宪法只有不断地在现实中得到运用与实施，不断地得到检验和考验，不断地得到完善和发展，才会焕发出强大的生命力。实践也一再证明，一部宪法只有不断实施，其自身的价值才能得到不断的实现，其作用才能得到体现，其效能才能得到人民的认同，其存在的问题也才能不断被人民发现，也只有如此宪法才能不断被人民加以完善和发展。一个什么都不做的人才可能永远不会犯错误，但是他也不可能得到发展和提高，一部宪法只有永远不实施才可能永远不会被人民发现其缺陷和问题，但是这样的宪法是没有生命力的、“死”的宪法。

2. 宪法的权威在于实施。宪法的权威体现在宪法至上，其具体表现就是宪法必须得到遵守和执行，立法必须以宪法为依据并不得与其相冲突，违宪者必须受到追究。如果宪法制定出来不实施，有人违反了宪法也得不到处罚，那么宪法就不可能有权威，甚至还比不上普通的法律法规和规范性文件。因此，宪法实施是宪法权威得到体现的基础，也是宪法法律性的具体体现，得不到实施的宪法甚至不具备法律所应当具有的基本特征，也不具备法律的权威，更不用说作为根本大法的权威。

3. 人民主权的实现在于宪法的实施。宪法实施表面上是宪法的规范得到了实现，实质是宪法之中所体现的人民意志得到实现，不实施宪法的本质就是人民的意志受到了漠视，人民的主权未能得到实现。我国宪法是中国共产党领导人民制定的，体现了人民的意志，是否实施宪法是检验人民的意志是否得到贯彻，人民主权是否实现的重要标志。正如习近平同志在2012年12月4日的首都各界纪念现行宪法公布施行30周年大会上所说：“坚持国家一切权力属于人民的宪法理念，发展更加广泛、更加充分、更加健全的人民民主，最广泛地动员和组织人民依照宪法和法律规定行使国家权力，共同建设，共同享有，共同发展，成为国家、社会和自己命运的主人……坚持人民主体地位，切实保障公民享有权利和履行义务，宪法的根基在于人民发自内心的拥护，宪法的伟力在于人民出自真诚的信仰，只有保证公民在法律面前一律平等，尊重和保障人权，保证人民依法享有广泛的权利和自由，宪法才能深入人心，走入人民群众，宪法实施才能真正成为全体人民的自觉行动。”

（三）宪法实施的特点

宪法与普通法律相比较，有许多自己独有的特点，因而宪法的实施与普通法律的实施相比较也必然有许多特点。

1. 宪法实施的最高性和原则性

宪法是国家的根本大法，其内容多是有关国家最根本最重要的问题，由此决定了宪法实施的最高性和原则性。宪法实施的最高性源于宪法具有最高的法律效力，普通法律根据宪法而制定，一切法律、行政法规和地方性法规，都不得同宪法相抵触，宪法是一切国家机关、社会团体和个人的最高行为准则。宪法实施的原则性源于宪法不是也不可能规范社会生活的各个具体方面，这不现实，宪法只可能规定调整重要社会关系的一般原则，往往确定的只是一些基本原则，宪法的规范要转化成具体的行为规范往往还需要一般法律法规将其细化。

2. 宪法实施的多层次性

宪法实施具有最高性和原则性决定了宪法实施的多层次性，也就是说宪法的实施往往是需要经过多层次的具体化方可将其具体实施。宪法的规范大多数是比较原则和抽象的，需要通过具体法律规范将其细化，这种细化很可能不是一层而是多层次的，例如《宪法》第45条规定："中华人民共和国公民在年老、疾病或丧失劳动能力的情况下，有从国家和社会获得物质帮助的权利。"仅仅依据这句话，一个公民无法知道他在年老、疾病或丧失劳动能力的情况下能够获得多少帮助、怎样的帮助、该向哪个国家机关提出请求。这一条规定显然需要法律、法规甚至规章、规范性文件一步步将其细化。

3. 宪法实施的广泛性

宪法实施的广泛性体现在主体、内容、范围等方面。宪法实施的主体具有广泛性和多样性，我国宪法的序言规定："全国各族人民、一切国家机关和武装力量、各政党和各社会团体、各企业事业组织，都必须以宪法为根本的法律准则，并且负有维护宪法尊严、保证宪法实施的职责。"事实上，宪法的实施确实需要国家机关、社会组织和公民的广泛参与，宪法实施的主体非常广泛。宪法规范的内容和范围也非常广泛，涉及国家和社会生活的各个方面，行政法、民商法、刑法、诉讼法、经济法等法律规范的内容和范围都能从宪法中找到基本原则和依据，宪法内容和范围的广泛程度是其他法律所不能比拟的，相应地其实施的内容和范围也非常广泛。

4. 宪法实施方式的多样性

相对于其他法律的实施方式，宪法实施的方式具有多样性。依据不同的标准可以将宪法实施分为：行为实施和规范实施；直接实施和间接实施；主动实施和被动实施；事前依照实施和事后追惩实施；单一方式和综合方式实施；专门实施和一般实施。[①] 这些分类都有其价值和意义。然而，宪法实施的最基本方式是宪法适用与宪法遵守。

二、宪法实施的基本方式

宪法实施的基本方式包括宪法的遵守与宪法的适用两种。宪法的遵守与适用和普通法律的遵守与适用相比较有诸多相同与相似之处，但是在主体、方式方法和程序上又有较大的区别。

（一）宪法的遵守

宪法的遵守是指一切国家机关、社会组织和公民个人遵照宪法的规定从事各种行为和活动，既包括行使权利的行为也包括履行义务的行为，还包括国家机关行使职权的行为。从广义上说宪法的遵守包括宪法的适用，因为宪法的适用也是国家机关依照宪法行使职权的行为，但是在这里我们对宪法遵守取其狭义，不包括有关国家机关对涉嫌违宪或者可能违宪的主体和行为进行审查和裁判的行为。

宪法遵守是法治社会对一切社会主体的普遍要求，任何社会主体都必须守法，更应该遵守宪法，宪法是最高行为准则。依据不同的标准可以对宪法遵守进行不同的分类：依据

① 周叶中：《宪法》，高等教育出版社2011年版，第339页。

主体的不同，可将宪法遵守分为公民个人守宪、社会团体守宪、立法机关守宪、行政机关守宪和司法机关守宪等；按照守宪行为的依据的不同，宪法遵守可以分为对宪法典的遵守、对宪法性法律的遵守、对宪法惯例的遵守、对宪法原则和精神的遵守等；依据宪法遵守方式的不同，可以将宪法遵守分为以积极行为的方式守宪和以消极被动的方式守宪。

（二）宪法的适用

宪法的适用是指有关国家机关对涉嫌违宪或者可能违宪的主体和行为进行审查和裁判的行为。宪法适用与宪法遵守一起构成宪法实施的基本方式。宪法是法律，有被违反的可能，违宪者也应当受到追究和制裁，因此就需要建立宪法的适用制度，即明确哪个国家机关有权依据法定程序对涉嫌违宪或者可能违宪的行为进行审查和裁判，唯有如此才能够解决宪法纠纷，才能够将纸面的宪法真正变成活生生的现实。

宪法适用的特点。宪法的适用与法的适用一样解决的是社会纠纷，二者的相同之处在于都是有关国家机关依法对法的实施进行监督，并作出裁判的活动，都是对争议或者可能存在的争议作出裁判的行为。

宪法适用因其处理的是涉及宪法的纠纷和争议，有自己的特点。

1. 主体的特殊性。宪法的适用与法的适用相比，前者的适用主体不限于司法机关，有可能是立法机关、行政机关或者其他国家机关，后者的适用主体是司法机关或者准司法机关。

2. 法律依据的特殊性。宪法的适用依据是宪法或者宪法性法律，法的适用依据基本上是普通法律。

3. 程序的特殊性。宪法适用的具体程序不同于普通法律的适用程序，而且不同类型的违宪案件其具体的适用程序也很不相同。

4. 方式的特殊性。宪法的适用有可能是被动进行的也可能是主动进行的，普通法律的适用只能是被动进行的。各个国家不同种类的法的适用方式相差很大，宪法适用的具体方式与普通法律相比差别更大，例如我国各级人大及其常委会的宪法适用，即依据宪法的规定，撤销同级政府和下级人大与政府不符合宪法规定的决定、决议、条例等，这种方式是普通法律的适用所没有的。

三、宪法实施的条件

宪法实施是宪法原则、精神和具体规范由文本上的规定转变为现实，这种转变是一项非常复杂的系统工程，绝非轻而易举就能实现的，既需要发挥人们的主观能动性也需要依据一定的客观条件。宪法实施的条件包括宪法自身的内在条件和外部条件两个方面。

（一）宪法实施的内在条件

“内因是变化的根据，外因是变化的条件”，宪法本身是否正当、科学和合理是其能否得到有效实施的关键和内在依据。宪法实施的自身条件主要表现在以下方面：

1. 宪法的产生是否正当。只有由人民及其代表制定,体现人民意愿的宪法才具备正当性,宪法如何产生不仅关乎其内容是否公平和正义而且也关乎宪法是否能够得到人们的认同,最终必然关系到宪法能否得到有效实施。

2. 宪法本身是否体现了公平和正义。宪法要能够得到实施,首先其本身应当是良法,一部"恶"的宪法不可能得到人们的衷心拥护反而会受到人们的反抗和抵制,这样的宪法就不可能得到长久的、有效的实施,只有那些体现了公平和正义的、维护人权的宪法才具备了有效实施的基本条件。

3. 宪法本身是否科学合理。宪法仅仅体现公平正义还不够,其本身还必须科学合理,具体要求是:宪法规范符合国情,宪法结构科学合理,规定了科学有效的实施机制等。

(二)宪法实施的外部条件

宪法实施的外部条件也就是宪法实施的外部社会环境,包括政治、经济和思想三个方面。

1. 宪法实施的政治条件。历史和逻辑都一再证明,宪法实施的政治条件有二:民主政治与和平政治,宪法是民主政治建立之后才产生,没有民主政治的前提和环境就不可能有宪法生存的空间。此外,正如俗语所说,"炮火声中法律沉默",炮火声中宪法同样也会沉默。因为宪法和法律讲的是规则和规范,战争讲的是"兵不厌诈",不择手段获取胜利,即使在现代社会,紧急情况下宪法的实施也会受到限制。

2. 宪法实施的经济条件。"商品是天生的平等派",商品经济和市场经济内在地要求商品、劳动力等生产要素自由流动,人们之间平等交换。"认钱不认人",这些经济条件对法律提出的要求的核心就是自由、平等和民主等。没有市场经济,宪法不可能产生和发展;没有市场经济,宪法也不可能实施。

3. 宪法实施的思想意识条件。宪法本身就是在一些启蒙思想家的思想指引下产生和制定的,宪法的内容也体现了自由、平等和人权等宪法原则和精神,同样,宪法的实施也需要一定的思想作为原则和指引,否则,本身体现了宪法精神的宪法在实施过程中就可能走样而变得面目全非。宪法实施者,即宪法适用者和宪法遵守者应当具备的最基本的思想意识也就是宪法应当具备的基本原则和精神,主要包括人权、民主、法治、权力制约等。

四、宪法实施的保障

所谓宪法实施的保障就是宪政国家为了保障宪法实施而建立的制度和开展的活动的总称。广义上的宪法实施保障包括国家为了促进宪法实施而制定的所有制度和所有活动。狭义的宪法实施保障基本上等同于违宪审查,即特定国家机关如何对涉嫌违宪的主体、法律性文件和行为进行审查、裁判和处理的制度和活动。这里,我们对宪法实施保障取其广义,以违宪审查指称狭义的宪法实施保障,对于违宪审查我们将在下节专门论述。

一个国家为了保障宪法的实施就会采取一定的制度,其中最主要的就是违宪审查制度。

第二节 违宪审查

一、违宪与违宪审查

(一)违宪的概念

违宪,顾名思义就是违反宪法。从理论上说,违宪只存在于具有宪法典的国家。不过,这里却有两个问题:一是宪法规定的内容很广泛,基本上所有的违法行为同时也违反了宪法的规定,因此可以说所有的违法都是违宪;二是宪法也是法律,所谓违法当然既包括违反普通法律也包括违反宪法,因此可以说违法也包括了违宪。如果这样理解,那么违宪与违法就没有什么区别了,我们在这里所理解的违宪不是指所有主体的所有违反宪法内容和宪法精神的行为,而是有其特定含义,我们所说的违法也仅仅指违反普通法律,并不包括违反宪法的情况。

依据不同的标准可以对违宪进行分类:依据违宪的行为主体的不同,可以将违宪分为国家机关违宪和政党组织违宪,国家机关违宪又可以再分为立法机关违宪、行政机关违宪、司法机关违宪、国家元首违宪等;依据违宪行为性质的不同,可以将违宪分为制定法律规范性文件的违宪和实施法律行为的违宪;依据违宪行为侵害的是宪法中的程序性规定还是实体性规定,可以将违宪分为程序性违宪行为和实体性违宪行为;依据违宪行为是以作为还是不作为的方式作出,可以将违宪分为作为违宪和不作为违宪。

一般来说,违宪与违法存在着如下差别:

1. 行为所违反的对象不同。违宪是违反宪法,而违法是违反普通的法律法规。

2. 行为主体不同。我们认为违宪的主体只可能是公权力主体,主要是国家机关或者准公权力主体,如政党组织等,一般单位和个人不可能成为违宪主体;违法的主体则是所有主体,既包括国家机关和政党组织,也包括所有的企业事业组织、社会团体和个人。

3. 审查主体不同。违宪审查的主体为特定的审查机关,可能是普通法院,也可能是专门的宪法法院或宪法委员会,或权力机关,它们都有宪法的特别授权;而进行违法审查的是普通法院。

4. 行为主体承担的责任不同。一旦违宪,违宪主体承担的责任基本上都是政治责任,而违法行为主体所承担的责任是民事责任、刑事责任、行政责任等。

5. 违宪责任的归结不同。违宪责任是一种无过错责任、严格责任,只要存在违宪事实,不管主体是否存在过错均应承担相应的违宪责任;违法责任一般都以行为主体存在过错为承担责任的必要条件。

6. 行为主体所受制裁的形态不同。违宪主体所承担的责任基本上是政治责任,承担责任的主体也是政治主体,相应地违宪制裁的形态是特定的,主要有罢免职务、撤销法律法规、宣告法律法规和行为无效、拒绝适用违宪的法律法规、取缔政党等政治组织等等;而法律制裁与之不同,包括民事制裁、刑事制裁和行政制裁。

(二)违宪审查的概念

只要是法律就有被违反的可能,宪法也不例外。一种行为是否违宪?由谁来作出判断?通过怎样的程序?被确认的违宪者应承担怎样的责任?这些问题都需要得到解决,否则,宪法的权威无法得到保证,宪法秩序无法得到维护,公民的基本权利和自由也无法实现,国家机关之间的关系也无从理顺。违宪审查就是对宪法的实施行为是否违宪进行审查,以确保宪法得以实施的制度,就是享有违宪审查权的国家机关根据法定的程序和方式对宪法的实施行为是否符合宪法进行审查并作出处理的制度。

从违宪审查的概念可以看出它有如下特点:

1. 违宪审查的目的是保障宪法的实施,维护宪法的权威。如果不建立违宪审查制度,违宪的行为得不到审查和追究,那么就会有更多的人不遵守宪法,宪法就只是一纸空文,其权威也得不到保障。

2. 违宪审查的主体是特定的国家机关。违宪审查的主体就是享有违宪审查权的国家机关,由于违宪审查的事项非常重要,很多国家的宪法都明确规定了从事违宪审查的国家机关,当然也与一些国家违宪审查主体是由宪法判例和惯例的形式形成的,例如美国。

3. 违宪审查的范围是特定的。违宪审查不可能包括一切直接或者间接违反宪法的行为,一般情况下违宪审查的行为是宪法行为,包括两类:制定法律法规的规范行为;国家机关或者政党组织的具体行为。

4. 违宪审查必须遵循法定的程序和方式。多数国家的违宪审查都设置了非常严密的程序和方式,并且对行使违宪审查都非常慎重。

5. 违宪审查的内容是对国家机关及其工作人员的行为或活动是否符合宪法进行审查。违宪审查只是审查各类法律法规以及特定个人所实施的行为的合宪性,裁决国家机关之间的权限争议、选举争议、公民宪法权利案件等。违宪审查机关只作出违宪或合宪的判断,而不作违法或合法的判断,更不作出合理与否的判断。

6. 违宪审查机关对违宪行为会作出处理。违宪行为被认定为违宪后,违宪审查主体就会要求违宪行为主体承担违宪责任,并对其实施违宪制裁。

(三)违宪审查与相关概念辨析

1. 违宪审查与司法审查。司法审查,不能从字面上理解为司法机关对一切案件的审查,而是司法机关审查立法机关和行政机关行使权力的行为的简称,司法审查的英文是"judicial review",包括对立法的审查和对行政行为的审查,而对行政行为的审查又包括对行政行为违宪的审查和对行政行为违法的审查,显然,违法的行政行为已经有行政法来规范和调整了,不必包括在违宪审查的范围内。因此,司法审查——确切地说是司法违宪审查,只是违宪审查的一种模式。违宪审查与司法审查两个概念互有交叉,不能等同。[①]司法违宪审查产生于美国,普通法院审理违宪案件,由于是司法机关以司法审查的形式监督宪法的实施,因此被称为司法审查,又被称为普通法院型宪法监督模式。此种模式对世

① 陈云生:《宪法监督司法化》,北京大学出版社2004年版,第553~563页。

界各国有较大影响,许多国家纷纷仿效。司法审查的特点是公民或社会组织因为国家的违宪立法或国家机关的违宪行为致使其自身权利受到损害,而向普通法院提起诉讼,普通法院对于自己认为违宪的法律不能直接宣布其无效,而仅仅是“拒绝适用”而已。不过,在我国,多数人都习惯将司法审查等同于司法违宪审查,在许多场合我们也可以将司法审查作狭义的理解,即等同于司法违宪审查。

违宪审查是指所有对违宪行为进行审查的行为,其方式包括司法违宪审查模式、立法机关违宪审查模式、宪法法院违宪审查模式、宪法委员会违宪审查模式,也就是说司法违宪审查只是违宪审查的一种。司法审查除了包括司法违宪审查之外还包括对具体行政行为的审查,也就是行政诉讼,而行政诉讼在我们的理论中是不被认为属违宪审查的范围,所以司法审查中的司法违宪审查属于违宪审查,而司法审查中的行政诉讼则不属于违宪审查。因此,违宪审查与司法审查是相互交叉的关系,司法违宪审查是二者的交叉部分。当然,如果将司法审查等同于司法违宪审查,那么司法审查就是违宪审查的一部分。

2. 违宪审查与宪法监督。宪法监督不是对宪法的监督,而是对宪法实施和宪法行为的监督,分为广义与狭义两种。广义的宪法监督,相当于宪法保障,既包括违宪审查这种法律意义的宪法监督,也包括普通公民、社会舆论、一般社会组织等社会主体在非法律意义上的社会监督;狭义上的宪法监督一般是指法律意义上的、能够产生直接法律效果的、由国家专司宪法监督的机关实行的监督。[①] 因此,违宪审查大体上相当于狭义上的宪法监督概念。

违宪审查的含义比较明确,就是指有审查权力的机关对宪法行为的审查,有明确的审查主体、审查范围、审查程序和方式。相对于其他的宪法监督形式,违宪审查的操作性更强、更具体。

3. 违宪审查与宪法诉讼。所谓宪法诉讼,就是对被认为是违宪的宪法行为提出诉讼,是违宪审查方式的一种,当今世界有些国家由普通法院或宪法法院通过诉讼的方式审查规范行为和具体行为是否违反宪法。宪法诉讼和司法审查这两个概念比较接近,只是侧重点不同,前者侧重于方式,即“诉讼”,后者强调的是实行审查的机关,即“司法”。总之,宪法诉讼是违宪审查中的一种审查方式。

4. 违宪审查与宪法保障。宪法保障是一个外延很大的概念,包括一切保障宪法实施的措施和制度,是宪法实施的各种条件的统一,其中有制度性因素,也有非制度性因素,只有这些因素都基本具备时,宪法才真正有保障,这些条件主要包括政治、经济、文化、法律保障等诸多方面,这些条件并不是能够在短时间内创造出来的。可见,宪法保障概念的外延远远大于违宪审查,违宪审查只是宪法监督的一个方面。

二、违宪审查的意义

(一)保障宪法的实施,实现宪政

制定任何法律都是为了实施,宪法当然也不例外,“任何法律……如果不能贯彻实施,

---

① 李忠:《宪法监督论》,社会科学文献出版社1999年版,第1页。

不过是一张废纸。宪法的实施更为重要"[1]。法律制定者当然都希望法律能够得到自觉的遵守,不出现违反法律的情况,但这毕竟只是美好的愿望,要保障法律得到遵守和实施,除了法律本身应该科学、合理之外,对法律实施过程进行监督和审查就是最关键的了。保障法律的实施,最重要的是建立一套对违反法律的行为的判断并对违法主体实施处理的机制,保障一般法律得以实施的机制主要是诉讼机制,保障宪法实施的机制主要就是违宪审查机制。违宪审查制度的意义在于对宪法行为作出及时的评判,对于被确认是违宪的行为及时作出处理,一是使违宪的行为得到纠正和处理,维护了宪法的尊严,二是使宪法在应用于具体违宪审查过程中其具体含义得到了进一步的阐释和明确,促进宪法含义的丰富和发展,三是使得人们不敢实施违宪行为,须严格遵守和实施宪法。

违宪审查制度也是实现宪法目的、实现宪政的必由之路。宪法的目的是保障人权,最终实现宪政。宪法有较强的原则性和抽象性,既是规范之法,又是价值之法,在违宪审查的过程中对高度抽象的宪法条文作出解释就需要考虑宪法的价值和目的,违宪审查所审查的既是违反宪法规范的行为又是违反宪法精神的行为,因此也可以说违宪审查的过程就是实现宪法目的的过程。宪政包括基本人权、人民主权、权力制约和法治等原则和精神,这些都是违宪审查所应该考虑到的,也是其目标。我们在世界各国所进行的违宪审查实践中都能看到维护人权,保障公民权利和自由免受来自国家权力不当侵害的努力;也能看到制约国家权力,平衡立法、行政、司法权力以及中央和地方权力,从而保证人权得以更好的实现的做法;还能看到保证人民主权和法治原则在违宪审查过程中的指导作用。

总之,违宪审查最直接的意义在于保障宪法得以实施,不至于让宪法成为一纸空文,实现宪法的目的——宪政,更好地维护人权、促进人民主权、实现权力制约和政府权力的有序运作、实现法治等。

(二)维护宪法的权威,促进法治建设

违宪审查制度保障宪法的实施,促进宪政的实现,从而也使得人们不敢不遵守宪法,宪法的权威得以树立。虽然在成文宪法国家,多数都规定了宪法的最高法地位,具有优先于普通法律法规的地位和效力,而普通法律法规也应该与宪法的规定、基本原则和精神相一致,但是如果没有违宪审查制度,没有对违宪行为的监督和对违宪主体的处理,这些规定也不过是空洞的宣告而已。宪法权威内在方面要求宪法本身的内容体现宪政的精神和人民的意志,外在方面要求对违宪行为进行制裁,保证宪法的实施。宪法的权威就是在一次次纠正违宪行为、惩处违宪主体的过程中一步步得以实现和加强的。

违宪审查制度也是统一法制、促进法治建设的必然要求。宪法是国家的根本大法,具有最高的法律地位,其他法律都不得与宪法相抵触,否则应该归于无效,而违宪审查制度首要的作用就是对法律的合宪性进行审查,建立起以宪法为龙头的统一的法制体系。违宪审查制度还对国家机关、政党组织等主体行为的合宪性进行审查,保证它们的行为合乎宪法的规定。法治最基本的两个要求是:制定法律法规符合宪法,即立法合宪;具体行为

---

① 何华辉:《比较宪法学》,武汉大学出版社 1988 年版,第 105 页。

合法，即国家机关、社会团体、个人的行为符合宪法和法律。如果抽象行为，也就是立法行为合宪，具体行为也合宪合法，法治就实现了。宪法在保证和促进法治的过程中发挥了提纲挈领的作用，而违宪审查制度是保证宪法作用实现的关键。

三、违宪审查的分类与模式

（一）违宪审查的分类

违宪审查的分类就是依据一定的标准对当今世界上的各种违宪审查方式加以分门别类。

1. 依据违宪审查的主体和违宪审查权归属的不同，可以将其分为代议机关的违宪审查、司法机关的违宪审查、宪法法院的违宪审查、宪法委员会的违宪审查、由两个或两个以上的机关实行的复合主体的违宪审查。

2. 依据被审查的对象是否已经生效，可以将其分为事先性审查、事后性审查与混合性审查。如果被审查的法律、法规在生效之前就提交违宪审查机关审查，那就是事先性审查，也称为预防性审查，例如法国现行宪法规定，各有权主体应在法律颁布以前向宪法委员会提出审查请求，在法律颁布以后即使发现该法律违反宪法也不得向宪法委员会提出审查请求，宪法委员会也不得对该法律进行审查。另外，根据该《宪法》第 61 条的规定，各项组织法律在颁布以前、议会两院的内部规则在执行以前，均应提交宪法委员会审查，以裁决其是否符合宪法。事先性审查只可能适用于对法律法规的审查，不可能适用于对国家机关等主体行为的审查，因为行为还没有作出或生效时是无法被审查的。事后性审查是指法律、法规在颁布之后或者在特定行为作出之后，违宪审查机关对之进行的审查，事后性审查既可适用于对法律法规的审查，也可适用于对国家机关等主体行为的审查。混合性审查是事先性审查和事后性审查相结合的违宪审查，即对于法律法规既在生效之前进行审查，又在其生效之后进行审查，是事先性审查和事后性审查二者的综合。

3. 依据违宪审查的对象的不同，即被审查的是法律法规还是国家机关等主体的具体行为，可以将其分为对法律的违宪审查和对具体行为的违宪审查。需要注意的是：在美国式的司法审查制度中，往往是原告因受到具体侵害而享有起诉资格，如果该案所适用的法律引起了是否合宪的争论，法院就会对该法律是否合宪作出裁决。这种情况是属于对法律的违宪审查还是对具体行为的违宪审查呢？我们认为应该属于对法律的违宪审查，其原因在于在美国式的司法审查中其实有两个审查对象：一是具体行为，即诉讼的直接对象；二是法律，由于要判断具体行为是否合乎宪法就必须附带审查该具体行为所依据的法律是否合乎宪法。由此相应地就有两个诉讼，但是第一个诉讼只是一个普通诉讼，并不是违宪审查，第二个诉讼是对法律的合宪性进行审查，属于违宪审查的范畴。由此可见，美国的司法审查是对法律而不是对具体行为的违宪审查。

4. 依据违宪审查的提起有无独立性，可以将其分为独立性违宪审查和附带性违宪审查。独立性违宪审查是指有关主体就某一法律或者行为是否违宪直接提请有权主体审查，不需要附带在具体的普通诉讼案件之中，其特点是脱离具体案件而单纯就法律、法规的合宪性或者国家机关等主体的权力行为问题进行的审查。独立性违宪审查又可以依据提起的方式分为起诉审查和提请审查。附带性违宪审查是指在具体的诉讼案件中，当事人认为具有违宪争议的法律、法规涉及其权利、义务时，而向违宪审查机关提起审查请求，其特点是不能脱离个案争议，不能单独就法律、法规是否违宪提起诉讼，美国的司法审查制度是典型的附带性违宪审查。

5. 依据违宪审查是否需要有关主体的提请，可以将其分为主动性审查与被动性审查。主动性审查是指违宪审查机关不需相关主体的提请，就主动对法律、法规和国家机关等主体的行为进行合宪性审查。被动性审查是指违宪审查主体应特定机关、组织或者个人提出的违宪审查请求而进行的审查，没有有关主体的提请，违宪审查主体不能主动进行违宪审查。

（二）违宪审查的模式

违宪审查的模式是世界各国在长期的历史发展中逐渐形成的、为多数人所公认的比较稳定的违宪审查的典型体制，具有相似审查主体、对象、方式、方法、原则等因素的违宪审查体制就构成一种模式。大体说来，当今世界主要包括代议机关审查模式、司法机关审查模式、宪法法院审查模式和宪法委员会审查模式四类违宪审查模式。

1. 代议机关审查模式

代议机关审查模式是指作为民意代表机关的代议机关审查宪法行为是否违反宪法的违宪审查模式。代议机关审查模式在历史上最早由奉行议会至上原则的英国等资本主义国家实行。1918 年苏俄宪法首先确立了由最高权力机关监督宪法的实施，此后，基本所有的社会主义国家都作了类似的规定：最高代议机关是最高国家权力机关，其他一切国家机关都由权力机关产生，最高代议机关有权审查和监督其他国家机关的规范行为和具体行为是否与宪法的规定、原则和精神相符。

代议机关审查模式的理论依据是：议会由人民选举产生的民意代表组成，具有最高地位和权威，立法权不受限制，议会的地位高于其他国家机关，其他国家机关不能监督议会制定的法律，只有议会自己才能够审查自己制定的法律是否符合宪法。这就是为什么这种宪法审查模式由奉行“议会至上”的英国等资本主义国家和规定最高代议机关是“最高国家权力机关”的社会主义国家实行的原因所在。

代议机关审查模式有优点也有缺点，优点主要是：(1)权威性。违宪审查是审查宪法行为是否符合宪法的活动，其核心是谁有解释宪法的资格和权力，代议机关往往是宪法的制定者，具有广泛的代表性和极高的权威性，由它解释宪法并作出是否违宪的判断比起由法院等机关解释宪法更令人信服，从这种意义上说，由它进行违宪审查有相当的合理性。(2)有效性。正因为代议机关的权威高于其他国家机关，权力也大于其他国家机关，所以它对于违宪行为的处理也更有效、更直接。

代议机关审查模式的这两个优点也正是司法机关审查等模式的缺点，在司法机关审查模式中，由权威低于代议机关的司法机关解释宪法，行使违宪审查权，确实难以令人信服，难道美国联邦法院的 9 名大法官比起联邦参众两院更有资格和权威解释宪法？为什么联邦法院有权审查联邦参众两院依据宪法所制定的法律？而且，司法机关审查模式的有效性也不如代议机关审查模式，表现在代议机关如果认定某法律违宪可以直接将其撤销或者废除，而在司法机关审查中的司法机关无权直接审查法律是否违宪，而只能附带性审查，并且不能宣布撤销或者废除被认定为违宪的法律，而只能拒绝适用，美国的司法审查就是如此，这也是由于司法机关的权威不及立法机关所造成的。

同时，代议机关审查模式也有不少缺点：(1)缺乏合理性和公正性。由代议机关自己审查自己所制定的法律违背了“任何人不能做自己的法官”的程序正义，正因为如此，西方一些学者根本就不认为代议机关审查是一种违宪审查制度。这事实上就形成了代议机关制定的法律不可能违宪，代议机关不可能“犯错误”的情况，这并不符合人民主权原则，因为宪法代表了人民的意志，立法机关只是民意代表机关，作为代表意志体现的法律和作为人民意志体现的宪法并不是一回事，二者有可能发生冲突。当冲突发生时，当然应该由权威更高的人民本身来作出裁决，由代议机关自己来判断其意志是否违宪缺乏合理性。(2)没有实效。代议机关审查模式没有实效的原因在于：一是由立法机关自己审查自己的结果就是不审查，制度失去了作用和意义。二是代议机关权力比较集中，事情很多，没有更多的时间进行违宪审查，而且代议机关人数众多，实行合议制，每间隔相当长的时间才召开一次会议。这些因素决定了代议机关没有足够的时间和精力进行违宪审查。三是效率不高。由代议机关审查法律是否违宪，依据宪法判断法律是否违宪，纯粹是是从宪法到法律的“空对空”，效率低下。

司法机关审查模式比较好地克服了代议机关审查模式的这两个缺点。虽然司法机关的权威低于立法机关，但是司法机关审查由立法机关制定的法律符合权力制约的原则，比起立法机关自己审查自己更公正、更合理。司法机关审查模式也更有实效。立法机关制定的法律众多，审查费时费力，每个国家都有相当多的法律基本上从来没用过，是所谓的“死法”，对它们的审查就是浪费精力和时间。法律只有在现实的实施中才能够发掘它的含义，发现它的问题，只有那些与法律的实施有直接利益关系的人才会有动力去关心法律的违宪与否，采取“不告不理”的原则最为有效。在实行司法审查制度的国家，一部违宪的法律迟早会侵害具体的主体的权利，从而被附带提起司法审查，当然，如果一部违宪的法律没有被实施，没有侵害具体的主体的权利，那么它就是“死法”，就无须浪费时间来审查了。

2. 司法机关审查模式

司法机关审查模式是指由司法机关，即普通法院行使违宪审查的权力，由普通法院在具体诉讼程序中附带地对该案件中所适用的法律的合宪性进行审查的模式。由司法机关行使违宪审查权的理论起源于卢梭的“三权分立”原则和以汉密尔顿为代表的联邦党人的“法院应该有审查法律的合宪性的权力”的思想。汉密尔顿认为：“解释法律乃是法院的正当与特有的职责。而宪法事实上是、亦应被法官看作是根本大法。所以对宪法以及立法机关制定的任何法律的解释权应属于法院。如果二者间出现不可调和的分歧，自以效力及作用较大之法为准。亦即：宪法与法律相较，以宪法为准；人民与其代表相较，以人民的意志为准。”[①]但是，汉密尔顿等人的思想在美国制定宪法时未被采纳，最终没有写进联邦宪法。

司法审查制度创立于1803年，美国联邦最高法院首席大法官马歇尔在“马伯里诉麦迪逊”一案中，将违宪审查的权力通过判例法赋予了司法部门，开创了普通法院行使违宪

① [美]汉密尔顿等：《联邦党人文集》，程逢如等译，商务印书馆1980年版，第392～393页。

审查权的先河，对世界各国的宪政实践和宪法理论的发展产生了重大的影响。

"马伯里诉麦迪逊"[①]一案创立了司法审查制度，在该案的判决中，马歇尔将案件涉及的问题概括为三个：(1)马伯里是否有权获得委任状；(2)如果马伯里的权利被违反了，法律上可以有什么救济；(3)如果法律上可以给予救济，是否可以由最高法院发出训令。马歇尔对前两个问题作出了肯定的回答。但是，从逻辑上看，说麦迪逊违法并不自然而然地等于最高法院有权力命令麦迪逊纠正自己的违法。问题的关键在于，联邦法院有没有这个权力向麦迪逊发出这个训令？

马伯里所依据的是1789年的《法官法》第13款，这一款规定最高法院对这类问题有一审管辖权，可以向麦迪逊发出训令。但是，马歇尔说，依据美国《宪法》第3条的规定，马伯里的案件不属于宪法规定的联邦最高法院一审管辖的范围之内，1789年的《法官法》实际上扩大了最高法院的管辖权。因此，宪法和《法官法》之间在这一问题上的规定相互抵牾。当宪法和普通立法有冲突时，马歇尔指出，必须服从宪法，因为宪法是最高的法律，不允许国会以一般立法来改变其内容。也许有人会说，国会可以解释宪法和法律，作扩大的解释。但马歇尔指出，确定法律规定的含义断然是司法部门的领地和责任；如果发现两个规则有冲突，必须由法院来决定谁有效。马歇尔的解释是，与宪法相违背的法律是违宪的，也是无效的。因此，虽然马伯里享有权利，虽然麦迪逊不送达委任状侵害了马伯里的权利，虽然马伯里应当得到法律的救济，但是，最高法院对此问题没有管辖权。马歇尔巧妙地利用了一个法律技术问题在判决的最后否决了马伯里的诉求，也就避免了与杰弗逊的正面冲突。

据统计，目前世界上大约有64个国家采用司法机关审查模式，主要是：美国、日本、菲律宾、阿根廷、巴西、印度、澳大利亚、加拿大、丹麦、瑞典、智利、洪都拉斯、玻利维亚、哥伦比亚等。这些国家除日本外基本上属于英美法系国家。

司法机关审查模式的优点在于：(1)公正性、经常性、实效性。相对于立法机关自己审查自己制定的法律，司法机关审查模式当然具有更强的公正性。而且，相对于立法机关来说司法机关的活动是经常的，能够给予被侵害者持续的、经常的救济。普通公民可以成为宪法诉讼的主体，公民个人的权利能得到有效、及时的救济。(2)不告不理，节约审查成本。"不告不理"是司法机关行使权力的特点，只是在有人提起诉讼的情况下，司法机关才能受理和裁决。对每一部法律都进行审查势必耗费相当的时间成本，毕竟大多数法律是合宪的，有些法律虽然违宪但没有被应用，因而没有造成危害。一部违宪的法律如果侵害了相关人的利益，迟早会有人提起诉讼从而引起违宪审查，这就大大节约了审查成本。(3)有利于宪法深入人们的生活，强化了宪法至上和宪法是公民权利的保障等观念。司法机关审查使得公民能够直接诉诸宪法保障自身的权益，宪法真正走进了人们的生活。(4)有利于权利保障。司法机关审查为权利受到违宪法律侵害的人提供了有力的保障，使得公民免受违宪法律的侵害。(5)有利于权力制约。司法审查成为司法机关制衡立法机关和行政机关的重要砝码，使原来处于弱势的司法机关的权威得到增强，有利于实现国家权力平衡和相互制约。

---

① 朱苏力：《制度是如何形成的？——关于马伯里诉麦迪逊案的故事》，载《比较法研究》1998年第1期。

司法机关审查模式的缺点在于:(1)效力的不足。对于违宪的法律,司法机关无权直接审查法律是否违宪,而只能附带性审查,并且不能宣布撤销或者废除被认定为违宪的法律,而只能拒绝适用,判决的效力也具有不确定性。司法机关审查模式所具有的事后审查的特点也使得审查具有滞后性,不能消除违宪法律的危害于未然,美国法院拒绝就“宪法性问题”接受咨询,拒绝对法律、法规进行事先性、抽象性审查。司法机关审查的范围也有限,往往将“政治问题”排除在审查之外。(2)合法性的不足。美国的司法审查制度是由1803年美国的“马伯里诉麦迪逊”案确立的,缺乏宪法依据。像解释宪法和违宪审查这样重要的权力,没有宪法的明确规定而行使是不合适的,当时弗吉尼亚州的大法官吉布斯就认为这种做法无异于篡夺了立法机关的立法权。(3)合理性的不足。司法机关审查存在着“反多数难题”。国会由全体选民选举产生,是选民的代表机关,有很强的代表性和民意基础,联邦法院的大法官由总统提名参议院决定,联邦参众两院共有500多名议员,联邦法院的大法官人数很少,发展到现在人数最多,但也只有9人。显然,联邦国会的代表性远远强于最高法院,由法院审查国会制定的法律岂不是由非民选的机构或人员审查民选机关制定的法律,这不符合主权在民的原则。

我们对司法机关审查模式的优缺点进行客观、理性的分析,目的并不是作为我们学习、模仿与否的唯一依据,一方面,我们的制度设计要结合我国的国情;另一方面,制度的好坏也不是完全靠理论论证出来的,诚如美国联邦最高法院大法官霍姆斯的名言“法律的生命不在于逻辑,而在于经验”。虽然司法机关审查制度在理论上有漏洞,有缺憾,但是只要它能公平有效地解决现实问题,那么它就不失为一种好的制度,这也许就是为什么有众多国家采取司法机关审查制度的原因所在。

3. 专门机关审查模式

设立专门机构行使违宪审查权的理论由奥地利的凯尔森和法国的西哀耶士提出,设立宪法法院或者宪法委员会就是依据他们的理论所作出的制度设计。

由于行使违宪审查的专门机关有宪法法院和宪法委员会两种,所以专门机关审查模式又可以分为宪法法院审查模式和宪法委员会审查模式。

宪法法院审查模式是指设立专门的宪法法院,行使审查宪法行为是否符合宪法的违宪审查模式。1920年奥地利设立宪法法院,1947年意大利设立宪法法院,1949年联邦德国也设立宪法法院。现在很多大陆法系国家都设立了宪法法院,目前设立了宪法法院的国家主要包括:奥地利、德国、意大利、挪威、希腊、西班牙、葡萄牙、叙利亚、俄罗斯联邦、捷克、波兰、罗马尼亚、马耳他、南斯拉夫、利比里亚、利比亚、卢旺达、索马里、马拉维、突尼斯、乌干达、扎伊尔等国家,韩国于1988年建立了宪法法院,拉丁美洲的智利于1970年、厄瓜多尔于1983年、秘鲁于1979年建立了宪法法院。目前,采用此类审查模式的国家为58个,一般通过宪法和宪法法院法的形式予以明确规定。

宪法委员会审查模式是指设立专门的宪法委员会,行使审查宪法行为是否合宪的审查模式。法国是实行宪法委员会审查模式的最典型的国家。法国设立专门的宪法监督机构始于第四共和国时期。1791年宪法即确立将宪法监督权交给国民议会。其后的雅各宾专政又凸显了人民主权的原则。在热月党人执政期间,宪法将监督权赋予元老院。其后宪法监督权不断变迁,直到1946年第四共和国设立宪法委员会。第五共和国稍作修改沿用至今。[①] 法国现行《宪法》第56条规定："宪法委员会的成员为九人，任期九年，不得连任。宪法委员会每三年改选三分之一。三人由共和国总统任命，三人由国民议会议长任命，三人由参议院院长任命。除上述规定的九个成员外，历届前任共和国总统为宪法委员会终身当然成员。宪法委员会主席由共和国总统任命。在裁决时，如双方票数相等，主席有最后决定权。"

宪法法院和宪法委员会都是专门的违宪审查机关，独立于传统的立法、行政、司法三个系列的国家机关。有些学者认为宪法法院是司法机关，宪法委员会是政治机关，这个观点值得商榷。实际上宪法法院和宪法委员会行使权力的方式不完全同于传统的立法、行政、司法机关中的任何一种，往往有时候行使权力的方式类似于司法，有时候类似于立法和行政，也就是说，有时候是"不告不理"，以被动和作出裁判的形式审查宪法行为，有时候是主动、积极地对宪法行为作出审查。从总的来看，宪法法院行使权力的方式相对来说更多的时候类似于司法，而宪法委员会行使权力的方式更多的时候类似于立法和行政机关对重大问题进行积极主动决策的行为。

由专门机构行使违宪审查权的优点在于：(1)专门的违宪审查机构保证了及时、有效地解决宪法争议，避免了由立法机关或者司法机关审查所带来的效率低下的问题。(2)专门机构违宪审查结合了议会审查和普通法院审查的优点。议会只能独立对法律进行违宪审查，司法机关只能附带对法律进行违宪审查，也就是只能在具体案件的诉讼中附带审查法律的合宪性，但是专门机构往往是既能独立对法律进行违宪审查又能附带对法律进行违宪审查，反映了违宪审查的政治性与司法性的统一。(3)审查方式灵活多样。专门机构的审查方式很多，结合了议会审查和普通法院审查两种审查模式的审查方式。事先性审查、事后性审查；对法律的违宪审查、对具体行为的违宪审查；独立性违宪审查、附带性违宪审查；主动性审查、被动性审查，这些审查方式都成为专门机构的审查方式。

专门机构行使违宪审查权的优点在于它结合了议会审查和普通法院审查的优点，其缺点也正在于它结合了议会审查和普通法院审查的缺点：(1)它有普通法院审查的一些缺点。由宪法法院或者宪法委员会审查议会制定的法律也有合法性和合理性的质疑，为什么它们能审查代议机关的立法，有什么理由证明它们对宪法的理解优于代议机关。(2)它也有立法机关审查的一些缺点。和立法机关审查一样，专门机构审查的政治性较强，裁决往往并不是依据宪法作出的。特别是宪法委员会的政治性更强，主观随意性较大，主要是抽象审查，不利于保护公民个人的权利。例如在法国，应予批准的在法兰西共和国范围内签订的条约和协议应在其批准颁行前进行审查，组织法、议会两院的内部规则在执行以前也应提交宪法委员会审查其合宪性，各项法律在颁布以前应由共和国总统、内阁总理或两院中任何一院的议长提交宪法委员会审查。这事实上在某些情况下使得宪法委员会成了议会中的第三院，法律除了需要经过国民议会和参议院的批准之外，还需经过宪法委员会的批准。(3)宪法委员会审查模式中，提出审查请求的主体范围过窄。在法国，有权提请宪法委员会审查的主体只有总统，内阁总理或两院院长，普通公民没有提起权，不利于公民权利的保障。有学者认为宪法法院与普通法院界限较模糊，宪法诉讼与其他法律诉讼

① 李和中：《试论法国宪法监督的历史由来及其启示》，载《法国研究》1997年第1期。

的划分缺乏客观的衡量标准,这增加了宪法监督的复杂性,而且宪法法院为集中精力审查重大案件不得不把大量的申诉案件通过简易程序退掉,因此,其作用有限。①

[案例]2003 年 6 月,张某在芜湖市人事局报名参加安徽省公务员考试,其笔试和面试成绩均名列第一,按规定进入了体检程序。但在其后的体检中张某被检查出感染了乙肝病毒。9 月 25 日,芜湖市人事局依据《安徽省国家公务员体检标准》正式宣布张某因体检不合格不予录用。10 月 18 日,张某向安徽省人事厅提请行政复议,被驳回。原告不服,遂向人民法院提起行政诉讼。

法院一审判决确认,被告芜湖市人事局在 2003 年安徽省国家公务员招录过程中作出取消原告进入考核程序资格的具体行政行为,主要证据不足。依照法律规定,该行政行为应予撤销,但鉴于招考工作已结束,故该行政行为不具有可撤销内容。因此,原告要求被录用至相应职位未获支持。

[解析]本案是否如大多数人所认为的那样不关涉劳动权问题?笔者认为实有必要对照中外法理作深入检讨。按照我国宪法的规定,"劳动权又称劳动保障权,主要指的是获得劳动的机会和适当的劳动条件的权利"。通过考试获得公务员职务资格,毫无疑问是公民依法享有的获得劳动机会的一项权利,因此它是属于劳动权的性质。有学者认为,劳动权是受益权(即社会权),不能直接向国家提出要求劳动机会的请求,故认为本案没有侵犯劳动权。笔者认为该观点不成立,因为劳动权虽然被归为社会权,但并不意味着其绝无自由权的特质,相反地,社会权之中常蕴含有自由权的性格。作为自由权的层面,劳动权应免除来自国家的侵害,此为劳动权实现的消极要件,它是劳动权作为社会权的基础。本案中芜湖市人事局以患乙肝为由对张某不予录用,使他丧失担任公务员职位的劳动机会,该行政行为则有超越必要限度而构成对张某劳动权的自由权层面的侵害之虞。

参与公务员考试既是公民获得劳动机会的一种途径,又是公民管理国家事务的一个渠道,所以它的权利性质实为劳动权与参政权的竞合。

另有学者称本案系对乙肝患者平等权而非其他任何权利的侵害。我们认为这种说法也是根本错误的,因为平等权并不是自由权以外的一种"额外"的权利,而是自由权的一种保障形式,"平等"本身并不创造权利,也不能超越任何实体权利而抽象存在,而只是保护某一实体权利不以某种特定方式受到限制或剥夺。也就是说,"平等权系一基础性之基本权,其本身并无意义,而必须与其他基本权竞合,而成为复数基本权"。本案所指的平等权受侵害只能具体化为劳动平等权或参政平等权受侵害才具有分析意义。

四、我国的违宪审查制度及其完善

(一)我国违宪审查制度的产生与发展

我国 1954 年宪法最早确立由最高权力机关实施违宪审查的体制。第 27 条第 3 项规

① 陈云生:《民主宪政新潮——宪法监督的理论与实践》,人民出版社 1998 年版,第 119 页。

定全国人大监督宪法的实施；第 31 条规定全国人大常委会监督国务院、最高人民法院和最高人民检察院的工作，有权撤销国务院的同宪法、法律和法令相抵触的决议和命令，有权改变或者撤销省、自治区、直辖市国家权力机关的不适当的决议等。1975 年宪法对违宪审查没有作任何规定。1978 年宪法基本上恢复了 1954 年宪法的违宪审查制度。1982 年宪法基本上延续了 1954 年宪法和 1978 年宪法的制度，明确规定了全国人大的审查权、批准权、改变权、撤销权和罢免权，全国人大常委会的法律解释权、审查权、批准权、改变权、撤销权和罢免权，扩大了全国人大常委会监督宪法实施的职权。

2000 年，由第九届全国人民代表大会制定的《中华人民共和国立法法》将我国宪法所规定的违宪审查制度进一步加以明确。该法第 87 条规定了法律、行政法规、地方性法规、自治条例和单行条例、规章有哪些情形有关机关可依照权限予以改变或者撤销。第 88 条明确规定了改变或者撤销法律、行政法规、地方性法规、自治条例和单行条例、规章的权限是："（一）全国人民代表大会有权改变或者撤销它的常务委员会制定的不适当的法律，有权撤销全国人民代表大会常务委员会批准的违背宪法和本法第六十六条第二款规定的自治条例和单行条例；（二）全国人民代表大会常务委员会有权撤销同宪法和法律相抵触的行政法规，有权撤销同宪法、法律和行政法规相抵触的地方性法规，有权撤销省、自治区、直辖市的人民代表大会常务委员会批准的违背宪法和本法第六十六条第二款规定的自治条例和单行条例；（三）国务院有权改变或者撤销不适当的部门规章和地方政府规章；（四）省、自治区、直辖市的人民代表大会有权改变或者撤销它的常务委员会制定的和批准的不适当的地方性法规；（五）地方人民代表大会常务委员会有权撤销本级人民政府制定的不适当的规章；（六）省、自治区的人民政府有权改变或者撤销下一级人民政府制定的不适当的规章；（七）授权机关有权撤销被授权机关制定的超越授权范围或者违背授权目的的法规，必要时可以撤销授权。"《立法法》的制定使我国的违宪审查制度更明确、更具体。

2004 年 5 月，全国人大常委会法律工作委员会新设了一个工作机构——法规审查备案室，该机构负责法规的备案和审查工作，该工作室除了负责法规备案，还有个新的职能，就是审查下位法与上位法尤其是宪法的冲突和抵触，负责备受社会各界关注的违宪违法审查工作。成立这样的审查地方法规是否违法违宪的"违宪审查"机关，这在全国人大常委会的历史上是首次。2005 年第十届全国人大常委会第四十次委员长会议还通过了《司法解释备案审查工作程序》，使违宪审查机制迈出重要的一步。虽然法规审查备案室只是法律工作委员会之下设立的一个机构，地位低、权力小、人员少、审查范围有限，但是该机构的设立在一定程度上改变了原来法律法规事实上无人、更无专人审查的局面，将我国的违宪审查制度向具体化、专职化、可操作性方向迈出了重要的一步。

（二）我国违宪审查制度的内容

我国现在的违宪审查制度主要源于《宪法》以及《立法法》、《全国人大组织法》等法律的规定，依据宪法和这些法律，我国确立了以全国人民代表大会及其常务委员会为核心的违宪审查制。

1. 违宪审查的对象。《宪法》第 5 条还规定了违宪审查的对象："一切法律、行政法规和地方性法规都不得同宪法相抵触；一切国家机关和武装力量、各政党和各社会团体、各企业事业组织都必须遵守宪法和法律。一切违反宪法和法律的行为,必须予以追究;任何组织或者个人都不得有超越宪法和法律的特权。”

2. 违宪审查的主体。全国人大及其常委会,同时全国人大各专门委员会和法规审查备案室作为全国人大及其常委会违宪审查的辅助工作机构。《宪法》第62条、第67条规定我国违宪审查的主体是全国人大及其常委会,《宪法》第70条和《全国人大组织法》第37条第3项规定全国人大各专门委员会协助全国人大及其常委会进行宪法监督和违宪审查,在全国人民代表大会和全国人民代表大会常务委员会的领导下,研究、审议和拟订有关议案;审议全国人民代表大会常务委员会交付的被认为同宪法、法律相抵触的国务院的行政法规、决定和命令,国务院各部、各委员会的命令、指示和规章,省、自治区、直辖市的人民代表大会和它的常务委员会的地方性法规和决议,以及省、自治区、直辖市的人民政府的决定、命令和规章,提出报告。

2004年5月,全国人大常委会法律工作委员会设立了专门负责法规备案和审查工作的法规审查备案室,负责法规备案审查工作,审查下位法与上位法尤其是宪法冲突和抵触的情况。法规审查备案室成为重要的“违宪审查”工作机构。宪法和地方人大及其常委会组织法规定,地方各级人大及其常委会也负有保障宪法和法律在本行政区域的遵守和执行的责任。

3. 违宪审查的启动主体。我国违宪审查的启动主体有两种,即直接启动主体和间接启动主体,前者提请违宪审查能够直接引起违宪审查主体进行审查,后者的提请并不必然引起违宪审查主体进行审查,在进入正式审查程序之前还需通过有权机关的认定。直接启动主体包括国务院、中央军事委员会、最高人民法院、最高人民检察院和各省、自治区、直辖市的人民代表大会常务委员会;间接启动主体包括除直接启动主体之外的一切国家机关、社会团体、企业事业单位和公民个人。《立法法》第90条规定:“国务院、中央军事委员会、最高人民法院、最高人民检察院和各省、自治区、直辖市的人民代表大会常务委员会认为行政法规、地方性法规、自治条例和单行条例同宪法或者法律相抵触的,可以向全国人民代表大会常务委员会书面提出进行审查的要求,由常务委员会工作机构分送有关的专门委员会进行审查、提出意见。”“前款规定以外的其他国家机关和社会团体、企业事业组织以及公民认为行政法规、地方性法规、自治条例和单行条例同宪法或者法律相抵触的,可以向全国人民代表大会常务委员会书面提出进行审查的建议,由常务委员会工作机构进行研究,必要时,送有关的专门委员会进行审查、提出意见”。

4. 违宪审查的程序。《立法法》第91条规定:“全国人民代表大会专门委员会在审查中认为行政法规、地方性法规、自治条例和单行条例同宪法或者法律相抵触的,可以向制定机关提出书面审查意见;也可以由法律委员会与有关的专门委员会召开联合审查会议,要求制定机关到会说明情况,再向制定机关提出书面审查意见。制定机关应当在两个月内研究提出是否修改的意见,并向全国人民代表大会法律委员会和有关的专门委员会反馈。全国人民代表大会法律委员会和有关的专门委员会审查认为行政法规、地方性法规、自治条例和单行条例同宪法或者法律相抵触而制定机关不予修改的,可以向委员长会议提出书面审查意见和予以撤销的议案,由委员长会议决定是否提请常务委员会会议审议决定。”依据《宪法》和《立法法》的规定,全国人大及其常委会有权对其认为违反宪法的规范性法律文件予以撤销或改变，依据法定程序确认违反宪法的行为无效，依法定程序罢免违反宪法的领导人。

5. 违宪审查的形式。主要是独立性违宪审查而不是附带性违宪审查，是事先性审查和事后性审查相结合。违宪审查形式的具体表现最主要的是对规范性法律文件的批准或备案。批准和备案都是独立性违宪审查，但是批准是事先性审查而备案是事后性审查。《宪法》第100条规定："省、直辖市的人民代表大会和它们的常务委员会，在不同宪法、法律、行政法规相抵触的前提下，可以制定地方性法规，报全国人民代表大会常务委员会备案。"同时《宪法》第116条规定："自治区的自治条例和单行条例，报全国人民代表大会常务委员会批准后生效。自治州、自治县的自治条例和单行条例，报省或者自治区的人民代表大会常务委员会批准后生效，并报全国人民代表大会常务委员会备案。"《立法法》第89条规定："行政法规、地方性法规、自治条例和单行条例、规章应当在公布后的三十日内依照下列规定报有关机关备案：(一)行政法规报全国人民代表大会常务委员会备案。(二)省、自治区、直辖市的人民代表大会及其常务委员会制定的地方性法规，报全国人民代表大会常务委员会和国务院备案；较大的市的人民代表大会及其常务委员会制定的地方性法规，由省、自治区的人民代表大会常务委员会报全国人民代表大会常务委员会和国务院备案。(三)自治州、自治县制定的自治条例和单行条例，由省、自治区、直辖市的人民代表大会常务委员会报全国人民代表大会常务委员会和国务院备案。"

[案例]河南省洛阳市中级人民法院年轻的女法官李某在审理一起民事纠纷案件中发现，原被告双方争议的焦点是案件标的价格是适用市场价格还是政府指导价格，根据河南省人大1989年出台的《河南省农作物种子管理条例》，应该适用政府指导价；但根据1998年的国家《价格法》和2001年的国家《种子法》，应该适用市场价格。该法官于是在判决书中直接援引《立法法》，宣布："《河南省农作物种子管理条例》作为法律位阶较低的地方性法规，其与《种子法》相冲突的条款自然无效。"该案判决后，原被告双方都不服，提出了上诉。

针对判决书中"《河南省农作物种子管理条例》作为法律位阶较低的地方性法规，其与《种子法》相冲突的条款自然无效"这一内容，洛阳市、河南省两级人大提出了尖锐意见，河南省人大随后发布18号文件认为："……洛阳市中级法院(2003)洛民初字第26号民事判决书宣告地方性法规内容无效，这种行为的实质是对省人大常委会通过的地方性法规的违法审查，违背了我国的人民代表大会制度，侵犯了权力机关的职权，是严重的违法行为……"并要求对直接责任人和主管领导依法作出处理。

[解析]根据我国现行体制及相关法律的规定，法院无权审查法律、法规、规章乃至其他具有普遍约束力的规范性文件的合宪性、合法性，无权撤销这些具有普遍约束力的规范性文件，无权确认、宣布其无效。审判过程中，遇有上位法与下位法相抵触的情况，应该逐级上报至有权机关处理。河南洛阳中院在判决书中直接宣称，"《河南省农作物种子管理条例》与《种子法》相冲突的条款自然无效"，依法无据。

(三)我国违宪审查制度的不足及其完善

1. 我国违宪审查制度的不足

(1)违宪审查的对象不全面。依据《宪法》第5条的规定,违宪审查的对象包括一切法律、行政法规和地方性法规以及国家机关、武装力量、政党的权力行为,但是事实上这其中有些对象被遗漏了。其一是全国人大制定的基本法律。依据《宪法》和《立法法》的规定,全国人大有权改变或者撤销全国人大常委会制定的不适当的法律,位阶在法律以下的规范性文件也都规定了审查制度,但是没有规定如何审查基本法律的问题。在我国现有的违宪审查制度下其实是没有办法审查基本法律的,因为最权威的审查主体是全国人大,而基本法律就是由全国人大制定的,由全国人大自己审查自己制定的基本法律显然没有任何意义,但是让其他主体审查又不符合我国的政治体制,我国不实行三权分立,全国人大是最高国家权力机关,其他国家机关由它产生、对它负责、受它监督,它不受任何其他国家机关监督。其二是具体权力行为和政党行为。除了法律法规,具体违宪行为也是违宪审查的重要对象。虽然我国宪法没有非常明确地规定对违宪行为的审查,但是从宪法规定对国家机关领导的罢免制度我们可以推导出罢免是对严重违宪的国家机关领导人的违宪审查。不过这只是推定,宪法和法律确实没有具体规定国家机关违宪行使权力时由谁来审查和认定、怎样制裁等问题,更没有规定对政党行为、政策违宪时如何救济。

(2)违宪审查主体的设置存在问题。我国宪法规定全国人大及其常委会是违宪审查主体,但是这种制度设计存在一些问题。一方面,全国人大及其常委会作为最高国家权力机关,其职权很多,而且开会时间短,全国人大常委会一般两个月举行一次全体会议,而全国人大一般每年举行一次会议,会期一般不超过15天。全国人大及其常委会根本就没有时间从事违宪审查。另一方面,全国人大及其常委会作为违宪审查主体,意味着全国人大制定的基本法律只能由它自己审查或者推定它天然合宪无须审查。

(3)违宪审查的启动主体的设置不合理。我国违宪审查的启动主体有两种,即直接启动主体和间接启动主体,前者提请违宪审查能够直接引起违宪审查主体进行审查,后者的提请并不必然引起违宪审查主体进行审查,在进入正式审查程序之前还需通过有权机关的认定。一般国家机关、社会团体、企业事业单位和公民个人都是间接启动主体。从根本上说,间接启动主体不是违宪审查的启动主体,因为他们只是有"建议"的权力。任何人都最关心自己的利益,一些国家的通常做法是规定利益受到违宪行为的侵害者有提起违宪审查的资格。在美国等实行司法审查制度的国家,违宪审查的启动主体就是普通诉讼的提起人;在实行宪法法院审查制度的国家,如果普通法院在审理普通的争议纠纷中发现存在宪法争议,只能将该宪法性争议提交宪法法院裁决,普通法院的提交即成为宪法法院启动违宪审查的前置程序,在这里违宪审查的启动主体就是普通诉讼的提起者,只是普通法院无权审查,需移交给宪法法院。

(4)违宪审查程序的欠缺。我国违宪审查的程序存在这样几个问题:

一是现有的程序过于原则,缺乏操作性,刚性不强。《立法法》第90条规定,一般国家机关、社会组织和个人有权提出违宪审查的建议,但是建议并不能直接导致违宪审查。《立法法》第91条规定了全国人大专门委员会的审查,但是到关键地方——"全国人民代表大会法律委员会和有关的专门委员会审查认为行政法规、地方性法规、自治条例和单行条例同宪法或者法律相抵触而制定机关不予修改的，可以向委员长会议提出书面审查意见和予以撤销的议案，由委员长会议决定是否提请常务委员会会议审议决定”，刚性就不强了，既然“全国人民代表大会法律委员会和有关的专门委员会审查认为行政法规、地方性法规、自治条例和单行条例同宪法或者法律相抵触而制定机关不予修改”，当然就“应该”而不是“可以”向委员长会议提出审查意见了，因为违宪审查不仅仅是权力更是职责，不能明知违宪而“可以”自由决定是否提出审查意见。另外，对于委员长会议怎样提请常务委员会会议审议，常务委员会会议具体如何审议决定，均未作出明确的规定，而这恰恰是最关键的一步。

二是有些程序宪法和法律根本没有规定。我国最主要的违宪审查形式是法律法规的备案和批准，但是对于备案只是规定应在公布之后的30日内报送备案，对于如何备案，备案之后如何审查并无规定，批准程序也没有具体的规定。《立法法》第91条的规定中对于程序的规定只规定至“由委员长会议决定是否提请常务委员会会议审议决定”的环节，后面的程序：如果委员长会议决定不提请常务委员会会议审议决定会怎样，如果委员长会议决定提请常务委员会会议审议决定，那么常务委员会会议以什么样的程序审议、如何决定、以何种方式作出决定，宪法和法律都没有规定明确的程序。对于违宪的国家机关，虽然宪法规定了对国家机关领导人罢免的内容，但是根本就没有规定对实施违宪行为的国家机关的领导人应依据怎样的程序来追究违宪责任。

三是违宪审查时间制度的缺失。虽然违宪审查不同于司法，其程序不同于司法程序，但是既然是审查就应当有类似于诉讼程序中的期间、时效、审限的制度，也就是应该规定：违宪审查的启动主体应该在知道或者应该知道违宪行为发生之日的多长时间内提起违宪审查；违宪审查的启动主体在法定的时效期间内不行使权利，当时效期间届满时，即丧失了提起审查的权利；违宪审查主体应该在接到审查申请后的多长的时间内决定是否受理；违宪审查主体在接到审查申请后的多长的时间内应审查完毕。而且还应规定如果不遵循这些时间制度有关主体应承担的法律责任和后果。一个没有规定时间的程序将导致无休止的拖延，实际上是无法实行的。

(5)违宪审查程序的时间成本高，效率低。我国现有的违宪审查模式主要是备案和批准。这种审查方式时间成本高，效率低，吃力不讨好，因为如果对每一部法律都进行审查势必耗费相当的时间成本，毕竟绝大多数法律是合宪的，如果都不审查那么备案又毫无意义。

2. 我国违宪审查制度的完善

学术界对于我国的违宪审查制度改革提出了很多设想，甚至提出了一些具体的改革方案。我们并不想设计一套很完整的违宪审查制度，因为在理论上比较合理、可行的设计方案何止一种？我们只是提出一些改革和完善现有制度的基本思路。

(1)对违宪审查主体进行改革。全国人大及其常委会作为违宪审查主体，其优点是有很高的权威，缺点是由于他们本身的职权多而根本没有时间和精力从事违宪审查。2004年5月，全国人大常委会法律工作委员会设立了专门负责法规备案和审查工作的法规审查备案室，负责法规备案和审查下位法与上位法尤其是宪法的冲突和抵触的工作。这是一个重要的改革，其目的就是改变全国人大及其常委会没有时间进行违宪审查的状况，但是法规审查备案室只是一个辅助的工作机构，而且其地位低、人员少。参照司法审查模式由人民法院行使违宪审查在短期内还不大现实，这是因为：一方面我国法院的权威还不够，另一方面也不符合我国的人民代表大会制度。比较可行的办法是设立一个专门的违宪审查机构，该机构直属于全国人大或者全国人大常委会，相对独立而不仅仅是一个辅助的工作机构，它能够对违宪法律和行为进行审查并作出处理决定。

(2)扩大违宪审查直接启动主体的范围。我国违宪审查的直接启动主体数量很有限，只有国务院、中央军事委员会、最高人民法院、最高人民检察院和各省、自治区、直辖市的人民代表大会常务委员会等主体，除直接主体之外所有的主体都是间接启动主体，都只能提出违宪审查的"建议"。如果将所有主体都扩大为违宪审查直接启动主体，又会使违宪审查主体应接不暇、疲于奔命，似乎也不妥当。参考司法机关审查模式和宪法法院审查模式的经验，我们似乎可以规定：只有认为自己的利益受到了违宪法律或者违宪行为侵害的主体才能提起违宪审查。如果在普通诉讼程序中当事人双方或者法院认为需要认定相关法律是否违宪，那么应该中止普通诉讼，由法院提请违宪审查，在违宪审查程序结束之后再继续普通诉讼。

(3)完善违宪审查程序。对现有的程序加以完善，使之更具体、更有操作性、刚性更强，对现在还未设定的程序通过法律的形式明确规定。明确规定违宪审查的启动程序、审查程序、作出审查决定的程序、审查所依据的标准以及有关期间、时效、审限的制度，例如违宪审查的启动主体应该在知道或者应该知道违宪行为发生之日的多长时间内提起违宪审查；违宪审查的启动主体在法定的时效期间内不行使权利，当时效期间届满时，即丧失了提起审查的权利；违宪审查主体应该在接到审查申请后的多长的时间内决定是否受理；违宪审查主体在接到审查申请后的多长的时间内应审查完毕。而且还应规定如果不遵循这些时间制度有关主体应承担的法律责任和后果。

(4)节约违宪审查成本，提高效率。虽然在 2004 年 5 月全国人大常委会法律工作委员会新设了法规审查备案室，专门负责法规的备案和审查工作，但是我国每年提交全国人大常委会备案的法律法规数量很大，依靠只有 20 多人的法规审查备案室实际上是不可能完成全部审查的重任。我们可以参照司法实践中的"不告不理"原则，对于那些没有人提起审查的法律法规不作审查，当然前提是赋予利益受到违宪法律法规侵害的主体以提起违宪审查的权利。不过对于那些很重要的法律进行无条件的审查也有其合理性，法国就有这样的规定。《法国宪法》第 61 条规定，各项组织法律在颁布以前、议会两院的内部规则在执行以前，均应提交宪法委员会审查，以裁决其是否符合宪法。除此以外的其他法律都是只有有权主体提请才审查，法国宪法有规定，各有权主体应在法律颁布以前向宪法委员会提出审查请求，在法律颁布以后即使发现该法律违反宪法也不得向宪法委员会提出审查请求，宪法委员会也不得对该法律进行审查。

我国可以考虑将对所有法律法规的全面审查改为有重点的审查，实行"不告不理"的原则。这样做的理由在于：首先，毕竟绝大部分法律是合宪的，还有些法律虽然违宪但没有被应用没有造成危害，既违宪又造成了实际损害的法律占少数；其次，只要赋予了利益相关方提起违宪审查的权利，那么违宪的法律就会有人提起违宪审查，这就大大节约了审查成本；最后，一部法律违宪与否往往只有在实践中才能被发现，特别是被利益相关人发现，由没有利益关系的违宪审查主体仅从文字上审查法律是否违宪是很难看到什么东西的。

(5)扩大司法机关的职能，让司法机关承担一些违宪审查职能。加强司法工作，尤其是加强人民检察院的宪法和法律监督职能及人民法院的行政诉讼职能。[①] 事实上，人民法院在审判案件的过程中不可能不通过解释宪法来选择适用法律，在一个案件有适用几部互相冲突的法律的可能时，依据《立法法》第85条的规定应由全国人大常委会裁决，实际上法官往往会依据自己对宪法的理解选择适用法律，只不过法官不会在判决书中解释为什么适用这部法律而不适用另一部法律，更不会直接宣布哪一部法律的哪一条违宪了。从这里我们可以看到，实际上人民法院在行使一定的违宪审查权。扩大司法机关的职能，让司法机关承担一些审查较低位阶的法律性文件的职能应该是可行的选择。

第三节 违宪责任

一、违宪责任的概念与特点

(一)违宪责任的概念

违宪责任是法律责任的一种，所以违宪责任当然就有法律责任的一般特点。对于法律责任，理论界有一些不同观点，有学者在其著作中将其归纳为四种观点：处罚论、后果论、责任论、义务论。我们比较赞同的定义是："由于侵犯法定权利或违反法定义务而引起的、由专门国家机关认定并归结于法律关系的有责主体的、带有直接强制性的义务，即由于违反第一性法定义务而招致的第二性义务。"[②]这个定义比较好地概括了法律责任的本质特点，对我们研究违宪责任很有裨益。

宪法是一个国家的根本大法，理应得到遵守，但是违反宪法的行为总是难免的，违反宪法如同违反其他法律一样当然应该追究违宪责任。违宪责任是指宪法法律关系主体的宪法行为违背宪法的原则、精神和具体内容而应承担的法律责任。违宪责任也可以称为宪法责任，正如违反法律的责任我们一般称之为法律责任而不称之为违法责任一样，违反宪法的责任我们最好也称之为宪法责任，但是鉴于不少学者习惯这样称谓，本书还是称为违宪责任。我国《宪法》第5条规定："一切违反宪法和法律的行为，必须予以追究，任何组织或者个人都不得有超越宪法和法律的特权。"明确表明对于违宪行为，有关机关应该追究其违宪责任。

违宪责任与违宪制裁是两个容易混淆的概念，前者是应然，后者是实然；前者是前提和基础，后者是最终的后果。违宪责任是指责任主体应该承担的法律后果，而违宪制裁是指违宪责任主体实际接受的不利后果。违宪行为一旦受到追究必然要产生违宪责任，一

① 张庆福：《宪法学基本理论(下)》，社会科学文献出版社1999年版，第959～969页。

② 张文显：《法哲学范畴研究》，中国政法大学出版社2001年版，第119～122页。

般情况也会受到违宪制裁，但违宪责任主体不一定必然会受到制裁，例如总统被追究违宪责任，但是如果在给予制裁前他辞职或者去世就不再给予违宪制裁。

（二）违宪责任的特点

由于同属于法律责任的范畴，违宪责任与刑事责任、民事责任、行政责任等其他法律责任有很多共同点，但是因为宪法在内容、形式、地位、效力、实施方式等方面的特点使得违宪责任有很多自己的特点。

1. 追究违宪责任的依据主要是宪法。追究违宪责任必然涉及宪法的解释，归结和认定违宪责任的程序依据的也主要是宪法的规定，但是追究违宪责任的依据主要是宪法而又不仅仅是宪法，其他的法律特别是关于违宪审查主体和其他国家机关的组织活动程序也很有可能作为认定违宪责任的依据。

2. 追究违宪责任和承担违宪责任的主体都较为特殊。追究违宪责任的主体一般都有较高的地位，承担违宪责任的主体也就是实施违宪行为的主体通常包括国家机关、武装力量、政党等公权力机关或者准公权力机关，普通主体不可能实施违宪行为和承担违宪责任。

3. 引起违宪责任的行为是违宪行为，它破坏的是宪法关系。违宪责任是由宪法关系主体在宪政实践中实施违宪行为而引起，也就是说宪法关系主体只有实施了违宪行为才可能引起违宪责任，如果实施的是民事行为、行政行为而引起的责任就不是违宪责任。

4. 违宪责任的认定有原则性、政治性的特点。宪法的抽象性和原则性使得违宪审查主体在认定是否追究宪法责任的时候有很大的自由裁量权，原则性很强。正因为违宪责任的认定有很强的原则性和自由度，所以往往成为政治斗争的武器，即使为我们所津津乐道的“马伯里诉麦迪逊”案的判决本身就是美国两党政治斗争的产物，并非是首席大法官马歇尔真的出于“公心”。也正因为如此，美国总统在提名大法官的时候特别注意被提名者的政治倾向。

5. 违宪责任追究程序具有多样性。违宪责任承担主体的多样性决定了作出违宪制裁措施的机关及其程序具有多样性，例如追究立法机关、司法机关和行政机关的违宪责任的程序往往差别很大。

6. 违宪责任的承担方式也不同于其他法律责任。违宪责任是由于破坏了宪法关系，即国家机关与公民之间的权利义务关系及国家机关相互之间的关系而引起的，因而其承担方式主要是弹劾、罢免、宣告无效、拒绝适用、撤销等。而民事责任的承担方式主要是停止侵害、排除妨碍、返还财产等。刑事责任承担方式主要是刑罚，行政责任的承担方式主要是行政处罚等。可见，违宪责任的承担方式有其独有的特征。①

二、确定违宪责任的意义

法律责任作为法律运行的保障机制，是法治不可缺少的环节。法律责任作为一个重要概念，是法学范畴体系的要素。权利、义务和责任共同成为立法的关键，形成了权利—

① 肖北庚：《违宪责任论略》，载《福建政法管理干部学院学报》2001 年第 1 期。

义务—责任的立法格局。①

违宪责任同样也是宪法运行的保障机制，没有对违宪的责任追究机制，宪法的运行就只有完全依靠人们的自觉自愿了。确定违宪责任的意义主要有以下几面：

1. 确定违宪责任是宪法实行的根本保障。法律不同于道德，不可能指望仅依靠人们的自觉就能得以贯彻实施，它需要依靠国家强制力为后盾追究违法者的责任。当然法律也不能完全依靠强制力，如果一部法律得不到多数人的认同，其实施成本将非常高，也不可能持久。一部宪法如果其内容科学合理，体现了多数人的意志，当然会得到更多人的自觉遵守，但是一部再好的宪法也不可能满足所有人的意志，总有人会违反它或者企图违反它，如果违反宪法的人得不到追究或者有违反宪法的企图的人知道违宪无须承担责任，那么就会有越来越多的人违宪，宪法的实施就会成为泡影。

2. 确定违宪责任是宪法运行的关键环节。宪法的运行大致有两种模式：一种是宪法规范由制定到被遵守，然后宪法规定的权利义务关系得到实现；另一种是宪法规范由制定到被违反，然后追究违宪责任，最后宪法规定的权利义务关系得到实现。在第一种模式下，不需要经过追究违宪责任的环节，宪法运行就能顺利进行；但是在第二种情况下，如果没有宪法责任的追究这个环节，宪法的运行将无法进行下去，宪法关系就会被破坏。

3. 维护宪法权威是确定违宪责任最重要的目的。法律权威的内容极为丰富，它包括，“法律至上，法律至圣，法律至贵，法律至信”②，宪法权威更应该具备这些内涵。违宪责任追究制度是根据宪法规定的有权机关，依照一定的程序裁决国家机关的法律文件和国家机关及其工作人员行为合宪性的政治制度，目的在于维护宪法的尊严和权威，保证宪法的贯彻实施和保障公民的权利和自由。制定得再好的一部宪法，它在现实生活中不能实施，或者说它在实施过程中受到侵害，没有追究违反宪法的责任的规定和措施，进而违宪不能得到应有的制裁，宪法同样不会发挥作用，自然不会有权威性。③

三、违宪责任的分类

1. 依据违宪责任主体的不同，可将违宪责任划分为：立法机关违宪责任，司法机关违宪责任，国家重要领导人的违宪责任，政党违宪责任。

2. 依据违宪行为方式的不同，可将违宪责任分为：作为违宪责任，即以积极举动的方式实施宪法禁止的行为所产生的违宪责任；不作为违宪责任，即依据宪法规定应当且能够履行宪法义务的责任主体，消极地不作为所产生的违宪责任。

3. 依据违宪行为的性质，可将违宪责任分为：抽象违宪责任，指国家机关制定或颁布的规范性法律文件违宪而应承担的违宪责任；具体违宪责任，指责任主体的具体行为或言论违反宪法的原则、精神和具体内容而承担的违宪责任。④

① 张文显：《法哲学范畴研究》，中国政法大学出版社 2001 年版，第 116～117 页。

② 李龙：《宪法基础理论》，武汉大学出版社 1999 年版，第 102 页。

③ 王三秀、杨芹：《违宪责任追究与宪法权威的维护》，载《当代法学》2003 年第 12 期。

④ 肖北庚：《违宪责任论略》，载《福建政法管理干部学院学报》2001 年第 1 期。

四、违宪责任的形式

违宪责任的形式是指违宪责任承担主体应该承担责任的具体表现形式。综合世界各国的有关规定和实践，违宪责任的主要形式有：被弹劾；被罢免；被撤销、被宣布无效、被拒绝适用；被取缔。

1. 被弹劾。被弹劾是指国家领导人和重要公职人员因为违宪或违法失职而被特定国家机关依法定程序和权限剥夺其职务的一种违宪责任。世界上的第一次弹劾发生于1376年的英国，首开由议会中的下院提出、由上院审理、以达到监控政府官员行为之目的的弹劾先河，现在这一制度比较普遍适用于实行总统制的美国等国家。

2. 被罢免。被罢免是议会代表或者其他经选举产生的公职人员在其任职届满之前由选民或者选举单位以选举方式撤免其职务的违宪责任。罢免制度现在为社会主义国家宪法所普遍采用。我国《宪法》第63条规定："全国人民代表大会有权罢免下列人员：(一)中华人民共和国主席、副主席；(二)国务院总理、副总理、国务委员、各部部长、各委员会主任、审计长、秘书长；(三)中央军事委员会主席和中央军事委员会其他组成人员；(四)最高人民法院院长；(五)最高人民检察院检察长。"第65条规定："全国人民代表大会选举并有权罢免全国人民代表大会常务委员会的组成人员。"第77条规定："全国人民代表大会代表受原选举单位的监督。原选举单位有权依照法律规定的程序罢免本单位选出的代表。"第101条："地方各级人民代表大会分别选举并且有权罢免本级人民政府的省长和副省长、市长和副市长、县长和副县长、区长和副区长、镇长和副镇长。""县级以上的地方各级人民代表大会选举并且有权罢免本级人民法院院长和本级人民检察院检察长。选出或罢免人民检察院检察长，须报上级人民检察院检察长提请该级人民代表大会批准。"第102条："地方各级人民代表大会代表的选举单位和选民有权依照法律规定的程序罢免由他们选出的代表。"第104条："县级以上的地方各级人民代表大会常务委员会……在本级人民代表大会闭会期间，罢免和补选上一级人民代表大会的个别代表。"

3. 被撤销、被宣布无效、被拒绝适用。被撤销是指法律法规被违宪审查机关废除；被宣告无效是指法律法规的效力被违宪审查机关否定；被拒绝适用是普通法院在审查具体案件中，拒绝适用违宪的法律法规。三者的共同特点是法律法规的效力被否定或者被限制。

4. 被取缔。它是指政党被违宪审查机关禁止存在与活动。政党虽然从本质上是社会团体不是国家机关，但由于政党在国家政治生活中有着巨大的影响，特定的政党也有可能违反宪法，破坏民主宪政秩序。世界上不少实行政党政治的国家规定了政党的违宪责任。

五、违宪责任的构成要件

法律责任的构成要件是指承担法律责任所需具备的条件，法律责任的构成要件主要包括主体条件、主观条件、客体条件、客观条件等。违宪责任的构成要件是指承担违宪责任所需具备的条件，主要包括以下条件：

1. 违宪责任主体是公权力主体或准公权力主体。承担违宪责任的主体也就是实施违宪行为的主体通常包括国家机关、武装力量、政党的等公权力主体或者准公权力主体，普通主体不可能实施违宪行为和承担违宪责任，这是违宪责任构成的主体条件。

2. 无须过错，这是违宪责任构成的主观条件。作为违宪责任构成要件的“过错”不是指违宪责任主体在实施违宪行为时有无过错，而是指在追究违宪责任时是否以有“过错”为必需。违宪审查主体在追究违宪责任时通常并不考查违宪主体的主观状态，例如只要立法机关制定的法律违宪了，违宪审查机关就会宣布该法律违宪，立法机关主观上是否有过错在所不问。

3. 违宪行为的存在是违宪责任构成的最主要的客观条件。没有违法行为的发生就不存在承担法律责任的问题，同样没有违宪行为的发生也就谈不上宪法责任问题，违宪行为的发生是构成宪法责任的基本要件。违宪行为并不是指所有主体直接的和间接的违反宪法的行为，而只是包括两方面：一是国家机关创制与宪法相违背相抵触的法律规范性文件的立法行为；二是国家机关重要领导人违反宪法规定的公务行为。此外，政党行为也可能构成违宪。

4. 损害的存在是违宪责任构成的客体条件。违宪行为必然危害和破坏了宪法所保护的一定社会关系，否则就失去了追究违宪责任的理由和依据。不过，损害是指损害了宪政秩序，未必是造成了现实的、直接的、具体的损害，违宪的法律、法规虽然并未实施，并未造成现实的损害，但是它对宪政秩序的损害却是现实存在的。

5. 违宪行为与损害之间存在因果关系。某种损害的存在与特定宪法关系主体行为有因果关系时，才能追究该主体的宪法责任，也就是说，因果关系是宪法责任构成的必要条件。至于在现实中常常出现的特定个人并没有做出违宪行为，但是由于他的职务而承担了政治责任，如辞职等等，这是不是说在有些情况下本人并没有实施违宪行为，更说不上与损害结果之间有因果联系也应当承担违宪责任呢？我们认为，此种情况下其本人虽然并没有实施违宪行为，但是由于某种较大的损害结果让他承担了政治责任，当然，严格说来，这不应该归入违宪责任的范畴。追究违宪责任必然要求违宪行为与损害之间存在因果关系。

【思考题】

1. 简述违宪审查的概念及其内涵。
2. 简述代议机关审查模式的优点和缺点。
3. 简述司法机关审查模式的优点和缺点。
4. 如何完善我国的违宪审查制度？
5. 违宪责任的构成要件是什么？

中编

公民基本权利和义务

第八章　公民基本权利和义务的一般理论

【引例】

2001 年 7 月 30 日，深圳某厂 6 名女管理员及 5 名男管理员在工厂金某的带领下突然闯进车间，关闭了所有的门窗，以执行检查为由对 56 名女工强行搜身，结果，管理人员从 56 名女工身上未搜出任何赃物。而在长达 70 多分钟的强行搜身过程中，厂方管理人员一直让女工们将手反扣抱于脑后，致使一半以上女工四肢麻木，有 3 名女工处于昏迷状态。

上述行为理应受到我国法律的严厉制裁。《中华人民共和国宪法》第 37 条规定："中华人民共和国公民的人身自由不受侵犯。禁止非法拘禁和以其他方法非法剥夺或者限制公民的人身自由，禁止非法搜查公民的身体。"第 38 条规定："中华人民共和国的公民的人格尊严不受侵犯，禁止用任何方法对公民进行侮辱。"同时，我国《刑法》第 245 条也规定："非法搜查他人身体、住宅，或者非法侵入他人住宅的，处以三年以下有期徒刑或者拘役。"

第一节　人权与公民基本权利

一、人权概述

(一)人权的概念

人权是人类社会最高形式和最具普遍性的权利。何为人权，宪法学界莫衷一是。西方学者关于人权有"道德权利(自然权利)说"、"法律权利说"和"福利权利说"三种观点。自然权利说的代表人物是洛克、卢梭、潘恩等。他们认为每个人都具有天赋权利，这种权利不可转让、不能放弃、不可剥夺。边沁通过批判道德权利说提出了法律权利说，他认为，"天赋人权"说在理论上是荒谬可笑的，人的所有权利都是法律赋予的，如果存在自然权利的话，也只存在法定的自然权利；人权不是人类的根本权利，而是实现人类的终极目标——功利的手段。[1] 马克思和恩格斯提出了福利权利说，他们认为，人类的政治权利是一定经济利益的反映，要把人的政治权利和社会经济权利密切结合起来。我国学者给人权下的定义主要有四种观点：一是人性固有权利说。认为人权是泛指人性中固有的那些权利。如果没有这些权利，人就不能生活得像个人。人权和基本自由是使人能够充分发

① [英]边沁:《立法理论》，李贵方等译，中国人民公安大学出版社 2004 年版，第 110 页。

展和利用其作为人的品质、智力、才能、良知及满足精神和其他需要的基础。二是权利的最一般形式说。认为人权是人的社会权利和私人权利的抽象和概括。它主要表现为人民在政治上的民主、自由权和经济、文化以及人身自由等方面的正当权利。它是权利的最一般形式,排除了民族、宗族、国籍、性别等差别,特别是阶级差别。它包括了一切人的、具有普遍性的人的权利。三是需求权和自由权统一说。人权是指一切人满足自身需求、享有人身自由并对自身以外的任何事物发生不同的联系的资格和能力的总和,是社会的人的权利与人的社会权力相互关系不断发展的统一体。人权是由人类生产劳动以满足物质需求所决定的,具有客观性;是历史地产生的社会的人类的人权;是全人类的、人人都可享受的权利。四是资产阶级特权说。认为人权是资产阶级提出来的,是资本主义生产关系的产物,是为资本主义私有制服务的,是资产阶级的特权。①

我们将"人权"定义为:人权即人作为人应当享有的权利,人权的阶段性主体包括人的群体(如妇女、儿童、残疾人等)以至民族、国家,但最终主要指生命个体的个人。人权具有三个方面的含义:首先,人权是一种道德意义上的权利,属于应有权利的范围,是指作为人应享有的权利;其次,人权就实质而言,是国内管辖的问题,又是一种法律权利;最后,人权还必须是一种实有权利,一种实实在在的现实权利。②

(二)人权的历史发展

马克思曾以赞成的口吻引用黑格尔的论断:人权不是天赋的,而是历史地产生的。③人权从思想观念到制度到法律权利是同其他社会意识、社会制度一样不断发展的,而且受具体历史条件的限制。考察人权的历史沿革,我们不难发现,人权实为人们的权利要求和权利积累不断增长的结果,④人权经历了一个意识萌芽、思想勃兴、法律化、制度化的发展过程,其内容从自由权发展到社会权再发展到集体人权;其保障机制也日益完善,从国内保障发展到国际保障。

1. 古代人权

有学者认为,在古代社会,任何相对地超越了"自然血缘关系和统治服从关系",摆脱了这种"地方性联系"的权利,就可以看作人权的萌芽。⑤ 原始社会的氏族成员在氏族和部落权利的影响下已经具有原始自由和原始平等的观念,即在遵守氏族制度的基础上,在同一氏族内部,人人皆有任意活动的自由,有分享一切食物的平等。在奴隶社会,古希腊的一批激进的智者,提出了人人自由平等的思想,其中蕴含着人权思想的最初萌芽。他们认为,自由平等是自然赋予人们的,是"神让一切人自由,自由并没有使任何人成为奴隶"。人们的"自然禀赋在一切点上都一律平等",在"出身低贱的人和高贵的人之间并没有真正的分别","主人和奴隶生来没有差异"。⑥ 古希腊苏格拉底和柏拉图将人权等同自然权

---

① 饶方:《人权与法制理论研究综述》,载《中国法学》1991年第4期。
② 沈宗灵:《法理学》,高等教育出版社1994年版,第190～191页。
③ 《马克思恩格斯全集》(第2卷),人民出版社1973年版,第146页。
④ 夏勇:《人权概念起源》,中国政法大学出版社1992年版,第62页。
⑤ 夏勇:《人权概念起源》,中国政法大学出版社1992年版,第73页。
⑥ [苏联]赛尔格叶夫:《古希腊史》,缪灵珠译,高等教育出版社1955年版,第350页。

利，即源于自然法的权利。晚期希腊和古罗马的斯多葛学派创立了自然法思想，其中包含着自然权利思想的萌芽。

古代人权的内容主要包括：(1)个人独立与自由的原则；(2)社会成员政治平等原则，尤其是被压迫阶级的平等要求；(3)外国人与本国人享有共同权利的原则；(4)限制或废除酷刑、宽待俘虏、抚恤妇孺鳏寡病残的人道主义原则。这些权利原则在不同程度上存在于古代各个国家和民族的法律、政令、习俗和道德规范里。对后世人权，尤其是第一代人权的形成颇有影响，是个体权利的成长和平等权利的出现。前者使人开始脱离"人的依赖"，得以作为一个单个的个人，享有法律上的人身自由和选择自由，并切实拥有个体的利益和要求；后者使人的法律资格开始从差等走向平等，从特殊走向普遍。[①] 从本质上讲，古代人权只是一些具有现代人权要素意识的萌芽，尚未形成独立的人权概念。

2. 近代人权

近代人权思想起源于文艺复兴运动。文艺复兴运动从本质上说，是一个用人权反对神权、用人道反对神道、用理性反对信仰的运动，其核心就是人文主义。人文主义以人为中心、强调人的需要和理性。其中人的需要包括人的自由、尊严、价值、平等、幸福等。这些在当时是以提倡个性解放、个人自由、个人权利等形式表现出来的，以对抗封建等级特权和教会的禁欲主义。而理性则是主张摆脱一切束缚人们思想的神学和经院哲学。所有这些都孕育了近代人权观念，为"天赋人权论"这一近代人权思想提供了直接的理论前提。在启蒙运动和资产阶级革命中，"天赋人权论"经过格劳秀斯和洛克等人的阐释逐步系统化，成为反封建和反神权的有力武器。

近代人权思想集中地体现为天赋人权理论。其代表人物是格劳秀斯、斯宾诺莎、洛克和卢梭等人。他们都主张"自然权利"说或"天赋权利"说。他们认为自然权利来自人的理性，人的理性就是人的本性，而人和人的理性都是来自上帝。格劳秀斯曾说，自然权利是导源于人的理性，"自然权利是正当理性的命令"[②]。

资产阶级人权思想家对人权的内容加以论述，指出人权主要包括生命权、自由权、财产权和平等权等权利。洛克认为，生命权和共有财产权是自然理性和上帝赋予的，[③]"人的自由和依照他自己的意志来行动的自由，是以他具有理性为基础的"，"上帝既赋予人以一种指导他的行动的悟性，就让他在他所受约束的法律范围内享有一种意志的自由和正当地属于意志自由范围内的行动的自由"。[④] 天赋人权论者都主张生命权是人的首要权利，不可转让也不可抛弃。洛克指出，生命权是来自自然理性与上帝，"就自然理性来说，人类一出生即享有生存权利"[⑤]，卢梭认为生命是"人类主要的天然禀赋"，人人都可以享

---

① 夏勇：《人权概念起源》，中国政法大学出版社 1992 年版，第 73 页。

② 北京大学西语系资料组：《从文艺复兴到 19 世纪资产阶级文学家艺术家有关人道主义人性论言论选辑》，商务印书馆 1971 年版，第 222 页。

③ 北京大学西语系资料组：《从文艺复兴到 19 世纪资产阶级文学家艺术家有关人道主义人性论言论选辑》，商务印书馆 1971 年版，第 222 页。

④ [英]洛克：《政府论》(下篇)，叶启芳、瞿菊农译，商务印书馆 1986 年版，第 36 页。

⑤ [英]洛克：《政府论》(下篇)，叶启芳、瞿菊农译，商务印书馆 1986 年版，第 18 页。

受,但无权抛弃。“抛弃了生命,便完全消灭了自己的存在”,是违反自然和理性的。① 对于自由权,洛克说:“人类天生是自由的”,“人的自由和依照他自己的意志来行动的自由,是以他具有理性为基础的”。② 自由“是在他所受约束的法律许可范围内,随其所欲地处置或安排他的人身、行动、财富和他的全部财产的那种自由”,“处在社会中的人的自由,就是经人们同意在国家内所建立的立法权以外,不受其他任何立法权的支配;除了立法机关根据对它的委托所制定的法律外,不受任何意志的统辖或任何法律的约束”。③ 对于平等权,洛克认为“所有的人生来都是平等的”,“它是上帝和自然法决定的”。④ 卢梭认为,“每个人都生而自由、平等”,“权利平等及其所产生的正义概念乃是出自每个人对自己的偏私,因而也就是出自人的天性”。⑤ 在平等权的使用范围上,天赋人权论者之间有所不同。格劳秀斯认为平等权只限于一部分人之间。霍布斯则主张一部分权利平等和法律平等。

3. 现代人权

20 世纪初,尤其是第二次世界大战之后,世界人权理念、实践及人权保障得到长足的发展,进入了现代人权阶段。在现代人权阶段,人权的主体日益普遍,人权的内容不断扩大,对人权的保障措施也日益完善。

现代以来,学者们提出了“第二代人权”、“第三代人权”,与作为“第一代人权”的公民权利和政治权利构成了通常所说的“三代人权”的人权内容体系。第一代人权产生于近代,主要包括传统的公民权利和政治权利,是资产阶级反对神权和王权的结果。

19 世纪末 20 世纪初,在社会主义思潮和社会主义实践的共同作用下,受西方“福利国家”理念的影响,在发展中国家的倡导下,出现了第二代人权。第二代人权又叫经济、社会和文化权利。与第一代人权限制政府不当干涉相比,第二代人权则要求政府采取积极的措施和步骤来保证人们真正获得实质性的社会、经济和文化利益,因此,第二代人权又被称为“积极权利”,包括工作权、劳动条件权、同工同酬权、社会保障权、物质帮助权、受教育权、健康权等等。第二代人权体现于《联合国宪章》、《世界人权宣言》和《经济、社会和文化权利国际公约》中。

第三代人权又称为“社会连带权”,其权利依据的是“博爱”思想。20 世纪 50 年代,随着民族解放运动的发展,民族国家要求自主决定发展道路,寻求同样的发展机遇,获得平等的国际待遇,建立新型的国际合作关系,于是呼吁发展集体人权。基于此,一些学者提出了第三代人权的主张。第三代人权主要包括民族自决权、发展权、环境权、和平与安全权以及享有人类共同继承的遗产权等。不过,学界对集体权利的观念依然存在争议。反对者认为集体人权不是真正意义上的法律权利,只是一些政治原则或社会原则,不具备法律效力。

(三)人权的范围

从人权宣言到人权公约,人权的外延一直处在发展变化之中。《公民权利和政治权利

① [法]卢梭:《论人类不平等的起源和基础》,何兆武译,商务印书馆 1982 年版,第 137 页。
② [英]洛克:《政府论》(下篇),叶启芳、瞿菊农译,商务印书馆 1986 年版,第 39 页、第 64 页。
③ [英]洛克:《政府论》(下篇),叶启芳、瞿菊农译,商务印书馆 1986 年版,第 16 页。
④ [英]洛克:《政府论》(下篇),叶启芳、瞿菊农译,商务印书馆 1986 年版,第 18 页。
⑤ [法]卢梭:《论人类不平等的起源和基础》,何兆武译,商务印书馆 1982 年版,第 9 页、第 42 页。

国际公约》规定的人权有：自决权；男女平等权；生命权；禁止酷刑；不被奴役权；人身自由和安全；人格尊严；反债务监狱；迁徙自由；外侨合法权益；公正审判权；人格尊严权；隐私权；思想、良心、宗教自由；言论自由；集会权；儿童平等保护权；参与权；少数人权利等。《经济、社会和文化权利国际公约》规定的人权则有：工作权；公正、良好工作条件享有权；罢工自由权；社会保障权；适当生活水准权；身体和心理健康达到最高标准权；受教育权；文化生活权利等。

概括地说，人权的范围极其广泛，难以全部纳入一国宪法中，因此，没有任何一个国家宪法对所有的人权加以规定。但可以预见的是，越来越多的权利将会以“宪法基本权利”的形式走进各国宪法的文本。

在各个国家的宪法文本中，大致有以下几种方式规定人权的内容：一是宪法文本中直接写明“人权”，如《越南宪法》第 50 条直接规定：“各项人权得到尊重。”二是宪法文本中不直接出现人权字眼，但将宪法基本权利等同为人权，如《日本宪法》第三章第 11 条将二者结合为“基本人权”。三是宪法中同时规定人权、基本权利，但通过实践中的解释表现出不同的内涵，如德国的人权和基本权利在性质和功能上都有所不同。四是严格限制人权在宪法文本中的含义，直接以基本权利规定人权的核心内容。

（四）国际人权与国内人权的关系

以人权的实现主体为标准，可以把人权分为国际人权与国内人权。国际人权是国际人权公约规定的，国际社会要求各国政府保障的人权；国内人权是一国宪法规定的，以一国力量保障实现的人权。两者存在密切联系。一方面，国际人权可以为各国人权的发展和实现提供评判标准；另一方面，国际人权只有转化为国内人权，并为一国政府认可和重视，才能得以实现。

二、宪法基本权利

（一）基本权利的含义

基本权利在不同国家的表述不尽相同，有的称“宪法权利”，有的称“基本权”，有的称“基本人权”，有的称“公民权”。在各国宪法中，基本权利无论采用何种称谓，都与人权密不可分，且表达了同一种含义。即宪法基本权利是指宪政国家的公民必不可少的、为宪法所确认和保护的基本和基础性的权利。对于享有制宪权的主体（公民）而言，基本权利是对其宪法地位的确立，也是对其“之所以为人”的保障。

（二）基本权利的性质

关于基本权利的性质，宪法学界莫衷一是，大致有自然权说、实定权说和双重性说三种观点：

1. 自然权说。以洛克和卢梭为代表的启蒙思想家认为，人生而自由，政府不过是公民放弃一部分权利缔结契约组建国家的产物。因此，公民的权利来自自然，而非国家。自然权说将自由、平等等视为人固有的、必不可少的权利，强调了人的自然属性。

2. 实定权说。以戴雪、密尔为代表的实证主义和功利主义认为，基本权利并非天赋，而是由法律所赋予的。公民生存于国家，其享有的权利要靠国家法律来确认，要靠国家法律保障才能实现，以虚构性为基础的自然权说并不可取，故而从本质上说，基本权利是一种法律权利，在国家保障之下才有意义。

3. 双重性说。该说是各国普遍采取的理论，认为"基本权利既是公民抵御国家权力侵犯的主观的公权，同时也是宪政实践中形成的客观秩序"①。从客观和主观两个角度去理解基本权利，能协调自然权利与法律权利，再到现实权利之间的转换。

（三）基本权利的特征

与法律规定的一般权利相比，宪法规定的基本权利具有如下特征：

1. 权利的基本性：与一般的权利不同，这些权利是不可缺少、不可取代、不可转让、不可剥夺的，是最为基本的。这些权利构成一国权利体系中的核心部分，是其他权利的母体，对一般权利具有衍生作用。

2. 权利的最高保障性：与人权不同，这些权利是写入主权国家的宪法中，并通过普通法院或专门机构等一套完善的违宪审查机制来保障的。这些权利主要是对国家公权机构（尤其是立法机关）进行限制。

3. 权利的稳定性和世界性：这些被写入宪法的权利，是人类对权利认识的集中体现，虽然国家的性质、国家的结构形式有所不同，但国家对这些权利的认识基本相同，并往往能够达成共识，且写入宪法。一旦写入宪法，便长久存在，不被消除。

（四）基本权利的主体

1. 自然人

（1）公民

各国宪法中的基本权利都是通过"公民"的自主性活动而得到实现的，我国宪法基本权利的主体首先也是"公民"。依据《宪法》第 33 条的规定，只要具有中国国籍的人就是中华人民共和国的公民，并得以享受和承担宪法上的权利、义务。

目前，国籍取得的方式一般有两种：

第一，原始取得，即出生而取得国籍。有些国家采血统主义原则，以一个人出生时父母的国籍为准；也有国家采出生地主义，以出生地的国籍为准；其他则采混合制，将血统与出生地相结合。中国采取的是混合原则，具体而言：（1）父母双方或一方为中国公民，本人出生在中国，具有中国国籍。（2）父母双方或一方为中国公民，本人出生在外国，具有中国国籍。但父母双方或一方为中国公民并定居在外国，本人出生时即具有外国国籍的，不具有中国国籍。（3）父母无国籍或国籍不明，定居在中国，本人出生在中国，具有中国国籍。

第二，继有取得，即因加入而取得国籍。依据我国《国籍法》的规定，外国人或无国籍人，愿意遵守中国宪法和法律，并具有下列条件之一的，可以申请批准加入中国国籍：（1）

---

① 胡锦光、韩大元：《中国宪法》，法律出版社 2004 年版，第 176 页。

中国人的近亲属;(2)定居在中国的;(3)有其他正当理由的。经批准加入中国国籍的公民,不再保留外国国籍。

(2)外国人和无国籍人

外国人以及无国籍人是否能成为一国宪法基本权利的主体,这并不仅是日本所面临的问题。随着全球交流与迁移的迅捷,外国人和无国籍人在他国的活动愈来愈频繁,对其地位的确定既是对外国人利益的保障,也是对正常外交关系的维护。

对于外国人的宪法地位,各国宪法学始终存在着争议。有的国家采肯定说,如日本马克林案的判决,承认除部分权利外,作为人权主体的外国人应当享有宪法所规定的权利。而否定说则认为,基本权利从本质上是一国社会利益的结合体,关乎社会共同价值的秩序,是以一国政府的保障为基础的,具有地域性。这反映到宪法文本中,就是仅拘泥于"公民"概念。但是否定说在新的历史环境下,其合理性基础已经不足。各国也都通过修改宪法、增加人权条款,以及判例确定了外国人享有有限的基本权利主体地位。

虽然各国越来越普遍地承认外国人和无国籍人的主体地位,但诚如马克林案的判决中所言,"部分依性质只能以日本国民为对象的"权利应当除外,也就是说,几乎在所有国家,外国人与本国人的基本权利内容是不一样的。

一般情况下,根据国际惯例以及人权保障的要求,外国人的生命权、人格尊严权、人身权利、财产权以及诉讼等程序权利都应当得到所在国宪法和法律的保护。尤其是屡遭侵犯的财产权,应当明确要求不得非法剥夺外国人合法收入、储蓄以及房屋等财产。而对于那些依其性质只能由一国公民享有的权利,外国人则不得享有。因为这些权利一般与一国政治、社会秩序以及安全、财政体系密切相关。

通常而言,外国人往往不享有以下权利:第一,选举权、被选举权以及担任公职的权利;第二,社会保障权。

但是,对外国人和无国籍人的权利限制正在松动。如西欧部分国家就给予在本国居住3年以上的外国人以地方选举权。在我国对外国人的地位一直未明确规定,但从人权条款以及发展趋势来看,承认外国人和无国籍人的地位是我国的必然举措。

[案例]美国人马克林从日本入境审查官处取得了入境居留1年的许可。在居留日本期间,马克林参加了一系列的政治活动,如反对越南战争、反对日美安保条约、反对日本出入境法案的游行示威等等。激进的马克林受到警告,且其要求延长居留的申请遭到了日本法务大臣的拒绝。马克林便将法务大臣告上法庭。该案不仅仅涉及外国人是否享有政治活动的自由,还将影响外国人一般权利的享有资格。在各界的呼吁以及外媒的普遍关注下,日本最高法院最终在判决中指出:对于日本宪法第三章所列的各项基本权利,除了部分依性质只能以日本国民为对象的外,居留日本的外国人也应同等地享有并受保护。

[解析]该案主要涉及两个问题:一是外国人是否可以成为基本权利主体,二是如果承认外国人的主体地位,那么外国人是否能够享受一个国家宪法规定的所有的基本权利。通常而言,外国人可以享受除了仅以本国公民为对象的其他基本权利。

2. 法人

法人作为人的集合体，在现代社会发挥着重要的作用。从民法上的公司，到刑法上的单位犯罪，法人成为独立的法律主体的现象并不陌生。但法人本身所具有的特殊性决定了在各领域，其主体地位都是有限的。并不是所有的“人的集合”都能够享有宪法基本权利，而具有主体身份的法人也并不能享有全部的权利。

(1)法人主体范围的有限性：宪法具有特定的价值目标，即制约政府或建立有限政府。对于被制约的对象，在享有宪法所赋予的权力的同时，并不能再被视为权利的主体。这反映到法人的主体范围，就表现为宪法的主体只能是私法人。私法人与公法人相对，是指依据私法设立，以私益为目的的组织。私法人是个人的利益和行为的联合，是个人的权利的延伸，应当得以享有宪法的基本权利。

(2)法人基本权利范围的有限性：法人不能享有以自然人为基础的各项基本权利。从生命权、健康权、人身自由到宗教信仰、迁徙自由等等，这些权利与完整的“自然人”密切相关而不能分离；但对于部分权利，尤其是财产权，是法人得以存在和发展的前提。而其他如出版自由、言论自由等等，因其事关公民种种权利的实现，所以法人不仅可以享有，甚至是必须享有。德国在其《基本法》中贯彻了这一理念，其《基本法》第19条第3项规定：“基本权利亦适用于国内法人，但以依其性质得适用者为限。”虽然各国宪法中绝少如此明确地规定法人的基本权利主体地位，但大多都通过受理此类案件的方式，间接承认了法人的主体地位。

(五)基本权利的分类

1. 传统的分类。在17、18世纪，基本权利只是被分类为人身权、财产权、表达意志自由权。随着社会生活的多元化，以及资本主义国家从自由走向垄断，发展出了以耶利内克为代表的分类学说。耶氏将国民的地位分为被动的、消极的、积极的、能动的四个方面，并由此衍生了国民的公义务、自由权、受益权和参政权。这一分类最明显的特点就是以国家为中心，强化了公民对国家的隶属关系，将公民视作是国家的管理对象。这一分类来自于耶氏对公权体系的研究，不可避免地强调了国民作为国家共同体组成部分的价值，而忽视了国民作为个体的生存、发展价值。这一学说随着人权观念的上扬，而受到学者的批评，并渐被抛弃。

2. 现代的分类。现代人权观念对基本权利的分类产生了重要的影响，目前各国通行的分类方式主要有以下几种：

第一，按主体的属性，分为人权、公民权和特定人的权利。公民权有广义和狭义之分。狭义的公民权是指《公民权利与政治权利国际公约》所规定的公民权利，主要包括平等权、宗教信仰自由和人身自由等。广义的公民权是指一国宪法规定的拥有公民资格的个人享有的所有权利，除了狭义的公民权利外，还包括政治权利、经济权利、社会权利、文化权利等。而特定人的权利则是指妇女、老人、儿童、残疾人以及犯罪嫌疑人等特殊主体所享有的特殊权利。

第二，按权利的历史渊源，分为第一代基本权利、第二代基本权利和第三代基本权利。第一代基本权利是指公民权利和政治权利，是保障公民在一般活动中享有的、不容政府干预的自由。这些基本权利以人道主义为基础，是宪法权利最为初始的面貌。具体包括思想自由、言论自由、活动自由以及参与权等。第二代人权又叫经济、社会和文化权利。与第一代人权限制政府不当干涉相比，第二代人权则要求政府采取积极的措施和步骤来保证人们真正获得实质性的社会、经济和文化利益，因此，第二代人权又被称为“积极权利”。具体包括生存权、劳动权和经济自由等权项。第三代人权（集体人权），又称为“社会连带权”，其权利依据的是“博爱”思想。主要包括民族自决权、发展权、环境权、和平与安全权以及享有人类共同继承的遗产权等。

第三，按权利与国家权力间的关系，分为消极的基本权利、积极的基本权利和其他权利。所谓消极的基本权利，是指国家负有不加侵犯和防止他人侵犯的权利，如人身自由、言论自由、宗教信仰自由等。消极权利是传统宪法的核心内容，强调对政府权力的限制。对于消极权利，政府并不负有主动的保护职责，而是消极地避免侵犯或保护被侵犯的权利。而积极的基本权利又称作“公民受益权”或“主动权利”，即指国家必须积极地履行职责、以保障利益能实现的那些权利。随着福利国家的兴起，这些权利越来越多地出现在各国宪法中。如义务教育的权利，以及弱势群体得到保障的权利。积极权利对国家提出了义务，权力应当主动行使以赋予公民财富、安全保障等利益。

第四，从基本权利的内容着手进行分类，也是最为常见的分类形式。可以将权利分为社会权利、政治权利、文化教育权利以及公民个人权利与自由等。

不过，同样是从内容的角度进行的分类，学者们也有许多不同的分类体系：

美国劳伦斯将公民基本权利的内容归结为以下六类：契约和契约以外的自由、通信和表达自由的权利、政治结社权、宗教信仰权、私人和个人资格方面的权利、平等保护权。这种分类主要是从宪法案例的总结中提炼出来的，反映了与美国民众最为密切的权项。

社会主义国家的宪法学说则一般划分为：平等权；人身自由；公民参加管理国家的权利和自由；宗教信仰自由；社会经济权利和外国人的居留权等。较为特别的是，社会主义国家的学者又倾向于将资本主义国家的基本权利作不同的分类，如将之分为五类，包括财产权、平等权、自由权、受益权和参政权。

我国学者张千帆则将基本权利分为个人层面和体制层面。个人层面包括经济权利和非经济权利，前者如财产权、经济活动自由和社会福利权，后者则包括人身自由、名誉权、隐私权和文化信仰权等；体制层面的权利则主要是政治权利，从结社权、选举与被选举权到言论、出版、新闻、集会自由等都可以归为此类。

第五，按照国际人权公约的规定，可以把基本权利分为：公民权利和政治权利、经济社会权利、文化教育权利。我国批准了《经济、社会和文化权利国际公约》，签署了《公民权利和政治权利国际公约》。两大公约先后规定了公民权利、政治权利、经济权利、社会权利和文化权利，因此，按照公约规定的先后顺序，我们可以把基本权利分为公民权利和政治权利、经济社会权利、文化教育权利三大类。本书第九章我国公民的基本权利将采用此分类方法。

（六）各国宪法文本规定的基本权利

1. 美国宪法的基本权利规定

从《美国宪法修正案》第1条到第10条的内容来看，美国宪法基本权利可以归结为以下几种：(1)信仰、出版、集会自由；(2)武装保卫自己的权利；(3)人身财产、文件、住宅不受侵犯；(4)私有权利受法律保障权；(5)被告人权利；(6)不受酷刑及过重罚金权；(7)其他保留的权利和地方自治权。

美国之所以如此规定，原因在于：

第一，宪法理念。美国《独立宣言》的起草者们认为，有些真理是不言而喻的，即"造物主创造了平等的个人，并赋予他们若干不可剥夺的权利，其中包括生命权、自由权和追求幸福的权利。"宪法文本中所明确列及的权利只不过是那些容易遭到政府侵犯需要特别加以规定的内容，而并不是所有的权利。

第二，未列举的权利条款。正是在特殊的宪法理念的指引下，第 9 条修正案规定："本宪法对某些权利的列举，不得被解释为否定或轻视由人民保留的其他权利。"这意味着未列举的权利也能得到宪法的合理保障。

第三，违宪审查制度。仅仅依靠理念和一条兜底条款，并不能实现对权利的保障，美国特殊的普通法院的违宪审查制度是诉讼上的保障。联邦最高法院对宪法权利有极大的解释权，这为放宽对权利的保障幅度有重要价值。

2. 日本宪法的基本权利规定

日本宪法将权利归纳为以下几项：第一，追求幸福权，包括环境权、私生活权、休息权、知情权、和平生活权；第二，自由权，包括精神自由和人身自由，前者如信仰自由、学问自由和学习权等，后者如人身住宅不受侵犯等；第三，社会经济权，包括私有财产权、居住和迁徙自由权等；第四，参政与请求权，如选举与被选举权、地方自治权等。

3. 我国宪法的基本权利规定

我国宪法学者对我国宪法所规定的基本权利，进行过多种分类归纳，目前比较统一的分类体系是：(1)平等权，《宪法》第 33 条第 2 款；(2)政治权利，包括参政权(参加管理且监督政府)，选举权与被选举权，言论、出版、集会、游行、结社、示威权等，在《宪法》第 2 条、第 16 条、第 17 条以及第 34 条、第 35 条中均有所体现；(3)宗教信仰自由，《宪法》第 36 条；(4)文化教育权利，《宪法》第 47 条；(5)人身自由，包括人身自由、住宅不受侵犯等；(6)人格尊严权；(7)社会经济权利，具体如劳动权、休息权和获得物质帮助权等；(8)获得救济权，包括提起申诉、控告的权利以及国家赔偿请求权等；(9)特定主体权利，如妇女、儿童、老人的特殊权利。

三、人权与基本权利的关系

(一)人权与基本权利的区别和联系

人权与基本权利既密切联系，又存在内在的差异，二者的关系大致说来表现在以下几个方面：

1. 人权是自然权利，具有自然属性；而基本权利则是一种法律权利，具有法定性。但基本权利源自于人权，是人权从自然走向法律的体现。二者往往存在内容和时间上的接续性。

2. 人权的主体是广义上的"人"，人权是生物学上或社会学上的人所享有的权利，具有普遍性；而基本权利的享有主体则是法律意义上的"公民"，以具有某国国籍为前提。但目前，除去政治权利和社会保障权外，基本权利的享有主体正在呈现扩大的趋势，许多国家都将部分公民基本权利的范围扩展到了外国人和无国籍人。

3. 人权的范围处在不断的变动中，随着社会经济的发展，以及观念的变革而不断发展，只要权利的重要程度取得了多数人和多数国家的认同，就可以被归入“人权”；而基本权利则相对封闭，依靠国家制度的保障，以制宪机构的认同为前提，范围相对稳定。但是历史证明，人权范围的扩张最终都会逐步转化到一国宪法中，只是时间的问题。

4. 在产生时间与权利来源上的不同。从产生时间上看，人权要早于公民权。人权观念源于西方的启蒙运动，而公民基本权利则是资产阶级革命成功后建立国家用宪法规定出来的。关于人权与公民基本权利的来源，一般认为，人权是天赋的，公民基本权利则是制宪者人为地创造出来的，是作为制宪者的人民在建立公民共同体的过程中商议的结果，是整体的人民对个体的公民的授权。正如有的学者所说：“人权先与宪法而存在，宪法只是承认它，而不是产生它，宪法的目的是要求国家保护人的那些天赋的自然权利。不论宪法存在与否，这些天赋的人权都客观存在，不以宪法的意志为转移。”①

（二）宪法对人权和基本权利关系的处理

1. 宪法中的人权

人权是所有人与生俱来的权利，是一种自然的最基本的权利，它不分国籍、住所、性别、民族、肤色、宗教、语言等等，只要是作为一个最基本的“自然人”，他就应该享有最基本的“人权”。人权是人生存下去和继续发展的最基本的保障，是不可剥夺的最基本的权利，除了在特定的情况下，比如通过正当程序，被法庭判罪，才能限制其自由权，否则任何人的人权是不能被剥夺的。

宪法中的人权主要包括生存权、自由权、人格尊严权和诉权。第一，生存权是最基本的人权。人权的第一目标是保障自然人活下去，因为只有活下去，权利才有价值，所以，生存权是最基本的人权。生命权是一切权利的前提和基础，没有生命就没有人，没有人就没人权，没有人权国家就失去存在的意义。所以以生命权为前提的生存权必须受到国家的保护和尊重。只有保证了作为最基本人权的生存权，社会才能进步，国家才能发展。第二，自由权是人权的核心。人需要自由，只有自由才能充分体现一个人的生存质量。自由本身不是一种权利，而是权利的客体，是自然人的生存状态。这种状态是由公民依照自己的意志和利益趋向来决定自己的活动，不受外界控制，但必须以社会的利益和他人的自由为前提。所以，法律是主体自由最重要的保障，当主体思维，行为不受约束、限制或者受到妨碍的情况下，法律就会依法予以保护。人有了自由，拥有了自由权，才能行使其他权利，所以说自由权是人权的核心。第三，人的尊严是人权的最终目标。人不但要活着，而且要有质量地活着，有尊严地活着。活着是人的第一目标，有质量地活着是人的第二目标，有尊严地活着是人的最终目标。虽然人一生下来就拥有人权，拥有最基本的生存权，自由权，但这还远远不够，因为，人还需要尊严。一个人如果缺乏最基本的生活保障，他就难以感觉到尊严；但是一个人的物质生活得到满足，并不等于他已拥有了尊严，因为，尊严需要国家的确认和保障，社会和他人的尊重。所以，宪法要规范和保障人的尊严不受侵犯。第

① 马岭：《宪法中的人权与公民权》，载《金陵法律评论》2006年第2期。

四，诉权是人权的保障。每个生活在一个国家、社会中的人都要和别人交往。交往中难免会出现矛盾、纠纷，这个时候诉权就相应地出现了。一旦出现了纠纷威胁到人的生命、健康、安全，人们可以通过诉讼来解决这些问题，以维护自己的基本权利。所以说诉权是所有权利的保障。诉权是最基本的程序救济权，所有的实体权利受到侵犯时都要借助于诉权，才能得到最终的保障。

各国虽然普遍承认人权，但在宪法文本中有不同的含义与表述方式。概括起来有以下几种表述方式：一是宪法文本中直接写明“人权”，如《越南宪法》第 50 条直接规定：“各项人权得到尊重。”二是宪法文本中不直接出现人权字眼，但将宪法基本权利等同为人权，如《日本宪法》第 3 章第 11 条将二者结合为“基本人权”。三是宪法中同时规定人权、基本权利，但通过实践中的解释表现出不同的内涵，如德国的人权和基本权利在性质和功能上都有所不同。四是严格限制人权在宪法文本中的含义，直接以基本权利规定人权的核心内容。

2.“人权条款”对我国公民基本权利体系的完善

我国在 2004 年《宪法(修正案)》中，加入了“国家尊重和保障人权”的内容，这对我国人权事业的发展具有重要意义，同时还很好地完善了我国宪法的公民基本权利体系。

(1)人权条款带来观念上的转变，阐明了国家对人权保护的基本立场。建国初期，我国官方视人权为资产阶级的毒瘤，不谈人权且忌谈人权，这也成为国际社会抨击我国人权状况的“口实”。上世纪 80 年代，学者开始讨论人权，社会开始关注人权，政府开始发表《中国人权白皮书》，中国对人权的态度发生了巨变，但缺乏法律保障。缺乏法律保障的人权，并不能改善中国的人权状况。人权条款的入宪对国家机关以及公民的观念都产生了强烈的冲击。

(2)人权条款将促进我国基本权利体系的完善。基本权利体系本身具有一定的封闭性，在修宪之前，我国并无“未列举权利”条款，对基本权利的保护仅限于宪法中的明确列举。但我国宪法的权利列举明显不全，如无生命权、迁徙自由等。同时，随着社会生活的发展，一些新权利出现，需要法律化。人权条款的入宪，将促进我国基本权利体系的完善。

(3)人权条款将扩大基本权利主体的范围。基本权利的主体范围往往是一国的“公民”，但“人权”的主体则是多元化的。虽然有些国家有意识地扩大了基本权利的主体范围，但依然无法比拟人权主体的广泛性。对于我国，基于人权条款，外国人、无国籍人乃至胎儿、法人等，都将受到宪法的保障。

(4)人权条款强调了权利的积极性，即强化了国家的义务。“国家尊重和保障人权”所包含的意义，不仅仅在于“人权”二字，亦涵盖了国家“尊重”和“保障”的义务。即在消极尊重的前提上，政府还需积极地予以保障。国家的义务被实定化，对于基本权利有着现实意义。

第二节 基本权利的效力

一、基本权利效力概述

(一)基本权利效力的概念

基本权利的效力是指基本权利对国家立法机关、行政机关、司法机关等国家机关以及私人之间的拘束力,是对国家和社会生活所附加的一种义务和责任。基本权利的效力源自宪法的强制性力量,是基本权利的本质属性,是实现制宪目的的最重要元素。

基本权利效力具有如下内涵:

1. 基本权利的效力是一种文本效力,即在宪法文本中默示或明示基本权利的效力,如《德国联邦基本法》第19条第2款规定:"基本权利之实质内容绝不能受侵害。"而在具体的权利条款中,对基本权利效力的申明更是随处可见。

2. 基本权利的效力也是一种现实效力。即基本权利必须是切实地享有,免受侵犯或得以救济。这要求完整的效力体系,以宪法的可司法性为基础。

(二)基本权利效力的特征

1. 基本权利的效力具有开放性和广泛性。基本权利拘束的对象一直处在变动中,最初的豁免对象渐渐丧失豁免权,随着时代的发展,基本权利效力对于一切国家活动和社会生活都可能加以拘束。

2. 基本权利的效力是具体化、现实化的。基本权利来自于现实生活,而其要发挥作用,也需要在人与人或人与社会、国家的交往中实现。所以基本权利的效力必须是生活化的、具体明确的。

3. 基本权利的效力是有宪法强制力保障的。这也意味着宪法基本权利应当具有可诉性,从而避免权利的虚置。基本权利的效力与宪法的权威是统一的整体,没有宪法的权威,权利的效力难以实现;而效力缺失的基本权利又会弱化宪法的权威性。

(三)基本权利效力的实现基础

基本权利从宪法文本走向现实,成为公民实际享有的权利,往往需要一定的制度基础:

1. 首先,是通过立法对权利的普通法化,即通过立法将宪法上的权利转化成民事或刑事等部门法上的权利。公民基本权利都通过宪法来直接保障是不现实的,而必须通过普通法律来实施保护。

2. 其次,是宪法权利的司法化,即在司法中,宪法条文可以直接被引用,并作为裁判的依据。对于在诉讼中,宪法不能被直接引用的国家,基本权利的拘束力可能只能通过再立法的形式给予保护。而普通法基于本身部门法性质所限,基本权利的很多约束范围都无法包含。对基本权利的效力的实现,极为不利。

3. 最后,是效力对象的明确化,在宪法基本权利的效力领域,这是争议最为激烈的内容,即宪法基本权利的对象是否包括公民和其他组织,还是仅仅拘束国家公权力机关?这在各国都无定论,而对象的范围也将影响着基本权利的效力的实现。

二、基本权利的效力领域

(一)基本权利在公法领域的效力

基本权利直接对国家权力的拘束,是宪法的本质所在。这种拘束从权力的横向角度看，是对立法、司法以及行政三权的拘束。

1. 对立法权的效力。在权利的限制中，立法是最为重要的途径。但立法对权利的限制是被严格控制的，这种控制体现在立法机关一般不得制定侵害基本权利的法律。这是基本权利的防御功能。在各国历史上，多数人立法剥夺少数人权利的案例并不陌生。此时，基本权利就能依靠宪法这层保护墙来防御不当的剥夺。

同时，基本权利对立法权的效力还体现在国家应当通过立法来保障基本权利的实现。上文提及，国家的立法是权利效力的基础之一。尤其是对于积极性权利，要求国家建立制度、提供设施，对立法权的效力需求更为强烈和明显。

2. 对行政权的效力。行政权伴随着每个人从"摇篮到坟墓"，其对公民基本权利的影响是最为直接和频繁的。而对行政权进行控制的主要手段，就是对基本权利效力的强化。行政权的运行呈现出三种形态：授益型、负担型和确认型。无论是授予利益，还是附加义务，或仅是确认地位，都会涉及相对人本身和第三人的利益，故对行政机关、工作人员以及行政机关制定的规范性文件都要加以基本权利的限制。在我国，通过《立法法》的法律保留，体现了基本权利对抽象行政行为的拘束力；而宪法的相关规定，以及各行政程序法都强调了对具体行政行为的限制。

与立法权一样，基本权利的效力也对行政权提出了主动性要求。即国家应当为权利的实现创造条件。保护基本权利只是行政权的一部分，而在当代社会，强调得更多的，是行政权对权利实现的积极推动作用。

3. 对司法权的效力。基本权利最终能否从纸面走向现实，与一国基本权利对司法的拘束力密切相关。在建立了司法审查的国家，意味着司法机关不得拒绝宪法案件的裁判。同时在诉讼中，基本权利能够成为法官判案的依据，具有直接引用的功效。

基本权利对立法权、行政权的效力都需要通过司法领域的效力来实现，故而宪法的司法化是基本权利效力的第二基础。不管一个国家是否承认基本权利在私领域的效力，这种基础作用是共同的。

在我国，基本权利在公法领域的效力始终都不够确定。这是宪法审查制度在我国尚未真正建立的表现之一。从立法权来看，法律保留在我国规定得较为完备，但我国并无立法不作为之类的概念，只对积极不当的限权立法作了规定；对行政权的约束，是从行政程序的角度，而非宪法权利的角度进行保护。虽然在宪法中规定了国家机关不得侵犯公民的权利，但在现实中却保护得相当不全面；而对司法权的效力，更是体系不全。在我国的司法实践中，司法机关对援引宪法裁判一直都比较谨慎，影响了司法对基本权利的保护效果。

（二）基本权利在私人领域的效力

1. 从公法走向私人领域的基础

（1）基本权利性质的改变。在传统的基本权利理论中，基本权利只被认为是个人对抗国家公权力的一种防御性力量。但是，进入20世纪后这种局限的权利观受到了挑战。因为随着基本权利保障的深化，人们发现对基本权利侵害的来源更多是社会。所以德国宪法学在第二次世界大战后，发展出了"基本权利双重性质理论"，以对抗"主观公权利说"的有限性。而以双重性质理论为代表的客观价值体系学说，在各国都有所发展。基本权利的观念得到改变，这为基本权利走入私人领域奠定了理论基础。

(2)国家权力的社会化。有学者用"行政向私法逃避"来表述行政领域权力社会化的趋势。首先，对于行政机关，大量的"非权力行为"出现，国家和公民的地位出现平等的现象；其次，社会也行使了越来越多的公权力，但这些行为往往是以私法行为的形式作出的。如果再维持公法领域的局限的话，只会纵容公权力借私法行为的形式来限制和克减公民的基本权利。①

(3)基本权利功能的多元化。基本权利最为初始的功能是一种防御权，即公民通过基本权利来防御外来的侵害。同时，基本权利又衍生出受益功能、制度性保障功能、程序保障功能和保护义务功能等等。基本权利的功能也不再局限于一种单纯的、对国家制度的防御，更多地发展成权利自我的实现。要真正发挥完整的权利功能，需要在更广泛意义上理解权利的防御范围。

2. 基本权利在私人领域发挥效力的形式

(1)美国的国家行为拟制理论

1961 年，有一家开设在威尔明顿停车场的私人咖啡馆，在营业中拒绝为黑人顾客端出饭菜。被拒绝服务的黑人伯顿，将威尔明顿停车场的管理机构和私人咖啡馆诉上法庭，控告其对自己宪法平等权的侵犯。最后，法院判决停车场的管理机构和私人咖啡馆侵犯了原告的平等权。

法院认为，虽然咖啡馆是私人的，但是所租用泊车的设施却是政府所有的。故而，联邦最高法院认为虽然歧视行为的主体是私人，但由于政府与私人主体之间存在着租赁关系，因此政府与私人主体之间相互受益，政府在租赁合同中没有规定禁止歧视的条款，因此可以认为政府也参与了该歧视行为，从而使得该租赁行为受到宪法第 14 条修正案的约束。

本案中，法院通过州和私人咖啡馆之间所谓的一种"共生关系"，引申出国家的参与，并将一方的歧视行为视同为州的行为，才最终实现了对黑人的平等保护。在类似的案件中，为了保护公民的权利，美国法院都采取了相同的做法，即寻找国家是否有所参与。②

美国在基本权利的私法效力上，采取的是"国家行为拟制理论"。这一理论来自于案件的积累，而且大多与宪法第 14 条修正案相关。

综合不同案件的判决来看，美国的"国家行为拟制理论"具有下列内涵：

第一，对私人歧视的司法强制构成国家行为。法院首先认为，私人主体之间的歧视行为并不受基本权利的约束，但如果司法机关对存在歧视的私人行为实施强制执行，则司法机关的强制行为构成"国家行为"。

第二，如果私人主体的行为从本质上是在行使某种本属国家机关的"公共职能"，那么这种行为可以构成国家行为。

第三，包含有国家参与的行为，可以构成国家行为。在某些情形下，私人主体既没有行使公共的职能，也不存在司法权的介入，但私人的行为存在着较为明显而实质的国家参

① 胡锦光：《宪法学原理与案例教程》，中国人民大学出版社 2006 年版，第 266 页。
② 韩大元等：《宪法学专题研究》，中国人民大学出版社 2004 年版，第 289～290 页。

与，该行为也可以被认定为是“国家行为”。综合案例情况看，美国法院认为，在两种情形下可以认为包含有国家的参与。第一种是国家机关与私人主体之间存在着协商或合谋的行为，并共同剥夺了其他公民的基本权利；第二种是私人主体采取的行为从性质上违反宪法第14条修正案，如果该行为中私人主体与国家又存在着一种互相受益的“共生关系”，也是国家行为的一种，前述伯顿案即属于第二种情形。

(2)德国的私人效力理论

在纳粹时期，导演 Veit Harlan 拍摄过一些反犹太的电影。1950年，Veit Harlan 受到审判，但随后即被释放。在释放后，他又拍摄了一部含有较强反犹情绪的影片“永恒情侣”。在这部电影公映前，汉堡市的公共关系主任吕特号召电影制片商和发行商联合抵制这部电影。Harlan 以吕特触犯了他的公民经济利益权为由，向汉堡法院提出对吕特的禁制令。

汉堡法院根据《德国民法典》第826条判决 Harlan 胜诉。吕特在民事法院的判决前，并没有屈服，而是以个人言论自由受到侵犯为由，向宪法法院提出上诉。宪法法院详细阐述了《基本法》对于民法解释的影响，最终撤销了汉堡法院的禁令。在判决中，法院首先申明了宪法作为根本大法的地位。故任何法院在裁决时，都不能无视宪法的根本法的地位，尤其是宪法中所赋予任何个人的权利都应当受到地方法院的尊重。而当宪法中的个人权利和民法的其他法例冲突的时候，作为法官应当建立一个清楚的衡量标准。法官应当衡量个人权利和社会的影响之间的轻重，在两个自然人的权利互相冲突的时候，要具体从公众影响和道德价值观念来衡量判决的作出。

宪法法院认为：德国基本法所规定的基本权利构成了“价值客观秩序”，对于所有的法律领域都有辐射效力。民事审判中，法院也必须遵循基本法的精神，对民法作适当的解释和适用，吕特案中的民事审判活动没有注意到这一点，构成了违宪。自此，德国基本法中的权利开始具备了一种辐射效力，从公法领域走到了私人领域。①

不过，尽管德国的判例承认了辐射性的权利价值客观秩序，但在学理上，对于基本权利是否能在私人之间产生效力，仍然存在争论。

否认说认为，基本权利对私人间的关系不产生效力，这也是德国传统的理论。德国的传统理论将国家私法人性质的行为称为“国库行为”——代表着国家与人民之间处于平等的地位，国库行为完全属于私法的调整范围，而不受任何公法原理特别授权，也不受约束。从基本权利的角度去看，则代表着基本权利只能对国家权力进行防御；私人之间合意限制自己的权利，应遵循私人自治原则，并且私人之间的冲突完全可以通过普通法来解决，而无须动用宪政法院的资源。

肯定说则不仅承认基本权利的私域效力，而且认为基本权利可以不通过一般条款或媒介而直接对私人间关系发生效力。因为基本权利不仅仅是用来对抗公权力的，大多数的权利也是整个社会生活的“秩序原则”，故而基本权利与私人领域密切相关，普通法官为审理案件之便，完全可以直接援引基本权利条款以解决私人之间的纠纷。

此外还有一种学说，即肯定说之间接适用说。这是在德国得到普遍认同的基本权利

---

① 张千帆：《宪法学导论：原理与应用》，法律出版社2004年版，第525～526页。

效力说,也是联合抵制电影案所吸收的理论。该说认为,在尊重以宪法为基础的法律秩序的统一性的前提下,也应当尊重私法秩序的独立性和其本质属性,法院的作用便是在两者中协调平衡。具体而言,该说认为宪法权利规范只能通过私法规范中的一般条款或具有概括性的规定来发挥效力,如民法当中的公序良俗条款。间接适用说的理论基础,在吕特案的判决中有所表述:"基本权利主要是人民对抗国家的防御权,但在基本法的各个基本权规定中也体现了一种客观的价值秩序,被视为宪法上的基本决定,有效地适用于各个法律领域。"在承认这种效力的基础上,就需要通过对普通法律规范中的那些概括性的规定的解释,来实际应用宪法权利规范的内在价值和目的。

德国的间接说很好地解决了法院在相关案件中经常面临的难题:是最大限度地保护公民基本权利的效力,还是承认普通法律体系的独立性?间接说并不绝对否认基本权利的私法效力,也不无限扩张基本权利在私人领域的效力范围,而是在二者之间寻找到了一种平衡。

(3)日本对德国间接说的借鉴

曾经,一名刚刚毕业的日本大学生经三菱树脂株式会社面试后,作为公司管理人员试用。在试用期满后获得正式录用,但随后又被拒绝录用。理由是他在大学就学期间曾参加过激进色彩的学生组织,在应聘时却未按实情说明。案件在地方法院经过了旷日持久的诉讼,并最后上诉到最高法院。本案争议的焦点在于:宪法规定国民享有思想、信念自由,而私人公司在招聘员工时要求招聘者如实说明与其政治思想、信念有关的事项,是否违反了应该体现宪法上述精神的民法中的公序良俗的条款。这个问题也就涉及这里的解聘决定是否无效。

对于本案,日本最高法院在大众和学界的广泛关注下,极为谨慎地判决:这名大学生败诉,但是表明了其对"间接效力"的承认。判决宣称,权利的效力首先是针对国家行为的,并没有预定直接规范私人间的相互关系。但是,在私人间若出现超过了社会可容忍的限度的侵害时,可通过对私人自治的一般性限制规定来规制私人对基本权利的侵害。而在本案中,从形态、程度上都没有达到适用这个规则的程度。①

从日本的上述案例中可以看出,日本对德国间接适用说全盘接受。之所以选择间接适用理论,是因为间接适用说的平衡作用,更符合现代各国的宪政发展状况。

第三节　基本权利的限制

2003年,一种以"非典"命名的传染性疾病从广东传出后,迅速在全中国蔓延。北京、内蒙古先后发现感染者,疫情随后从大城市传播到中、小城市,蔓延趋势让全国陷入恐慌。为了防止非典的扩散,中央和地方政府采取了一系列应对措施,对公民人身自由和财产权利进行了较大的限制或克减。如在火车站和飞机场对体温的测量以及对出行的限制;在发现疑似病例后,对疑似病患者的隔离与治疗;以及对私人场所的消毒、清理等等。

从当时的情况看,为控制疫情的蔓延,这些措施都是必要的,所有这些措施也的确为

① 韩大元等:《宪法学专题研究》,中国人民大学出版社2004年版,第288～289页。

最终战胜“非典”提供了强有力的支持。不过,“非典”尘埃落定后,从宪政角度看,“非典”时期所采取的措施,有些也值得深入思考。“非典”时期,人们的自由似乎也遭遇了某些地方政府不恰当的克减。其中有许多问题也可以进一步探讨,例如某些措施是否具备宪法或法律上的正当性?政府为什么有权采取这些紧急措施?若在这些措施的采取过程中,公民的合法权益受到不应有的损失,或程序明显不当,是否可以提起诉讼和要求赔偿?

一、基本权利限制的理论基础

(一)基本权利限制的内涵

基本权利的限制是指宪法在规定基本权利的同时,为基本权利限定范围,超过限定范围的行为构成权利的滥用。基本权利的限制是防止权利主体滥用权利,从而造成对他人权利的侵犯。

基本权利的限制通过三个维度——权利的主体、时间、空间实现,限制的内容则包括权利的范围以及行使能力等。具体而言,对基本权利的限制主要体现在以下方面:

1. 主体限制:由于某些主体本身特殊的职责或生活环境,其本该享有的部分权利的行使受到限制。

(1)对于正在服刑的犯罪分子,其部分权利受到限制。这是由于其所受处罚的性质所决定的。

(2)对于不少执行公务的公务员,其出入境以及经济活动都受到限制。而军人在服兵役期间,应当服从上级命令,部分权利受到军规的限制。这是由他们工作的性质所决定的。

(3)某些权利只能由特殊的主体享有,如妇女、儿童或老人所享有的特殊权利,相对于成年男子而言,其权利受到限制。这是主体本身的性质所决定的。

2. 时间限制:在特定的期间和时间,整个社会成员的权利或个人权利都可能受限制。

(1)社会生活处在特定时期或在紧急状态下,全社会成员的自由都会受到不同程度的限制。如紧急状态和战争时期,无论是财产还是行动自由都会受到不同程度的限制或克减。

(2)在日常生活的特定的时间,权利的行使也可能受到限制。如在附近居民休息时间,公民在其私人空间进行娱乐活动的权利受到限制。

3. 空间限制:这里的空间可能是社会的空间,也可能是个人权利的行使空间。

(1)某个空间进入特定状态,在整个空间范围内的权利受到限制:如禽流感疫区,养鸡场场主的财产权受到限制。

(2)在特定的空间范围,个人权利的行使受到限制:如在公共空间可以有活动自由,但是在他人私人空间,如住宅,活动自由受到严格限制。同时间限制一样,这里的空间限制是因为权利具有时间和空间上的有限性,应当受到限制。

(二)基本权利限制的理由

1. 基本权利限制的理由

洛克曾说:“哪里没有法律,哪里就不能自由。但正如人们告诉我们的,并非人人爱怎么样就怎么样的那种自由。”[①]对权利的限制并不为宪法所特有，而是在任何法律领域都有限制的诉求。

从各国的规定来看，对权利的限制主要基于以下理由：

(1)对权利限制，是为了维护公共利益。首先，权利和自由的行使不得违背社会和国家的公共利益。对于危害公共利益的行为，各国宪法均对其加以限制。其次，在某些国家宪法中规定，基于公共利益的需要可以限制乃至克减公民的权利和自由。如我国《宪法》修正后的第13条规定：“国家为了公共利益的需要，可以依照法律规定对公民的私有财产实行征收或者征用并给予补偿。”

(2)对权利限制，是为了维持社会秩序。公民的自由和权利能够得到保障，要求其所身处的社会处于良性的运转中。正常的社会秩序不仅仅是国家和社会稳定发展的基础，也是个人权利真正能够得到实现的前提。同时，社会秩序的形成就是社会资源的分配，而这种分配正是以享有权利的形式在立法中构建的。正常的社会秩序要求：公民的权利合理分配，权利的行使有序，对受损的权利进行救济。故而在正常的社会秩序中，公民的权利不能滥用，这是维持正常社会秩序的要求。

(3)对权利的限制，是为了保障国家的生存和发展。对于承认国家发展权的国家，为达成国家权利与个人权利的平衡，必然会对个人权利进行限制。

即便对于那些不承认国家权利概念的国家，为了保障国家的安全、发挥国家的功能、寻求国家的发展，都会对权利采取不同程度的限制。国家作为公民的集合体，其安全与发展最终都会与公民相关联。如果主权国家已不存在，对于其国民而言，所谓的宪法权利就没有实质意义了。所以当发生国际或国内危机，导致国家安全处于不利危险中时，国家可以对公民的权利进行限制。为了国家安全而限制公民权利的规定，在各国都相当普遍。

(4)对权利的限制，是为了他人权利的合理行使。孟德斯鸠之所以说“没有绝对的自由”，是因为社会是一个利益和权利的交叉体。社会生活资料的有限性，决定了自由不可能无限。在宪法关系上，公民之间的基本权利也随时会产生冲突。

2. 各国宪法对基本权利限制的规定

中国《宪法》第51条规定：“中华人民共和国公民在行使自由和权利的时候，不得损害国家的、社会的、集体的利益和其他公民的合法的自由和权利。”

法国《人权宣言》指出：“自由就是指有权从事一切无害于他人的行为。”其第11条还规定：自由传达思想和意见是人类最宝贵的权利之一；因此，各个公民都有言论、著述和出版的自由，但在法律所规定的情况下，应对滥用此项自由负担责任。

德国《联邦基本法》第2条规定：“人人有自由发展其人格之权利，但以不侵害他人之权利或不违犯宪政秩序或道德规范者为限。”“人人有生命与身体之不可侵犯权。个人之自由不可侵犯。此等权利唯根据法律始得干预之。”

日本1947年《宪法》规定：“本宪法所保障的国民的自由和权利，国民必须以不断的努力保持之。此种自由与权利、国民不得滥用，并应经常负起为公共福利而利用的责任。”

---

① [英]洛克：《政府论(下)》，叶启芳、瞿菊农译，商务印书馆1983年版，第36页。

二、常态领域的限制形式

常态领域的权利限制是指在社会秩序运转正常、国家并未陷入危险时期时，对公民基本权利加以限制，以保障他人权利的行使、维持正常秩序并促进国家的发展。

目前，常态下的权利限制主要有以下几种形式：

（一）基本权利的内在限制

基本权利的内在限制，是源自于权利的本质属性。即每一项权利都具有特定的构成要件，其内涵和外延都具有一定的确定性。对于所有权利，概念本身就已经限定了一定的范围，而不需要立法再从外部设定明确的限制；对于某些权利，概念具有一定的模糊性，为了扩大或限制其外延，可能会通过一些具体附加的文字对其范围进行限定。

（二）基本权利的宪法限制

宪法在赋予某些权利的同时，又用另外的条款对其进行了限制。如德国《联邦基本法》第 2 条规定："人人有自由发展其人格之权利，但以不侵害他人之权利或不违犯宪政秩序或道德规范者为限。"

类似的条款在各国宪法中都不胜枚举。对基本权利的宪法限制，反映了权利的有限性，并表现了国家或制宪者在利益衡量上的考虑。宪法限制条款既是对公民个人的限制，也是对公民的保护。对权利边界进行合理划分，才能保障每一个人、每一项正当权利的实现。而且相对于其他限制而言，宪法条款具有最高的效力，所以其他对基本权利的限制不应超越宪法的规定，也不能过窄于宪法的限制。这既是对相对受益者的保障，也是对被限制者的一种保护。

（三）基本权利的法律限制

在现实生活中，对权利限制最为广泛且效应最大的，并不是宪法的限制，而是法律的限制。这是因为，对于各国而言，宪法文本在较长时间都会保持一定的稳定性，所以权利的宪法限制总是明确且不易变动的。法律则具有立法迅速、变动频繁的特点，而不少立法目的的实现都是以限制一定的权利为手段的。如何进行有效、合理的法律限制，是对基本权利最大的挑战。

一般而言，各国都承认法律对基本权利的限制，但只允许由议会或人民代表大会来制定限制基本权利的法律。如我国《宪法》第 37 条第 3 款规定："禁止非法拘禁和以其他方法非法剥夺或者限制公民的人身自由，禁止非法搜查公民的身体。"这一规定可以从两个层面来理解：一是宪法保护公民的人身自由；二是不可以非法拘禁，但可以合法限制人身自由。这也就意味着，可以对人身自由进行限制，但这种限制必须是依据"法律"进行的。在其他国家，甚至表述得更为明确，如《德国基本法》第 19 条第 1 款规定："凡基本权利依本基本法规定得以法律限制者，该法律应具有一般性，且不得仅适用于特定事件，除此该法律并应具体列举其条文指出其所限制之基本权利。"其不仅仅规定了法律的限制权，还对法律的限制进行了原则性的限制。

对法律限制的限制，便是"法律保留理论"。法律保留是指对于某些事项的立法权仅由代表机关享有，这些事项一般都是对基本权利的限制和剥夺。由于这些权利对公民的生存和发展具有重要意义，但又存在着限制的理由时，基于理性的思考而交由代表民意的议会或人民代表大会来制定限制性的法律。这便是德国基本法所谓的"人人有生命与身体之不可侵犯权。个人之自由不可侵犯。此等权利唯根据法律始得干预之。"

在我国的法律体系中，法律保留事项在《立法法》中有很明确的规定。其中对于"对公民政治权利的剥夺、限制人身自由的强制措施和处罚"以及"对非国有财产的征收"，《立法法》均规定只能由法律加以规定。

三、紧急状态下权利的限制形式

（一）紧急状态概念

所谓紧急状态，是指在一定时间和空间范围，由于突发重大事件而严重威胁和破坏社会秩序、公共安全和国家的生存发展时，为保障公共利益和国家利益，而需要紧急预案应对的社会生活状态。① 在基本权利限制的理由中，紧急状态是最为主要的原因之一。具体而言，下列因素决定了紧急状态下需要对权利进行限制：

1. 在紧急状态下限制权利，是为了实现有效的公共管理，从而控制紧急状态。紧急状态的发生，某种意义上是无法避免的。政府所要做的，是在第一时间控制事态的发展，并恢复社会秩序的正常化。但为了遏止事态的发展，以及恢复正常的秩序，就需要赋予国家一定的紧急权力，并对公民的权利进行较大程度的限制。

2. 在紧急状态下限制权利，也是对公民的保障，能够避免或减少身体健康和财产上的更大损失。在社会动荡时期，最为严重的，其实是个人对个人权益的侵害。无论是哄抢，还是趁机打、砸，在历史上人性的恶劣之处往往在动荡时期展现得最为明显。如戒严等手段，虽限制了善良市民的自由，但也能保护之免受他人的侵害。

（二）各国紧急状态的规定

1. 在世界范围内，许多国家都在宪法中规定了紧急状态制度。宪法中的紧急状态制度主要是针对战争威胁及战争、民族冲突、地区冲突、动乱、罢工、游行、示威、政变等紧急状态，授予国家权力机关可以实行管制、戒严等手段，以规范调整紧急状态。在宪法中规定紧急状态，是对权利限制的原则性模式，对于如何采取紧急手段、管制的程序等都没有具体的涉及，所以在基本法律中再加以细化，是基本状态不可缺少的步骤。

2. 有的国家以宪法规定紧急状态的基本原则，再在专门的《紧急状态法》中细化紧急状态的具体制度。如美国在1976年制定了《紧急状态法》，规定全国紧急状态的宣布程序，紧急状态的时间限制，紧急状态下总统的权力，政府财政支出等问题。虽然在法律制定后，美国没有遭遇南北战争式的紧急状态，但仍从一些判例中积累经验。如在应对暴乱、战争、恐怖袭击、突发性重大自然灾害、各危险工业领域重大突发性事故的过程中，

① 胡锦光、韩大元：《中国宪法》，法律出版社2004年版，第208页。

联邦紧急事务局形成了一套针对不同行业不同领域应对紧急状态的实施细则。尤其是在“9·11”事件后，美国就紧急状态应对预案和法规作了更加周密、细致、严谨、极具操作性、实战性的修订。但是让美国民众担忧的是，《紧急状态法》也可能对他们的权利造成很大的限制，但似乎政府在这一层面上考虑得不多。

3. 有些国家则未采取专门立法的模式，而是在一系列法律中涉及了紧急状态制度。如新西兰的《民防法》规定有紧急状态制度，日本的《警察法》、《自卫队法》规定有处理紧急状态的法律规范。还有许多国家在《战争法》、《国防法》、《战争动员令》等战争法规中规定战时紧急状态制度。

(三)我国紧急状态的相关制度

1. 我国现行的紧急状态制度：首先，《宪法》未规定紧急状态制度，只是在第 62 条、第 67 条规定了全国人大及常委会宣布战争状态的权力，第 89 条规定国务院决定戒严的权力；其次，在一些法律、法规中提到紧急状态，如《戒严法》、《防洪法》、《防震减灾法》等。

我国过去的应急体制是 1982 年确立的，由战争、动员和戒严三部分构成。受“非典”经历的推动，2004 年修改宪法时，用紧急状态取代了戒严，并提出要进一步明确紧急状态的法治，重新调整国家既有的应急体制。自此，中国加快了紧急状态的立法速度。在全国人大公布的 2005 年度立法计划中，《紧急状态法》是其中一项。虽然由于种种原因，这部法律的出台一再推迟，但《紧急状态法》的出台应该是在不远的将来。

2. 紧急状态法的目标：《紧急状态法》不同于应急预案，它要解决在危机状态下国家是否有法治，它着眼于整个国家体制和公民生活的变化。至于局部的、具体的事，完全可以由具体的法来管理，如《防洪法》、《核设施管理条例》、《传染病防治法》等。

首先，《紧急状态法》是以国家存在法治为前提的，是以维护危机状态下的法治为目的的。它所真正关心的“危机”是，紧急状态下，国家权力运行和公民权利被迫改变的“危机”，是要告诉权力不能逾越的底线，紧急状态对公民权利的限制也必须符合法治原则。

同时，《紧急状态法》又是“危机状态下的宪法”，也有人称之为紧急宪法。它能够保证在紧急状态下国家仍然有法治。现行宪法是对整个国家生活和政治制度的全面安排，但还是以常态为主。一旦出现紧急状态，整个国家的体制可能就需要做些改变，国家权力优先起来，公民在正常状态下享有的权利可能就无法行使；同进行政权力就会膨胀，立法、司法权力就要受到压缩；民主决策程序也要被压缩。但这也很危险，这就需要由《紧急状态法》来进行调整和安排，保证宪政体制，维护公民的基本人权。

(四)紧急状态法中对限制的限制

可以说，在紧急状态法的构建中，最为重要的还是对限制的限制。在常态领域中，主要是通过法律保留和法律明确性原则来限制。而在非常态领域，对限制的限制容易被忽视。

通常而言，在紧急状态下，对公民基本权利的限制应当遵循以下原则，贯彻以下内容：

(1)紧急状态下权利限制的范围应当符合宪法的规定和基本精神。在限制的范围上，不得克减和剥夺人的生命、信仰和身体健康，但社会经济权利和政治权利可以予以减损。

在限制的立法模式上，应当明确重要权利的不可剥夺性，再列举可剥夺或克减的权利。

(2)紧急状态下权利限制的程度不得无限扩张。对于那些可以适当限制的权利，倘若完全限制或以不合理手段限制的话，实际上也会严重损及公民的最基本的生存权。如对人格尊严的严重漠视，可能会导致比保护生命权更不利的后果。

(3)紧急状态下权利限制的手段应当符合限制的目的。现行各国在限制手段上，一般普遍认同比例原则。即目的和采取的手段之间，有无存在一个合理或相当的比例。在我国紧急状态法的构建中，尤其需要注意对公民基本权利最为基本的维持，这种维持就是需要通过比例原则来实现。具体而言，比例原则要求首先符合妥当性原则，即手段可以达到目的；其次是必要性原则，即在所有能达到目的的手段中，必须选择侵害最少的手段；再次是均衡性原则，即所追求的目的和所使用的手段与给公众造成的损失之间是平衡的。

第四节　基本权利与基本义务的关系

一、权利与义务关系理论

(一)什么是义务

何为义务？学术界存在不同的观点，有负担说、必要性说、责任说、不利条件说、约束手段说等。义务的种类较多，有国家义务、社会义务、政党义务、家族义务与宗教义务等。义务的分类方法也较多，从不同角度可以分为法律义务与道德义务、公法义务与私法义务、第一义务与第二义务、对世义务与对人义务、主义务与从义务、积极义务与消极义务等等。

与对法律权利的研究相比，西方学者对法律义务的研究起步较晚。在古希腊，古罗马时代，虽然义务观念在社会中根深蒂固，但是，根深蒂固于社会的义务观念是道德义务、宗教义务、政治义务，而非法律义务。因为，苏格拉底、柏拉图、亚里士多德、西赛罗等著名思想家们只对道德义务、宗教义务、政治义务加以了研究。

对法律义务的系统分析始于近代。格劳秀斯和霍布斯在其论著中较早地论述了法律义务。在17、18世纪的欧洲，权利义务的关系理论成为哲学家们的法哲学思想中的重要内容。如康德第一次把权利义务划分为道德权利义务和法律权利义务。19世纪“权利”、“义务”被作为法律的基本概念总结出来，权利义务研究也进入了实证化阶段。20世纪，法理学界非常重视对权利义务关系及内容的深入研究。① 霍菲尔德从义务的对应关系中来把握权利的概念，他认为，某人有某权利可能意指下列意思：第一，该有权人对任何人都不负有做某事的义务。第二，它意味着任何一个人都有义务不干预或协助有权人做某事。② 这说明权利概念只有参照义务来界定才有意义，才会更准确。

① 张文显：《法哲学范畴研究》，中国政法大学出版社2001年版修订，第282～291页。

② 沈宗灵：《对霍菲尔德法律概念学说的比较研究》，载《中国社会科学》1990年第1期。

国外法学界对法律义务的概念大致有三种观点：(1)规范说。认为法律义务是为满足权利人的利益需要而给义务人规定的必要行为尺度。它对义务人来讲是一种责任，因而受到国家强制力的约束。(2)负担说。认为法律义务是义务主体必须作出或抑制一定行为的负担。(3)责任说。认为法律义务是义务主体为一定行为或不为一定行为的一种责任。我国法学界一般采用责任说，认为法律义务是法律规范所规定的法律关系主体为一定行为或不为一定行为的责任。法律义务按法律性质的不同，可分为宪法所规定的基本义务与普通法律所规定的普通义务或一般义务。

(二)权利与义务的关系

1. 关于权利和义务关系的基本观点

(1)权利与义务不可分割。这种观点在我国最早出现于上世纪30年代，当时的提法是："权利义务，如影之随形，响之随声，在法律上具有相互之关系，故权利之所在，即义务之所在，义务之所在，亦为权利之所在。"①到上世纪40年代，有学者引用了西方学者波洛克所说的"权利与义务不可分离，有如机械之有主动与反动"，"同一法律规则，创造权利，亦即产生义务。创造义务，亦即产生权利"。② 当今我国法理学对这个问题有代表性的提法是："权利和义务不可分割，没有无义务的权利，也没有无权利的义务。"③

(2)权利与义务对立统一。按这种观点，"权利和义务是对立统一的一对范畴"，"权利和义务相互依存"，"可以互相转化"。④

(3)权利和义务的总量相等。"一个社会的权利总量和义务总量是相等的"，"在一个社会，无论权利和义务怎样分配，不管每个社会成员具体享有的权利和承担的义务怎样不等，也不管规定权利和规定义务的法条是否相等，在数量关系上，权利和义务总是等值或等额的。"⑤

2. 权利和义务关系的具体表现

(1)权利和义务的对等性关系

权利和义务具有对等性(对应性)。对等性关系要求法律在授予人们一定权利的同时要设定相应的义务；不管权利和义务如何分配，不管每个成员实际享有的权利和承担的义务怎样的不均衡，法律权利和义务的总量是等值的。在具体的法律关系中，权利的范围就是义务的界限，义务的范围就是权利的界限；权利和义务是对等的，义务的存在是权利存在的前提，权利人要享受权利必须履行义务。

权利和义务的对等性显示出权利和义务关系的界限有内向、外向两个方面。其一，就内向而言，权利和义务都有边界。因此，权利主体有遵守权利界限的义务，超越权利的界限就是没有履行遵守权利界限的义务；义务主体履行义务的同时享有要求别人执行义务

---

① 欧阳谿：《法学通论》，上海会文堂新记书局1933年版，第290～291页。

② 龚钺：《比较法学概要》，商务印书馆1947年版，第164页。

③ 张文显：《法学基本范畴研究》，中国政法大学出版社1993年版，第96页。

④ 张光博：《权利义务要论》，吉林大学出版社1989年版，第28～31页。

⑤ 张文显：《法哲学范畴研究》，中国政法大学出版社2001年修订版，第85页。

界限的权利，超越义务的界限，就是侵犯了这项权利。权利和义务互为界限，超越界限的行为就要转向对立面，以纳税义务而言，当收入额达到起税点就必须按比例交税，交税额不足是欠税，超额征税则有拒付的权利。其二，外向关系主要表现为成员与成员、权利与权利、义务和义务互相嵌在一起，互为界限。如你享有权利别人也享有权利，别人履行义务你也有义务。因此，任何超越权利界限的行为，都是同时侵犯了别人的权利，没有履行自己的义务；超越义务界限的要求就是没有履行自己的义务，而侵犯了人家的权利。①

对等性说明在特定法律关系内每个成熟的人都既是权利的主体，又是义务的主体，是义务和权利的统一体。如言论自由既是一个人的权利也是他的义务，一个人享受了言论自由的“权利”、利益或运用了言论自由的资格，这是权利；同时他应不妨碍他人的言论自由权利或有关言论自由的社会环境，这是他的义务等。权利、义务的统一不是无条件的合一，而是有一定的“度”，如言论自由作为权利的界限在于不冒犯或妨碍他人有权利享受言论自由、不泄露国家机密、不侵犯国家尊严等（这是他作为权利人的义务）；言论自由作为义务的界限在于合法行使言论自由权（这是他作为义务人的权利）。

(2)权利和义务关系的非对等性（间接对应性）

权利和义务并非任何情况下都是对等的，有时存在非对等性。就法律领域而言，私法领域里的权利和义务可以说是基本对应的。在公法领域，义务主体面对的是行使公共权力的国家，而非权利的主体。例如，对于言论自由权的行使而言，如果权利者不涉及“冒犯或妨碍他人享受言论自由”、泄露国家机密、侵犯国家尊严等，那么，后者作为公民义务与权利主体并没有构成直接的对等关系，而只能说是非对应的、间接的存在。

二、基本权利与基本义务的关系

（一）基本义务的概念

基本义务是指宪法规定的公民必须履行的法律责任。在社会生活中，公民需要履行不同形式的法律义务，其中对于国家来说具有首要意义的义务，即对公民生活产生重大影响的义务构成宪法规定的义务。② 公民的基本义务，是公民对于国家而具有的义务，它构成普通法所规定的义务的基础。公民的基本义务与基本权利一起共同反映并决定着公民在国家中的政治与法律地位。

宪法该不该规定基本义务？对此，我国宪法学界存在两种对立的观点。北京大学法学院的张千帆教授认为宪法只能规定基本权利，不应该规定基本义务。理由是：“既然社会契约的最终意义在于保障每个人的基本权利……作为反映契约精神的根本性法律文件，宪法的目的即在于保护个人基本权利不受国家的侵害。”“基于契约论的根本出发点，宪法的目的是防止这些法律过分侵犯任何理性公民都不可能同意放弃的基本权利，因而

① 王文东：《论权利和义务关系的对等性和非对等性》，载《首都师范大学学报（社会科学版）》2007年第5期。

② 胡锦光、韩大元：《中国宪法》，法律出版社2007年版，第322页。

没有为义务条款留下任何余地。”①大部分宪法学者基于基本权利的限制性认为宪法应该规定基本义务，一部分宪法学者认为：“宪法是否规定公民的基本义务受制宪国居于主导地位的宪政思想和价值理念的制约，也受到本国文化背景、社会制度以及政治理想的影响。尽管受普遍信奉的自由价值观的影响，西方国家将公民权利保障作为宪法的主旨，但西方资本主义国家也不是在宪法中只规定基本权利而无视基本义务。在不同国家以及一个国家不同的历史发展时期，由于价值观念的变迁，宪法修改过程中公民的基本义务形式也呈现不同的变化特点。在个人本位价值理念主导下，宪法会更注重公民基本权利的确认，而在社会本位的价值理念中，宪法则会关注公民基本义务的规范。”②

（二）各国宪法对基本义务的规定

各国宪法对公民基本义务的规定是不断发展和变化的。近代宪法产生以前，公民只有义务而无权利。17、18世纪近代宪法产生初期，受个人自由主义影响，宪法在内容上偏重于个人权利的保护，而对公民基本义务的规定较少，如1787年的《美国宪法》没有明确规定公民的基本义务。1791年的《法国宪法》在序言“人权宣言”第3条中规定了一项公民纳税的基本义务，1795年的《法国宪法》增加了公民基本义务方面的内容，公民基本义务的条文达9条，除保留了纳税义务外，还增加了必须服从法律、维护自由平等及尊重财产、捍卫国家等基本义务。这部宪法还首次将基本权利和基本义务并列于宪法之中，这种做法为此后各国宪法所效仿。19世纪以后，受社会本位观念的影响，各国宪法对公民基本义务的规定增多。不过，社会主义国家宪法从产生开始就规定规定了公民的基本义务。

世界各国宪法对公民基本义务的规定主要有以下内容：(1)纳税的义务；(2)服兵役的义务；(3)忠于国家的义务；(4)遵守宪法和法律的义务；(5)保护自然环境的义务；(6)受教育的义务；(7)劳动的义务。当然，不同的国家宪法所规定的公民基本义务不尽相同，但基本包括纳税的义务和服兵役的义务。

（三）基本权利与基本义务的关系

总体而言，基本权利与基本义务是相互统一的关系。这种统一关系表现在四个方面：第一，相互依存，不可分离。也就是说权利离开义务就失去意义，义务离开了权利就不可能存在。第二，相互渗透，相互结合。也就是说，有些行为既是权利也是义务(如义务教育)。而且，在一定条件下，权利和义务可以相互转化。第三，相互促进，不断演进。也就是说，有效权利会促使公民自觉地履行义务，义务的自觉履行则为公民权利的扩大创造条件。第四，相互制约，日臻完善。也就是说，任何权利和义务都是相对的。既没有绝对的权利，也没有绝对的义务。公民在享有法定权利的同时，负有遵守法定权利界限的义务；

---

① 张千帆：《宪法不应该规定什么？——为宪法实施清除几点文本障碍》，载《华东政法学院学报》2005年第3期。

② 王世涛：《宪法不应该规定公民的基本义务吗？——与张千帆教授商榷》，载《时代法学》2006年第5期。

公民在履行法定义务的同时，也享有要求别人遵守法定义务界限的权利。[①]

1. 基本权利与基本义务主体之间的关系

(1)总体情形下的同一关系

任何公民既享有权利，又要承担义务。也就是说一国公民既是基本权利的享有主体又是一定的基本义务的承担主体。如我国现行《宪法》第 33 条第 3 款规定："任何公民享有宪法和法律规定的权利，同时必须履行宪法和法律规定的义务。"

(2)具体情形下的非同一关系

在具体的宪法关系中，基本权利的享有主体与基本义务的承担主体并非同一的。因为，在公民作为基本权利的享有主体时，对应的义务主体是国家而非其他公民；公民承担的宪法上义务主要是对国家或整个社会的义务。因此，这时的基本权利与基本义务是一种非同一对应关系。

2. 基本权利与基本义务内容之间的关系

(1)总体情形下的非对等关系

总体而言，宪法所规定的基本权利多于基本义务，如我国现行宪法所规定的公民的基本权利远远多于公民的基本义务。具体而言，公民享有某些基本权利并不意味着必须履行某种相应的基本义务，即使伴随着某种相应的基本义务，二者的内容也并非均等。

(2)特殊情形下的统一性

在一些特殊的情形下，公民的基本权利和义务在内容上具有统一性。如我国《宪法》第 46 条规定公民有受教育的权利和义务。在这里，公民接受义务教育既是权利又是义务，两者是统一的。

[案例]杨某，30 岁，1999 年师专毕业，在某乡中学任初中物理教师。工作以来，杨某教学能力突出，很快成为学科的骨干教师。2002 年，为了提高自己的学历层次，经杨某申请，当地教委和学校批准其到某师范大学进修。杨某十分珍惜这次来之不易的进修机会，在一年的进修期间，不仅成绩优秀，还发表了数篇论文。然而，进修结束后，她才发现学校将她进修期间的工资扣了一半，并告知：进修期间，没有在学校正常工作的，一律扣发一半工资。

[解析]《中华人民共和国教师法》第 7 条规定："教师享有参加进修或者其他方式的培训的权利。"《中小学教师继续教育规定》第 4 条规定："参加继续教育是中小学教师的权利和义务。"第 16 条规定："经教育行政部门和学校批准参加继续教育的中小学教师，学习期间享有国家规定的工资福利待遇。学费、差旅费按各地有关规定支付。"根据以上规定，杨某参加继续教育，既是其权利也是其义务。经过教委和学校批准，杨某参加进修，学习期间享有国家规定的工资福利待遇，学校不得扣发其工资，而且还应按当地相关规定向杨某支付学费和差旅费。对于学校扣发工资的行为，杨某可向学校所在地教育行政主管部门申诉，必要时甚至可以向法院提起诉讼，维护自己的合法权益。

---

① 杨海坤：《宪法学基本论》，中国人事出版社 2002 年版，第 165～166 页。

【思考题】

1. 基本权利的特征有哪些?
2. 简述国籍的取得方式。
3. 基本权利的效力表现在哪些方面?
4. 对基本权利的限制方式有哪些?
5. 谈谈基本权利与基本义务的关系。

第九章　我国公民的基本权利和义务

【引例】

2001 年 12 月 23 日，四川大学法学院 1998 级学生蒋某看到成都某媒体刊登的中国人民银行成都分行的招录广告，其中规定招录对象条件之一为“男性身高 168 公分，女性身高 155 公分以上”。蒋某认为这侵犯了公民的宪法权利，于 2002 年 1 月 7 日向武侯区人民法院提起行政诉讼。原告认为，被告招考国家公务员这一具体行政行为违反了《宪法》第 33 条关于“中华人民共和国公民在法律面前人人平等”的规定，限制了他的报名资格，侵犯了其享有的依法担任国家机关公职的平等权和政治权利。

法院认为，被告发布《招录行员启事》中对招录对象规定身高条件这一行为，不是其作为金融行政管理机关行使金融管理职权、实施金融行政管理的行为，不属于行政行为，依法不属于人民法院行政诉讼的受理范围；而且，被告已经修改了《招录行员启事》的内容，撤销了对招录对象的身高条件规定，消除了该行为对外部可能产生的法律后果和对当事人权利义务产生的实际影响，并未给原告及其他相对人的权利造成损害。

第一节　我国公民的基本权利

一、公民权利和政治权利

（一）平等权

1. 平等权的宪法地位

(1)国际人权公约对平等权的规定

1948 年《世界人权宣言》序言写到：“鉴于对人类家庭所有成员的固有尊严及其平等的和不移的权利的承认，乃是世界自由、正义与和平的基础。”《世界人权宣言》第 1 条、第 2 条、第 7 条又分别规定：“人人生而自由，在尊严和权利上一律平等。他们富有理性和良心，并应以兄弟关系的精神相对待”；“人人有资格享有本宣言所载的一切权利和自由，不分种族、肤色、性别、语言、宗教、政治或其他见解、国籍或社会出身、财产、出生或其他身份等任何区别。并且不得因人所属的国家或领土的政治的、行政的或者国际的地位之不同而有所区别，无论该领土是独立领土、托管领土、非自治领土或者处于其他任何主权受限制的情况之下”；“法律之前人人平等，并有权享受法律的平等保护，不受任何歧视。人人有权享受平等保护，以免受违反本宣言的任何歧视行为以及煽动这种歧视的任何行为之害”。

1966年《公民权利和政治权利国际公约》第26条规定：“所有的人在法律面前平等，并有权受法律的平等保护，无所歧视。在这方面，法律应禁止任何歧视并保证所有的人得到平等的和有效的保护。以免受基于种族、肤色、性别、语言、宗教、政治或其他见解、国籍或社会出身、财产、出生或其他身份等任何理由的歧视。”该规定进一步确定了法律上平等可操作的、适用的具体规则——有权受法律的平等保护、法律禁止歧视、保证得到平等和有效的保护。

(2)平等权在各国宪法中的体现

世界各国宪法对平等权多有规定，其规定方式有以下几种。有的国家从正面规定法律面前人人平等，如我国《宪法》的第35条。有些国家则从消极面规定禁止歧视，如美国宪法第19条修正案：“合众国公民的选举权，不得因性别而被合众国或任何一州加以拒绝或限制。”还有的国家则强调国家对平等权的保护，或国家平等地保护宪法权利的责任。如《阿尔及利亚宪法》第41条规定：“国家通过排除经济、社会、文化方面的各种障碍来确保全体公民享有平等，因为这些障碍限制公民平等，阻碍人的全面发展，并阻止全体公民有效地参加政治、经济、社会、文化组织。”还有些国家基于特殊的历史原因，而特别规定禁止特权、贵族，反对个人崇拜。如《墨西哥宪法》第12条规定：“在墨西哥合众国内不授予贵族爵位、世袭的特权和荣誉头衔。”但是要强调的是，这些内容之间并不是绝对的互相排斥，而是往往在一国的宪法中都有所体现。[①]

(3)平等权在我国宪法中的体现

我国1954年《宪法》第85条规定：“中华人民共和国公民在法律上一律平等。”该规定确立了法律上一律平等的宪法原则。1982年《宪法》第33条规定：“中华人民共和国公民在法律面前人人平等。”

2. 平等权的含义与性质

(1)平等权的含义

从各国宪法以及公约的规定来看，平等权主要是指通过宪法及宪法性法律、宪法判例的保障，公民得以平等地享有权利，不受任何不合理的差别待遇并要求国家给予同等保护的权利与原则的统一体。在我国法律中，被表述为：“中华人民共和国公民在法律面前一律平等。”而且在第5条规定：“任何组织或者个人都不得有超越宪法和法律的特权。”平等从广义上说，还包括义务的履行上的平等，并且强调国家平等保护公民的义务。

(2)平等权的性质

在学理上，对平等权性质的讨论莫衷一是，有原则说(平等权是一项宪法原则)，权利说(平等权只是权利)，兼有说(既是原则又是公民的权利)，综合说(平等权是资格、权利、原则的综合体)。[②] 我们将平等权定义为“权利与原则的统一体”，即认为平等权具有双重性质，“法律面前一律平等”既是一种法律原则，但对个人而言，又应当被认定为是一种权利。这是因为平等权具有广泛的效应性，本质上更类似于原则。在现实生活中，平等权往

① 本章节所引用的外国宪法，来自于姜士林等主编：《世界宪法全书》，青岛出版社1997年版。

② 韩大元、胡锦光：《宪法教学参考书》，中国人民大学出版社2003年版，第320～323页。

往需要与其他具体权利相结合，才能发挥效应。这也是为什么将平等权视为更高权利或源权利。如果仅仅将之理解为一种原则，只会导致平等权价值的名存实亡。所以双重属性更符合平等权的性质要求和保障要求。

3. 平等权的分类与内容

(1)平等权的分类

第一，机会平等与结果平等。机会平等是指公民在法律上能够享有同等的机会去实现目标，这是在起点上的平等。而结果平等，则是从结果出发，要求公民能够最终获得同等的利益。

目前各国所保障的平等，一般仅限于机会平等。即通过宪法的资源配置，保障公民能够在同样的起点上享有同等的权利去竞争。

第二，分配平等和社会平等。分配平等，首先是指在立法资源的分配上应当平等，如权利义务的对等性，公民与公民权利总量相称性；其次，在现实生活中，则表现为对经济资源、生活资源的公平再分配。目前在我国，贫富差距拉大的部分原因就在于第二次分配上存在一定的制度性缺陷。

与分配平等强调资源均等性不同，社会平等则更加强调个人的尊严和感情，即指一种要求将其他人当作平等的对手来对待的生活方式和态度。在人的生存与发展过程中，最难以调控、但又与生活密切相关的，是社会平等。现代社会对人的尊严的强化，导致了对社会平等的更高诉求。在现实生活中，部分群体面临的歧视，正是社会平等的缺乏。

第三，形式平等和实质平等。形式平等是指法律文本上的平等，即在立法的表述中声明公民之间的平等；但这种形式上的平等就其本身而言，只是一种承诺，还需要从文本走向现实，实现实质平等，即让形式上平等的法律在适用中获得平等的效果，在结果上做到与文本所设定的目的相一致。

可以说，基本上每一个国家都会在宪法文本中声明国家对公民平等保护的立场，在具体的普通法律中，也一再试图保持平等的姿态。但现实情况是，某些法律本身就带有内在的歧视性效果。

[案例]旧金山政府1880年5月26日通过的第1569号条例和1880年7月28日通过的第1587号条例规定，任何在市内的木质建筑中开办、维护和经营洗衣店的人都必须从市政当局获得营业执照。拒不服从者将被罚款1000美元，或者最长不超过6个月的监禁，或者两项并罚。旧金山320家洗衣店中大概有310家开在木质建筑中，因此绝大多数店主都受到这两项条例的约束。问题是，没有一个条例规定了给予和拒绝营业执照的标准，这就让市政当局可以随心所欲地接受或拒绝有关申请。结果，所有被认定为华人的洗衣店老板的申请均被拒之门外，而所有的白人申请者皆一路绿灯，拿到执照。许多华人决定无视条例和市政当局的歧视行为，照常经营他们的洗衣店。不久，他们全部被捕。代表人物益和为控告逮捕他的警长霍普金斯，直接将官司诉诸加州最高法院，请求法院下达人身保护令状，使之获得自由，矫正旧金山市政当局的错误做法。

加州最高法院拒绝了益和的诉讼请求，益和继而向美国联邦最高法院提出上诉。联邦最高法院宣布了一致同意的判决：认定申诉者的权利受到了侵害，下令立即释放。

理由是宪法第14条修正案的平等保护适用于美国公民，同样也适用于非公民。法院宣称，在条例执行中，它们是专门针对一个特定的人群（也就是中国人），这实际上否定了对华人给予法律上的平等保护。最高法院指出："尽管条例本身是公正的，表面上也不偏不倚，但是，如果公权部门带着恶意的眼光并以不平等的方式执行和应用它们的话……那么，对平等的公正的否定仍然为宪法所禁止。"①

[解析]这就是美国历史上的"华人洗衣店"案，该案告诉我们，从形式平等到实质平等尚有一段不小的距离，即便法律本身并不带有歧视性目的，在法律的具体适用过程中，也可能出现不平等的对待。

(2)平等权的内容

具有双重属性的平等权总体表现为法律面前人人平等的原则和具体的平等权两个方面的内容。后者常常表现为多种形式，如尊严的平等、男女平等、政治平等、教育平等、宗教平等等等。通常意义上的平等权，一般具有以下三项内容：

第一，法律面前人人平等。在我国，原则意义上的人人平等，首先，包括公民平等地享有权利和履行义务、任何人都受法律的约束、不允许有超越法律规定的特权；其次，公民在法律的适用过程中一律平等，执法和司法机关必须公正、平等地将法律运用于每个公民。

第二，禁止歧视。单纯地从正面看，平等权要求平等地享有权利和履行义务，但从本质上说，平等权是一种"人际权利"，它的实现要通过人的互动，需要人们之间的评价。所以从反面来看，平等权更重要的内容是要禁止歧视，而不是单纯地表达保护的意思。

第三，国家积极保护的义务。平等权要求国家平等地保护公民，也要求国家积极地促进平等权的实现。所以国家需要为贫困地区投资，以促进地区经济的发展，从而实现贫富之间的平等；同时，国家也需要制止歧视行为的蔓延。

4. 合理的差别对待

(1)概念和理由

合理的差别对待是国家为了保障和实现实质上的平等基于公民在生物、环境、社会和事实上存在的差异而作出的必要、合理的区别对待。主要体现为照顾弱势群体和某些工作任务完成的特殊需要。之所以需要对不同主体进行差别待遇，主要是因为：

第一，主体的性质所导致。我们必须承认人与人、群体与群体之间存在差异。而这种差异并不可归责于这些个人或该群体，也不是某个群体本身所能扭转的。如种族之间的差异来自于自然，而某个种族的弱势又来自于种族的数量以及历史性的原因。这在妇女、儿童、老人、残疾人等主体上，都是共通的。

第二，事务的性质所致。社会的分工越来越细致化，对于某些事务，在完成上有着特殊的条件要求。如法官只能由掌握了充足法律知识的人员来担当，再如篮球运动员要求身高等。选举权的行使需要年龄条件，人大代表参政议政需要言论免责等。

① 任东来等：《美国宪政历程：影响美国的25个司法大案》，中国法制出版社2004年版，第140～146页。

(2)合理差别待遇的判断

对于某一个具体的行为或制度，是否符合合理差别待遇，要符合以下因素：①

第一，存在不利因素的事实状态。这是从主体的角度，要求被给予更高待遇的主体存在一些不利于参与权利享有和行使的事实。这种不利事实状态可能不能扭转，如身心障碍者在工作能力上的缺陷；或这种不利在另一角度必须保持，如对于妇女的产假，对工作具有影响，但是一个国家发展所必需的。

第二，事项的本质有必要予以差别对待。这是从事务性质的角度，要求对某些主体的限制或放宽是符合事项的内在需求的。在现实生活中，除了各个行业外，还有一些普遍性事务也需要予以差别对待。如选举权与被选举权对未成年人的限制，就是出于事务本质的考虑。

第三，为了追求实质平等的正当目的。这种差别待遇必须符合目的的限制，即为了保障实质的平等，而不是给予特权。

第四，采取差别待遇的方式、手段、事项范围以及程度，都符合社会的发展程度，并能为社会的理念所容忍。这里对于能否容忍的判断，应当是基于大众的接受程度。

(3)不合理的差别待遇

不合理的差别待遇是指没有合理的依据，而是基于民族、种族、性别、职业、家庭出身、宗教信仰等事由的不同，采取的法律或制度上的不同待遇。不合理的差别待遇，又称作歧视待遇，在各个国家都是平等权的最大敌人。减少歧视现象需要改变人们的观念，改进立法和完善制度。

5. 平等权的社会效力

平等权的社会效力是指平等权规定对社会生活的拘束力，即平等权能在多大程度上干预不平等现象。

平等权的本质属性之一，是它的"人际性"，它是通过人与人之间的关系来衡量权利是否享有、权利是否被侵犯的。正是基于这种人际性，平等权不能忽略其在社会中的真实效力。而平等权的社会效力，与法律效力并不是同步的。如判决某行为侵犯了宪法上的平等权，并不能迫使行为的主体能真正平等地对待弱势方。这一点，也在黑人的民权抗争中有所体现。

当然，宪法上的平等条款和判例，虽然在扭转歧视上的效果有限，但其意义依然不可忽视：

第一，增强弱势方的道德优势。对于崇尚法律至上和拥有着法律信仰的国家，法律文本上的承认首先是对弱势方在道德上的支持。这对于现实生活中，以道德贬损为基础的歧视具有重要的价值。

第二，保障弱势方的生存。通过个案的方式，虽然不能在短时间消除社会的歧视，但是对于被歧视方的其他基本权利的保障极为重要。在保障生存和发展的基础上，才能真正地实现平等。

第三，促进弱势方的发展。通过合理的差别对待，在起点上提高弱势方的机会，能够

① 杨海坤：《宪法基本权利新论》，北京大学出版社2004年版，第45页。

为弱势方提供发展的动力。而弱势方力量的强大是抗衡社会歧视的最重要工具。

(二)宗教信仰自由

1. 宗教信仰自由的宪法地位

(1)宗教信仰自由在国际人权公约中的体现

1948年《世界人权宣言》第18条规定:“人人有思想、良心和宗教自由的权利;此权利包括他的宗教或信仰的自由,以及单独或集体、公开或秘密地以教义、实践、礼拜和戒律表示他的宗教或信仰的自由。”

1966年《公民权利和政治权利国际公约》第18条规定:“一、人人有权享受思想、良心和宗教自由。此项权利包括维持或改变他的宗教或信仰的自由,以及单独或集体、公开或秘密地以礼拜、戒律、实践和教义来表明他的宗教或信仰的自由。二、任何人不得遭受足以损害他维持或改变他的宗教或信仰自由的强迫。三、表示自己的宗教或信仰的自由,仅受法律所规定的以及为保障公共安全、秩序、卫生或道德或他人的基本权利和自由所必需的限制。四、本公约缔约各国承担,尊重父母和(如适用时)法定监护人保证他们的孩子能按照他们自己的信仰接受宗教和道德教育的自由。”

1966年《经济、社会和文化权利国际公约》第2条规定:“本公约缔约各国承担保证,本公约所宣布的权利应予普遍行使,而不得有例如种族、肤色、性别、语言、宗教、政治或其他见解、国籍或社会出身、财产、出生或其他身份等任何区分。”

以上国际公约有关宗教信仰自由的规定确立了宗教信仰自由的国际标准及相关内容。

(2)宗教信仰自由在我国宪法中的体现

我国《宪法》第36条规定:“中华人民共和国公民有宗教信仰自由。”“任何国家机关、社会团体和个人不得强制公民信仰宗教或者不信仰宗教,不得歧视信仰宗教的公民和不信仰宗教的公民。”“国家保护正常的宗教活动。”“任何人不得利用宗教进行破坏社会秩序、损害公民身体健康、妨碍国家教育制度的活动。”“宗教团体和宗教事务不受外国势力的支配。”

2. 宗教信仰自由的含义及特点

(1)宗教信仰产生的原因

宗教信仰基于以下三种情况而产生:第一,人类对大自然认识的有限性。人类认识能力的有限性使人类无法完全揭示一些自然现象和自然力量,人们对那些无法揭示的自然现象和自然力量会产生敬畏,进而顶礼膜拜,久而久之就形成对其的宗教信仰。第二,人们从精神上解决人生历程中不可避免的苦难与挫折的需要。当人们在人生历程中遇到自身难以克服的苦难与挫折时,急需得到精神上的慰藉与帮助。宗教信仰可以满足这种需要。宗教信仰也可以因此而产生。第三,人类完全认识自我和超越自我的需要。人们有一种人类完全认识自我和超越自我的需求。超越意识处于人所有意识的金字塔之顶,它可以支配整个精神意识系统。超越意识促使人们从有限达至无限、从匮乏达至完满、从偶然达至确定、从现实达至理想。这个过程就是一个人超越意识苏醒、活跃的过程,也是宗教信仰形成的过程。人的生命质量的精神提升、自我的完全认识和超需要借助信仰活动。

因此，宗教信仰的本质和自我完全认识和超越是直接同一的。

(2)宗教信仰自由的含义及特点

宗教信仰自由是指公民依据内心的信念，自愿地信仰宗教的自由。是精神自由的重要内容，属于人们的精神自由领域，反映了人们的内心信念。人民要求精神自由，政教分离。这种思想和趋势逐步反映到制宪过程中，于是最早的成文宪法国家对其进行了确认并实践之。纵观目前各国宪法，宗教信仰自由是一项不可动摇的自由。①

宗教信仰自由作为公民的一项基本权利，包括以下三方面的内容：第一，信仰的自由。即公民有决定信仰宗教或不信仰宗教的自由，国家不得强制公民信仰宗教或信仰某种宗教，国家不得鼓励公民信仰宗教或信仰某种宗教，国家亦不得禁止公民信仰宗教或信仰某种宗教。第二，参加宗教典礼或仪式的自由。公民有参加礼拜、祷告和其他宗教典礼或仪式的自由，国家不得强迫公民履行某种宗教仪式或禁止、限制公民履行某种宗教仪式。第三，组成宗教社团的自由。公民有设立并参加某种宗教社团、社团活动或不加入某种宗教社团、社团活动的自由。国家既不限制，也不得强制或鼓励公民参加某种宗教社团或不参加某种宗教社团活动。②

宗教信仰自由具有如下特点：③

首先，宗教信仰自由具有普遍性。《世界人权宣言》、《公民权利和政治权利国际公约》、《德黑兰宣言》等人权公约都明确规定，“人人有思想、良心和宗教自由的权利”……“任何人不得遭受足以损害他维持或改变他的宗教或信仰自由的强迫”。全世界约有40多亿人信教，占世界总人口的80%左右，这充分体现出宗教信仰自由的普遍性特征。

其次，宗教信仰自由具有个人性。恩格斯说：“信仰宗教对国家来说仅仅是私人的事情。”④因此，信不信教、信何种教、何时信教、以何种方式信教完全由每个人自己决定。承认宗教信仰自由的个人性，是承认每个有尊严和价值的人有理性和良知、能够进行道德选择和自由活动，这是宗教信仰的形成基础，也是宗教信仰自由成为一项基本人权的理由。

再次，宗教信仰自由具有外现性。宗教信仰自由本质上是一种内心活动，但它只有通过一定的外现方式出现才能对社会产生影响。当它处于思想阶段时，除了法律承认个体的人格尊严这一层意义外，并没有其他实质上的社会意义或价值。因此，每个有思想的人，只有把自己的信仰通过一定的方式如宗教仪式、传播宗教等方式表现出来，宗教信仰自由的价值才得以体现。

最后，宗教信仰自由具有易受侵犯性。在现实生活中，宗教信仰自由经常受到以下形式的侵犯：以暴力、胁迫或其他非法手段干涉他人宗教信仰自由；封闭或破坏宗教场所及必要设施；禁止或扰乱正当的宗教活动；对信仰宗教的公民进行威胁、打击、迫害；非法撤销合法的宗教组织，非法剥夺教职人员在各宗教团体的领导下履行宗教职务的权利，非法阻挠、禁止宗教刊物的发行或者勒令停办宗教院校；以语言、文字、图案等方式侮辱宗教或

① 朱国斌：《中国宪法与政治制度》，法律出版社2006年版，第350页。

② 焦洪昌：《宪法学》，北京大学出版社2011年版，第242页。

③ 朱丹：《我国公民宗教信仰自由问题研究》，中南民族大学2009年硕士论文。

④ 恩格斯：《马克思恩格斯选集》(第3卷)，人民出版社1995年版，第8页。

宗教团体等。因此,宗教信仰自由具有易受侵犯性,需要国家的保护。

3. 对宗教信仰自由的保护与限制

(1)对宗教信仰自由的保护

第一,法律保护。国家要通过宪法对宗教信仰自由权加以确认;通过制定《宗教信仰法》对宗教信仰自由加以专门规范与保护;通过《刑法》条款对侵犯宗教信仰自由的行为加以制裁。

第二,物质保障。国家要为信仰宗教的公民建造、恢复、修缮、开放寺、观、庙、教堂等宗教活动场所提供物质条件和方便;为信仰宗教的公民开展宗教活动提供便利。

(2)对宗教信仰自由的限制①

第一,宗教信仰自由权利的行使不能违反国家的法律。国家法律是一国国家意志的集中体现,对全国公民具有普遍的约束力。信教群众作为公民有遵守本国法律的义务,因此,其行使宗教信仰自由权利时不能违反国家的法律。

第二,宗教活动不能损害国家利益和社会公共利益。国家利益关系国家的安全和发展、人民大众的幸福安康,社会利益关系社会的安全和发展。宗教信仰自由只是个人的私事,其宗教活动只能满足其个人需求,不能损害国家利益和社会公共利益。

第三,宗教信仰自由不能违反公共秩序和公共道德。公共秩序是人们在日常生活中由法律、纪律以及社会习惯等构成的必须共同遵守的秩序。公共道德是指为了维护社会的正常秩序,公民必须遵从的社会生活的一般准则。这些都属于人们行为规范的一部分,宗教信仰自由是规范下的自由,不能违反公共秩序和公共道德。

第四,宗教与教育相分离。在一个国家,信仰宗教的人毕竟是一部分人,如果学校对学生进行宗教教育,就等于强迫不信教的人也信教。这就从根本上违反了宗教信仰自由的原则。即便是对信教的人来说,也只能对他进行所信奉的宗教的教育。

(三)人身自由

1. 人身自由的宪法地位

1948年《世界人权宣言》第9条规定:"任何人不得加以任意逮捕、拘禁或放逐。"从而确定了人身自由的国际保护。1966年《公民权利和政治权利国际公约》第9条规定:"1. 人人有权享有人身自由和安全。任何人不得加以任意逮捕或拘禁。除非依照法律所确定的根据和程序,任何人不得被剥夺自由。2. 任何被逮捕的人,在被逮捕时应被告知逮捕他的理由,并应被迅速告知对他提出的任何指控。3. 任何因刑事指控被逮捕或拘禁的人,应被迅速带见审判官或其他经法律授权行使司法权力的官员,并有权在合理的时间内受审判或被释放。等候审判的人受监禁不应作为一般规则,但可规定释放时应保证在司法程序的任何其他阶段出席审判,并在必要时报到听候执行判决。4. 任何因逮捕或拘禁被剥夺自由的人,有资格向法庭提起诉讼,以便法庭能不拖延地决定拘禁他是否合法以及如果拘禁不合法时命令予以释放。5. 任何遭受非法逮捕或拘禁的受害者,有得到赔偿的权利。"该公约将各国宪法规定的人身自由的保护,进一步扩展到人身自由受限制后的司

---

① 刘金凌:《正确理解宗教信仰自由政策》,载《辽宁师专学报(社会科学版)》2004年第4期。

法保护，并确定了若干具体的程序。

我国1982年《宪法》第37条规定："中华人民共和国公民的人身自由不受侵犯。任何公民，非经人民检察院批准或者决定或者人民法院决定，并由公安机关执行，不受逮捕。禁止非法拘禁和以其他方法非法剥夺或者限制公民的人身自由，禁止非法搜查公民的身体。"1982年宪法修改增加规定了过去历次宪法没有规定的第3款，即禁止非法拘禁和以其他方法非法剥夺或者限制公民的人身自由，禁止非法搜查公民的身体。

2. 人身自由的含义及保障界限

(1)人身自由的含义

人身自由是指公民享有的身体自主权和行动自由权以及人身不受非法侵犯的自由。包含三层含义：第一，自我支配身体，不受他人支配或控制的自由；第二，行动自由，即按自己意愿行动、改变位置和去法律未禁止去的地方的自由；第三，抵制国家及他人非法拘留、逮捕、非法搜查身体、以其他方法非法剥夺或限制人身的权利。人身自由是公民参与国家政治生活、经济活动、社会生活的基础，是公民行使其他权利的人身基础。人身自由是自然人生存所必需的权利，是体现公民宪法地位的重要标志。对人身自由的规定和保障关系到社会和国家的稳定与发展，因此，人身自由在一国基本权利体系中占举足轻重的位置。

(2)人身自由的内容

各国宪法规定的人身自由内容不相同，有广义和狭义之分，但核心内容大致相当，即人身自由不受侵犯。广义的人身自由是指"个人身体保护、人身自主的自由。包括人身保护、住宅不受侵犯、迁徙自由、人格尊严不受侵犯等"①。狭义的人身自由是指"公民有人身自主权，有举止行动的自由权，不受他人的支配或控制，公民的身体不受侵犯"②。通常，广义人身自由的内容包括生命权不受侵犯、人格尊严不受侵犯、人本身(精神和肉体)自由不受侵犯、迁徙自由、隐私权不受侵犯等。狭义的人身自由其内容只包括人本身(精神和肉体)的自由不受侵犯。我国宪法规定的人身自由包括人身自由不受侵犯、人格尊严不受侵犯、住宅不受侵犯、通信自由和通信秘密受法律保护四项内容。

[案例]村民吴某的摩托车被偷，他向村委会反映怀疑是同村柳某所为。村委会找到柳某问话。柳某坚决否认，村委会主任觉得其态度恶劣，于是便将柳某锁在村委会办公室内，并派人日夜看守，连续三昼夜对其询问。

[解析]人身自由是我国《宪法》确认的公民基本权利，我国《宪法》明确规定公民的人身自由不受侵犯。任何公民，非经法定程序，不受拘禁和逮捕。本案中，村委会擅自拘禁柳某属于对公民人身自由权的侵犯，属于非法行为。

3. 对人身自由的保障与限制

(1)对人身自由的保障

对人身自由的保障有实体保障和程序保障两种方式：实体保障是保障人身自由的实

① 何华辉：《比较宪法学》，武汉大学出版社1988年版，第230页。

② 李步云：《宪法比较研究》，法律出版社1998年版，第476页。

体法规定，包括原理和原则；程序保障是程序法规定的有关限制人身自由时应遵循的刑事程序和制度。英国《自由大宪章》第 39 条规定："任何自由人，如未经同级之贵族依法裁判，或经国法判决，即不得被逮捕、监禁、没收财产、剥夺法律保护权、流放，或加以任何其他损害。"英国 1628 年《权利请愿书》专门提到："任何人，除依法律正当程序之审判，不论其身份与环境状况如何，均不得将其驱逐出国，或强迫使其离开所居住之采邑，亦不得予以逮捕、拘禁，或取消其继承权，或剥夺其生存之权利。"《人身保护法》第 4 条规定："各官员，或其属员，或管狱员，或助理员，延误或拒绝具覆者，或在上列规定各期间内不依令状之规定解送在押人犯者，或经被羁押之被告本人或他人请求抄发押票或拘留状而不于六小时内依本律规定抄给者，其主管狱官应科予第一次应处罚金一百磅充给各该被告或被害人。再犯时应处罚金二百磅，并撤销其任职及执行职务之权。"美国宪法第 4 条修正案规定了禁止非法逮捕和监禁的内容："人民的身体、住宅、文件和财产不受无理搜查和扣押的权利不得侵犯。除依照合理根据，以宣誓或代誓宣言保证，并具体说明搜查地点和扣押的人或物，不得发出搜查和扣押状。"我国《宪法》第 37 条规定："中华人民共和国公民的人身自由不受侵犯。任何公民，非经人民检察院批准或者决定或者人民法院决定，并由公安机关执行，不受逮捕。禁止非法拘禁和以其他方法非法剥夺或者限制公民的人身自由，禁止非法搜查公民的身体。"

(2)对人身自由的限制

人身自由是一种相对的权利，国家机关可依照法定的程序进行限制和剥夺。对人身自由的限制要遵循法律保留原则、程序限制原则和比例原则。法律保留原则是指对人身自由等基本权利的限制必须由最高立法机构制定的法律来规定，法律之下的其他法律规范均无权也不得立法限制公民的基本权利。程序限制原则是指对人身自由等基本权利的限制必须依照法定的方式、步骤、时限进行。比例原则包括适当性原则、必要性原则和比例性原则三个分原则。适当性原则，是指公权力所采行的措施必须能够实现目的或至少有助于目的达成并且是正确的手段。必要性原则，其是指在前述"适当性"原则已获肯定后，在能达成法律目的诸方式中，应选择对人民权利最小侵害的方式。比例性原则，行政权力所采取的措施与其所达到的目的之间必须合比例或相称，不能"杀鸡取卵"，而应当以牺牲较小的利益来实现较大的利益。

[案例]2003 年 3 月 17 日晚，任职于广州某公司的湖北青年孙志刚在前往网吧的路上，因缺少暂住证，被带至广州天河区黄村街派出所。3 月 18 日，孙志刚被黄村街派出所送往广州收容遣送中转站。同日，被收容站送往广州收容人员救治站。3 月 19—20 日，孙志刚在救治站遭遇无情轮番毒打。3 月 20 日，救治站宣布孙志刚不治死亡。4 月 18 日，尸检结果表明，孙志刚死前 72 小时曾遭毒打。广州市公安局(2003)穗公刑法字 4 号刑事科学技术法医学鉴定书，证实被害人孙志刚系因背部遭受钝性暴力反复打击，造成背部大面积软组织损伤致创伤性休克死亡。

2003 年 6 月 9 日，广州市中级人民法院(2003)穗中法刑初字第 134 号刑事判决书，就孙志刚被故意伤害致死案作出一审判决：主犯乔燕琴被判处死刑；第二主犯李海婴被判处死刑,缓期两年执行;其余十名罪犯胡金艳、乔志军、李文星、何家红、韦延良、李龙生、吕二朋、张明君、周利伟、钟辽国分别被判处有期徒刑三年至无期徒刑。

[解析]孙志刚事件发生后,有专家学者上书全国人大常委会,请求全国人大常委会对收容审查法律依据进行违宪审查。6月20日,国务院总理温家宝签署国务院第381号令,公布施行《城市生活无着的流浪乞讨人员救助管理办法》,该办法自2003年8月1日起施行。1982年5月12日国务院发布的《城市流浪乞讨人员收容遣送办法》同时废止。

应该说,孙志刚事件本身是一个悲剧,但悲剧的发生促进了我国相关法制的完善,也可以说是亡羊补牢。

4. 人身自由权各论

(1)生命权

《世界人权宣言》第3条规定:人人享有生命的权利。《公民权利和政治权利国际公约》第6条则作了更为明确的规定,其内容为:(1)人人有固有的生命权。这个权利应受法律保护。不得任意剥夺任何人的生命。(2)在未废除死刑的国家,判处死刑只能是作为对最严重的罪行的惩罚,判处应按照犯罪时有效并且不违反本公约规定和防止和惩治灭绝种族罪公约的法律。这种刑法,非经合格法庭最后判决,不得执行。(3)在剥夺生命构成灭种罪时,本条中任何部分并不准许本公约的任何缔约国以任何方式克减它在防止及惩治种族罪公约的规定下所承担的任何义务。(4)任何被判处死刑的人应有权要求赦免或减刑;对一切判处死刑的案件均得给予大赦、特赦或减刑。(5)对18岁以下的人所犯的罪,不得判处死刑;对孕妇不得执行死刑。(6)本公约的任何缔约国不得援引本条的任何部分来推迟或阻止死刑的废除。

生命权是自然人享有的一项与生俱来的基本权利。人的生命不可替代且至高无上,因而生命权是人权中的首位权利,国家应当给予绝对的保护,社会即使处于紧急状态时也不容克减。生命权就其性质而言是一种综合性的权利,具有不同于其他权利的特点。首先,生命权是一项自然权利,是积极权利与消极权利的结合体。生命与生俱来,生命的存续是人享有其他权利的前提,因此,生命权是一项自然权利。它的实现既需要排除来自国家和他人的非法剥夺,又需要国家积极加以保护。其次,生命权的宪法化体现了人类社会的最高价值。它要求在任何情况下国家都不能把人的生命作为工具或手段,应把生命权的维护作为法律或政策制定的基本出发点。再次,保障生命权是国家的义务。生命权价值的宪法确认意味着国家负有保护义务。生命权是社会价值体系的基础,一切国家机关及其公务员的活动都不能损害公民的生命权,国家应建立各种形式的生命权保障体制。

对生命权的界定,学术界莫衷一是、见仁见智。有学者认为"生命权有广义和狭义之分,广义的生命权其实是指人生活中的各种权利,包括人的政治、经济、文化、教育等权利的各个方面,狭义的生命权则专指法律保障下任何人的生命不被无理剥夺的权利,西方某些学者称之为不被杀害或不受被害威胁的权利”①;有学者认为“生命权就是享有生命的权利,体现着人类的尊严与价值”②;有学者认为“生命权是人们对自己的生命安全所享有的权利,任何组织、团体和个人均不得非法剥夺他人的生命,也不得威胁他人的生命安全。生命权是一种维持生命存在的权利,即活着权利”③;有学者认为“生命权就是指自然人按照自然规律,安全地存在于世界上,其生命不受非法剥夺并不受各种危险威胁,以及在法定的特殊情况下可以自主地放弃生命的权利”④等等。我们认为,生命权是自然人享有的对自己生命的自我维系、自我防卫、自我享受以及在其生命受到威胁时请求国家给予救助和保护的权利。其内容包括:第一,自我维系权。即自己通过努力获取生存资源维系自己生命的权利。第二,自我防御权。包括正当防卫权、紧急避险权和抗拒国家把生命作为达到国家目的的手段权。第三,享受生命的权利。即平等地享有生命价值的权利。第四,生命保护请求权。当生命权受到侵害时,受害者有权向国家提出救助和请求保护的权利。第五,生命权的不可转让性与不可处分性。由于生命权是人的尊严的基础和一切权利的出发点,故生命权具有专属性,只属于特定的个人,宪法上并不允许自我处分自己生命权的自杀权,也禁止把生命的处分权委任给他人。生命权对国家权力产生的效力实际上产生了国家保护公民生命权的法律义务:一方面不能侵犯公民的生命权,另一方面为生命权的保护提供积极的条件。⑤

世界上,对生命权的宪法保护有以下方式:一是通过制定新宪法或修改宪法,在宪法上明确规定生命权。例如,1996 年《南非宪法》第 11 条规定:“人人享有生命权。”二是通过解释宪法使生命权成为一项宪法基本权利。比如,韩国宪法没有明确规定生命权,但 1996 年 11 月 28 日韩国宪法法院在有关死刑制度是否违宪的判决中指出,生命权虽然没有具体规定在宪法典之中,但它作为人类生存本能和存在目的的基础,是一种自然法上的权利,构成宪法规定的基本权的前提,生命权是绝对的基本权利。⑥ 三是有些国家用两种方式将生命权内容载入宪法,即在宪法明文规定的基础上通过宪法解释加以补充,德国就是典型的例子。1949 年《德国基本法》第 2 条第 2 款规定:“每个人都享有生命权和身体完整权……”1975 年德国联邦宪法法院在判决一起有关堕胎案件时,认为《德国基本法》第 2 条第 2 款第 1 句关于“每个人都享有生命权”的规定可以直接推论出“国家有保护人类生命的义务”,国家有义务保护未出生的人类生命免于受到违法的侵害,包括来自母亲的侵害。⑦

我国宪法没有明确规定生命权,生命权还只是从其他条文中推导出的一项隐含权利。例如,《宪法》第 36 条关于人身自由的保护、第 38 条关于人格尊严的保护、第 43 条关于休

① 杨海坤:《宪法学基本论》,中国人事出版社 2002 年版,第 125 页。

② 胡锦光、韩大元:《中国宪法》,法律出版社 2004 年版,第 262 页。

③ 李步云:《宪法比较研究》,法律出版社 1998 年版,第 462～463 页。

④ 上官丕亮:《生命权的宪法保障》,法律出版社 2010 年版,第 12 页。

⑤ 胡锦光、韩大元:《中国宪法》,法律出版社 2004 年版,第 264 页。

⑥ 韩大元、莫纪宏:《外国宪法判例》,中国人民大学出版社 2005 年版,第 62 页。

⑦ 陈爱娥:《宪法对未出生胎儿的保护——作为基本权利保护义务的一例来观察》,载《政大法学评论》1997 年第 58 期。

息的权利、第 45 条关于弱者的特殊保护等条文，都是以生命权为前提的，是生命权的延伸。这种现状不利于我国公民生命权的保障。因此，我们国家应当通过宪法解释将生命权载入宪法，例如对“国家尊重和保障人权”中的“人权”进行解释，宣布人权首先包含生命权，它属于公民基本权利的一种；或通过宪法条款明确规定生命权。

(2)人格尊严权

《世界人权宣言》在序言和第 1 条中对人格尊严提出了保护，使之成为一项基本人权。“鉴于对人类家庭所有成员的固有尊严及其平等的和不移的权利的承认，乃是世界自由、正义与和平的基础”；“鉴于各联合国国家的人民已在联合国宪章中重申他们对基本人权、人格尊严和价值以及男女平等权利的信念”；“人人生而自由，在尊严和权利上一律平等。他们富有理性和良心，并应以兄弟关系的精神相对待”。《公民权利和政治权利公约》第 10 条第 1 款规定：“所有被剥夺自由的人应给予人道及尊重其固有的人格尊严的待遇。”

人格，即做人的资格，是指人作为权利义务主体的资格；尊严，是指受人尊重、尊贵庄严的身份和地位。人格尊严，就是指人作为权利义务主体的尊贵庄严的身份和地位。人格尊严不受侵犯，就是指这种身份和地位不受侵犯。“人格尊严权是指人之为人而应该得到国家、社会和他人予以起码的尊重并不得侵犯”①。

我们可以从以下几方面来理解人格尊严这一权利：第一，人格尊严是一项包含姓名权、肖像权、名誉权、隐私权等具体的人格权的基本人权。它有时以人格权的形式来体现，这时侵犯名誉权、荣誉权、姓名权、肖像权和隐私权的行为，一般都会在不同程度上侵犯人格尊严；有时只以尊严的形式来体现，所以，侵犯人格尊严的行为，未必构成侵犯名誉权、荣誉权、姓名权、肖像权和隐私权等。例如，商场怀疑顾客偷东西，悄悄地把顾客叫到办公室盘问和搜身，因未造成顾客社会评价的降低而不构成侵犯顾客的名誉权，但可能侵犯顾客的人格尊严。第二，人格尊严是一项与人身自由密切联系的基本人权，侵犯人格尊严往往以约束或侵犯人身自由为前提。第三，人格尊严是一项不可剥夺、不受限制的权利。正如一位学者所言，如果说“世界上没有不受限制的权利”有例外的话，非人格尊严莫属。②人格尊严在实质上是强调人是人，要把人当作人看待。否定人格尊严无异于否定人本身。所谓“士可杀，不可辱”。即使是违法犯罪分子，其人格尊严也应受到尊重。对此，《公民权利和政治权利国际公约》明确规定“所有被剥夺自由的人应给予人道及尊重其固有尊严的待遇”，并将它列为不可克减的权利。所以我国长期以来监狱强制囚犯剃光头的做法，实际上是一个不把犯人当主体的人来看待而将其当作一种客体的物来管理，它关注的是监狱管理的方便而漠视犯人的感受，显然侵犯了囚犯的人格尊严。早在 1955 年，第一届联合国防止犯罪和罪犯待遇大会通过的《囚犯待遇最低限度标准规则》第 16 条就规定：“为使囚犯可以保持整洁外观，维持自尊，必须提供妥为修饰须发的用具，使男犯可以经常刮胡子。”

世界上许多国家受世界人权公约的影响，用宪法明确规定的方式对人格尊严权加以保护。1937 年《爱尔兰宪法》“序言”规定：“并本着审慎，公正和博爱的精神，努力促进公

① 周伟：《宪法基本权利：原理、规范、应用》，法律出版社 2006 年版，第 36 页。

② 谢鹏程：《公民的基本权利》，中国社会科学出版社 1999 年版，第 147 页。

众福利,使个人的尊严和自由得到保障";1947年《意大利宪法》第3条规定:"所有公民都有同等的社会尊严且在法律面前一律平等,不分性别、种族、语言、宗教、政治观点和个人及社会地位的差别。"第41条规定:"私人经济活动的进行不得违背社会利益,或采取有损于安全、自由或人类尊严的方式。"1945年德国《基本法》第1条(保护人的尊严)规定:"人之尊严不可侵犯,尊重及保护此项尊严为所有国家机关之义务。因此,德意志人民承认不可侵犯与不可让与之人权,为一切人类社会以及世界和平与正义之基础。"

人格尊严的宪法保护成为宪政国家的重要标志,其范围越来越广泛。由于各国经济与文化发展水平不同,人格尊严的具体保护范围与保护方法不尽相同。我国在对"文化大革命"历史教训深刻反思的基础上,为了吸取这些沉痛的教训,切实保障公民人格尊严不受侵犯,在1982年修改宪法过程中,把人格尊严纳入宪法中。《宪法》第38条规定:"中华人民共和国公民的人格尊严不受侵犯。禁止用任何方法对公民进行侮辱、诽谤和诬告陷害。"

从我国《宪法》第38条来看,人格尊严的基本内容包括:第一,公民享有姓名权。公民有权决定、使用和依照规定改变自己的姓名,禁止他人干涉、盗用、假冒。对公民姓名权的侵犯就是对公民人格尊严的侵犯。第二,公民享有肖像权。肖像是人区别于人的客观存在。肖像权是指公民有自主的制作、占有和使用肖像的权利。公民享有肖像权,未经本人同意,不得以经营为目的使用公民的肖像。第三,公民享有名誉权。名誉权是指公民享有自己的名声并享有维护其名声不受侵害的权利。名誉权是公民人格权的重要组成部分,是公民要求社会和他人对自己的人格尊严给予尊重的权利。第四,公民享有荣誉权。荣誉权是指公民享有和维护从国家、社会组织获得的各种光荣称号的权利。荣誉权包含的更多的是精神价值,是在精神文明发展中社会对特定人的贡献给予的肯定。

(3)住宅不受侵犯权

1948年的《世界人权宣言》对个人的住宅不受侵犯加以了规范,第12条规定:"任何人的私生活、家庭、住宅和通信不得任意干涉,他的荣誉和名誉不得加以攻击。人人有权享受法律保护,以免受这种干涉或攻击。"1966年的《公民权利和政治权利国际公约》进一步将住宅不受侵犯作为一项与私人生活并列的基本权利加以保护,第17条规定:"任何人的私生活、家庭、住宅或通信不得加以任意或非法干涉,他的荣誉和名誉不得加以非法攻击。人人有权享受法律保护,以免受这种干涉或攻击。"

住宅不受侵犯是指公民的住宅不受非法侵害与搜查。主要是指"不得由外部侵入住宅的内部"。包含两个层面的含义:其一是住宅不受侵入。未经住宅主人同意,任何人不得进入该住宅之内。其二是住宅不受非法搜查。没有正当的理由、合法的程序和完备的法律文件,任何公职人员未经住宅主人同意不得以履行公务为由而进入该住宅搜查。我国《宪法》第39条规定:"中华人民共和国公民的住宅不受侵犯。禁止非法搜查或非法侵入公民的住宅。"此外,对住宅的非法侵入或搜查"不仅指直接非法侵入住宅的物理空间内部的行为,实际上还应当包括在住宅外部通过一定器具非法监听或窥视住宅内部的一般私生活或家庭生活情景等行为"①。住宅是公民生活、学习和休息的地方,它的安全关系

① 林来梵:《从宪法规范到规范宪法——规范宪法学的一种前言》,法律出版社2001年版,第172页。

到公民的生存和发展。住宅不受侵犯权是自然人人身自由的延展,是公民生命与财产安全的保障基础,对公民人身自由权、财产权、休息权等权利的实现有着重要的影响。

对住宅不受侵犯权的保障包括宪法和法律。宪法明确住宅不受侵犯权的基本权利地位并对非法搜查或者非法侵入住宅的行为作了禁止性规定。如我国现行《宪法》第 39 条规定:“中华人民共和国公民的住宅不受侵犯。禁止非法搜查或者非法侵入公民的住宅。”刑法对非法搜查或者非法侵入住宅的行为作出了处罚规定,如我国《刑法》第 245 条规定:“非法搜查他人身体、住宅,或者非法侵入他人住宅的,处三年以下有期徒刑或者拘役。司法工作人员滥用职权,犯前款罪的,从重处罚。”

住宅不受侵犯权是一项相对的权利,可以依法限制,但必须依照公正的法律程序进行。刑事司法机关出于刑事侦查的需要,可以依法对公民的住宅进行搜查,如我国《刑事诉讼法》第 134 条规定:“为了收集犯罪证据、查获犯罪人,侦查人员可以对犯罪嫌疑人以及可能隐藏罪犯或者犯罪证据的人的身体、物品、住处和其他有关的地方进行搜查。”法定的国家机关为了公共利益的需要可依法查封公民的住宅;在紧急情况下为了维护公共利益,有关国家机关和工作人员可以强行进入或利用公民的住宅,但事后必须办理相关手续。如我国《消防法》第 45 条规定,公安消防机构在统一组织和指挥火灾的现场扑救时,火场总指挥员有权根据扑救火灾的需要,决定下列事项:……(四)利用临近建筑物和有关设施;(五)为了抢救人员和重要物资,防止火灾蔓延,拆除或者破损毗邻火场的建筑物、构筑物或者设施等……

(4)通信自由和通信秘密

1948 年《世界人权宣言》第 12 条规定:“任何人的私生活、家庭、住宅和通信不得任意干涉,他的荣誉和名誉不得加以攻击。人人有权享受法律保护,以免受这种干涉或攻击。”该规定确定了通信自由的基本人权地位。1966 年《公民权利与政治权利国际公约》第 17 条规定:“任何人的私生活、家庭、住宅或通信不得加以任意或非法干涉,他的荣誉和名誉不得加以非法攻击。人人有权享受法律保护,以免受这种干涉或攻击。”该规定确定了通信自由的法律保障地位。

我国 1982 年《宪法》第 40 条规定:“中华人民共和国公民的通信自由和通信秘密受法律保护,除因国家安全机关依照法律规定的程序对通信进行检查外,任何组织或者个人不得以任何理由侵犯公民的通信自由和通信秘密。”该规定把通信自由与通信秘密并列,突出了通信自由和通信秘密作为两种相互联系但又不完全相同的基本权利的特点。

通信自由是指公民通过信件、电报、电话以及电子邮件等形式表达自己意愿的自由;通信秘密是指公民与他人的信件或电报、电话以及电子邮件等通信载体中的一切内容,任何组织或者个人不得偷听、偷看或者采取其他方式获取通信内容。通信自由和通信秘密是两个不可分割的概念,没有通信自由就不可能实现对通信秘密的保护;同样地,没有对通信秘密的保护,也就不可能实现通信自由。此项自由,有下列含义:一为公民通讯不得无故被人扣押或隐匿,二为通讯内容不得无故被人拆阅或者探知。

对通信自由和通信秘密的保障主要依靠宪法和法律。宪法确立其基本权利地位和受法律保护地位,具体的保护责任由法律来承担。除因国家安全和追究刑事犯罪的需要,由国家安全机关依照法律规定的程序对通信进行检查外,任何组织或者个人不得以任何理由侵犯公民的通信自由和通信秘密。

通信自由和通信秘密是一项相对权利，为了国家安全与公共利益的需要，可以依照法定程序对其加以适当的限制，如我国《刑事诉讼法》第 141 条规定："侦查人员认为需要扣押犯罪嫌疑人的邮件、电报的时候，经公安机关或者人民检察院批准，即可通知邮电机关将有关的邮件、电报检交扣押。不需要继续扣押的时候，应即通知邮电机关。"

(四)政治权利

政治权利是公民参加国家政治生活所享有的权利。根据我国宪法的规定，公民的政治权利主要包括选举权与被选举权以及政治自由。

1. 选举权与被选举权

(1)国际人权公约的规定

1948 年《世界人权宣言》第 21 条规定："人人有直接或通过自由选择的代表参与治理本国的权利。人人有平等机会参加本国公务的权利。人民的意志是政府权力的基础；这一意志应以定期和真正的选举予以表现，而选举应依据普遍和平等的投票权，并以不记名投票或相当的自由投票程序进行。"1966 年《公民权利和政治权利国际公约》第 25 条规定："每个公民应有下列权利和机会，不受第二条所述的区分和不受不合理的限制：(甲)直接或通过自由选择的代表参与公共事务；(乙)在真正的定期的选举中选举和被选举，这种选举应是普遍的和平等的并以无记名投票方式进行，以保证选举人的意志的自由表达。"

(2)选举权与被选举权在我国宪法中的体现

我国 1982《宪法》第 34 条规定："中华人民共和国年满十八周岁的公民，不分民族、种族、性别、职业、家庭出身、宗教信仰、教育程度、财产状况、居住期限，都有选举权和被选举权；但是依照法律被剥夺政治权利的人除外。"

(3)选举权与被选举权的含义

宪法学讨论的选举是狭义的选举，指根据宪法和选举法的有关规定，在全国或地区范围内选举人民代表或民意代表，或某类国家机关工作人员的活动。在中国，这种选举权指由国家组织的、选举各级人民代表大会代表和国家机关工作人员的活动。

选举权是指公民享有的按照宪法和法律的规定，根据自己的意愿选举自己认为合适的人出任国家代议机关的代表或特定国家机关公职人员的权利。而被选举权是指公民享有的按照宪法和法律的规定，被选择成为国家代议机关的代表或特定国家机关公职人员的权利。选举权和被选举权是公民最基本的民主政治权利，是公民参与国家管理、行使当家作主权利的基础。通过选举过程，人民才可以直接投身于国家政治生活，管理国家事务。

(4)选举权与被选举权的性质

学界对选举权的性质存在争议，有权利说(是公民的一项自然权利，不可剥夺)、义务说(是公民必须完成的一项社会责任)、权利义务说(既是权利又是义务)。我们认为，对选举权的性质要作区分理解。第一，选举权是人民主权对每个公民的分解和转移。由于社会条件和自然条件的限制，每个公民不能也无须直接执掌国家权力，只能通过选举选出代表代为行使当家作主的权利。通过选举权的行使，公民可以间接当家作主。所以说，选举权是人民主权对每个公民的分解和转移。第二，选举权是保持公民与国家权力联系的纽带。公民将自己的一部分权利授出，组成了国家权力后，只有通过选举才能较好地保持自己与国家权力的联系。公民通过选举权的行使，可以间接地行使国家权力。第三，选举权是公民维护自身利益的最主要手段。公民通过选举权和由选举权衍生出来的监督权、罢免权的行使可以选出最好的代理人去维护自己的利益。

[案例]据中央电视台“焦点访谈”报道，南方某工厂在进行人民代表选举时，只进行了选民登记，经过广泛酝酿提出了两名候选人名单。在投票那天，工厂没有按照选举法的规定，让工人自主投票，而是由工厂的一位工作人员，根据厂领导的旨意代为投票。由于工人没有参加投票，引起他们的强烈不满。事后，在上级部门的干预和安排下，该厂工人重新参加了投票。

[解析]工人本人自主投票是行使选举权的重要内容，不得随意剥夺。选民因特殊情况无法亲自投票的，也必须由其委托的人按照选民本人意愿代为投票，而不能由领导和单位包办。

2. 公民的政治自由

政治自由是指公民自由发表意见、进行正当社会活动以及参与国家管理的必不可少的一项政治权利。[①] 我国《宪法》第 35 条规定：“中华人民共和国公民有言论、出版、集会、结社、游行、示威的自由。”

(1)言论自由

1948 年《世界人权宣言》第 19 条规定：“人人有权享有主张和发表意见的自由，此项权利包括持有主张而不受干涉的自由，和通过任何媒介和不论国界寻求、接受和传递消息和思想的自由。”1966 年《公民权利和政治权利国际公约》第 19 条第 1 款、第 2 款规定：“人人有权持有主张，不受干涉。人人有自由发表意见的权利，此项权利包括寻求、接受和传递各种消息和思想的自由，而不论国界，也不论口头的、书写的、印刷的、采取艺术形式的，或通过他所选择的任何其他媒介。”

就世界范围而言，言论自由是指享有以口头、书面或其他形式获取和传递各种信息、思想的权利，它包括三个方面的自由：第一，寻求、接受信息的自由；第二，思想和持有主张的自由；第三，以各种方式传递各种信息、思想和主张的自由。就我国而言，言论自由是指享有以口头、书面或其他形式表达自己对国家政治、经济、文化和社会事务的意见和观点的自由。从性质和功能来看，言论自由可以分为政治性言论自由和非政治性言论自由。宪法学上所说的言论自由指的是政治性言论自由。

言论自由是制度层面的第一性权利，具有以下功能：第一，保障一国有多种声音和观点存在。各国言论自由的相关规定所要实现的终极目标，不仅仅是为了发现真理，更为重要的是为了保证每一个人都能够不受压制地发出自己的声音，保证这个世界永远有“异端”声音存在。第二，追求、传播和捍卫真理。言论自由应当建立在这样的基础之上：“真理是客观存在的，不断发展的，没有一个人或者一个团体可以掌握和利用一切知识，穷尽

① 刘茂林：《中国宪法导论》，北京大学出版社 2005 年版，第 275 页。

和垄断一切真理；人人都可以认识世界，追求真理，任何人都无权压制别人的言论，也无权强迫他人服从自己的言论；对真理的认识是无止境的，人们只有在各种知识的汇集和不同意见的争论中才能发现真理，避免错误。"①可见，真理的完善需要允许人们自由地发表对真理的认识，甚至提出质疑和挑战。言论自由为追求真理作出了巨大的贡献。而且，真理也是需要以言论的方式加以公开和传播的，否则真理将不能发挥它自身的价值与功能。此外，真理的捍卫也需要言论自由。真理的出现并为人们所认同、接受需要一个过程。第三，实现政治权利。从各国的宪法规定和实践的相关内容看，民主政治生活中言论自由是必不可少的。言论自由是民主政治的基础。一个国家保障言论自由的程度从一个侧面反映了这个国家的民主化程度，它贯穿于民主政治的运行与实现的整个过程。首先，在政治组织的形成过程中，言论自由提供广泛的民意基础，使政治组织具有合法性与权威性。其次，在政治权力与组织的运行过程中，起着有效的政治监督作用，以保证政治权力的有效运行。再次，言论自由是代议政体存在与发展的基础，为民意的集中与表现提供大量的信息，以保证代议政体发挥正常功能。② 最后，政治监督功能。根据宪法的基本原理，人民不但是权力的拥有者，也是监督权最完整和最直接的拥有者。在言论自由这项基本权利得到完全确立之后，监督权实际上主要由人民以各种言论的方式，如批评、建议等表达出来。

言论自由是相对自由，而不是绝对自由。在特定的条件下，遵循一定的原则、程序，政府可以对言论自由进行限制。1966 年《公民权利和政治权利国际公约》第 19 条第 3 款和第 20 条分别规定："本条第二款所规定的权利的行使带有特殊的义务和责任，因此得受某些限制，但这些限制只应由法律规定并为下列条件所必需：(甲)尊重他人的权利或名誉；(乙)保障国家安全或公共秩序，或公共卫生或道德。""任何鼓吹战争的宣传，应以法律加以禁止。任何鼓吹民族、种族或宗教仇恨的主张，构成煽动歧视、敌视或强暴者，应以法律加以禁止。"在我国，对言论自由加以限制的宪法依据是《宪法》第 51 条的规定，即行使言论自由不得损害国家的、社会的利益和他人的合法权益。具体而言就是：第一，不得利用言论自由煽动群众反对现任政府，危害国家和社会稳定；第二，不得利用言论自由对他人的人格尊严进行侮辱和诽谤。

(2)出版自由

出版自由是指公民有以出版物(报纸、期刊、图书、音像制品、电子出版物等)形式表达自己对国家事务、经济、文化和社会事务见解和看法的自由。出版自由包括两方面的内容：一是著作自由，即公民有权在出版物上自由地发表作品；二是出版单位的依法设立与管理。

出版自由是交流思想和见解，加强思想教育、促进科学文化事业发展的手段，具有信息传播、民主政治培育、政治监督等功能，与监督权、选举权和被选举权的实现联系密切。

对出版自由的保护主要是宪法确立其基本人权地位，法律法规给予具体保障。我国尚未制定《出版法》，只有相关法律、行政法规、规章等规范性文件，如《著作权法》(2001

① 李忠：《论言论自由的保护》，载《法学论坛》2002 年第 2 期。

② 胡锦光、韩大元：《中国宪法》，法律出版社 2004 年版，第 240 页。

年)、《出版管理条例》(2001 年)、《音像制品管理条例》(2001 年)、《期刊出版管理规定》(2005 年)、《电子物出版管理规定》等。

出版自由是一项相对权利,公民要依法行使,除了要遵守法律法规外,还不能利用出版物传播暴力推翻现任政府的思想和剥削阶级的腐朽思想。

出版自由是一项相对权利,政府可以依法加以限制。世界上,对出版自由的管理方法有预防制和追惩制。预防制即事先审查批准制;追惩制即事后追究法律责任制度。英美等许多国家大都采用追惩制。我国现在采用的是预防制和追惩制相结合的方法。

(3)结社自由

结社自由是公民为了一定目的依法组成某种社会团体的自由,它是公民的一项基本权利。结社自由具有以下特点:为了特定利益而结合,依法定程序而结合,结社具有持久性和稳定性,结社具有固定的组织和成员。

根据结社的性质和活动方式不同,可以把结社分成两种:①以营利为目的的结社。如商业结社中的公司、集团、中心等,通常由民法、商法、公司法来调整其权利义务关系。②非以营利为目的的结社。其中又分为政治性结社,如政党、政治团体等;非政治性结社,如宗教、慈善、文化艺术等团体。宪法中所规定的结社自由主要是指组成政治性团体的自由。

结社自由既是公民权利又是政治权利。作为一项公民权利,他能满足公民与他人组成社会团体的愿望。人具有社会性和聚众性,为了利益,需要与他人结合,为了交流、传递思想,需要与他人结合。作为一项政治权利,它是一国民主政治形成与运行的必备要素。民主政治的形成,需要社会组织的运作;民主政治的运行需要社会组织的参与。

结社自由的保障与规制主要通过宪法和法律的规定进行。各国宪法或有关法律对结社自由在作出各种保障的同时,也作出了一定的限制。通常有备案制、批准制两种。备案制,指公民结社后须向国家主管机关申报备案,以便国家监督、管理。批准制,指在社团组织成立之前须报国家主管机关批准,许可后方可正式成立。资本主义国家在初期对结社自由多采用批准制,而现代大多数国家则废除批准制,采用备案制。我国宪法历来都确认和保障公民享有结社自由,同时也对公民结社进行必要的管理,管理方式大体相当于批准制,即公民结社时,须向国家主管机关登记注册,将所要成立的社团名称、目的、地址、章程、活动范围和地区、负责人的履历、组织情况及社团成员人数、附属机构或分支机构等方面的情况如实申报。迄今为止,我国尚未制定结社法,对结社自由的保障与规制主要依靠1998 年国务院制定的《社会团体登记管理条例》。

(4)集会、游行、示威的自由

我国《集会游行示威法》将“集会”定义为:“聚集于露天公共场所,发表意见、表达意愿的活动。”将“游行”定义为:“在公共道路、露天公共场所列队行进、表达共同意愿的活动。”将“示威”定义为:“在露天公共场所或者公共道路上以集会、游行、静坐等方式,表达要求、抗议或者支持、声援等共同意愿的活动。”将“集会”、“游行”、“示威”作为三个概念分别规定,实际上是从狭义上对集会作了界定。广义上的集会则包括了这三个方面。

在公民的基本权利体系中,集会、游行、示威自由是言论自由的延伸,是公民表现其强烈愿望的不同表现形式。这一权利能否行使直接反映了公民的宪法地位。集会、游行、示威的共同特点在于:都是公民表达强烈意愿的自由;都在公共场所行使;必须是多个公民共同行使,属于集合性的权利;集会、游行、示威的目的是行为当事人期盼获得社会舆论对其重视和支持,并向当局施加一定的舆论压力以实现其请愿权的诉求。

集会、游行、示威自由作为一项集合性政治权利,具有以下功能:第一,利益协调功能。当政府的决策与行为严重损害某些公民利益时,他们可以依法行使集会、游行、示威自由,提出自己的不满与意见,使政府及时了解民意并对政策作出相应的调整。第二,政治监督功能。当国家机关及其工作人员滥用权力时,公民可以通过行使集会、游行、示威自由对公权力的行使加以监督,使其回到正确的轨道上来。第三,社会稳定功能。公民可以通过行使集会、游行、示威自由把心中的愤懑发泄出来,把自己的愿望和要求提出来,政府在民众压力下调整政策,满足民众合理要求,使民众不反国家反社会,从而使社会保持稳定。

各国宪法都确认公民享有集会、游行、示威的自由,并通过制定集会、游行、示威法加以保护与限制。我国现行宪法对集会、游行、示威自由作出了规定。1989 年我国制定了《集会游行示威法》,具体规定了行使这一自由的程序等内容,同时规定了申请与许可、管理、限制制度和对违法行使这一自由的制裁措施。

二、社会经济权利

社会经济权利是指公民依照宪法规定享有的、以经济利益为内容的权利。作为宪法基本权利,社会经济权利最早由 1919 年的德国《魏玛宪法》规定。二战后,许多国家宪法都将其纳入宪法的保护范围,由于各国经济与文化发展水平不同,对社会经济权利内容的规定不尽相同。

从我国宪法和法律的规定来看,社会经济权利包括财产权、劳动权、休息权、物质帮助权、社会保障权等。

(一)财产权

1. 财产权的宪法地位

1948 年《世界人权宣言》第 17 条规定:"人人得有单独的财产所有权以及同他人合有的所有权。任何人的财产不得任意剥夺。"

各国宪法均对财产权加以了规定。我国 1982 年《宪法》第 13 条规定:"国家保护公民的合法的收入、储蓄、房屋和其他合法财产的所有权。国家依照法律规定保护公民的私有财产的继承权。"2004 年《宪法修正案》第 22 条规定:"公民的合法的私有财产不受侵犯。""国家依照法律规定保护公民的私有财产权和继承权。""国家为了公共利益的需要,可以依照法律规定对公民的私有财产实行征收或者征用并给予补偿。"

2. 财产权的含义

公民的财产权是指财产所有人对自己所有的合法财产享有占有、使用、收益和处分的权利及抵制国家对其财产非法限制、剥夺、侵占的权利。这里所说的财产权是私有财产权。我国的财产权分为公有财产权和私有财产权。在现代国家中,财产权与生命权、自由权一起形成了公民的三大基本权利,集中体现着公民的价值与尊严。为此,各国宪法都对其加以确认、保护和规制。

3. 财产权的性质、意义和范围

宪法和民法都规定了以财产为内容的权利，但宪法规定的财产权与民法规定的所有权不同。宪法财产权是针对国家而设定的，其目的是防范来自国家的侵犯。民法所有权是针对平等民事主体所设定的，其目的是防范来自民事主体的侵犯。宪法财产权是一项消极人权，主要目的是防止国家的不当侵害。民法所有权是一项积极的权利，其作用在于通过界定财产归属，鼓励财产所有者进行交易，从而促进社会财富的有序流动，最大限度发展生产力，增加社会财富总量。

当然，在现代社会里，宪法财产权的防御性并不意味着财产权绝对不可侵犯，它防御的是国家的不当侵犯，而不能防御国家的正当侵犯。民法所有权则强调绝对保障，即不得受到其他私主体的任何侵犯，否则，民法赋予权利主体要求对方承担民事责任的权利。宪法财产权强调财产中的人身资格，民法所有权强调财产中的利益因素。

私有财产权是抵制政府权力专横和扩张的坚固屏障。私有财产权的确立是人类创造物质财富的推动力，对私有财产权的保护可以最大限度地释放公众创造财富的智慧和热情，进而推动社会的文明进步。从这个意义上讲，财产权是人类社会发展进步的强大推动力。

宪法上财产权的范围包括传统的动产、不动产和无形资产（如契约权、企业信誉）。我国 1982 年宪法将其概括为公民合法的收入、储蓄、房屋和其他合法财产。2004 年 3 月 14 日通过的《宪法修正案》不再以上述方式列举公民合法财产的范围，从而扩大了公民合法财产的范围，更有利于对公民合法财产的保护。

4. 对财产权的保护与限制

财产权作为一项基本人权，不受国家的任意侵害。但财产权并不是一项绝对的权利，它可以受到法律的限制，国家在一定情况下也可以剥夺个人的财产权。因此，从法律上说，既要严格保障财产权，又要允许国家在一定情况下的干涉，以求得保护与限制的平衡。

2004 年宪法修正案将“公民的合法的私有财产不受侵犯”明确写入宪法，确立了我国公民私人财产权的宪法地位，加大了对私有财产的保护范围和力度。其意义主要表现为：第一，进一步明确了国家对全体公民的一切合法私有财产都给予保护。第二，用“财产权”代替了原条文的“所有权”，在权利含意上更加准确、全面。第三，《宪法修正案》规定：“国家为了公共利益的需要，可以依照法律规定对公民的私有财产进行征收或者征用并给予补偿。”这个修改确立了制约和补偿的原则，即公共权力的实施受法律的制约，以及当私有财产因为公共利益的需要遭受损失的时候能够得到相应的补偿。

对财产权的限制，主要表现在以下几个方面：第一，财产权的行使负有社会义务，即应该符合公共福利或社会利益。第二，在一定情况下国家可以对公民的财产权进行剥夺。这些情况包括：(1)依法征收一定的税收。这是国家对个人财产权的一种无偿剥夺。(2)依法对违法犯罪的人进行财产惩罚，包括罚款和没收。这也是国家对个人财产权的一种无偿剥夺。(3)为了公共利益依法对私有财产进行征收或征用。这通常是一种有偿的剥夺或限制使用。(4)特殊情况下可以进行国有化。

对于国家征收、征用以及国有化的行为，财产所有人应该能够得到正当的补偿，这是财产权保护中最核心的问题。

依照我国法律的规定，保护公民合法财产权主要有三种方式：一是刑事制裁侵犯公民合法财产所有权的犯罪行为，并可在刑事审判中附带提起民事诉讼。二是通过民事诉讼，以确定产权、返还原物、排除妨碍、赔偿损失等。三是通过行政诉讼程序，对因国家机关及其工作人员的行为造成侵权的要求给予赔偿。

保护公民合法的私有财产同时意味着保护公民的财产继承权。我国现行《宪法》第13条规定："国家依照法律规定保护公民的私有财产权和继承权。"

（二）劳动权

1. 劳动权的宪法地位

1948年《世界人权公约》第23条规定："（一）人人有权工作、自由选择职业、享受公正和合适的工作条件并享受免于失业的保障。（二）人人有同工同酬的权利，不受任何歧视。（三）每一个工作的人，有权享受公正和合适的报酬，保证使他本人和家属有一个符合人的尊严的生活条件，必要时并辅以其他方式的社会保障。（四）人人有为维护其利益而组织和参加工会的权利。"1966年的《经济、社会、文化权利国际公约》从法律上确立了劳动权的基本权利地位。

我国宪法也确立了劳动权的基本权利地位。《宪法》第42条规定："中华人民共和国公民有劳动的权利和义务。国家通过各种途径，创造劳动就业条件，加强劳动保护，改善劳动条件，并在发展生产的基础上，提高劳动报酬和福利待遇。"

2. 劳动权的含义

劳动权是指公民享有的劳动就业权利、取得与其劳动相适应的报酬和获得劳动安全保障的权利。劳动权是社会权利的核心，是公民取得生存和发展资源、行使其他基本权利的重要手段。劳动权的实现取决于劳动者的工作能力、劳动力市场的需求。国家对公民劳动权的保护并不是指国家保证每个公民都能够获得一个工作，而是要求国家采取适当的措施为公民就业创造条件使其获得就业的机会。①

3. 劳动权的内容

劳动权纳入了1948年公布的《世界人权宣言》和1966年公布的《经济、社会、文化权利国际公约》（本章以下简称《公约》）。我国在2001年3月正式加入了该公约。现根据该公约论述劳动权的具体内容。

（1）就业权

《公约》第6条规定："本公约缔约国确认人人有工作的权利，包括人人应有机会凭本人自由选择或接受的工作以谋生的权利，并将采取适当的步骤予以保障。"为劳动者提供就业机会，是国家不可推卸的义务。但是，国家能在多大程度上履行这种义务，是与国家经济发展和社会发展状况密切相关的。一个国家的经济繁荣稳定、结构平衡、人口适度，劳动者工作获得权的实现就有了可靠的保证。劳动者工作获得权的实现状况可以通过社会就业率体现出来。国家促进就业，提高就业率是有条件的，并且是受各种因素制约的渐进过程。

---

① 周伟：《宪法基本权利：原理、规范、应用》，法律出版社2006年版，第265页。

(2)公平报酬的权利

《公约》第7条规定,每个工作的人都有权享受公正和合理的报酬,保证他本人和家属有一个符合人的尊严的生活条件,工作者应该获得与其工作价值相等者同等的报酬,不能有任何区别和歧视,且应保证男女同工同酬。

(3)基本工作条件的权利

《公约》第7条规定,人人有权享受安全和卫生的工作条件。

(4)组织和参加工会的权利

《公约》第8条规定,人人享有为促进及保障其经济和社会利益而组织工会和自由参加其选择的工会的权利。

(三)休息权

1. 休息权的宪法地位

1966年《经济、社会、文化权利国际公约》也对休息权作出了规范,《公约》第7条规定:"人人有享受休息与闲暇的权利,包括工作时间的合理限制,以及定期的带薪休假。公共假日应当给以薪金。"

我国《宪法》第43条规定:"中华人民共和国劳动者有休息的权利。国家发展劳动者休息休养的设施,规定职工的工作时间和休假制度。"

2. 休息权的含义

关于"休息权",《法学词典》的解释是:"公民的基本权利之一。劳动者为保护身体健康和提高劳动效率而休息和休养的权利。其目的是保证劳动者的疲劳得以解除,体力和精神得以恢复和发展;保证劳动者有条件进行业余进修,不断提高自己的业务水平和文化水平;保证劳动者有一定的时间料理家庭和个人的事务,丰富自己的家庭生活。"据此,我们可以将休息权定义为,劳动者在享有劳动权的过程中,有为保护身体健康、提高劳动效率、根据国家法律和制度的有关规定而休息和休养的权利。劳动者的休息权是和劳动者的劳动权密切相关的,休息权是劳动权的必要补充。

3. 对休息权的保障

我国宪法确立了休息权的基本权利地位,并同时规定发展休息和休假设施、休假制度。我国《劳动法》进一步规定,职工每日8小时工作制、公休假、法定休假日、年休假、探亲假制度等。

(四)社会保障权

1. 社会保障权的宪法地位

1948年《世界人权公约》从总体保障、失业保障和最低生活保障等方面对社会保障作出了规范。第22条规定:"每个人,作为社会的一员,有权享受社会保障,并有权享受他的个人尊严和人格的自由发展所必需的经济、社会和文化方面各种权利的实现,这种实现是通过国家努力和国际合作并依照各国的组织和资源情况而定。"第23条第1款、第3款分别规定:"(一)人人有权工作、自由选择职业、享受公正和合适的工作条件并享受免于失业的保障。""(三)每一个工作的人,有权享受公正和合适的报酬,保证使他本人和家属有一个符合人的尊严的生活条件,必要时并辅以其他方式的社会保障。"第 25 条第 1 款规定:"人人有权享受为维持他本人和家属的健康和福利所需的生活水准,包括食物、衣着、住房、医疗和必要的社会服务;在遭到失业、疾病、残废、守寡、衰老或在其他不能控制的情况下丧失谋生能力时,有权享受保障。"

我国宪法确立了社会保障权的基本人权地位。《宪法》第 44 条规定:"国家依照法律规定实行企业事业组织的职工和国家机关工作人员的退休制度。退休人员的生活受国家和社会的保障。"第 45 条规定:"中华人民共和国公民在年老、疾病或者丧失劳动能力的情况下,有从国家和社会获得物质帮助的权利。国家发展为公民享受这些权利所需要的社会保险、社会救济和医疗卫生事业。"为进一步完善我国社会保障制度,2004 年通过的《宪法修正案》在《宪法》第 14 条中增加了一款:"国家建立健全同经济发展水平相适应的社会保障制度。"

2. 社会保障权的含义

社会保障权是指国家为促进经济发展和保持社会稳定,由国家依法建立并由政府主导的各种具有经济福利性的社会化的国民生活保障系统的统称。它其实是用经济手段来解决社会问题进而达到特定政治目标的重大制度安排。随着人类社会文明的进步,社会保障权已逐渐发展成为一项基本人权和公民权。我国的社会保障权包括退休人员生活保障权,烈军属、残疾军人的保障权和公民的物质帮助权。

3. 社会保障权的功能

社会保障权在一国基本权利体系之中占有重要位置,具有重要功能:社会保障权是社会保障制度建立的基础。社会保障制度有助于及时调整各种矛盾,帮助那些急需帮助的人,为国家形成安定的政治局面。社会保障权的行使能防止社会成员陷入生活贫困,缩小贫富差距,化解社会矛盾。社会保障权为公民陷入困难时向国家求助提供了机会,为公民生存权和发展权的实现提供了保障。

4. 社会保障权的内容

(1)退休人员的生活保障权。我国现行《宪法》第 44 条规定:"国家依照法律规定实行企业事业组织的职工和国家机关工作人员的退休制度。退休人员的生活受到国家和社会的保障。"国家实行退休制度,对退休职工和国家机关工作人员的生活作妥善的安排。

(2)物质帮助权。我国《宪法》第 45 条规定:"中华人民共和国公民在年老、疾病或者丧失劳动能力的情况下,有从国家和社会获得物质帮助的权利。"物质帮助权,是指公民因失去劳动能力或者暂时失去劳动能力而无法获得必要的物质生活资料时,有从国家和社会获得生活保障,享有集体福利的一种权利。具体表现为:第一,老年人的物质帮助权,包括国有企业、私营企业、集体企业、国家机关和各种事业单位的退休职工从国家和社会获得一定数量的退休金,农村孤寡老人获得"五保"帮助;少数富裕农村的老人享受养老金待遇。第二,患疾病公民的物质帮助权。我国公民在患病期间有从国家或社会获得医疗帮助和物质帮助的权利。第三,丧失劳动能力的公民的物质帮助权。主要指残疾人的物质帮助权。对有一定劳动能力的盲、聋、哑和其他残疾人,国家和社会应在生活保障方面承担义务和责任。

5. 对社会保障权的保障

为了保证公民的社会保障权能够得到实现，我国宪法除了确立社会保障权的基本权利地位外，还具体规定了以下措施：一是发展社会保障、社会救济和医疗卫生事业；二是保障残疾军人的生活，抚恤烈士家属，优待军人家属。我国《兵役法》对这些还作了专章规定；三是帮助安排盲、聋、哑和其他有残疾的公民的劳动、生活和教育。

三、文化教育权

（一）受教育权

1. 受教育权的宪法地位

1948 年《世界人权宣言》将受教育权列入基本权利范围，第 26 条规定："人人都有受教育的权利，教育应当免费，至少在初级和基本阶段应如此。初级教育应属义务性质。技术和职业教育应普遍设立。高等教育应根据成绩而对一切人平等开放。"1966 年的《经济、社会、文化国际公约》作了进一步的规定。我国 1982 年《宪法》第 19 条规定："国家发展社会主义的教育事业，提高全国人民的科学文化水平。国家举办各种学校，普及初等义务教育，发展中等教育、职业教育和高等教育，并且发展学前教育。国家发展各种教育设施，扫除文盲，对工人、农民、国家工作人员和其他劳动者进行政治、文化、科学、技术、业务的教育，鼓励自学成才。国家鼓励集体经济组织、国家企业事业组织和其他社会力量依照法律规定举办各种教育事业。"

2. 受教育权的含义

公民的受教育权是指公民享有的在国家和社会提供的各类学校和机构中学习文化科学知识的权利。我国现行《宪法》第 46 条规定："中华人民共和国公民有受教育的权利和义务。"因此，有人认为受教育既是权利又是义务。这种观点并不准确，受教育大多数情况下只是一项权利，只是在义务教育阶段既是权利又是义务。受教育权是公民享有的一项文化权利，是公民行使其他基本权利的文化保障，它要求国家为公民平等享受教育提供机会和物质条件。

3. 受教育权的内容

关于受教育权的内容，国内法和国际法有不同规定。国内法一般认为，受教育权包括三个方面的内容：受教育机会权，受教育条件权，公平评价权。国际人权法认为受教育权应包括基本教育权、初等教育权、中等教育权、高等教育权、教育选择权等内容。

4. 国家对受教育权的保护义务

在受教育权的保护方面，各国应当承担的一般性义务有三，即尊重受教育权、保护受教育权和实施受教育权。尊重受教育权的义务要求各国避免有碍行使受教育权的措施的出现；保护受教育权的义务要求各国采取措施以防止第三人干涉受教育权的行使；实施受教育权的义务要求各国积极采取措施以便使个人或团体能够或协助个人或团体行使受教育权。各国对于不同类型的受教育权所承担的义务和水平并不是一致的。各国促进和保护受教育权的一般性义务应包括建立和组织起符合现代教育基本特征的各种形式和水平的教育。

(二)科学研究、文艺创作和其他文化活动的自由

我国《宪法》第 47 条规定:"中华人民共和国公民有进行科学研究、文学艺术创作和其他文化活动的自由。国家对于从事教育、科学、技术、文学、艺术和其他文化事业的公民有益于人民的创造性工作,给予鼓励和帮助。"根据宪法这一规定,我国公民享有进行科学研究的自由、从事文化艺术创作的自由和从事其他文化活动的自由。

科学研究自由是指公民有自由地对科学领域的问题进行探讨的权利,不允许非法干涉;公民有权通过各种形式发表自己的研究成果,国家有义务提供必要的条件;国家应奖励和鼓励科研人员,保护科研成果。

文艺创作自由是指公民有权自由地从事文艺创作并发表成果。允许不同风格、不同流派存在,国家权力不得非法干涉文艺创作,作出限制时应注意合理界限。

其他文化活动自由,是指观赏、欣赏、享用文化作品和从事各种娱乐活动。

为了使公民的科学研究、文艺创作和其他文化活动的自由得以实现,我国采取了以下措施:一是对科学研究、文艺创作和其他文化活动进行鼓励。我国先后制定了《中华人民共和国自然科学奖励条例》、《中华人民共和国科学技术进步奖励条例》、《中华人民共和国发明奖励条例》以及《中华人民共和国著作权法》、《关于书籍稿酬的规定》等,对上述文化教育权予以保护。二是国家积极发展科学、教育、文化事业,建立各种机构和设施,从物质上予以保障。

当然,与公民的许多其他权利和自由一样,公民的这种自由也并不是无界限的,公民必须在宪法和法律的范围内行使这种自由,不得损害社会和公共利益。

四、特定人群的权利

(一)妇女的权利

国际社会对妇女权利的规定和保护主要集中在男女权利平等、保护平等和反对歧视三个方面,这方面的国际公约有《有关保护妇女权益的国际公约》等。

各国宪法和法律对妇女权利的规定也主要集中在上述三个方面:第一,规定妇女在政治权利(选举、就任公职等)、社会经济权利(劳动、劳动报酬等)以及婚姻家庭生活方面享有与男子平等的权利。第二,规定保障措施和某些特殊照顾政策。第三,制定反歧视法律。例如,《美国宪法修正案》第 19 条规定:"合众国的公民的选举权,不得因性别而被合众国或任何一州加以拒绝或限制。国会有权以适当立法实施本条。"1947 年《意大利宪法》第 29 条第 2 款规定:"婚姻应以夫妻双方在道德上和法律上的平等为基础。"第 37 条第 1 款规定:"劳动妇女享有与劳动男子同样的权利,并与劳动男子同工同酬。劳动条件应使劳动妇女能完成其基本的家庭职责,应保证母亲和婴儿得到应有的特别照顾。"第 51 条第 1 款规定:"所有公民,不分男女,均可在平等的条件下,根据法定的要求在公共机关任职以及担任选任职务。"1982 年《洪都拉斯宪法》第 128 条第(11)项规定:"妇女有产前产后休息而不失去其工作和工资的权利。哺乳期间有权每天休息一次去给孩子喂奶。除非发生法律规定的情况和条件,并事先在法官面前证实有正当理由,雇主不得在妇女妊娠

期间和分娩后终止劳动合同。"

社会主义国家宪法从产生时起就重视对妇女权利的平等保护。1918年《苏俄宪法》第64条规定:"凡俄罗斯社会主义联邦苏维埃共和国的下列男女不问其信仰、民族、居住情况等等情况如何,凡在选举日已年满18岁者,均享有各级苏维埃的选举权及被选举权……"1936年《苏联宪法》第22条规定:"苏联妇女在经济的、国家的、文化的和社会的政治的生活各方面享有同男子平等的权利。""妇女的这些权利可能实现的保证是:妇女享有同男子平等获得劳动、劳动报酬、休息、社会保险和受教育的权利;国家保护母亲和儿童的利益;国家补助多子女的母亲和单身母亲;妇女在产前产后有保留原工资的休假权;广泛设立助产院、托儿所和幼儿园。"1976年《古巴宪法》第43条规定:"妇女在经济、政治、社会和家庭等方面享有同男子平等的权利。""为保障行使上述权利、特别是保障妇女参加社会工作,国家应注意向妇女提供与其体力相适应的工作;分娩前后允许休产假;建立幼儿园、寄宿学校和半寄宿学校设施,努力创造一切条件以实现平等的原则。"

我国现行《宪法》第48条明确规定:"中华人民共和国妇女在政治的、经济的、文化的、社会的和家庭的生活等各方面享有同男子平等的权利。""国家保护妇女的权利和利益,实行男女同工同酬,培训妇女干部。"

为了落实宪法对妇女平等权利的规定,一些国家专门制定了配套法律,如英国的《同工同酬法》(1970年)、挪威的《男女平等地位法》(1972年)、爱尔兰的《男女就业平等法》(1977年)、瑞典的《男女机会均等法》等等。在我国,为了落实宪法的规定,全国人大于1992年制定了《中华人民共和国妇女权益保障法》,专门对妇女的权利及其保障作出了具体的规定,内容包括:(1)政治权利的确认与保护。国家保障妇女享有与男子平等的政治权利,妇女有权通过各种途径和形式,管理国家事务,管理经济和文化事业,管理社会事务;妇女享有与男子平等的选举权和被选举权,在全国人民代表大会和地方各级人民代表大会的代表中应当有适当数量的妇女代表,并逐步提高妇女代表的比例;国家积极培养和选拔女干部。(2)经济权利的确认与保护。国家保障妇女享有与男子平等的劳动权利,各单位在录用职工时除不适合妇女的工种或岗位外,不得以性别为由拒绝录用妇女或提高对妇女的录用标准,禁止招收未满16周岁的女工;实行男女同工同酬,在分配住房和享受福利待遇方面男女平等;在晋职、晋级、评定专业技术职务方面,应当坚持男女平等的原则,不得歧视妇女;任何单位均应根据妇女的特点,依法保护妇女在工作和劳动时的安全和健康,不得安排不适合妇女从事的工作和劳动;妇女在经期、孕期、产期、哺乳期受特殊保护;任何单位不得以结婚、怀孕、产假、哺乳等为由,辞退女职工或单方解除劳动合同;国家保障妇女享有与男子平等的财产权利,在婚姻、家庭共有财产关系中不得侵害妇女依法享有的权益;农村划分责任田、口粮田等以及批准宅基地,妇女与男子享有平等的权利,不得侵害妇女的合法权益;妇女享有的与男子平等的财产继承权受法律保护。(3)文化权利的确认与保护。国家保障妇女享有与男子平等的文化教育权利,学校和有关部门应当执行国家有关规定,保障妇女在入学、升学、毕业分配、授予学位、派出留学等方面享有与男子平等的权利;国家机关、社会团体和企业事业单位应当执行国家有关规定,保障妇女从事科学、技术、文学、艺术和其他文化活动,享有与男子平等的权利。(4)人身权利的确认与保护。国家保障妇女享有与男子平等的人身权利,妇女的人身自由不受侵犯,禁止非法拘禁和以其他非法手段剥夺或限制妇女的人身自由，禁止非法搜查妇女的身体；妇女的生命健康权不受侵犯，禁止溺、弃、残害女婴，禁止歧视、虐待生育女婴的妇女和不育妇女，禁止用迷信、暴力手段残害妇女，禁止虐待、遗弃老年妇女；禁止拐卖、绑架妇女，禁止收买被拐卖、绑架的妇女；禁止组织、强迫、引诱、容留、介绍妇女卖淫或雇用、容留妇女与他人进行猥亵活动；妇女的肖像权受法律保护；妇女的名誉权和人格尊严受法律保护。(5)婚姻家庭权利的确认与保护。国家保障妇女享有与男子平等的婚姻家庭权利，国家保护妇女的婚姻自主权，禁止干涉妇女的结婚、离婚自由；妇女对依照法律规定的夫妻共同财产享有与其配偶平等的占有、使用、收益和处分的权利，不受双方收入状况的影响；国家保护离婚妇女的房屋所有权；父母双方对未成年子女享有平等的监护权；妇女有按照国家有关规定生育子女的权利，也有不生育的自由等等。

(二)儿童的权利

国际社会对儿童权利的保护非常重视，1989 年联合国通过了第一部有关保障儿童权利且具有法律约束力的国际公约——《儿童权利公约》。公约对儿童享有的权利作了列举性规定，并确定了国际社会和成员国的保证义务。

世界各国的宪法在保障儿童权利方面也有类似规定，如《日本宪法》第 27 条第 3 款规定："不得虐待儿童。"《德国基本法》第 6 条第 2 款、第 3 款、第 5 款规定："照顾和抚养儿童是父母的天然权利和主要应尽的义务。他们在这方面的努力受整个社会的监督。""儿童不得在违背负抚养责任者意愿的情况下同他们的家庭分离，如因负抚养责任者不能尽责或者儿童将处于无人照管状态时根据法律行事的情况除外。""立法应为非婚生子提供婚生子所享有的同等的身心发展的机会和同等的社会地位。"《葡萄牙宪法》第 69 条规定："一、未成年人享有社会与国家的保护，以使他们得到全面发展。二、未成年人，尤其是孤儿与弃儿，享有社会与国家的特殊保护，使之免受任何形式的歧视和虐待，免受家庭及其他机构滥用权力之害。"《洪都拉斯宪法》还在"原则宣言、权利与保障"一章中专门设立了"儿童的权利"一节，对儿童的权利作了详细的规定，共 8 条 17 款，规定了"国家将对父母或监护人经济上不能抚养和教育的儿童给予特别保护"、"法律将设立有关部门和专门法庭来审理有关家庭和儿童的案件"、"在达到最低适当年龄前不应做工，不许他们从事有损健康和学习的，或阻碍身体、精神和道德发展的劳动"、"禁止父母和其他人利用儿童行乞"、"在任何情况下，儿童应首先得到帮助、保护和救援"等内容。

我国现行《宪法》第 46 条第 2 款规定："国家培养青年、少年、儿童在品德、智力、体质等方面全面发展。"第 49 条规定："……儿童受国家的保护"、"父母有抚养教育未成年子女的义务"。

为了落实宪法对儿童权利的规定，保障其权利不受侵犯，全国人大及其常委会还专门制定了《中华人民共和国未成年人保护法》、《中华人民共和国预防未成年人犯罪法》、《中华人民共和国义务教育法》等法律。其中，专属保护的未成年人保护法具体规定了未成年人的受监护权、受抚养权、受教育权、人格权、个人隐私权、人身安全权、健康成长权、荣誉权以及继承权等权利，并详细规定了未成年人权利的家庭保护、学校保护、社会保护和司法保护以及侵害未成年人合法权益的法律责任。我国于 1990 年 8 月 29 日签署了《儿童权利公约》,1991 年 12 月 29 日全国人大常委会批准加入该公约,1992 年 3 月 1 日该公约对我国生效。

(三)老年人的权利

国际社会对老年人权利的保护非常重视,1991 年 12 月 16 日联合国通过《联合国老年人原则》,确立了独立、参与、照顾、自我充实和尊严五大原则并鼓励各国政府尽可能将这些原则纳入本国国家法案中。世界上许多国家宪法对老年人权利的规定体现了上述原则的精神,涵盖了老年人的生活保障、避免孤独、参与社会、个人发展等方面的权利。如《葡萄牙宪法》第 72 条(老年人)规定:"一、老年人得享有经济保障、住房条件及借以避免并消除社会性孤独或无人照顾状态的家庭联系与社会联系。二、老年人政策包括旨在为老年人通过积极参加社会生活求得个人发展提供机会的各种经济、社会与文化措施。"又如,《土耳其宪法》第 61 条第 3 款规定:"老年人受国家保护。国家对老年人的资助以及老年人的其他权益均由法律规定。"

我国《宪法》第 45 条第 1 款规定:"中华人民共和国公民在年老的情况下,有从国家和社会获得物质帮助的权利。国家发展为公民享受这些权利所需要的社会保险、社会救济和医疗卫生事业。"第 49 条规定:"……成年子女有赡养扶助父母的义务","禁止虐待老人……"。为了落实宪法的上述规定,全国人大常委会还专门制定了《中华人民共和国老年人权益保障法》,对老年人的权利和国家的保障责任作了具体规定。老年人有从国家和社会获得物质帮助的权利,有享受社会发展成果的权利,有要求赡养人付给赡养费的权利,有婚姻自由的权利,有依法处分个人财产的权利,有依法继承父母、配偶、子女或者其他亲属遗产的权利,有依法享有养老金和其他待遇的权利,有继续受教育的权利等等。该法还规定了老年人的家庭赡养与扶养、老年人的社会保障、老年人参与社会发展以及侵害老年人合法权益的法律责任。

(四)残疾人的权利

国际社会对残疾人权利的保护越来越重视,1982 年联合国通过了《关于残疾人的世界行动纲领》,并宣布 1983 年至 1992 年为"联合国残疾人十年";1992 年 10 月举行了关于残疾人问题的特别全会,并确定每年 12 月 3 日为"国际残疾人日";1993 年通过了《残疾人机会均等标准规则》,2006 年通过了具有里程碑意义的《残疾人权利公约》。公约的核心内容是确保残疾人享有与健全人相同的权利,并能以正式公民的身份生活,从而能在获得同等机会的情况下,为社会作出宝贵贡献。公约涵括了残疾人应享有的各项权利,诸如享有平等、不受歧视和在法律面前获得平等的权利;享有健康、就业、受教育和无障碍环境的权利;享有参与政治和文化生活的权利等。各国宪法对残疾人权利的规定与国际社会基本一致,即规定残疾人享有与其他公民一样的宪法权利,国家对残疾人采取预防、治疗、康复、教育、培训及参与社会生活等各方面的特殊保护措施,保障残疾人的权利。例如,《葡萄牙宪法》第 71 条规定:"一、肉体或精神残疾之公民,完全享有宪法规定的权利并应尽宪法规定的义务,但无行为能力者除外。二、国家应实施一项全国性的预防、治疗、复原及整合残疾者的政策;制定并向社会提出能使社会意识到关心与扶助残疾人之责任的教育规划;在不损害父母或监护人之权利与义务的情况下,监督实现残疾人之权利。"《罗马尼亚宪法》第 46 条规定:"残疾人享受特殊保护。国家保证实施残疾人有预防、治疗、康复、接受教育和培训以及参与社会生活的国策,并尊重残疾人父母及监护人的权利和义务。"《斯洛文尼亚宪法》第 52 条(残疾人的权利)规定:"依据法律保障对残疾人的保护和对其劳动能力的培训。""体力或智力发展有障碍的儿童和其他有障碍的人,有权受到教育和积极参加社会生活的能力的培训。""上一款中的教育和培训的经费由公共资金提供。"

我国《宪法》第 45 条第 3 款规定:"国家和社会帮助安排盲、聋、哑和其他有残疾的公民的劳动、生活和教育。"为了落实宪法的这一规定,全国人大常委会于 1990 年通过了《中华人民共和国残疾人保障法》,以"平等"、"参与"、"共享"为宗旨,对残疾人的权利及其保障作了专门规定。依据该法规定:(1)"残疾人在政治、经济、文化、社会和家庭生活等方面享有同其他公民平等的权利"。(2)残疾人享有如下特别权利:第一,康复权。国家和社会采取多种形式对从事康复工作的人员进行技术培训;向残疾人、残疾人亲属、有关工作人员和志愿工作者普及康复知识,传授康复方法。第二,教育的特别保障权。国家对接受义务教育的残疾学生免收学费,并根据实际情况减免杂费。国家设立助学金,帮助贫困残疾学生就学。第三,劳动就业的特别保障权。国家和社会举办残疾人福利企业、工疗机构、按摩医疗机构和其他福利性企业事业组织,集中安排残疾人就业。国家对残疾人福利性企业事业组织和城乡残疾人个体劳动者,实行税收减免政策,并在生产、经营、技术、资金、物资、场地等方面给予扶持。第四,文化生活的特别保障权。国家和社会鼓励、帮助残疾人参加各种文化、体育、娱乐活动,努力满足残疾人精神文化生活的需要。第五,福利的特别保障权。国家和社会对生活确有困难的残疾人,通过多种渠道给予救济、补助。残疾人搭乘公共交通工具,应当给予方便和照顾;其随身必备的辅助器具,准予免费携带。盲人可以免费乘坐市内公共汽车、电车、地铁、渡船。盲人读物邮件免费寄递。第六,环境的特别保障权。国家和社会逐步实行方便残疾人的城市道路和建筑物设计规范,采取无障碍措施。

(五)少数民族的权利

对少数民族权利的保护,许多国家的宪法采用了特别规定的保护模式,主要规定少数民族与其他民族平等、享有使用自己的语言文字、成立自治组织、担任国家机关职务、与国外本民族保持联系等权利。例如,《美国宪法修正案》第 15 条第 1 款规定:"合众国公民的选举权,不得因种族、肤色或以前是奴隶而被合众国或任何一州加以拒绝或限制。"《克罗地亚宪法》第 15 条规定:"在克罗地亚共和国,所有大小民族的成员都是平等的。""对所有大小民族的成员均保障表达民族属性的自由,保障自由使用自己的语言和文字,并保障文化自治。"《斯洛伐克共和国宪法》在第二章"基本权利与自由"中专门设立了"少数民族和种族团体的权利"一节。《斯洛文尼亚宪法》第 64 条规定:"保障聚居的意大利族和匈牙利族及其成员有权自由地使用本民族的标志,有权为了保持民族同一性而建立组织,开展经济、文化和科学研究活动,以及开展新闻出版事业……保障这两个民族及其成员有权同境外的母族和母国保持联系……在这两个民族居住的地区,两族成员可以成立自治共同体以实现本身的权利……这两个民族在地方自治代表机关中和国民议会中有直接的代表。

凡是涉及宪法规定的民族权利行使的法律、其他法规和一般文件，特别是涉及民族地方的法律、其他法规和一般文件，不征得该民族代表的同意，不得通过。”第65条规定：“斯洛文尼亚境内的吉普赛人的地位和特殊权利由法律规定。”

我国是一个统一的多民族国家，对少数民族的权利及其保障问题十分重视。1982年《宪法》第4条规定：“中华人民共和国各民族一律平等。国家保障各少数民族的合法的权利和利益，维护和发展各民族的平等、团结、互助关系。禁止对任何民族的歧视和压迫，禁止破坏民族团结和制造民族分裂的行为。”“国家根据各少数民族的特点和需要，帮助各少数民族地区加速经济和文化的发展。”“各少数民族聚居的地方实行区域自治，设立自治机关，行使自治权……”“各民族都有使用和发展自己的语言文字，都有保持或者改革自己的风俗习惯的自由。”

宪法在第三章“国家机构”中还专门设立了“民族自治地方的自治机关”一节，对少数民族自治机关的自治权作了具体的规定，包括：制定自治条例和单行条例、变通执行国家法律和政策、自主管理地方财政、自主安排地方经济建设、自主管理和发展民族教育文化事业、经国务院批准组织公安部队、执行职务使用当地通用民族语言文字等等。为了落实宪法的上述规定，全国人大于1984年通过(2001年修改)了《中华人民共和国民族区域自治法》。此外，选举法、地方人大和地方政府组织法等重要法律也依据宪法对少数民族特有的权利及其保障作了具体规定。

(六)华侨、归侨和侨眷的权利

华侨、归侨是一个特殊的群体，他们是中国公民，同时又与外国联系密切，他们的情况与一直生活在国内的中国公民不同，需要区别对待。为了保障他们的合法权益，调动他们建设社会主义中国的积极性，充分发挥他们的海外优势，我国宪法将他们及其眷属作为一个特殊群体加以保护。为此，在第二章《公民的基本权利和义务》中对其权利保护作了专门规定，国家“保护华侨的正当的权利和利益，保护归侨和侨眷的合法的权利和利益”。

华侨是指定居在国外的中国公民。归侨是指回国定居的华侨。侨眷是指华侨、归侨在国内的眷属。三者有所不同，我国宪法和法律对其权益的保护作了区别对待：第一，对华侨权益的保护。国家对华侨权利和利益的保护，主要是基于国际法和国际惯例，通过外交途径进行，他们在国内的权利和利益是适用国内法予以保护。同时，国家要求华侨遵守所在国的法律，同所在国的人民和睦相处。第二，对归侨和侨眷权益的保护。归侨和侨眷“合法的权利和利益”是指归侨和侨眷所享有的由宪法和法律规定的公民权利，以及国家根据他们的实际情况和特点所规定的特殊权利和利益。全国人大常委会1990年通过(2000年修正)的《中华人民共和国归侨侨眷权益保护法》对宪法规定的归侨和侨眷的权益及其保护作了具体的规定：归侨、侨眷享有宪法和法律规定的公民的权利；全国人大和归侨人数较多地区的地方人大应当有适当名额的归侨代表；归侨、侨眷有权依法申请成立社会团体，进行适合归侨、侨眷需要的合法的社会活动；国家依法维护归侨、侨眷职工的社会保障权益；国家依法保护归侨、侨眷在国内私有房屋的所有权；国家保护归侨、侨眷的侨汇收入；归侨、侨眷有权接受境外亲友的遗赠或者赠与，有权处分其在境外的财产，归侨、侨眷继承境外遗产的权益受法律保护；归侨、侨眷与境外亲友的往来和通讯受法律保护；

国家保障归侨、侨眷出境探亲的权利；归侨、侨眷可以按照国家有关规定申请出境定居，经批准出境定居的，任何组织或者个人不得损害其合法权益。

（七）外国人的合法权利

为了保护外国人在本国的合法权益，各国宪法都要对外国人的权利作出规定，一般规定外国人和无国籍人享有政治避难权（又称“居留权”或“受庇护权”，是指一国公民因为政治原因请求另一国准予其进入该国居留，或已进入该国而请求准予在该国居留，经该国政府批准，享有不被引渡或者驱逐的权利。在国际上，给予外国人以受庇护权，是国家主权范围内的事情，但根据国际惯例，一国不能给予他国的一般刑事罪犯和恐怖分子以受庇护权。）、政治犯不予引渡权、在遵守本国宪法和法律的前提下享有与本国公民一样的权利（政治权利除外）等。比如，《西班牙宪法》第 13 条规定：“第一款：外国人在西班牙享有本条款中由条约和法律规定之条文所保证的公共自由。第二款：除非考虑到对等原则可由条约或法律规定参加直接选举的权利外，仅西班牙人享有第 23 条所承认的权利。第三款：引渡仅依据条约或法律并根据对等原则而实行。政治犯罪不予引渡，恐怖不被认为是政治犯罪。第四款：法律将制订条文规定其他国家的公民和无国籍者可在西班牙享有避难权。”又如，《葡萄牙宪法》第 15 条规定：“一、在葡萄牙访问或居住的外国人与无国籍的人，得享有并须履行葡萄牙公民的权利与义务。二、前款规定不包括政治权利，并非纯属法律意义上的公共义务之履行，以及宪法与法律规定专为葡萄牙公民保留的权利与义务。三、对葡萄牙语国家的公民得按国际协定与互惠条件的规定授予外国人不得授予的权利，但不包括在主权机关与自治机关担任公职以及在武装部队与外交部门服务的权利。”《俄罗斯宪法》第 62 条规定：“……外国公民和无国籍人士在俄罗斯联邦享受同俄罗斯联邦公民一样的权利，履行同俄罗斯联邦公民一样的义务，联邦法律或俄罗斯联邦签署的国际条约规定的情况除外。”第 63 条规定：“一、俄罗斯联邦根据公认的国际法准则向外国公民和无国籍人士提供政治避难。二、在俄罗斯联邦，不允许向他国引渡因政治信仰以及在俄罗斯联邦不被认为是犯罪的行为（或无作为）而受到追捕的人。引渡被控告犯罪的人以及移交罪犯到他国服刑，须根据联邦法律、俄罗斯联邦签署的国际条约进行。”

我国《宪法》第 32 条规定：“中华人民共和国保护在中国境内的外国人的合法权利和利益，在中国境内的外国人必须遵守中华人民共和国的法律。中华人民共和国对于因为政治原因要求避难的外国人，可以给予受庇护的权利。”我国宪法规定的外国人的权利主要包括合法权益受保护权和政治避难受庇护权。我国宪法规定的“外国人”是指在中国境内临时滞留或长期居住的具有外国国籍或无国籍的自然人。外国人的“合法权利和权益”是指外国人所享有的符合中国法律并为国际法准则及国际惯例所公认的各种权利和权益（比如人身权、财产权、诉讼权等）。

第二节　我国公民的基本义务

我国宪法在规定公民基本权利和自由的同时，还规定了公民的基本义务，体现了权利义务一致的原则。我国宪法规定的公民基本义务主要体现在以下几个方面：

一、维护国家统一和民族团结的义务

《宪法》第 52 条规定:“中华人民共和国公民有维护国家统一和全国各民族团结的义务。”我国是统一的多民族国家,维护国家统一和民族团结,是我国革命和现代化建设取得成功的基本保证,是全国各族人民的根本利益所在。因此,每个公民都必须履行维护国家统一和民族团结的义务。

维护全国各民族团结是指公民有责任维护各民族之间的和睦、平等、合作和融洽的民族关系。具体是指:(1)要实现民族平等,保证各民族在政治、经济、文化、社会生活等各个方面都享有平等的权利;禁止民族歧视和压迫,禁止破坏民族团结和制造民族分裂的行为;反对大民族主义和地方民族主义。(2)要认真落实党和国家的民族政策,贯彻执行民族区域自治制度,帮助少数民族发展经济文化事业,促进各民族的共同繁荣,为民族平等和民族团结奠定坚实的基础。①

二、遵守宪法和法律的义务

《宪法》第 53 条规定:“中华人民共和国公民必须遵守宪法和法律,保守国家秘密,爱护公共财产,遵守劳动纪律,遵守公共秩序,尊重社会公德。”具体包括:

(一)遵守宪法和法律

遵守宪法和法律是公民应当履行的最根本的义务。遵守宪法和法律义务的基本内容是:(1)全国各族人民、一切国家机关和武装力量、各政党和各社会团体、各企事业组织,都必须遵守宪法和法律;(2)都必须以宪法和法律为根本的或者基本的活动准则;(3)任何个人或者组织都不得有超越宪法和法律的特权;(4)一切违反宪法和法律的行为都必须予以追究;(5)全国各族人民都负有维护宪法和法律尊严、保证宪法和法律实施的职责。②

(二)保守国家秘密的义务

国家秘密是关系国家安全和利益,依照法定程序确定,在一定时间内只限一定范围的人员知悉的事项。保存、守护国家秘密关系到国家的安全和利益。为保守国家秘密,维护国家的安全和利益,保障改革开放和社会主义建设事业的顺利进行,1988 年 9 月,我国制定了《中华人民共和国保守国家秘密法》,明确规定了国家秘密的范围和密级、保密制度及法律责任等。国家秘密包括以下事项:(1)国家事务的重大决策事项;(2)国防建设和武装力量活动中的秘密事项;(3)外交或外交活动中的秘密事项以及对外承担保密义务的事项;(4)国民经济和社会发展中的秘密事项;(5)科学技术中的秘密事项;(6)维护国家安全活动和追查刑事犯罪中的秘密事项;(7)其他经国家保密工作部门确定应当保守的国家秘密事项。③

---

① 刘茂林:《中国宪法导论》,北京大学出版社 2005 年版,第 289 页。

② 许崇德:《宪法》,中国人民大学出版社 2004 年版,第 194 页。

③ 许崇德:《宪法》,中国人民大学出版社 2004 年版,第 194～195 页。

(三)爱护公共财产的义务

公共财产包括国有财产和集体财产,它们是建设社会主义物质文明和精神文明的物质基础。①《宪法》第 12 条规定:“社会主义的公共财产神圣不可侵犯。”“禁止任何组织或者个人用任何手段侵占或者破坏国家的和集体的财产。”

[案例]苗某、昌某在同一所学校同一个班级学习,由于受社会不良风气影响,学会了吸烟和赌钱,经常旷课。某天,两人又想赌钱,但手头又紧,于是两个人一商量,乘天黑没有人注意,把马路上的下水井盖搬走,拿去当废铁卖。苗、昌二人一连干了三个晚上,砸破了六个下水井盖子,后来被人发现抓获。

[解析]苗某、昌某两人,为赌博玩乐,偷卖马路下水井盖子,其行为既违反了刑法,也为宪法所不容。《宪法》第 12 条规定:“禁止任何组织和个人用任何手段侵占或者破坏国家和集体的财产。”苗某、昌某偷马路下水井盖的行为,属于破坏国家财产的行为,理应受到相应的惩罚。

(四)遵守劳动纪律的义务

劳动纪律又称职业纪律,指劳动者在劳动中所应遵守的劳动规则和劳动秩序,是用人单位制定的规范和约束劳动者劳动及相关行为的准则。劳动纪律是用人单位为形成和维持生产经营秩序,保证劳动合同得以履行,要求全体员工在集体劳动、工作、生活过程中,以及与劳动、工作紧密相关的其他过程中必须共同遵守的规则。从其内涵可知,劳动纪律的目的是保证生产、工作的正常运行;劳动纪律的本质是全体员工共同遵守的规则;劳动纪律的作用实施于集体生产、工作、生活的过程之中。劳动纪律既可保证劳动义务的履行,又可保证劳动权利的实现,所以遵守劳动纪律是公民的一项重要义务。

(五)遵守公共秩序的义务

公共秩序也称“社会秩序”。为维护社会公共生活所必需的秩序。由法律,行政法规,国家机关、企业事业单位和社会团体的规章制度等所确定。主要包括社会管理秩序、生产秩序、工作秩序、交通秩序和公共场所秩序等。遵守公共秩序是中国公民的基本义务之一。

(六)遵守社会公德的义务

社会公德是指在人类长期社会实践中逐渐形成的、要求每个社会公民在履行社会义务或涉及社会公众利益的活动中应当遵循的道德准则。《宪法》第 24 条规定:“爱祖国、爱人民、爱劳动、爱科学、爱社会主义。”这构成了社会主义公德的主要内容。

① 许崇德:《宪法》,中国人民大学出版社 2004 年版,第 195 页。

三、维护祖国安全、荣誉和利益的义务

《宪法》第 54 条规定："中华人民共和国公民有维护祖国的安全、荣誉和利益的义务，不得有危害祖国的安全、荣誉和利益的行为。"

祖国安全是指国家的领土完整和主权不受侵犯，国家政权不受威胁，社会秩序不受破坏。祖国荣誉是指国家尊严不受侵犯，国家信誉不受破坏，国家荣誉不受玷污和国家名誉不受侮辱。[1] 祖国利益是全国共同利益的集中体现，对外主要是指民族的政治、经济、文化等方面的权利和利益，对内主要是相对于公民利益、集体利益而言的公共利益，是公民利益的最高体现。

四、保卫祖国和依法服兵役的义务

《宪法》第 55 条规定："保卫祖国、抵抗侵略是中华人民共和国每一个公民的神圣职责。依照法律服兵役和参加民兵组织是中华人民共和国公民的光荣义务。"

国家的安全直接关系到社会主义现代化建设的顺利进行，关系到中华民族的生死存亡。因此，保卫祖国、抵抗侵略是每一个中华儿女的崇高职责。为了保卫祖国的安全和社会主义的现代化建设就必须拥有一支强大的、现代化的、正规的军队。中国人民解放军是人民民主专政国家的武装力量，强大的人民军队是保卫国家安全，进行社会主义现代化建设的坚强后盾。人民军队来自人民，每一个适龄的公民都有依法服兵役的义务，这是一项神圣的职责和光荣的使命。

五、依法纳税的义务

《宪法》第 56 条规定："中华人民共和国公民有依照法律纳税的义务。"税收是国家为实现其职能，凭借政治权力，按照法律规定，通过税收工具强制、无偿地征收公民财产的一种形式。取得财政收入的手段有多种多样，如税收、发行货币、发行国债、收费、罚没等，而税收则是取得国家财政收入的主要手段，对任何国家而言，都是不可或缺的财政来源。

税收具有无偿性、强制性和固定性三个特征。税收的三个特性是一个完整的统一体，它们相辅相成、缺一不可。

[案例]1995 年 10 月 17 日，四川省成都市某税务所的数名税务干部前往红碾村进行税务检查。在检查到张某所开的皮鞋生产作坊时，张阻止税务干部进入其生产场所进行检查，并用下流语言辱骂税务干部。在税务干部多次耐心向其宣传依法纳税的义务无效后，税务干部依照国家税法的有关规定对其作坊进行强制检查。当发现张某自当年 5 月开办皮鞋生产作坊以来，多次拒绝向税务所申报纳税，欠税总额 4859.92 元的违法事实时，张某恼羞成怒，居然公开用铁锤威胁并欲殴打税务干部，并引来不明真相的群众围观和起哄，甚至抓扯，致使数名税务干部受伤。最后，在联防队和派出所干警的制止下才平息了事态。

---

① 蒋南成、雷伟红：《宪法学》，浙江大学出版社 2007 年版，第 310 页。

[解析]《中华人民共和国宪法》第56条规定:"中华人民共和国公民有依照法律纳税的义务。"本案中张某以暴力、威胁方法拒不缴纳税款,是一种严重违法的抗税行为,依法应当受到惩处。

六、其他方面的义务

《宪法》第49条规定:"夫妻双方有实行计划生育的义务","父母有抚养教育未成年子女的义务,成年子女有赡养扶助父母的义务。"

实施计划生育是我国的一项基本国策,关系到我国的经济发展和社会稳定。因此,人口的增长应该与经济和社会的发展相适应。夫妻双方应该按照宪法和法律的规定自觉履行计划生育的义务。

子女赡养、扶助父母和父母抚养、教育子女不仅是我国家庭长期形成的优良传统,也是我国公民处理家庭关系的一项基本准则。这既是一项法律义务,也是一项伦理道德义务。我国法律严禁父母虐待和遗弃未成年子女或成年子女虐待和遗弃父母的行为。这种行为不仅要受到舆论的谴责,情节严重的还要受到法律的制裁。

此外,依据宪法,我国公民还有接受教育的义务、劳动的义务等等。

【思考题】

1. 我国存在哪些歧视现象,应如何预防和减少歧视?
2. 宗教信仰自由包括哪些内容?
3. 我国1982年宪法规定的人身自由是什么?
4. 1982年宪法为什么要规定人格尊严不受侵犯?
5. 简述言论自由的功能。
6. 试述2004年宪法修正案对我国财产权的规定及其意义。
7. 根据我国宪法对社会保障权的规定谈谈我国社会保障制度的进步。

下编

宪法基本制度

第十章 国家性质

根据马克思主义基本原理,国家是阶级矛盾不可调和的产物,因此,国家的实质必然表现为一个阶级对另一个阶级的专政。我国《宪法》第1条明确规定,中华人民共和国是工人阶级领导的、以工农联盟为基础的人民民主专政的社会主义国家。这一规定表明了我国的国家性质,即我国是工人阶级领导的、以工农联盟为基础的人民民主专政的社会主义国家。

第一节 我国是人民民主专政的社会主义国家

一、国家主权与国体、政体

政治意义上的国家是指由定居在特定土地上的人民组成的具有独立主权的共同体。其组成要素一般包括人民、土地、主权和政府,也有政治和法学著作将主权和政府合二为一,称为三要素说。[①] 不管是四要素说还是三要素说,其中主权都是国家学说中不可缺少的本质因素,国家与其他人类共同体相区别的根本标志就在于是否拥有独立的不容侵犯的主权。

主权有对内和对外两个方面的含义。宪法学主要研究主权的对内属性,包括主权的归属、主权的组织及主权的运行等内容。主权与具体的国家权力是种属的关系,即主权是一种总体上的统治权,而国家权力则是主权之下具体的治理性权力,统治权专属而不可分割,而具体的治权则是可以转让和委托的,主权总揽治权,治权则体现并服务于主权的需要。一般来说,主权的归属是一个事实问题,宪法和法律不能自主创造或改换主权的归属,而只能确认主权的归属事实。但主权的实现形式(主权的组织和运行等)则具有相当大的能动性,宪法和法律可以规定不同的主权实现形式,并由此形成政体(国家政权组织形式)的内涵。

(一)主权及其发展历史

1. 主权的概念

主权一词,即英文中的 sovereignty,法文中的 soveraítté,其拉丁文词源含有最高、较高之意,都意指 supreme power——最高权力。作为一种最高的国家权力,主权包括对内主权和对外主权两个方面,对内主权意味着在处理国内事务方面的一种最高的权力,对外

① 王世杰、钱端升:《比较宪法》,中国政法大学出版社1997年版,第25页。

主权则意味着在国际关系中的独立、平等地位，二者实质上是互相依存、不可分割的。《奥本海国际法》认为："国际上国家间关系的特征是平等和独立，而且事实上是它们的互相依赖，虽然国家往往被称为'主权'国家，但是这只是说明它们的国内宪法地位的，而不是说明它们在国际上的法律地位的。"这说明主权的概念是排斥国际强权及霸权的。主权可以划分为法律上的主权和政治上的主权，前者是指直接决定国家法律的最高法律效力的权威；后者是指制定法律的个人或机关实际上取决于法律上主权以外的人或机关，又称事实上的主权。[①]

主权归属是主权学说中的关键问题。历史上，关于主权的归属有三种观点：一是主权在君；二是主权在民，自近代资产阶级民主革命胜利以来，各国宪法无不宣称人民或国民拥有国家主权；三是一些思想家主张，主权既不属于君主，也不属于人民，而是属于抽象的国家。英国基于其君主立宪的特殊政治体制，主张"议会主权"，随着选举权的全民化，其实质也是人民主权。美国宪法虽然有意回避了主权的规定，但随着美国内战之后联邦权力的扩张，各州的权力日益缩小，说美国人民委托联邦行使主权已经顺理成章了。我国现行《宪法》也规定"中华人民共和国的一切权力属于人民，人民行使国家权力的机关是全国人民代表大会和地方各级人民代表大会"，即确立了主权在民的原则。

2. 主权学说的发展历史

主权概念是近代以来民族国家建构过程中形成的。法国政治学家博丹(也译成布丹)在其《国家论六卷》中第一次系统地论述了他的主权学说。博丹生活于邦国林立的欧洲中世纪晚期，加之教会权力与世俗权力斗争激烈，那时的欧洲基本上是一个无政府的状态，人民深受政治动乱之苦，所以，这个时代的思想家、政治家思想的一个基本问题就是：如何才能建立一个稳定而统一的新秩序？"主权"就是这种时代的产物。博丹在《论主权》中认为，主权是国家的标志，除受上帝、自然法和万民法的拘束外，主权是国王对公民和臣民享有的永久的、绝对的、不可分的、不可撤回的最高权力。博丹的理论资源来自两个方面：一是来自于亚里士多德对国家最高权力的论述；二是来自于罗马法的观念，即有关契约的观念和财产权(所有权)的观念。博丹主权观念的绝对、永久、不可剥夺的特性，都是典型的财产权的特征，主权者对主权就如同所有者对所有物(后来果真发展出用财产权的所有者和行使者的关系解释主权所有者与主权行使者的关系的学说)。

博丹主张绝对君主主权，与此同时也还存在认为一切权力属于人民的反君主制的主权观点，这种观点以阿徒修为代表。博丹之后的格劳秀斯，则试图在绝对君主主权理论与反君主制的民主理论之间找到平衡，他区分了权力和权力的期限；把主权类比财产权，认为有不同的形式；淡化主权的绝对性；认为主权是可分割的；主权的承担者(bearer)有两个，一个是整体性的一般性的主体(general subject)，即全体国民，一个是特殊性的主体(special subject)，即政府。他还认为主权是可以出让的。由此可以明显看出其调和"主权在君"和"主权在民"两种学说的努力。

霍布斯在其1651年的《利维坦》中主张一种比博丹更加激进和完整的绝对君主主权论。基于改善其认定的自然状态中所有人对所有人战争的残酷现实的需要(后人称为霍

① 沈宗灵：《比较宪法》，北京大学出版社2002年版，第123页。

布斯丛林 Hobbes jungle)，人们乃互相缔结契约，约定将权力交给一个人格完善者，这个人格完善者即成为主权者，主权者与人民(臣民)同时由缔约行为创制出来，此前不存在人民或主权者，故订约之前不存在主权，因此，他认为人民拥有对主权的保留权在逻辑上说不通；同时由于主权者并不是缔约者，故在缔约之外，不受契约的限制。又考虑到主权者不会不公正，故不受制裁。主权者还不受神法、自然法的约束，只有道德的约束，且道德约束的最后判断者还是主权者自己。而且主权统一，教会也从属于(世俗)主权者。① 可见，霍布斯通过《利维坦》主张的一种绝对君主制，虽然有希望通过主权者建立和平秩序的善良动机，但有“将人们从狼口救出又送进虎口的危险”，我们从中依稀看见人们在血腥的丛林中匍匐于全知全能的“圣君”脚下祈求保佑的幻象。

为了调和格劳秀斯和霍布斯，普芬道夫在 1672 年构造出两部契约论。普芬道夫认为，契约是国家成立的基础，国家存在两部契约，一部契约是人民之间的契约，人民相约成立市民社会，另一部契约是人民与政府之间的契约。但政府最初是在人民之中的。他还认为，主权是最高的，但并不表示主权是绝对的。这是普芬道夫学说中最特别的一点，即“有限的仍然是最高的”(limited but supreme)。普氏对最高(supreme)和绝对(absolute)作了区分，绝对是指无所不辖，不受限制；而最高是指在其所辖范围内是不受限制的，在不为其所辖者，则受限制。后来的理论家如拉斯基认为一个社会团体对其成员也拥有最高权力。联邦制下，州在某些方面也拥有最高权力。

洛克在 1689 年的《政府论》中论述了资产阶级革命胜利时代的主权观念。洛克学说的背景与此前已大不相同。洛克笔下的自然状态是自由、平等但不安定的自然状态，人们虽然缔约成立市民社会或政治社会，然后成立政府，但人们出让的是为了共同利益所必需的权力，所以人们保留了革命的权利和抵抗权。洛克把主权者划分为法律主权者、政府主权者和政治主权者三类。法律主权者，指的是行使行政权力的元首，在可容忍的意义上可以称之为最高的，只要在法律的限度内就应当看成共同体的形象、代表，受到法律的限制；政府主权者，指的是最高的政府机关——立法机关，受到政府存在理由的限制；政治主权者，指的是市民社会或政治社会，一般是潜在的，处于不活动状态，一旦由静而动则威权无上。在政府与政治社会之间没有法官，二者处于永久的自然状态。当政治社会的公民权被剥夺时，政治社会的潜在主权就可以活动起来，诉诸天理，解散政府。

卢梭于 1762 年在《社会契约论》中阐述了他的激进主权思想。公意(general will)是卢梭理论中的核心概念，公意不是众意，人们的各个个体意志的共同要素被抽取出来，才成为公意。权力可以转让，但是公意不能转让，作为公意结果的政治体在被动意义上被称为国家，积极意义上则称为主权者。主权不可分，但主权衍生的权力可分。主权不可能错误，永远是它应该是的东西。因为是从人们的意思中抽取出来的共同的东西，所以政治上不可能错误。主权是绝对的，意志是自由的，主权者不能约束自身，个人没有保留的权利。卢梭把“公意”绝对化，过于强调人民主权，其绝对化程度与霍布斯的理论一样，有可能被专制者所利用，专制者往往以神秘的公意自居。只是霍布斯把整个国家的人格吸收在政

① 陈端洪:《主权的知识谱系(二)》，载见宪政知识网，http://www.xianzheng.com，下载日期：2004 年 3 月 12 日。

府中，卢梭却把政府吸收在人民中，国家和人民一体，唯一真正的人格是集体。但是这个集体是虚的，缺乏组织形式，易被政府借其名义行事。卢梭的理论后来成为革命的理论，法国18世纪末的几部宪法都明确地把卢梭的主权理论奉为宪法原则。

从上述博丹、霍布斯、洛克、卢梭等思想家对主权的论述中可以发现，他们都抱有一种"古典式"的主权观点，即都认为主权产生于对安全的渴望，是一种带有绝对性的、自我完整的最高统治权力。随着资产阶级国家发展到帝国主义阶段，出于其扩张侵略的需要，19世纪末以来，国际上出现"主权相对论"，遭到二战后新独立的民族国家的抨击和反对。

（二）国体与政体

我国宪法学以马克思主义国家学说为指导，发展出特有的国体和政体概念。国体是指国家的阶级本质，即国家政权掌握在哪个阶级手中。在近现代世界各国的宪法和法律中明确规定国体，特别是国家的阶级本质的，仅有社会主义国家或无产阶级领导下的其他形式的国家政权。[①] 我国的政体概念与近现代西方各国的政体概念也有区别，特指政权的组织形式，也就是统治阶级为了行使国家权力、依据一定的原则和方式而确立的反对敌人、保护自己、治理社会的国家政权机关的组织体系。[②]

我国的国体，即国家性质是无产阶级专政的社会主义国家，无产阶级专政即人民民主专政，对此将在后面专门论述，在这里，先简要介绍政体。

1. 政体的性质

亚里士多德在其名著《政治学》中提到：政体是"全城邦居民由以分配政治权利的体系"，"政体为城邦一切政治组织的依据，其中尤其着重于政治所由以决定的最高治权的组织"，"政体可以说是一个城邦的职能组织，由以确定最高统治机构和政权的安排，也由以订立城邦及其全体各分子所企求的目的"。[③] 从中可以看出，亚里士多德的政体观包括政治权利、政治组织、政治职能和政治目的几个方面的内容。

亚里士多德较为广义的说法是将社会结构和公民生活包括在政体含义之中。此种大政体观以一种整体论的思路传承下来，经由黑格尔而被马克思所接受，只是马克思将政治国家和市民社会的地位颠倒了过来，认为并不是政治国家决定市民社会，而是市民社会决定政治国家。因此，市民社会中根本性的关系是政体的首要内容，而政治国家中的关系或狭义政体中的关系只是一种形式或者只是一张皮，这就是为什么马克思说资产阶级议会制只是让人民定期地决定究竟由统治阶级中的什么人在议会里代表和压迫人民。在大政体观前提下，法兰西内战之后，马克思更加远离了狭义政体观，他以"社会共和国"替代了一般政治意义上的"共和国"。这种社会共和国的萌芽形式是当时的巴黎公社。根据马克思的看法，没有社会关系的改造，政治关系的改造就只是自欺欺人的幻想。于是，亚里士多德的两种政体观到现代出现了越来越大的裂痕，甚至形成了两种对立的观点：西方主流

---

① 沈宗灵：《比较宪法》，北京大学出版社2002年版，第130页。

② 韩大元、胡锦光：《宪法教学参考书》，中国人民大学出版社2003年版，第147页。

③ [古希腊]亚里士多德：《政治学》，吴寿彭译，商务印书馆1996年版，第109页、第129页、第178页。

观念接受了小政体观,着重在既有的社会经济结构的背景下探讨政治权力的分立与制衡;马克思主义则继承了大政体观,强调社会力量与政治权力的合一。① 在大政体观下,就比较容易地将社会阶级的力量与政治机构的权力对应起来,要使政体免于表面形式,就必须不仅研究决定政体的社会阶级的结构和力量对比,而且重在改变既有的社会结构和力量比例。这其实是将政体与国体结合了起来。

政体作为宪法学的基本范畴,应具有世界范围的概括性和可比性。有鉴于此,我国宪法学家不拘泥于马克思主义经典作家们的个别论述,而秉持马克思主义的基本原理,以整体、宏观的视角对政体的概念进行了反思和重建。例如,著名宪法学家何华辉先生认为:"政体是实现国家权力的形式,它是形成和表现国家意志的特殊方式,或者是表现国家权力的政治体制;政权组织形式也是一种实现国家权力的形式,但它是一个国家实现国家权力的机关组织。前者侧重于体制,粗略说明国家权力的组织过程和基本形态,后者着重于机关,着重说明国家权力的行使机关及其相互关系。"②其实,从历史语境中考察,政体确实是指一种有关国家权力组织和运行原则的宏观体制,西方的政治思想家们大都是以国家权力的归属以及最高政权机关的人数多寡作为区分不同政体的标准。作为国家的宏观体制,政体主要涉及三个方面的内容:主权的归属、最高国家权力的横向配置和国家权力的纵向划分。③ 其中主权的归属是核心的内容,决定着国家权力的横向配置和纵向划分的程度和形式。主权一旦经过合理而规范的横向配置和纵向划分之后,其内政治理权就基本委托出去了,只剩下主权的核心部分,即军事统帅权、外交缔约权、国防安全权、税收管辖权、紧急戒严权等,仅得由国家元首行使。

2. 政体的分类

(1)基于主权归属的分类。主权的归属不同于国家权力的归属。主权的归属即在法律上确定国家最高权力的代表机关,由此形成国家的元首制度;国家权力的归属则是在主权的归属明确以后,对行使立法权、行政权、司法权等具体国家权力的机关进行规定,属于国家权力配置的范畴。例如,近代著名的政治学家孟德斯鸠即据此把政体分为三种:共和政体、君主政体和专制政体。"共和政体是全体人民或仅仅一部分人民握有最高权力的政体;君主政体是由单独一人执政,不过遵照固定和确立了的法律;专制政体似乎既无法律又无规章,由单独一人按照一己的意志与反复无常的性情领导一切。"④而卢梭则根据执政者人数的多少,把政体分为君主专制政体、贵族政体和民主政体三类,并赞成民主共和政体。

现代宪法学一般根据主权的归属把政体分为君主政体和共和政体两大类。君主政体是指君主一人实质或形式上掌握对内对外大权的政体,并通常实行世袭制。君主政体还可以细分为君主专制、贵族君主制和君主立宪制三种形式。君主立宪制还可再分为二元君主制和虚君议会(共和)制,前者由君主和议会共掌政权,君主拥有实权,但权力有大有

① 储建国、申建林:《论马克思主义的政体思想》,载《武汉大学学报(社会科学版)》2003 第 6 期。
② 何华辉:《比较宪法学》,武汉大学出版社 1988 年版,第 136~144 页。
③ 朱福惠:《宪法学》,厦门大学出版社 2007 年版,第 117 页。
④ [法]孟德斯鸠:《论法的精神(上册)》,张雁深译,商务印书馆 1959 年版,第 9 页。

小；后者君主仅为名义上的元首，实权全由议会掌控。在近现代民主的潮流影响之下，传统的专制君主制大都转变为立宪君主制，立宪君主制中君主的权力受到宪法或议会的严格限制，其行使国家权力的范围和方式日益缩小，其极端者君主已徒具虚名，实质上已趋近于共和制，现代英国和日本是典型。共和政体乃相对于君主制而言，意味着国家权力不得由个别人或少数人掌握，而是由本国公民共同拥有。共和政体中行使最高权力的代议机关（或代表机关）和国家元首都由民主选举产生，且有法定任期限制，不得世袭。共和政体下，国家最高官员与一般公民在法律上、人格上是平等的，不容许贵族特权，也不容许授予贵族爵位。

(2)以中央层面国家权力的横向配置为标准，政体可以分为总统制、议会内阁制、半总统制、委员制和人民代表大会制等形式，这才是本真意义上的国家政权的组织形式，留待本章第二节详述。

(3)以国家权力的纵向划分为标准，政体可以分为集权制和分权制两种形式。集权制是国家权力基本或更多地集中在中央的体制，分权制则是国家权力在中央（联邦）与地方（州、邦）之间进行法定划分的均权体制。留待下一章详述。

[宪法事例] 新中国成立前，国人对于政体问题作过长期的探讨。辛亥革命胜利后，《中华民国临时政府组织大纲》就模仿美国的政体，为当时的临时政府设计出了总统制政体，孙中山先生据此就任中华民国临时大总统。南北议和初成之时，南方革命党人基于对袁世凯的不信任，便在修改《中华民国临时政府组织大纲》时对政体作了修改，通说认为，修改后的《中华民国临时约法》将总统制改成了内阁制，以约束袁世凯的专制野心。

二、我国是人民民主专政的社会主义国家

（一）人民民主专政的含义

我国现行《宪法》第1条第1款规定："中华人民共和国是工人阶级领导的、以工农联盟为基础的人民民主专政的社会主义国家。"这是对我国国体和国家政治属性的规定。

按照马克思主义的国家学说，国家的根本类别就是从国家的阶级属性角度进行的分类，由此形成不同的国体。所谓国体，又称国家性质或国家的阶级属性，指社会各阶级在国家中的地位。它要明确两个方面的内容：一是明确在国家中处于统治地位的阶级——统治阶级；二是统治阶级内部的组成，即明确领导阶级和同盟者及其相互关系。我国是工人阶级领导的、以工农联盟为基础的人民民主专政的社会主义国家。

1. 工人阶级的领导地位

宪法明确规定，工人阶级在我国处于领导地位，这是由工人阶级的本质和它所担负的历史使命所决定的。按照马克思主义理论，工人阶级是社会先进生产力的代表者，是最有远见、大公无私、最富有革命彻底性的阶级，它同时具有严密的组织性和严格的纪律性，因此，只有工人阶级才能担负起消灭一切剥削阶级、解放全人类、实现共产主义的历史使命。

我国工人阶级的组成中，不但包括体力劳动者，而且包括脑力劳动者，因此，脑力劳动者中的主体部分——知识分子也是我国工人阶级的重要组成部分，在中国革命和建设中也处于领导地位。

2. 以工农联盟为基础

我国宪法明确规定以工农联盟为政权的基础，这是马克思主义关于无产阶级专政国家学说结合中国具体国情的创造性发展。我国是一个农民占人口绝大多数的国家，因此农民问题成了中国革命和建设的重要问题。在我国社会主义革命和建设中，离开了农民的解放、农民的发展就偏离了中国革命和建设的宗旨和目标；同理，没有农民的参与、没有农民的支持，中国革命和建设就不可能取得胜利和成功。因此，在我国，工人阶级和农民阶级联盟不但是必要的，而且是完全可能的。农民阶级的根本利益与工人阶级是完全一致的，只有工人阶级才能代表他们的利益，带领他们获得彻底的解放。工人阶级面对国内外的巨大敌对势力，也只有与农民阶级结成坚实的同盟，才能取得中国革命和建设的胜利。所以，工农联盟既是我国革命和建设的经验总结，也是我国社会主义政权存在和发展的基础。

3. 工人阶级的领导地位是通过中国共产党的领导来实现的

中国共产党是中国工人阶级中的先进分子所组成的先锋队组织，它以马列主义、毛泽东思想、邓小平理论、“三个代表”重要思想和科学发展观为指导，坚持解放思想、与时俱进，在我国社会主义革命和建设事业中取得了光辉的成就，并将继续带领全国人民为把我国建设成为富强、民主、文明的社会主义国家而努力奋斗。因此，在我国宪法序言中明确规定了坚持中国共产党的领导，这是我国经济、政治、文化、社会、生态文明等各项事业取得持续的良性发展的政治保障。同时，宪法也规定各政党和社会团体必须以宪法为根本的活动准则，维护宪法的尊严、保证宪法的实施。

4. 人民民主专政是对人民的民主和对敌人的专政的统一

在新的历史时期，剥削阶级作为一个阶级已经被消灭，工人阶级在政治上更加成熟，农民阶级的素质有了很大的提高，知识分子在总体上已经成为工人阶级的有机组成部分，以中国共产党领导的、包括全体社会主义劳动者、社会主义建设者、拥护社会主义的爱国者和拥护祖国统一的爱国者的统一战线进一步巩固和发展，这说明我国人民民主专政的政权有了更广泛的群众基础和民主性质。

(二)社会主义制度是我国的根本制度

1982年《宪法》第1条第2款规定：“社会主义制度是中华人民共和国的根本制度，禁止任何组织或者个人破坏社会主义制度。”这是对我国根本制度的明确规定。

社会主义制度基本特征表现在：在经济上实行公有制为主体、各种所有制经济共同发展的基本经济制度；在政治上实行坚持中国共产党领导的、以人民代表大会制度为根本政治制度的民主制度；在思想文化上坚持马列主义、毛泽东思想的指导地位；在社会发展上坚持和谐、科学发展，共同致富。

我国对社会主义的认识也有一个不断深化、日益完善的过程。改革开放以来，在坚持社会主义初级阶段的基本路线的基础上，我国确立了建设社会主义市场经济和社会主义法治国家的新目标，中国特色的社会主义事业正焕发出蓬勃的生机，显示出光明的前景。

第二节　我国政权的组织形式

一、政权组织形式的种类

（一）政权组织形式的概念

现代国家的权力按功能性质可以分为立法权、行政权、司法权等类别。为了有效地统治和治理起见，通常需要将国家权力在中央层面进行合理划分，从而形成各种国家机关及相互关系。政权的组织形式就是这种最高国家权力的组织体系和运转原则及方式，也就是狭义上的政体。

政权的组织形式一般不顾及地方政府的组织形式，而仅指国家权力在中央层面的配置和运转关系。政权的组织形式虽然相对于主权有较大的能动性，但也受制于特定的经济基础、政治传统和风俗民情，不是可以随心所欲颠倒乱来的，否则，就会导致丧权辱国。当前，世界范围的政权组织形式大致可以分为总统制、议会内阁制、半总统制、委员制和人民代表大会制等形式。

（二）政权组织形式的种类

1. 总统制。总统制是总统既是国家元首又是政府首脑并在国家组织体系中处于主导地位的政权组织形式。其特点是：总统由选民直接选举产生，不向议会负责；议会不能通过不信任案迫使总统辞职，总统也无权解散议会；总统是国家政治生活的中心，其掌握的权力非常广泛，担任武装部队总司令，直接组织和领导政府，内阁由总统、副总统和各部部长组成，不对议会负责，只对总统负责，总统可以接受部长辞职和解除其职务；国家权力依据宪法在总统、议会和司法部门间进行分配，严格贯彻分权制衡原则；总统有权否决议会立法，议会也可对总统行使质询和弹劾的权力，最高法院法官由总统提名，但得终身任职，并有权对议会法律实施违宪审查。美国是实施总统制的典范，随着现代社会行政事务的繁多和复杂化，其总统的权力有日益扩张的趋势。目前，大多数拉美国家、非洲国家以及韩国、菲律宾等国都实行总统制。

2. 议会制。议会制又称议会内阁制或责任内阁制，指由在议会（下议院）中获得多数席位的政党组成内阁并向议会负责的政权组织形式。其特点表现为：议会可以通过不信任案倒阁，政府也可依照宪法程序解散议会，并重新组织议会选举；国家元首一般为虚君元首，不向议会负责，也不是政府首脑；政府首脑领导内阁，向议会负责；内阁是中央政府的核心，掌握着国家的实际权力，首相领导内阁，是国家政治生活的最高决策者和领导者。实施议会制的代表性国家有德国、意大利等，此外，英国、日本也是实际上的议会内阁制，其君主处于虚君地位。

3. 半总统制。半总统制吸纳了总统制和议会制的优长之处，是以总统为国家权力中心、以总理为政府首脑的政权组织形式，以第五共和国时期的法国为典型。国家元首在法国政治生活和国家机关中居主导地位，是国家权力的中心，不仅享有传统的总统权力，还享有单独采取的非常权力，主要是解散议会、把法案直接交给公民投票表决、在紧急状态下行使非常权力。同时，宪法规定总统由庞大的选举团间接选举产生(1962 年改为总统由公民普遍、直接选举产生)，总统不对议会负责，他有权选择总理，任命总理和政府其他成员。从这个意义上说，法国政治体制具有总统制的特点。此外，宪法极力削弱议会的权力，防止其随时进行倒阁。虽然如此，宪法仍然保持内阁对议会负责这个议会制的基本原则，即当议会对政府的施政纲领不支持或通过对政府的不信任案时，政府必须辞职；否则，总统解散议会，重新大选。因此，法国总统权力虽大，但他要实现自己制定的政策，还需要取得议会多数的支持和保证。所以，在法国，总统、总理、政府在一定程度上仍然要受到议会的牵制。法国半总统制所体现的基本思想是，消除旧制度的弊病，重建国家权威。具体地说，这一政治体制中要贯彻两个几乎对立的原则：一是设立一个强有力的国家元首把权力分开来，国家元首在各方面都是一个仲裁者；二是建立议会制，并使它正常运转。一方面要扩大总统的权力，另一方面要大力削减国民议会的权力，使之具有有限的政治和法律权力，以防其在倒阁问题上兴风作浪。半总统制对维护法国政局的稳定发挥了积极的作用。后来俄罗斯也采用了类似的政体。

4. 委员会制。委员会制政府是以实行合议制的委员会为国家最高行政机关的政体形式。瑞士是采用这种政体的唯一国家，其最高行政机关是联邦委员会，委员会由议会选举产生并对议会负责，它是议会委托的执行机关，实行议行合一体制；联邦委员会由 7 名委员组成，从中选出正副主席各 1 名，任期 1 年，并不得在次年连选连任，具有轮流替换的性质；委员会实行集体领导，主席与各委员权力平等；委员会对内主持会议，对外集体行使国家元首职能；委员会成员不得兼任议会议员，委员会无权解散议会，议会也无权倒阁。

5. 人民代表大会制。这是社会主义国家普遍实行的政体。全国人民代表大会是国家最高权力机关，其他国家机关，如行政机关、司法机关、检察机关、军事机关等都由它产生，向它负责；国家主席也由全国人民代表大会选举产生，由国家主席提名总理人选，经全国人民代表大会表决通过。总理向全国人民代表大会负责并报告工作。中国是实行人民代表大会制度的典范。

二、我国的政权组织形式——人民代表大会制度

(一)人民代表大会制度的性质

人民代表大会制度是我国人民民主专政的政权组织形式，是我国的根本政治制度。我国宪法明确规定，国家的一切权力属于人民，人民行使国家权力的机关是全国人民代表大会和地方各级人民代表大会。全国人民代表大会和地方各级人民代表大会都由民主选举产生，对人民负责，受人民监督。国家行政机关、审判机关、检察机关都由人民代表大会产生，对它负责，受它监督。全国人民代表大会是最高国家权力机关；地方各级人民代表大会是地方国家权力机关。

我国人民代表大会制度的内涵可以从以下四个方面来分析：

1. 作为国家权力机关的全国人民代表大会和地方各级人民代表大会由民主选举产

生，对人民负责，受人民监督，以保障国家权力的人民属性

社会主义就其本质来说就是人民当家作主，这种民主需要通过一定的形式才能实现，人民代表大会制度就是实现这种民主的形式。首先，从人民代表大会的组成来说，各级人民代表大会都由人民代表组成，而人民代表又是由人民通过直接或间接的民主选举程序选举产生，这构成了人民代表大会制度的前提和基础。其次，从人民代表大会的职权来说，人民代表大会代表人民行使国家权力。全国人民代表大会和地方各级人民代表大会都是全权代表人民行使国家权力的机关。再次，从人民代表大会的责任来说，它要向人民负责，接受人民的监督。由上述三个方面可见，人民代表大会的代表来自人民，人民代表大会的权力来自人民，人民代表大会必须对人民负责，受人民监督。因此，人民代表大会制度的确是我国人民行使当家作主权利、实现社会主义民主的一种形式。国家的一切权力属于人民既是人民代表大会制与资产阶级议会制的根本区别，也是人民代表大会制得以建立和运行的逻辑起点，因而是人民代表大会制度概念中最重要的环节。

2. 人民代表大会及其常委会集体行使职权，按照少数服从多数的原则民主议事

全国性的重大问题须经过全国人大或其常委会讨论决定，地方性的重大问题须经过地方各级人大或其常委会讨论决定，而不是由个别人或少数人决定。为此，人大及其常委会制定了一系列会议规则和工作制度，以保障国家权力行使的人民属性。

3. 人民代表大会是国家的权力中枢，国家行政机关、审判机关、检察机关、军事机关都由人民代表大会产生，对它负责，受它监督

国家机构是国家为实现其职能而建立起来的国家机关的总和。我国人民通过人民代表大会行使国家权力主要通过两大途径来实现：一是由人民代表大会直接行使宪法和法律赋予各级人民代表大会的职权，如立法权、监督权、财政权、人事权、重大事项决定权等具有决定性意义的权力；二是由人民代表大会产生国家行政机关、审判机关和检察机关，这些国家机关对人民代表大会负责，向人民代表大会报告工作，受人民代表大会监督，不能脱离或者违背人民代表大会的意志而进行活动。

4. 人民代表大会制度的基本组织原则是民主集中制

民主集中制表现在三个层面：第一，由全国人民代表大会和地方各级人民代表大会在民主选举的基础上集中行使国家权力；第二，由人民代表大会产生其他国家机关，既体现职能分工，又贯彻人民的集中意志；第三，人民代表大会内部的组织活动，包括立法和重大决策也贯彻了民主集中制原则。

由此，我们可以把人民代表大会制度的概念归纳为：人民代表大会制度是指拥有国家权力的我国人民根据民主集中制原则，通过民主选举组成全国人民代表大会和地方各级人民代表大会，并以人民代表大会为基础，建立全部国家机构，对人民负责，受人民监督，以实现人民当家作主的政权组织形式。

可见，人民代表大会制度是我国实现社会主义民主的基本形式，是我国的根本政治制度，人民代表大会制度直接全面地表现了我国的阶级本质，是我国国家机构得以建立、健全和国家政治生活得以全面开展的基础，是其他政治制度的核心，而且反映我国政治生活的全貌。

需要注意的是，人民代表大会制度与人民代表大会是两个不同的概念，后者是指一个

具体的国家机关，前者是指以这个国家机关为核心载体的一套国家政治组织制度。当然，把人民代表大会制度仅仅理解为人民代表大会及其常委会的各项制度的看法也是片面的，实际上，人民代表大会制度不仅包括国家权力机关的各项制度，还包括了国家权力机关与人民关系的规定，国家权力机关与其他国家机关关系的规定，以及中央与地方国家机构的关系等内容。也就是说，人民代表大会制度是以人民选举产生的人民代表大会为基础的整个政权体系。

人民代表大会制度建设的根本法律依据是宪法。新中国宪法的产生和发展与人民代表大会制度的建立和完善是同步推进、紧密相连的。1949 年中华人民共和国诞生之际，具有临时宪法性质的《中国人民政治协商会议共同纲领》，确定了我国的政权制度是人民代表大会制度。1954 年第一届全国人民代表大会一次会议制定的我国第一部社会主义类型的宪法，对人民代表大会制度作出了较系统的规定，标志着我国以人民代表大会为基础的政权制度全面确立。党的十一届三中全会后制定、颁行的 1982 年宪法，对加强和健全人民代表大会制度作出了一系列新的重要规定，我国人大工作也进入新的重要的历史发展时期。历史已经表明：新中国宪法的产生，为人民代表大会制度的构建提供了最根本的法律依据。随着制宪、修宪、行宪进程的推进，我国的根本政治制度不断得到坚持和完善。

（二）人民代表大会制度的地位

人民代表大会制度之所以成为我国的根本政治制度，除了因为它是我国革命的产物和政权组织形式的传统之外，更主要的是因为，这种政体是我国人民行使国家权力的最佳形式。

1. 人民代表大会制度是符合我国国情的根本政治制度

在中国近代历史上，围绕着建立何种政治制度，各个阶级、各种社会势力曾进行过激烈的斗争。历史已经作出了明确的回答，不管是资产阶级君主立宪制、共和制，还是帝国主义、封建主义、官僚资本主义统治的伪宪制，在中国都行不通，都以彻底失败而告终了。中国共产党在领导新民主主义革命过程中，把马克思主义国家学说同中国革命具体实践相结合，对建立人民民主政权进行了长期的探索，积累了丰富的经验，为确立人民民主专政、实行人民代表大会制度奠定了基础。马克思主义认为，一个国家采取什么样的政治制度，是由该国的社会和历史条件决定的。我国实行人民代表大会制度是历史的选择，是全国人民的迫切愿望。新中国成立五十多年来，特别是地方人大及其常委会建立二十多年来的实践充分证明，人民代表大会制度完全适应我国的国情，它既能保障全体人民统一行使国家权力，充分调动人民群众当家作主的积极性和主动性，又有利于国家政权机关分工合作、协调一致地组织社会主义建设。

2. 人民代表大会制度是同我国人民民主专政的国家性质相适应的最好的政权组织形式

革命的根本问题是政权问题。我们必须从加强政权建设的高度来深刻认识坚持和完善人民代表大会制度的重要性。宪法规定：我国是工人阶级领导的，以工农联盟为基础的人民民主专政的社会主义国家。这就是我们的国体。同这一国体相适应的政体，就是基于民主集中制的人民代表大会制度。我国社会主义革命和建设的实践充分说明，人民代表大会制度既是发展社会主义民主的基本形式，也是动员全体人民对敌视社会主义的势力实行专政的有效形式。

3. 人民代表大会制度是我们党对国家事务实施领导的一大特色和优势

中国共产党是执政党，党的执政地位是通过党对政权机关的领导来实现的。党对国家事务实行政治领导的主要方式，是使党的主张经过法定程序变成国家的意志，通过党组织的活动和党员的模范作用带动广大人民群众，实现党的路线、方针和政策。人大及其常委会作为政权机关的重要组成部分，具有法律赋予的有关国家事务的决定权、立法权、监督权和人事任免权(我们县级人大常委会没有立法权)。它所制定的法律、法规，作出的决议、决定，其他国家机关和全社会必须认真执行。党的主张由人大通过法定程序变成决议和决定，就会对全社会产生强制力和约束力，就能更好地贯彻到社会生活的各个方面，从而实现党对国家事务的有效领导，巩固党的执政地位。在我国，坚持党的领导同坚持人民代表大会制度是一致的。只有在党的领导下，才能充分发挥人民代表大会制度的作用；而人民代表大会制度的加强和完善，可以更好地实现党的领导。党领导人民建立了国家政权，党还要领导和支持政权组织充分发挥职能作用，实现人民的意志。

4. 人民代表大会制度是社会主义民主与法制建设的基石

发展社会主义民主，健全社会主义法制，是十一届三中全会以来党中央确定的基本方针，也是各级人大及其常委会的中心任务。社会主义政治的本质和核心，是人民当家作主、享有管理国家事务的权力。实行人民代表大会制度，就是从政治上和组织上保证了全体人民掌握国家权力，真正成为国家的主人。社会主义民主同社会主义法制是相辅相成的，民主建设必须以健全的法制作保证。宪法和地方组织法对全国人大及其常委会和地方人大及其常委会分别规定了有关制定法律、法规和法律监督的职能。要做到有法可依、有法必依、执法必严、违法必究，就必须坚持人民代表大会制度，充分发挥各级人大及其常委会作为从事社会主义和法制建设的国家权力机关的作用。

综上所述，人民代表大会制度，是党领导人民当家作主的最好的政权组织形式，是适合我国国情、具有极大优越性的根本政治制度，真正按照这种具有中国特色的根本制度办事，对于我们国家实现长期的政治安定和社会稳定，有效地组织各项社会主义事业，永远立于不败之地，具有十分重要的意义。

[**宪法事例**]进入21世纪前后，我国一些县市打破宪法和法律的既有约束，实行了乡镇长的公推直选改革，一时成为社会焦点。例如，1998年，四川省遂宁市市中区步云乡通过公民直选产生了该乡乡长；2004年4月，云南省红河自治州在其下辖的石屏县推行乡镇长选举改革，7个乡镇长均由选民直接选举产生，被认为是我国迄今最大规模的乡镇长直选试点改革。

对这些改革尝试，有人赞成，认为是开了我国政治民主化改革之先河；有人质疑，认为违反了我国宪法和法律的现有规定。的确，根据宪法和组织法的规定，我国地方行政首长应由本级人民代表大会选举产生。但从民主政治的发展趋势来看，地方政府行政首长由地方人民直接选举可以更好地保证政府对人民负责，符合社会主义本质。

(三)人民代表大会制度的特征

1. 人民代表大会制度具有高度的民主性

宪法规定,我国的人民代表大会从中央到基层分级设立,虽互不统属,但构成一个完整的政权链。我国人民代表大会是由人民选举的代表组成。县以下的人民代表大会由本辖区域内的人民以无差别的平等选举权自主地直接选举产生;省、直辖市、设区的市的人民代表大会代表由下一级的人民代表大会选举;全国人民代表大会由省、自治区、直辖市和军队选举的代表组成。各少数民族都应当有适当名额的代表。我国的选举贯彻普遍、平等原则,是在没有压力、没有政治集团可以威胁或压迫选民的完全自由的环境之下进行的。通过选举,全国各民主党派、各阶层、各民族、各社会职业均有代表被选举入人民代表大会。人民代表大会的这种构成,具有广泛的群众基础,在原则上保证了全体人民都能行使当家做主的民主权利,便于人民群众参与国家管理。

2. 人民代表大会制度以民主集中制为根本的组织和活动原则

我国国家政权的民主属性决定了由人民代表大会集中行使国家权力的特性。宪法赋予了各级人民代表大会决定中央和地方一切重大国事的权力,特别是赋予全国人民代表大会和全国人民代表大会常务委员会制定和修改宪法、法律的权力。制宪权和立法权是国家最高权力的一个重要方面。由最高国家权力机关行使,这就在原则上确认了人民代表大会在国家政权体系中的最高地位和权威,在政治体制内是其他体系不可比拟的,也是不可取代的。国家政权集中掌握在各级人民代表大会手中,有利于政治决策的统一和连续,避免政出多门、决策的频繁变动。最高的国家权力由最高的国家权力机关统一、集中地行使,长期以来被认为是我国人民代表大会制度的优越性之一。在此前提下,对于国家的行政权、审判权、检查权等,也都有明确的分工,使各个国家机关能够在宪法和法律规定的权限内开展工作。国家机构的这种合理分工,既可以避免权力的过分集中,又可以体现职能分殊的原则而提高工作效率。人大同政府、法院、检察院之间的关系不是并行和制衡,这也从根本上有别于西方的三权分立体制。西方资本主义实行三权分立的国家所贯彻的是分权制衡原则,立法、行政、司法三个机关之间相互牵制、相互制约,虽在一定程度上防止了权力的独裁和专横,但也暴露出一些其体制难以解决的严重弊端。

3. 国家权力机关的至上性和全权性

我国《宪法》明确规定:“中华人民共和国的一切权力属于人民。人民行使国家权力的机关是全国人民代表大会和地方各级人民代表大会。”这决定了人民代表大会及其常委会是本行政区域的最高国家权力机关。政府作为人大的执行机关,由人大产生,受人大监督,向人大负责,从属于人大,遵照人大的决定和要求开展工作,这种权力机关的权威性是由人民权力的至上性所决定的。在国家权力统一的前提下,国家职能具体划分为立法权、行政权、审判权和检察权等,由各个国家机关分别行使,这是一种分工合作而不是分权制衡的关系。上述权力中,人大的立法权居于首位,其他权力由立法权规定,受立法权掌控,人大和政府之间也不是什么平行的同级关系,而是监督与被监督关系。正是因为人大和政府之间是监督与被监督的关系,所以,我国宪法和相关法律才赋予了各级人大审查本级政府工作报告、撤销本级政府不适当的决定和命令、罢免本级政府领导人等重要职权。反之，政府虽然可以向同级人大提出议案，但不能抵抗人大通过的决议，以保障人大作为国家权力机关至高无上的权威。如果把人大当成了政府的平级机关，认为它们之间仅仅是“协调一致开展工作的关系”，那无疑是混淆了我国的人民代表大会制度同西方国家的三权分立制度的根本区别。

4. 人民代表大会制度保障中央的统一领导，同时充分发挥地方的主动性、积极性

在人民代表大会制度下，最高权力机关制定法律，决定国家的一切重大问题，其他国家机关都必须遵守和执行，国务院是最高行政机关，一切地方行政机关都要服从它的领导，从而集中全国立法权、行政权于中央。同时地方各级权力机关保证宪法、法律、行政法规在本行政区域的遵守与执行，有权决定本行政区域内的一切重大问题：省级权力机关、省及自治区人民政府所在地的市和国务院批准的较大的市的权力机关，有权制定地方性法规；民族自治机关依照宪法、特别行政区基本法以及其他有关本区域的法律，行使最高自治权等。这些重要规定，既保证了中央的集中统一领导，又有利于进一步发挥地方政权机关的积极性和主动性。

5. 始终坚持中国共产党的领导

现代国家的政治都是政党政治，或为多党制、或为两党制、或为一党制。我国实行中国共产党领导下的人民代表大会制度，共产党始终在我国的政治生活中居于领导地位，这与资本主义国家实行的政党竞争、三权分立的政体是截然不同的。党的领导是历史和现实的选择，党实现领导的方式是：使党的主张经过人民代表大会的法定程序变成国家意志，在选举中向人大及其常委会推荐重要的干部担任国家公职，通过党组织和党员在实际生活中的先锋模范作用带动人民群众实现党的路线、方针和政策。按照宪法的规定，党的组织和党员应在宪法和法律范围内活动，不能享有超越宪法和法律的特权，按照依法执政的时代要求，支持和保障人大依法行使职权。①

值得注意的是，我国人民代表大会制度实行的是一院制，而不是西方国家较为普遍的两院制，但在全国人民代表大会设立常委会，作为国家权力机关的常设机构，以便于在全国人大闭会期间，经常行使国家权力，更有效地发挥人民代表大会的作用，但不能因此说，常委会也是一个国家的权力机关。人大常委会隶属于人大，受人大的领导和监督，对人大负责并报告工作，是权力机关的有机组成部分。这也充分体现出人民代表大会制度的特色。

（四）人民代表大会制度的发展历程

人民代表大会制度是在我国长期的革命斗争中产生并逐渐成长起来的，它经历了人民革命的各个历史阶段，有着悠久的革命传统。建国初期，我们借鉴和引入了原苏联苏维埃政权建设的经验，正式建立人民代表大会制度。在我国进入社会主义建设时期以后，它又经历了社会主义建设的各个历史时期，日臻完善。长期以来，这一政体发展为最适宜我国人民实现当家做主的民主权利的根本政治制度。

---

① 毛平：《我国的政体——人民代表大会制度》，载《海南人大》2003年第3期。

回顾新中国成立以来的历程，人民代表大会制度的建设和发展，大体经历了四个阶段。①

1. 1949年—1954年，从中国人民政治协商会议和地方各界人民代表会议向各级人民代表大会过渡

新中国成立之初，尽管已经确立了以人民代表大会制度为我国的政体，但由于普选产生各级人民代表大会的条件还不成熟，于是采取了过渡的办法，即在中央由中国人民政治协商会议第一届全体会议代行全国人民代表大会的职权，在地方，则由地方各界人民代表会议代行人民代表大会的职权。中央人民政府委员会先后通过了省、市、县各界人民代表会议组织通则，为我国的民主法治建设开了一个好头。

2. 1954年—1966年，人民代表大会的全面确立和曲折发展

1954年第一届全国人民代表大会第一次会议的召开和新宪法的制定，是我国民主和法制建设的里程碑。之后至1957年为止的3年，全国人大及其常委会共通过了80多个法律、法令和决议，组织了视察和执法检查活动，人大工作相当活跃，是建国之后人大工作第一个比较好的时期。1957年至1966年，由于"左"的思想愈演愈烈，民主集中制遭受破坏，人大工作基本处于停滞状态。

3. 停滞时期

"文化大革命"的十年，人民代表大会制度遭受严重破坏。"文革"期间，人民代表大会制度遭受严重的挫折与破坏，在长达八年零六个月的时间内，全国人大及其常委会没有举行过一次会议，地方人大的权力被"临时权力机构"革命委员会所取代，选举制度遭到全面否定，社会主义民主法制建设受到了重大损害。

4. 恢复和完善时期

党的十一届三中全会至今，人民代表大会制度恢复和进一步健全，人大工作取得了重大进展。粉碎"四人帮"以后，各级人民代表大会逐步恢复。1978年中国共产党的十一届三中全会总结建国以来的历史经验，吸取"文化大革命"的沉痛教训，提出了发展社会主义民主，健全社会主义法制，使民主制度化、法制化的任务。改革开放以来，人民代表大会进入了一个崭新的发展阶段。

建设社会主义民主政治，最重要的是坚持和完善人民代表大会制度，已成为全党、全国人民的共识。人民代表大会制度在发扬社会主义民主、健全社会主义法制方面，在保证人民当家作主、促进改革开放和现代化事业的发展方面，已发挥出日益巨大的作用。与此同时，人民代表大会的各项具体制度建设也有了很大的发展。1982年现行宪法公布实施以后，1987年制定了全国人大常委会议事规则，1989年制定了全国人民代表大会议事规则，1992年又制定了人民代表法。这些法律对于会议的举行，议案的提出和审议，人员的选举、罢免和辞职，询问和质询，发言和表决，人民代表的权利、义务及其在会议中和会议外的活动等，作了具体、明确的规定，从而使人民代表机关的运行有章可循、有法可依，有效地发扬了社会主义民主。

---

① 刘政：《我国人民代表大会制度的特点及其历史发展》，载《在中南海和大会堂讲法制》，商务印书馆1999年版。

(五)坚持与完善人民代表大会制度

坚持和完善人民代表大会制度,保证人民代表大会及其常委会依法履行国家权力机关的职能,这是由我国的政体性质决定的。党的十一届三中全会以来,我国的人民代表大会制度正在逐步完善和发展,人大工作取得了令人瞩目的成就,但还存在一些不足之处有待完善。当前,我国改革已经进入攻坚阶段、对外开放正全面推进,必须坚定不移地坚持和完善人民代表大会制度,切实加强人民代表大会制度建设,才能树立其权威,从而充分发挥人民代表大会制度的优越性。

应该说,现在是推动人大制度完善创新的很好时机。第一,随着世界经济全球化进程的加快和我国社会主义市场经济体制的逐步完善,迫切要求深化政治体制改革,大力推进人民民主,加快法治进程,进一步革除经济发展的体制性障碍,这为人大制度改革创新提供了良好的社会环境;第二,党的领导方式和执政方式、领导体制和工作制度的改革与完善为人大制度改革创新提供了良好的政治环境;第三,随着公民民主法制意识的不断增强,他们希望人大充分发挥职能,按照宪法和法律赋予的职权,真正代表人民根本利益全面依法履行职责,这为人大制度改革创新提供了良好的群众基础;第四,人大制度经过半个世纪特别是改革开放二十多年来的积极探索实践,不仅积累了大量丰富的实践经验,而且建立起了较为完备的制度体系,这为人大制度的完善创新提供了良好的制度基础。

坚持和完善人民代表大会制度,可以从以下一些方面着手:

1. 从观念上重视人民代表大会制度的建设

政体或政治制度的生命力不只在于固守和延续传统,更重要的是不断地创新,使其能够适应不断变化的社会情势。如果不能随着时代的变化而不断地摒弃政体或政治制度中的过时的或不当的成分,并补充和丰富新的内容,那么,再好的政体也会逐渐丧失其活力甚至变成呆板的形式主义空壳。

因此,在观念上,我们必须从建立民主宪政、法治国家的高度来看待我国的人民代表大会制度。既然体现我国人民根本意志和最高利益的宪法确立了人民代表大会制度是我国的根本政治制度,就应当从这个政治根基上来考虑和设计我国政治体制的总体系,合法地、合理地配置各种政治资源,协调好各种权力体系之间的相互关系,特别是其中的执政党的政治领导与国家权力之间的关系。在这方面,西方一些宪政国家长期奉行的某些政治观念和政权学说也许值得我们认真地加以研究和借鉴,如政治权力的合理配置和分工、权力体系之间的制约与协调、代议机关的"反应与选择"机制、政党在国家政权体系和政治关系中的地位以及执政党的执政方式等等。

2. 理顺各级人大及其常委会与其他组织的关系

第一,各级人大及其常委会与同级党组织的关系。坚持党的领导是"四项基本原则"的核心,但党的领导主要是政治领导、组织领导和思想领导,而不是具体工作的包办代替。就各级人大及其常委会与同级党组织的关系来说,一是各级人大及其常委会依法行使职权也就坚持和实现了党的领导,二是同级党组织的职责是为人大及其常委会依法行使职权提供保障。它们的目标和宗旨是一致的,即真正保障广大人民当家作主。

第二,各级人大及其常委会与同级国家行政机关的关系。各级人大及其常委会与同级国家行政机关是决定与执行、监督与被监督的关系。目前,在立法领域,主要是要处理好人大对政府的授权立法问题,根据《立法法》的规定,对于全国人大立法保留的事项,人大及其常委会要切实履行好职责,即使在条件还不成熟的情况下,有必要向国务院授权,也必须遵守授权立法的规范,不应空白授权,禁止转授权。在监督领域,主要是加强对"一府两院"的财政监督。控制了政府的钱袋子,就控制了政府的命脉。西方议会就发源于对国王征税权和预算权的控制。我国人大要真正行使对"一府两院"的监督权,当务之急是切实行使好税收立法权和财政预算权。

第三,各级人大及其常委会与同级人民法院、人民检察院的关系。各级人大及其常委会与同级人民法院、人民检察院的关系问题主要是人大监督与司法机关依法独立行使职权的关系问题。既要明确人大及其常委会监督的内容、方式和程序,又要保障人民法院、人民检察院依法独立行使职权。

3. 加强人民代表大会制度的自身建设

从人民代表大会制度的实际运行来看,在自身建设方面主要应该完善以下工作:

第一,组织机构建设。集中表现在两个方面:一是将已有的工作机构充分、有效地运转起来,特别是各级人大常委会和各专门委员会应该发挥其应有的作用;二是应该在结合现实情况的基础上,根据客观需要加强机构建设和组织建设。包括:(1)增设专门委员会。从全国人大来说,目前应该增设的专门委员会主要有两个:一是宪法委员会,二是监察委员会。从地方各级人大来说,主要应该结合本地区的具体实际情况,相应地增设专门委员会。(2)加强地区、乡、镇人大的机构建设。在乡、镇人大机构建设方面,主要应该健全其常设机关,以便于落实本级人大的决议,经常性地监督乡、镇人民政府的工作,加强与代表和选民的联系,及时听取和反映群众的意见和要求。(3)加强各级人大及其常委会的组织建设。一方面应尽快实现代表结构的合理化,另一方面必须实现各级人大常委会的专职化。由于我国各级人大的代表多,在全体会议上无法充分有效地审议议案,所以人大代表审议议案只能交由代表团分组审议,再交付大会表决。以全国人大为例,代表团由各省、自治区、直辖市、特别行政区和军队的代表组成。代表团的作用是在全国人大会议期间组织本团代表对议案进行审议,也可以有代表团团长或者选派代表,在全体会议上代表代表团发言。但代表团既是按地区来分类,代表团的团长往往就由该区的省委书记或省长等党政要员来承担。所以,一个议案的提起,往往由团长作提示性发言,最后作总结性发言,使得代表们往往不谈问题,只谈成绩,不谈官员个人责任,而只谈地区自然条件差异等。

第二,制度建设。健全完备的法律和制度是现代化国家的必然要求,也是坚持和完善人民代表大会制度的必然要求。没有健全完备的法律制度作保障,人大及其常委会的各项职权就无法实现,坚持和完善人民代表大会制度也就成为一句空话。新中国成立50多年来的历史证明,什么时候法律和制度比较健全,人民代表大会制度就得到发展;什么时候缺少法律和制度作保障,人民代表大会制度就难以发挥作用,甚至遭到破坏。因此,坚持和完善人民代表大会制度,必须加强法律与制度建设。具体说来主要包括:(1)会议制度。一是地方各级人大及其常委会和各级人大专门委员会也应制定和完善其议事规则;二是由于议事规则中的诸多内容尚很原则,还有不少内容尚未涉及,因此还必须制定其他有关条例。(2)各级人大常委会与人大代表的联系制度,人大代表与选民的联系制度。

(3)人大代表的视察、调查制度。(4)人大代表的学习制度等。[①]

第三,代表素质的提高。人大代表和常委会组成人员是组成国家权力机关的主体,担负着代表人民行使国家权力的重大使命,提高人大代表和常委会组成人员的素质是加强人民代表大会制度建设的关键。目前,从中央到地方的各级人民代表大会的人民代表人数过多,不便于集中议事,而且,许多人民代表的文化水平低,不能充分、有效地行使代表的职权。因此,在强调代表的先进性、荣誉性的同时,还应当重视代表的政治热情和与代表职务有关的专业素质等。

50年来的历程充分证明,人民代表大会制度是在国家政权中充分发扬民主、贯彻群众路线的最好实现形式,同国家和人民的命运息息相关。50年来的历史充分证明,这个制度健康发展,人民当家作主就有保障,党和国家的事业就顺利发展。中国要实现依法治国,就必须坚持和完善人民代表大会制度。完善的人民代表大会制度是中国实现法治的重要标志。

[宪法事例]2009年10月28日,某市第十三届人大常委会第17次会议依据监督法,首次采取票决制形式,对该市市政府关于整治城市环境污染(臭水、臭气、噪声)专项工作的报告进行审议。结果以1票满意、3票较满意、21票不满意,没有通过该专项工作报告。投票结果出来后,会议要求市政府在90天内,书面向市人大常委会报告整改情况,由常委会主任会议研究后再提请常委会会议审议。

面对"未予通过"的结果,报告人表示,虚心接受监督,将对城市环境污染加大整治力度。

第三节 中国共产党领导的多党合作与政治协商

一、政党与政党制度

(一)政党的概念及特征

政党一词,英文为party,源自于拉丁文pars,其原义是指一部分,即社会的一部分。根据马克思主义的学说,政党是近代以来一定的阶级、阶层或集团中的积极分子,为了通过各种途径去影响、夺取或巩固政权,以便在国家生活中代表或维护本阶级、阶层或集团的共同利益而建立起来的一种政治组织。

综观近代以来的政党,具有以下一些基本特征:

1. 政党与国家政权有着不可分割的密切联系。政党只有掌握了同家政权才能实现其政治纲领。政党作为政治组织和其他社会团体的一个重要区别,就是它把掌握政权作为自己的首要目标。因此,政党和政权密不可分,这是由政党的性质所决定的。

---

① 周叶中:《宪法》,高等教育出版社2005年版,第230～231页。

2. 政党具有纲领、目标、政策、组织和纪律。政治纲领决定一个政党的政治目标，而政党之间的差异也主要表现在政治纲领的不同，这是由政党所代表的阶级特点及其在不同历史阶段中不同的历史使命所决定的。政党要发挥阶级组织者、领导者的作用，实现阶级的根本利益，就必须有从中央到地方的组织系统，通过各级组织把党员集聚起来，并通过组织纪律把党员的行动统一起来。

3. 具有与国家机关不同的活动方式。这种不同，主要表现在政党的活动并不具有国家的强制力。只有国家机关的活动，是带有强制性的，这种强制性由军队、警察、法庭、监狱等国家的暴力机关作为其后盾和保证。但政党不同于国家机关，它是用宣传、解释等方法向广大选民或群众推荐自己的主张，通过法定的程序把自己的主张变成国家意志即法律或政府决议，通过党组织的活动和党员的模范作用带动广大的人民群众，去实现自己的各种主张。

关于政党的种类，有不同的划分方法。例如，以政治倾向为标准，可以将政党划分为左派政党、中间政党和保守政党；以本国的法律是否承认为标准，可以将该国的政党划分为合法政党、非法政党和半合法政党；以在议会中获得的议席多少为标准，可以将政党分为多数党和少数党；以是否执政为标准，可以将政党划分为执政党和反对党、在朝党和在野党等等。

（二）政党制度

现代各国的政党制度是民主宪政体制下的产物，当一个国家步入宪政时期，人民有了结社的自由，才有建立政党的权利。政党的建立是基于人民为了议政、参政以至于执政的需要。

政党制度是国家有关政党的组织、政党活动以及政党参与政权的方式和途径等一系列法律、政策和惯例的总和。政党制度主要包括两个方面的内容：一是政党与国家政权的关系，包括政党的法律地位，政党参与国家政权的一些具体规定；二是政党间的相互关系，如有的国家立法规定实行多党制，禁止政党联盟等。

政党制度是民主宪政的一部分，是政党宪法化的需要。由于政治传统的不同，各国实行的政党制度也不一样，当今世界大体上形成了以下几种政党制度：

1. 一党制。一党制是指一个国家的政权完全由一个政党控制，在法律上或事实上都不允许其他政党存在的政党制度。从宪法的规定来看，实行一党制的国家主要是一些发展中国家，如几内亚、莫桑比克、缅甸等国家。前苏联也是实行一党制的国家，其他政治派别被称为持不同政见者，遭到排斥和打击。

2. 两党制。两党制是指一个国家的政权实际上是由两个较大的政党轮流把持。虽然存在其他合法的政党，但他们没有或者不可能成为执政党的一种政党制度。美国的政党制度是典型的两党制。

3. 多党制。多党制是指在一个国家中存在着两个以上的政党或政党联盟，通过选举轮流执政的一种政党制度。法国、德国就是这种多党制的典型代表。

4. 一党领导的多党合作制。多党合作制是指一个国家中由一个处于领导地位的政党执掌国家政权，其他合法存在的政党作为参政党参与国家政权的新型政党制度。我国实行的中国共产党领导下的多党合作制就是这样的一种政党制度。

二、我国的政党制度

中国共产党领导的多党合作和政治协商制度是我国的政党制度，这是我国在新民主主义和社会主义革命建设的历史进程中，在中国共产党和各民主党派长期合作的基础上逐渐形成和发展起来的。在此过程中，逐步确立了中国共产党在中国社会主义革命和社会主义建设事业中的领导地位，形成了各民主党派充分参与的多党合作和政治协商制度。

(一)我国政党制度的基本原则和主要形式

1. 我国政党制度的基本原则

(1)中国共产党是中国社会主义事业的领导核心，是执政党。新中国成立以后的几部宪法都明确规定了中国共产党的领导地位，指出它是我国社会主义事业的领导核心。中国共产党作为执政党的领导地位，体现在对国家的统一领导上。这种领导包括政治领导、思想领导、组织领导等方面。其中，政治领导是指党通过制定正确的路线、方针、政策来指导国家各方面的工作，保证社会主义的方向；思想领导主要是指党通过经常性的政治思想工作，通过党的先锋模范作用，对工人阶级和广大人民群众进行思想教育，提高思想觉悟，团结、引导和说服群众共同前进；组织领导是指推荐忠诚并有能力的干部到国家机关去工作，正确处理、协调同国家机关、群众团体的关系，保证各方面的工作能在正确的方针、政策指导下顺利进行。

(2)各民主党派是各自所联系的一部分社会主义劳动者和一部分拥护社会主义的爱国者的政治联盟，是接受中国共产党领导的、同中国共产党通力合作、共同致力于社会主义事业的亲密友党，是参政党。中国共产党与民主党派之间不是“执政党”与“在野党”、“执政党”与“反对党”的关系，不是“轮流执政”，而是坦诚一致的政治合作关系。

我国大陆现有的民主党派有：①民革，即中国国民党革命委员会，成立于 1948 年 1 月，并于 1949 年 11 月与民主革命同盟、民联、民促等合并后使用现名。②民盟，即中国民主同盟，是 1944 年 9 月由“中国民主政团同盟”改组而成。现主要成员来自文教、科技界的知识分子。③民进，即中国民主促进会，成立于 1945 年 12 月，其成员现主要活动于文教战线。④民建，即中国民主建国会，成立于 1945 年 12 月，由来自知识界、民族工商业界的人员组成。⑤农工党，即中国农工民主党，创立于 1927 年 12 月，当时称为“中华革命党”，1930 年改为“中国国民党临时行动委员会”，1935 年 11 月改为“中华民族解放行动委员会”，1947 年改用现名，主要以医药卫生界人士为发展重点。⑥致公党，即中国致公党，成立于 1925 年 10 月，其主要成员为归国华侨和侨眷。⑦九三学社，它成立于 1946 年 5 月，前身为“民主科学社”、“九三座谈会”(1945 年 9 月 3 日为纪念反法西斯胜利日)，主要成员为科技界的中高级知识分子。⑧台盟，即台湾民主自治同盟，1947 年台湾“二·二八起义”后成立，主要成员为台湾省籍的爱国民主人士。

(3)我国的多党合作必须坚持中国共产党的领导，坚持四项基本原则，这是中国共产党同各民主党派合作的政治基础。自 1949 年参加新政治协商会议筹备工作时起，各民主党派就正式宣布接受中国共产党的领导，并且各民主党派的章程中都共同宣布：坚决接受中国共产党的领导，在马克思列宁主义、毛泽东思想的指引下，坚持社会主义制度，坚持人民民主专政；遵守中华人民共和国宪法，一切活动以宪法为根本准则；履行中国人民政治协商会议章程。

(4)中国共产党对各民主党派的领导是政治领导，即政治原则、政治方向和重大方针政策的领导。各民主党派在政治上接受中国共产党的领导，承认中国共产党在国家中的领导地位，并有责任共同执行国家的法律、政策，同时实行互相监督。它们之间不是领导党与被领导党的关系。在宪法和法律的范围内，中国共产党和各民主党派是在政治上平等、组织上独立、行动上自主的关系。中国共产党不能像上级对下级那样，直接向民主党派发号施令，不能靠行政命令的方式实现自己的领导，而只能以宪法和法律为准绳，依靠政治协商，依靠共产党方针、政策的正确，而不能单凭自己的执政党的地位来实现领导。只有这样，才能实现各政党之间的“长期共存，互相监督”的合作关系。

(5)长期共存、互相监督、肝胆相照、荣辱与共是中国共产党与各民主党派合作的基本方针。中国共产党作为执政党非常需要接受广大人民的监督，民主党派是反映群众意见的重要渠道，发挥他们的监督作用，对改善党的领导、推进社会主义民主政治建设、保持国家改革开放的基本国策和长治久安的政治局面，都具有重要意义。

(6)以参政议政和互相监督作为多党合作的主要内容。民主党派参政的基本点是：参加国家政权，参与国家大政方针和国家领导人选的协商，参与国家事务的管理，参与国家方针、政策、法律、法规的制定执行。发挥民主党派监督作用的总原则是：在四项基本原则的基础上，发扬民主，广开言路，鼓励和支持民主党派与无党派人士对党和国家的方针政策、各项工作提出意见、批评、建议，做到知无不言、言无不尽，并且勇于坚持正确的意见。

(7)中国共产党和各民主党派有共同的奋斗目标。以坚持社会主义初级阶段的基本路线，把我国建设成为富强、民主、文明的社会主义现代化国家和统一祖国、振兴中华为中国共产党和各民主党派的共同奋斗目标。

(8)以宪法为多党合作的根本活动准则，并负有维护宪法尊严、保证宪法实施的职责。民主党派享有宪法规定的权利和义务范围内的政治自由、组织独立和法律地位平等。中国共产党支持各民主党派独立地处理自己的内部事务，帮助他们改善工作条件，支持他们开展各项活动。

2. 我国政党制度的主要形式

(1)中国共产党同民主党派之间的合作与协商。一是中共中央邀请民主党派领导人和无党派代表人士举行民主协商会，就大政方针进行协商；二是邀请民主党派领导人和无党派代表人士举行谈心活动；三是召开民主党派、无党派人士的座谈会，通报交流情况，传达重要文件，听取意见、建议或讨论某些专题。各民主党派和无党派人士，也可以就国家的大政方针及其他重大问题，约请中共中央负责人进行交谈。

(2)在人民代表大会中发挥民主党派成员、无党派人士的作用。在人大代表、人大常委会委员和人大常设专门委员会及各级地方人民代表大会中，民主党派、无党派人士占有适当比例；中共人大党组成员与担任人大领导职务的民主党派成员、大党派人士经常沟通思想、交流情况、交换意见；人大常委会和人大各专门委员会在组织调查研究时，吸收人大代表中的民主党派成员和无党派人士参加，并可聘请民主党派和无党派的有关专家参与。

(3)在各级人民政府中的共产党员同民主党派成员、无党派人士的合作共事。包括举荐民主党派成员、无党派人士在各级政府及司法机关中担任领导职务；国务院和各级地方政府召开会议讨论工作时，视需要邀请民主党派和无党派人士列席；政府及有关部门聘请民主党派成员和无党派人士兼职、任顾问，或参加咨询机构；一些单位根据工作需要，聘请民主党派成员、无党派人士担任特邀监察员、检察员、审计员和教育督导员等。

(4)在人民政协中发挥民主党派的作用。民主党派和无党派人士在政协委员、政协常委和政协领导人中占有一定比例；在政协会议上，民主党派可以以本党的名义发言，或提出提案；政协各专门委员会有民主党派和无党派人士参加并担任领导职务；政协机关中有一定数量的民主党派和无党派人士担任专职领导干部。

(二)我国政党制度的基本组织机构——中国人民政治协商会议

1. 中国人民政治协商会议的产生和发展

中国人民政治协商会议是在革命和建设过程中产生和发展起来的。1948 年，随着人民解放战争的节节胜利，中共中央于同年 5 月 1 日发出号召，提议各民主党派、各人民团体及社会贤达，迅速召开新的政治协商会议，成立民主联合政府。中共中央的"五一"号召，立即得到各民主党派、各人民团体、无党派民主人士、少数民族和国外华侨的热烈响应。

1949 年 6 月，在中共中央的提议下，新政协筹委会在北平成立。同年 9 月 21 日，召开了中国人民政治协商会议第一届全体会议。出席这次会议的 662 名代表，分别来自中国共产党、各民主党派、各人民团体、各地区、人民解放军、少数民族、国外华侨、宗教界人士以及其他爱国民主分子，充分体现了人民政协的统一战线性质。这次会议通过了起临时宪法作用的《中国人民政治协商会议共同纲领》，制定了《中华人民共和国中央人民政府组织法》，选举了中央人民政府委员会，宣告了中华人民共和国的成立。同时，会议还通过了《中国人民政治协商会议组织法》。

在新中国成立初期，由于召开普选的全国人民代表大会的条件尚不成熟，所以由中国人民政治协商会议第一届全体会议代行全国人民代表大会的职权。中国人民政治协商会议除执行全国人民代表大会的职权外，作为统一战线的组织，它所行使的职权还包括：①制定或修改中国人民政治协商会议组织法；②制定或修改中国人民政治协商会议共同纲领；③在普选的全国人民代表大会召开以后，就有关国家建设事业的根本大计或重要措施，向全国人民代表大会或中央人民政府(委员会)提出建议案；④选举中国人民政治协商会议全国委员会。

1954 年普选的全国人民代表大会召开以后，中国人民政治协商会议结束了代行全国人民代表大会职权的历史，但它作为团结全国各民族、各民主阶级、各民主党派、各人民团体、国外华侨和其他爱国民主人士的人民民主统一战线组织，仍然独立存在，继续发挥它的历史作用。

十一届三中全会以后，随着拨乱反正、安定团结的政治局面的巩固和发展以及国家工作重心的转移，人民政协的工作也进入了一个新的历史发展阶段。为了更好地适应新形势的要求，1982 年 2 月 11 日召开的中国人民政治协商会议第五届全国委员会第五次会议通过了新的《中国人民政治协商会议章程》。该章程于 1994 年 3 月底在中国人民政治协商会议第八届全国委员会第二次会议上作了修订。

2. 中国人民政治协商会议的性质、组织机构、任务和主要职能

(1)中国人民政治协商会议的性质

在现阶段,已经结成了由中国共产党领导的、有各民主党派、无党派民主人士、人民团体、少数民族人士和各界爱国人士参加的,由全体社会主义劳动者、社会主义事业的建设者、拥护社会主义的爱国者和拥护祖国统一的爱国者组成的,包括台湾同胞、港澳同胞和海外侨胞在内的最广泛的爱国统一战线。中国人民政治协商会议就是我国爱国统一战线的组织。

中国人民政治协商会议是中国人民爱国统一战线的组织,是中国共产党领导的多党合作和政治协商的重要机构,是我国政治生活中发扬社会主义民主的重要形式。团结和民主是中国人民政治协商会议的两大主题,但就其性质而言,它不属于我国的国家机构体系,不是国家机关。它和人民代表大会是我国政治体制中性质不同、作用各异而又相辅相成的两个重要的组织。

中国人民政治协商会议对国家的大政方针、地方重要事务、政策和法律的贯彻、群众生活和统一战线的重大问题进行政治协商和民主监督,在国家政治、经济、文化和社会生活中起着重大作用。它不同于一般的人民团体,它是我国唯一的由各个政党共同创立、共向参加、合作共事的政治组织,是各党派、各人民团体、各界代表人士团结合作、参政议政的重要场所。

(2)政协的组织机构

政协按其章程规定,下设全国委员会(简称全委会)和地方委员会(设到县一级,简称地委会)。地委会对政协全委会的全国性决议,下级地委会对上级地委会的地方性决议,负遵守和履行的义务;全委会与地委会的关系和地委会对下一级地委会的关系是指导关系而不是领导关系。政协全委会设常委会主持会务,全委会常委会组成人员是:全委会主席、副主席、秘书长、委员,并由主席、副主席组成主席会议,负责处理常委会日常重要工作。

(3)政协的任务

政协会议的任务是,在热爱中华人民共和国、拥护中国共产党的领导和拥护社会主义事业的政治基础上,尽一切努力,进一步巩固和发展爱国统一战线,调动一切积极因素,团结一切可以团结的人,同心同德,群策群力,以经济建设为中心,维护和发展安定团结的政治局面,促进社会主义民主和法制的建设,促进社会主义精神文明建设,推动社会主义市场经济的发展,为实现我国各族人民的根本任务而奋斗。

(4)政协会议的主要职能

①政治协商。它是对国家和地方的大政方针以及政治、经济、文化和社会生活中的重要问题在决策之前进行协商和就决策执行过程中的重要问题进行协商,中国人民政治协商会议全国委员会和地方委员会可根据中国共产党、人民代表大会常务委员会、人民政府、民主党派、人民团体的提议,举行有各党派、团体的负责人和各族各界人士的代表参加的会议进行协商,亦可建议上列单位将有关重要问题提交协商。

②民主监督。它是对国家宪法、法律和法规的实施，重大方针政策的贯彻执行，国家机关及其工作人员的工作，通过建议和批评进行监督。

③参政议政。它是对政治、经济、文化和社会生活中的重要问题以及人民群众普遍关心的问题，开展调查研究，反映社情民意，进行协商讨论；通过调研报告、提案、建议案或其他形式，向中国共产党和国家机关提出意见和建议。

【思考题】

1. 政体有哪些基本分类？它与政权组织形式是什么关系？
2. 我国人民代表大会制与西方议会制有哪些区别？
3. 我国的政党制度有哪些特点？

第十一章 国家结构

【引例】

我国宪法规定的地方行政区划为省、县、乡三级体制，20世纪80年代中期实施市管县之后，我国行政区划建制由虚四级变成了实四级。国家"十一五"规划明确提出，"理顺省级以下财政管理体制，有条件的地方可实行省级直接对县的管理体制"。自1992年以后的15年间，全国已有20个省试行省管县。

目前，减少省、县之间的管理层次日渐成为社会的共识，改革的条件也逐渐具备，特别是交通通讯条件发达的东中部地区已经走在前面。

第一节 国家结构形式概述

一、国家结构形式的概念和类别

（一）国家结构形式的概念

国家结构形式是国家政体的重要组成部分，是主权国家内部整体（以中央政府为代表）与部分（以各级地方政府为代表）之间以权限划分为核心所形成的法律关系。

国家结构形式是国家纵向分权的结果。一个主权国家，只要是其领土不是小到可以由中央政府对全国直接管辖的程度，就必然将其疆土划分为不同层级的治理区域，并根据公共物品的区域性特点，将国家权力在中央与地方各级政府之间进行适当划分，由此形成各级政府间的职责权限关系。

不同于国家横向的功能性分权，纵向分权属于一种地域性分权，即在统一主权内部以地域为基础的事权划分。在政治逻辑上，国家的纵向分权相对于横向分权具有优先性，因为，不论是中央政府，还是地方各级政府，都必须首先从整体上确定各自管辖事务的范围，即各自拥有的事权范围，然后，才能在同一层次的治理单位内部基于功能分殊的原则划分立法权（决策性权力）、行政权（执行性权力）等，即横向的功能分权。

近代以来，民主政治发展的经验证明，地方分权自治作为对中央高度集权的反面，是实施宪政的奠基石。我国民主革命的先行者孙中山先生在其《建国大纲》中，就强调将实现地方民主自治作为在全国推行宪政的前提和基础准备。① 至今，中央与地方的权力关系仍然是转型时期我国政权建设中的轴心问题。

国家结构形式涉及两个方面的内容：一是国家地方治理单位划分的标准和层级，即一

① 洪英：《孙中山先生地方自治思想综述》，载《当代法学》2003年第8期。

般所说的行政区划；二是中央与地方治理单位之间的权限划分。如果仅仅将地方治理单位作为中央政府在地方的执行机关，则中央与地方政府之间就只是一种行政分权的关系，反之，如果中央承认地方治理单位一定范围的有关地方性事务的自治权，即地方政府具有法律上的主体地位和资格，则中央与地方之间就形成一种政治上分权的关系。但无论是行政分权，还是政治分权，都是在统一主权之下依据宪法和法律的分权，都属于宪政分权的范畴。

（二）国家结构形式的种类

国家的结构形式首先是基于国家的合法统治和有效治理的考虑，在人民主权的原则下，其内在理据则在于保障人权实现及制衡权力过分集中的需要。当然，国家的结构形式还是一个历史的范畴，不能不顾及民族国家特有的历史传统。传统上宪法学根据国家整体与部分关系的紧密程度将国家结构形式分为单一制和复合制，后者又分为联邦、邦联、君合、政合四种形式，[①]而以联邦制为典型形式。

1. 单一制。单一制是指在统一的主权国家内部，根据行政区域的划分设立不同层级的地方政府，在中央政府与地方政府之间依法进行权力的分配而形成的一种比较紧密的国家结构形式。从发生学的意义来看，单一制国家是先有中央，然后才有地方。一般认为，单一制具有如下特点：国家由中央政府代表行使单一的主权；国家只有一部宪法和统一的法制；公民具有统一的单一国籍；[②]地方服从中央的领导（或指导）和监督等。目前，世界上大多数国家实行单一制。

单一制形式又有集权型和分权型的区分。所谓集权型，就是中央政府独占一切国家公共性事务的决策权，地方政府只是中央设立在地方的执行机关，而不具有法律上主体资格的一种治理结构。在这种体制下，地方必须服从中央的统一领导和指挥，地方与中央形成“职责同构”现象，中央通过掌控人事权、立法权、财政权、监察权等对地方进行严密监控。从形式意义上说，地方是没有自主权的，但实际上，由于中央不可能事无巨细都规划清楚，因此，总会赋予地方一定的因地制宜的权力，只是这种自主空间没有法定化，中央可以随时进行干涉。

集权型的结构形式主要出现于民族国家建构初期，或国家的主权遭受挑战的时期，中央的高度集权以其极强的动员能力有效地整合地方经济、社会发展的过分差异，在全国范围内实现资源的有效整合以防止国家分裂。但集权型不是单一制的主流和常态，过分的中央集权反而成为促使国家分裂的祸根。1982 年以前的法国是中央集权型的典型，共和国总统不但直接任命各省省长以监督地方议会，中央政府各部还在各地派驻许多有实权的行政机构。

现代单一制国家大都采取了分权自治的形式。所谓分权自治型，就是地方政府依宪法和法律被赋予了一定的有关地方性事务的自主权，从而具备了公法人的主体资格，可以由当地人民通过民主的方式排他性地处理自治事务的一种治理结构。地方自治标志着地

① 许崇德：《中国宪法》，中国人民大学出版社 1996 年版，第 157 页。

② 周叶中：《宪法》，高等教育出版社 2005 年版，第 237 页。

方政府具有了法律上的主体资格，但并不意味着地方政府可以闹独立，成为国中之国。中央政府可以通过法律保留、财政补助、行政指导、司法审查（违宪审查）等形式监督地方，使地方自治团体在宪法和法律的框架内行使自治权力，并维护中央的权威。当然，地方自治权的大小，也是一个与时俱进的课题，从日本、法国等国推行地方自治的最新实践来看，地方的自治权越来越大，甚至在某些方面有超过联邦制国家州或邦权力的趋势。

2. 联邦制。联邦制是由若干原先具有独立主权的政治体经协商而自愿组成的新的主权国家形态。从发生学的意义上讲，联邦制是先有地方（州或邦），即原来的成员国，后有中央，即联邦政府，联邦与州或邦基于宪法而形成一种新的固定的法律关系。联邦制的基本特征在于：除了联邦政府代表国家行使主权外，各州或邦还保留了一定的主权性权力，如某种程度上的外交权等；除了统一的联邦宪法和法律体系及联邦政府机构系统外，各州或邦还有自己的宪法和法律系统及州的政府系统；联邦与州的权力通过联邦宪法明确划分，宪法未列举的“剩余权力”有的归州（如美国），有的归联邦（如加拿大）；居民除具有统一的联邦国籍外，通常还具有各个州或邦的国籍。当今世界的主要联邦制国家有美国、德国、加拿大、澳大利亚、印度等，虽然其数量只占主权国家的10%左右，人口也只占大约1/3，但其版图却占全世界面积的1/3多，除中国外其他大的主权国家基本上是实行联邦制。中国自秦始皇吞并6国组成统一的多民族国家起，历朝历代基本上都是采用中央集权的郡县制，这与欧洲中世纪长期小国林立、互相混战相比，似乎可以看作一种政治的“早熟”。但中国的皇权专制，虽然在一定时期保证了国家的统一和稳定，但人民却为此付出了沉重的代价，其最大者莫过于超强且无制约的专制权力严重压抑了人民的自由意志，扼杀了人民的创造精神，在表面“治平”的幻象下，国家积弱积贫，终至近代以来遭受列强的欺凌掠夺。相反，基于自愿联合的联邦制，却更多地顺应了自由、平等的民主政治理念。

近代以来，单一制国家基于政治民主的理念，普遍流行一种地方自治的趋势，通过宪法和法律扩大地方自治权来克服中央集权的僵化体制，激发地方的活力，保证人民的自由、平等权利。与此同时，联邦制国家为了克服地方各自为政的一些弊端，平衡地区间的发展差异，有效地维护国家的稳定和安全，联邦政府也通过修宪发展出越来越多的监控地方的权力和手段，使联邦政府的权威大为加强。这两股趋势已经在一定程度上拉近了单一制和联邦制的距离，使单一制与联邦制的区分更多的仅具有发生学上的意义，其实质内涵正趋向于融合和统一。“前者由集权走向分权，后者由分散走向集中，演变的结果是实同名异、大同小异的合作与平衡型的地方自治格局”①。美国的“竞争型联邦制”、德国的“合作型联邦制”、英国的“完全型地方自治”、法国和日本的“不完全型地方自治”，经过历史的演进，如今已发展成实质上同类的中央与地方关系，即一种“复合共和国”的中央与地方关系制度。② 这种制度的特征在于：实行纵向分权，中央与地方政府基于宪法有明确的事权范围，并在各自的事务范围内有确获保障的充分自主权；中央与地方既制衡又合作，

---

① 喻希来：《中国地方自治论》，载《战略与管理》2002年第4期。

② 谢庆奎、杨宏山：《府际关系的理论与实践》，天津教育出版社2007年版，第15页。

地方政府有充分的宪法保障手段来反对中央政府的随意干预，但双方通过联合作业和混合财政进行合作的范围和程度也日益深广。

值得一提的是，传统上联邦制国家内部联邦与各州或邦的关系与单一制国家内部中央与地方的关系确有较大区别，州或邦本来是一个独立的政治体，重新组合后，虽让渡了部分权力，但主要是一些主权性权力，至于州或邦内部的法律体系和治理结构仍然得以延续下来，联邦对州或邦的内部事务一般无权干预。而原先各州内部存在的“中央与地方关系”则与单一制国家无异，并得以继续存续。所以联邦制国家的政府体制常分为三级：联邦政府、州或邦政府、地方政府。州之下的地方政府有的为一级，有的分为两级，这与单一制国家将中央之下的省、市县、乡镇等政府都称为地方政府迥然有别。但考虑到联邦制与单一制的最新发展趋势，也无妨将联邦制中的联邦与州或邦的关系类比于单一制中中央与地方的关系，以使相互的比较和借鉴在学理上更加便捷。毕竟，州或邦作为统一主权下的地方性政府，这一点是无可置疑的，其独立性也只是意味着宪法和法律上的主体性，这与单一制下地方自治团体的法律主体资格是同质的。

二、国家结构形式的本质

（一）国家结构解读

国家结构形式在宪法的总体框架下，处理国家整体与部分之间的权力分配关系，其实质是以中央政府为代表的国家整体利益和以地方政府为代表的地方区域利益之间的法定利益分配关系。[①] 这种权力与利益的划分服务于两个方面的根本目的：一是有利于提高国家的治理效率以保障主权的统一和安全；二是有利于人民更好地参政、议政以保障和促进人权的实现。这两个目的在理论上是统一的，但在具体的历史进程中，尤其是民族国家建构的初期，保障主权的统一和促进人权的实现二者之间常常不得不有所侧重，甚至不时发生冲突和矛盾。这就在具体的国家结构形态上体现出或集权、或分权的时代特征。集权过度了，治理效率降低，不得不向地方放权，放权过分了，离心力增大，又向中央集权，在几经反复之后，才有望找到中央与地方权力划分的均衡点。不能简单地认为这种集权、放权、集权的反复一定是一种“恶性循环”，中央与地方的均权格局不是格式化的固定结构，而是一个发展的时代课题。

中央与地方权力关系的核心问题在于，宪法是否确认地方政府的法律主体资格。凡是宪法不赋予地方政府法律主体资格的国家结构形式都可以称为集权型体制，尽管集权型体制下也存在向地方放权的需要和现象；反之，凡是宪法赋予了地方政府法律主体资格的国家结构形式都可以称为分权型体制，尽管分权型体制也会出现向中央集权的需要和现象。从这一意义上分析，联邦制基本上都是分权型形式，[②]只是分权的形式和程度有别

---

① 谢庆奎、杨宏山：《府际关系的理论与实践》，天津教育出版社 2007 年版，第 13 页。

② 苏联是唯一的例外，它形式上实行联邦制，其宪法还规定加盟共和国有退盟权，但实质上中央高度集权的程度远远超过一般集权的单一制国家。中央高度集权不但没能维持苏联的长治久安，倒成为后来苏联走向解体的根本原因。

而已；而单一制却可以分为集权型和分权型两种具体形式。在集权型和分权型之间还存在一种过渡性形式，即中央放权体制。[①] 联邦制的分权形式与单一制的分权形式也有根本区别，联邦制是从地方（州或邦）向中央（联邦）由下向上的分权，而单一制是由中央向地方自上向下的分权，二者体现不同的逻辑和路径，尽管最终的状态可能殊途同归，即达到中央与地方的均权格局。[②]

值得注意的是，中央与地方分权的内容只涉及国家一般性事务的治理性权力，而不包含国家的主权。主权依例应由中央政府代表，而不容地方分割，以保障主权的完整性和统一性。现代主权性权力主要包括军事权、外交权、征税权（特指税收管辖权）、刑罚权等，联邦制国家的州或邦历史上就拥有优先于联邦的对本州或邦征税的权力，相反，倒是联邦的征税权需要有宪法作出明确的规定，否则不得为之。而单一制国家征税权基本集中在中央，即使地方政府有一定范围的征税自主权，也必须征得中央的批准并接受中央法令的拘束，这一方面说明联邦制和单一制在此领域的重大区别，同时也反映出征税权作为主权性权力对国家的重要意义。至于经济社会的宏观调控权是否也应由中央独揽，则还是一个有待深入探讨和实践验证的问题。

（二）地方分权自治的理论根据

1. 地方自治源于公民的基本权利

近代以来立宪主义的价值核心在于保障每个人基于人格平等的自由权利，其理论基点在于每个人是自身利益的最好判断者，从而必须保证允许“自己治理自己”，依此类推，地方人民对关涉自身利益的地方性事务的自我治理也是每个人自由权利的自然拓展。另外，共居一地的人民基于地理上的联系，而产生心理认同、利益认同，自然得结成一个稳固的地方团体，共同维护、促进本区域的共同利益，这种自治权源自宪法上的结社自由，地方自治因而成为公民在国家层面以外参与政治和社会事务治理的一种重要途径。由此可见，中央集权形成的专制主义，实际上是漠视和践踏公民自由权和政治权的表现。[③]

---

① 中央放权制是在中央集权的前提下，由中央政府或其工作部门向地方政府或其相关职能机构下放权力，但这种权力的下放，并不发生权力的真正转移，因为接受者不具有法律的主体资格。“作为一般性的手段，权力下放是权力在同一机关内部转移的技术，其中，一个高级机关的决定权向同一机关中的下级机构转移。”因此，中央政府得随时收回其下放的权力，地方的权力得不到法律的可靠保障。但权力下放是导致规范的中央与地方分权的尝试，因而是一种前兆。朱福惠：《宪法学》，厦门大学出版社2007年版，第151页。

② 均权说最初是孙中山先生在其《建国纲领》中主张的有关中央与地方关系的一种理想模式，近年来我国宪法学界也出现了此类观点。严格说来，中央与地方均权是地方宪政分权的理想状态，首先，均权意味着中央与地方具有平等的法律地位；其次，均权意味着中央与地方的权力都由宪法加以规范，中央无权擅自修改，如果确有必要修改，必须在地方平等参与下通过启动修宪程序为之；再次，中央与地方的权限争议，不由中央单方面处理，一般经由独立的司法审查机制解决。但均权绝不意味着中央与地方的权力完全对等或相等，而仅仅意味着地方有其确保不容侵犯的正当利益和法律资格。地方分权是一个动态的过程，也指一种事实上分权的状态，而均权则是地方分权的圆满结果，因此，二者在内涵上实际是相吻合的。

③ 朱福惠：《宪法学》，厦门大学出版社2007年版，第153页。

2. 地方分权是现代民主发展的产物

近代以来以卢梭为代表的一元集权民主以国家民主来否定地方民主，认为按照人民主权原则组织起来的国家其“公意”只能由中央政府来代表，经由地方民主所代表的地方意志会破坏国家公意，因此在禁止之列。但实际上，按照托克维尔的考察，民主的根基却在地方，美国之所以发展出高度的国家民主，完全是其有发达的乡镇民主自治所致。现代民主理论已发展成多元民主理论，即“主张民主不只是通过国家这个唯一的权力中心而存在，而是由社会中的许多团体来分享，是众多团体共同参与政治决策的过程”①。由此，地方分权自治不但无害于国家意志，相反，地方的民主自治，能弥补国家民主的不足，彰显公民当家作主的主人翁地位和作用。

3. 地方自治体现制衡权力的时代需要

随着现代国家行政权力的日趋膨胀，传统意义上议会对行政的横向监督日益显得疲软，亟须发展一种新的制衡机制来弥补。地方分权自治将公共治理的权力按一定的原则合理分配于中央与地方各级政府之间，形成一种立体的网状分权结构，各尽其责，又相互监督，最大限度地控制公权力的滥用。在这一意义上，纵向分权提供的制衡成了权力良性运转的最高保证。

4. 地方分权的经济学根据

现代公共经济学认为，政府提供的公共物品可以分为全国性的公共物品，准全国性的公共物品和地方性的公共物品，为了提高公共物品的供给效率，满足人民的消费偏好，全国性和准全国性的公共物品应由中央政府来提供，而地方性的公共物品则应由地方政府来提供。政府间的事权划分据此发展出“辅助性原则”，也称地方供给团体优先分配事务原则，②要求凡下级政府能够处理的事务，上级政府就不应干预，凡上级政府能够处理的事务，中央政府就不应干预，只有在下级政府力有不逮的情况下，上级和中央政府才进行必要的补助。这种地方政府的自由行政，既防止中央进行整齐划一公共物品供给的效率损耗，有利于促进公共物品的供给效率，又使政府间的事权划分趋于合理化、均衡化，维系中央与地方之间的和谐关系。

理论源于实践，地方分权理论的深化得益于地方分权实践的发展。自 1980 年代以来，在世界范围兴起新一轮以扩大地方自治权为核心的分权运动，总的趋势是：法国、日本等单一制国家地方自治的权力大为扩展，地方自治发展为一项不可动摇的宪法基本制度；联邦制国家的联邦体制在新的基础上建立新的平衡；传统的中央集权国家纷纷向地方下放权力，绝对的中央集权已成明日黄花；地方自治区域性保障机制的出现③等。例如，法

---

① 陈炳辉：《20 世纪民主理论的演化》，载《厦门大学学报(哲社版)》1999 年第 3 期。

② [日]杉原泰雄：《宪法的历史——比较宪法新论》，吕昶等译，社会科学出版社 2000 年版，第 137 页。

③ 1988 年 9 月 9 日生效的《欧洲地方自治宪章》(简称《宪章》)首次建立了由若干主权国家组成的地方自治区域性保障机制，至 2007 年法国加入为止，《宪章》已被 42 个欧洲主要国家所接受并生效。《宪章》不但对缔约国的地方自治制度设定了一些基本要求，而且还设置了特定的实施保障机制，包括：第一，各缔约国的信息汇报义务；第二，缔约国地方自治团体向欧洲理事会的请求监督权；第三，欧洲理事会对各缔约国的主动监督权。这使得地方自治制度成为一项跨国界的保障制度。朱福惠：《宪法学》，厦门大学出版社 2007 年版，第 157 页。

国议会在 1982 年通过了《关于市镇、省和大区权利与自由法案》，将大区确定为一级地方领土单位，享有和市镇和省一样的法律地位和权利，将部分原属国家的权力转移给地方权力机关和行政机关行使，每个领土单位由民选议会自由治理，并取消对地方的监管，代之以事后的合法性监督。① 这项分权措施并于 2003 年通过修宪被确定载入宪法典中。再如，1993 年俄罗斯联邦以全民公决的形式通过的新宪法中，将地方自治确认为联邦宪法的基本原则。英国 1997 年工党上台执政就开始推行地方政府改革，改变了近百年来英国议会以委员会为主导的地方制度模式，加强了地方的行政机关和地方行政首长的权力，从而提高了地方政府的服务效能。② 无独有偶，美国也正启动"再造工程"来提高州的地方政府的行政效率和更好地回应居民需要的地方制度改革。

第二节　我国的国家结构形式

一、我国的国家结构

(一)有关国家结构的宪法和法律规定

以 1982 年宪法为主，我国已经形成了较为完整的国家结构形式的法律体系，具体表现在：

1.《宪法》"序言"宣告了我国为"统一的多民族国家"，台湾为我国"神圣领土的一部分"，并通过《反分裂国家法》进一步落实了"反对分裂，维护国家统一"的原则要求。

2.《宪法》第 3 条规定了在国家结构形式方面贯彻民主集中制原则："中央与地方国家机构职权的划分，遵循在中央的统一领导下，充分发挥地方的主动性、积极性的原则。"这奠定了我国中央与地方职责权限关系的指导思想。

3.《宪法》第 30 条规定了我国基本的行政区划设置，并通过第 4 条和第 31 条规定了两类特殊的地方制度：民族区域自治制度和特别行政区制度。《民族区域自治法》、《香港特别行政区基本法》和《澳门特特别行政区基本法》三部法律则具体落实了这两项特殊的地方制度。

4.《宪法》第 62 条授权全国人大批准省、自治区和直辖市的建制，决定特别行政区的设立及其制度，第 89 条授权国务院统一领导全国地方各级国家行政机关的工作，规定中央与省、自治区、直辖市国家行政机关的职权划分，并批准省、自治区、直辖市的区域划分，批准自治州、县、自治县、市的建制和区域划分。

5.《宪法》第三章第五节集中规定了我国地方各级人民代表大会和地方各级人民政府的组织形式和职责权限关系，并通过《地方各级人民代表大会和地方各级人民政府组织法》进行了细化，使之具备了可操作性，同时，《宪法》还在第 111 条中规定了居民委员会和

---

① 朱国斌：《塑造地方自治的新模式——对法国 1982 年地方分权法理论与实践的考察》，载张庆福：《宪政论丛》(第 2 卷)，法律出版社 1999 年版，第 422～423 页。

② 任进：《中外地方制度改革的新动向及未来展望》，载《上海行政学院学报》2003 年第 1 期。

村民委员会这两种基层群众性自治组织的性质和形式，形成了具有中国特色的基层自治制度。

6.《立法法》第8条规定了10项中央专属的立法事项，并通过第64条赋予了地方人大在一定范围内先行制定地方性法规的立法权。

(二)我国中央与地方关系的特征

我国宪法学界一般认为，我国的国家结构形式属于单一制。其理由在于：我国有单一的宪法和完整的法律体系；由中央政府代表国家行使外交全权；我国公民具有一致的中国国籍；国家机构遵循民主集中制原则，服从中央的统一领导等。

我国之所以选择了单一制的国家结构形式，主要是基于我国民族状况高度融合的特点，考虑到我国民族国家重建和政治、经济与社会整体发展的现实需要，并顾及了大一统的历史传统特征。同时，我国的单一制结构具有较大的包容性。在统一主权下，既有多层级的普通行政区域，又创造出中国特色的民族区域自治制度，并发展出世界上独一无二的特别行政区制度。这充分体现出我国的单一制是一种具有极大包容性的灵活结构。实践证明，我国的单一制国家结构既保证了国家的稳定和统一，又与时俱进，焕发出旺盛的生命力。中国历史上总的来说是一个中央集权的统一民族国家，但自从清末鸦片战争失败以来，在列强日益严重的侵略和掠夺下，中国出现了长期军阀割据的事实上分裂的局面，所以，近代以来，中国革命的首要任务是完成国家的统一，重建民族国家。虽然，历史上曾经出现过短暂的“联省自治”局面，但中国的统一事业是以暴力革命的方式完成的，却是不争的事实，这与联邦制国家通过自愿缔约的方式组合成新国家确实有别。正是从主权国家建构的需要上，我们才选择了这种中国特色的单一制形式。迄今，中国的统一事业还留有历史的遗留任务，我们已经用特别行政区制度成功收回了香港、澳门①，我们也将发扬实用理性的政治智慧在单一制的框架内和平解决台湾问题。

在基本符合单一制的典型特征的同时，我国中央与地方的关系还呈现出明显的中国特色。

1. 新中国成立以来，中央与地方关系虽反复调整，但中央集权的特征一直未变

新中国成立初期，出于巩固政权和促进国家整合的现实需要，选择中央全面集权体制，具有正当的必要性。但中央过度集权、地方无权、容易形成僵化的体制，妨碍社会经济文化的发展，尤其在和平与发展成为时代主流的新的历史条件下，过度中央集权的负面作用日益凸显。改革开放以后，中央政府开始放权，地方政府和企业的权力扩大了，活跃了经济、促进了全国的发展。但新的问题又产生了，地方政府在获得一部分权力之后，出现了只顾地方利益、不顾全局利益，甚至不惜牺牲整体利益的现象。这引起了中央的警觉，在谨慎地继续深化权力下放的同时，中央开始有计划地在关键领域和部门收权。以1994

① 我国的特别行政区制度赋予了香港、澳门特区比联邦制国家州和邦更大的自治权，如自成体系的立法和行政框架、独立的司法终审权等，尤其是中央放弃在特区的征税权，是否突破了主权的底线，成为理论界的争论点。有学者据此提出“复合制”说。朱国斌：《“复合制”：具有中国特色的新型国家结构形式》，载《紫荆》2005年第3期。

年启动的分税制改革为先导，之后在金融部门跟进，其方式就是在宏观调控部门和关键要害部门设置中央直管机构，排除地方的干涉和执法阻力，以保障中央法律和政令的畅通无阻。但如此一来，有关直管的范围和监控机制又成为新的争议点。纵观改革开放30年中央放权、收权、再放权的实践，虽然地方政府在经济、社会领域的权力确实增大了，但体制性的问题并未得到根本的触动，在中央与地方关系模式中，中央集权一直是主调，"两个积极性"的宪法原则性规定的充分贯彻还有待于在实践中摸索经验。

2. 我国的地方政府具有双重身份，接受双重领导

根据现有宪法和法律的规定，地方各级人民政府由同级人大产生，是同级人大的执行机关，向同级人大负责和报告工作；与此同时，宪法又规定，地方各级人民政府对上一级国家行政机关负责并报告工作，全国地方各级人民政府都是国务院统一领导下的国家行政机关，都服从国务院的领导。《地方组织法》第66条还规定，县级以上各级人民政府的各工作部门受本级人民政府的统一领导，并且依照法律或者行政法规的规定受上级人民政府和国务院主管部门的业务指导或者领导。这被我国学界概称为地方政府及其工作部门的"双重领导"原则。地方政府既是同级人大的执行机关，即地方行政机关，同时又是国务院和上级政府统一领导下的国家行政机关，地方政府的这种双重身份在中央与地方利益一致的前提下，能够节省组织成本，提高行政效率。但是，在中央与地方利益和权限处理模糊的情况下，因地方政府的角色冲突而造成的行为偏颇就难以避免。在实践中，地方政府出于本能会倾向于照顾本地利益，但是，由于中央和上级按照"党管干部"的原则实际上掌管着地方主要人事的任免权，又使地方政府不得不唯上面的意图是从，二者之间的平衡常常因人、因事而异。其实，客观说来，各级政府都存在着"利他"和"自利"的双重动机。"利他"，就是为社会服务，为人民服务，便民服务；"自利"，就是为单位利益、部门利益和个人利益。政府官员和公务员为自身的权力、声誉、荣辱、奖惩、升降、福利、待遇等去做事或工作，这里都含有自利的动机。这就是政府的本质属性之一，即自利性所带来的影响与结果。① 因此，政府之间关系的本质应该是利益关系，中央有自己的正当利益，地方也有地方的正当利益，两者都值得尊重并以法律相规范。②

3. 法律形式上中央与地方的职责权限及组成部门大同小异，但地方却有相当的变通手段和空间

《宪法》第89条规定："国务院行使下列职权：领导和管理经济工作和城乡建设；领导和管理教育、科学、文化、卫生、体育和计划生育工作；领导和管理民政、公安、司法行政和监察等工作。"《宪法》第107条规定："县级以上各级人民政府依照法律规定的权限，管理本行政区内的经济、教育、科学、文化、卫生、体育事业、城乡建设事业和财政、民政、公安、民族事务、司法行政、监察、计划生育等行政工作。"通过对比可以发现，中央与地方的事权范围基本相同，区别仅在于管辖幅度不同，而没有体现出中央与地方的明确职能分工，除了中央独享的国防、外交等主权性事权外，绝大多数事权是中央与地方的共享事权，尤其

① 谢庆奎等：《中国政府体制分析》，中国广播电视出版社1995年版，第17页。

② 应松年、薛刚凌：《地方制度研究新思路：中央与地方关系应用法律相规范》，载《中国行政管理》2003年第2期。

看不出地方政府有何自主性的独立事权范围。上述宪法和法律对中央与地方职责权限的规定,体现了明显的中央与地方"职责同构"的特色。①

这种"职责同构"的特色主要体现在组织和制度的形式层面,但在实践层面,中国政府之间的关系则体现出执行性、应付性、自创性和协商性等特征。执行性表明,下级政府和下级部门必须执行上级政府和上级部门的计划、政策、决定、命令。这是由中央集权制的性质所决定的,很少有讨价还价的机会。民主协商在先,集中领导在后,集中了以后就没有二话可说,必须执行。在执行的过程中会有修正,但这种情况不多。由执行性的特征引出了应付性的特征。为了执行上级政府和部门的计划、政策、决定、命令,下级政府和部门会区别情况,少数政治任务坚决执行,大多数的社会经济文化工作,则想办法应付,硬顶不行,但要变通执行。这就是"上有政策,下有对策"了。这种应付性在有些情况下可能产生较大危害,使上级的正确政策得不到有效的执行。由应付性又生出了自创性。下级应付上级的对策,有不少就是下级政府和部门为了自身的发展,也是为了自己的利益,而作出的自主性决策,还有一定的创造性。这是地方政府之间竞争的结果,是迫不得已作出的选择。当然也有一些对策是自作聪明作出的有害决策,既不利于上级政策的执行,也不利于市场经济的发展。这是一种小团体主义和地方保护主义。协商性是改革开放以后出现的新动向。由于利益的驱动,有些问题不是一纸命令所能解决的,上级和下级以及同级之间需要进行谈判和协商才能解决。② 这种现象实际上导致了中国中央与地方关系的名实不一:形式上是中央集权,地方无法定的自主事权,实际上中央的权力常被地方所变通,地方显得灵活性十足。这正是中央与地方之间权限划分不清的自然结果,也说明中国已处于政府间规范分权的前夜。

4. 地方虽然被赋予了立法权,但中央与地方的权限划分尚处于"行政性放权"的阶段

《宪法》第 100 条规定:"省、直辖市的人民代表大会和它们的常务委员会,在不同宪法、法律、行政法规相抵触的前提下,可以制定地方性法规,报全国人民代表大会常务委员会备案。"同时,在《地方各级人民代表大会和地方各级人民政府组织法》第 60 条中规定,省级政府可以根据法律、行政法规和本省、自治区、直辖市的地方性法规,制定规章,报国务院和本级人民代表大会备案。类似的规定还及乎省府所在的市和国务院规定的较大的市的人大及其常委会和政府。《立法法》第 64 条则明确赋予了地方人大在一定范围内先行制定地方性法规的优先立法权。这说明我国省级和较大市级的地方被赋予了立法权,但由于政府间的事权划分尚不明确,尽管《立法法》第 8 条规定了 10 项全国人大保留的立法事项,但也只是概括性的原则规定,不具有操作性。加之,人事领域的"党管干部"原则保证了地方对中央的绝对服从,这实际上导致地方的立法权一定程度上成了"无米之炊"。中央过分集权容易扼杀地方的创造性,不利于经济效率的提高,出于适应市场经济发展的

---

① "职责同构"是指在政府间关系中,不同层级的政府在纵向职能、职责和机构设置上的高度统一、一致。也就是说,不同层级的政府承担着相似的职权,其机构设置随之上下对应,再加上党的系统的强化,无形中放大了"职责同构"的效应。张志红:《当代中国政府间纵向关系研究》,天津人民出版社 2005 年版,第 270～278 页。朱光磊、张志红:《"职责同构"批判》,载《北京大学学报(哲学社会科学版)》2005 年第 1 期。

② 谢庆奎:《中国政府的府际关系之研究》,载《北京大学学报(哲学社会科学版)》2000 年第 1 期。

需要，这使得向地方放权成为时代的必然。纵观改革开放 30 年来，中央下放权力基本上是以党中央和国务院政策的形式实行的，以法律的形式规范分权的比重还非常低。

二、我国的行政区划

（一）行政区划的概念

行政区划就是行政区域的划分，行政区划是国家出于有效治理的需要，在其主权所及的领土范围内，按照一定的原则和标准，将国家划分为不同层次的治理单位。从字面上看，行政区划是中央出于行政的需要而对领土进行的层次划分，这就意味着划分出的地方治理单位只能行使行政权。但这与宪政国家盛行的地方自治制度已难以吻合，因为，现代的地方政府大都是自治政府，顺理成章地享有在法定范围内自治事务的立法权。由此看来，行政区域的概念更多地反映了单一制国家早期中央集权的需要。行政区域实质上是一级地方治理单位，或领土单位，而与司法区域、经济区域存在质的区别。我国的地方单位依法具有双重身份，既执行中央和上级政府的行政指令，是国家名副其实的地方行政区域，同时，较高级别的地方单位还具有宪法赋予的地方立法权，服从当地人民的意志，为当地人民服务，只是目前后者的功能还没有得到充分发挥而已。

行政区域的划分首先要考虑的是国家治理的需要，但也不能忽视历史形成的传统，还要顺应经济、社会发展的趋势，尤其是市场经济体制下工业化、城市化迅猛发展的趋势。行政区划的核心内容是确定国家实施有效治理的层级，而层级又及乎治理的幅度。层级过多，易使行政权力发生“折射”现象，①耗散了行政权力，不利于提高工作效率。根据彼得原理，一级主管的管理幅度与控制幅度应该不超过 6 个。原因在于，主管与部属的关系十分复杂，并非只有单纯的上下级关系，其中还包括平行的关系及个人与团体的关系。所以部属虽呈算术级数增加，但上级与部属的关系却呈几何级数增加。② 当然，当部属所受的教育和训练健全、授权清楚、计划明白、业绩标准明确以及组织充满活力时，控制幅度可以适当放宽和扩大。即便如此，一级组织的结构和控制幅度也不能无限制地扩大。我国半数以上的省级单位治理幅度过大，应通过有效措施，降低管理幅度，提高效率。

行政区域的合理划定是中央与地方规范分权、形成稳定的法律关系的前提和基础，并影响到国家的治理效率和长治久安，因此，行政区划体制是一项重要的宪法制度，诸如行政区域及层级的确定、行政区域的设置主体和区域划分的主体、行政区域纠纷的解决机制等事项，都要在根本大法中作出明确的规定。

（二）我国行政区划的特点

1. 我国的行政区域类别繁多

整体上我国行政区域包括普通行政区域和特殊行政区域两大类，省、直辖市、市、县区、乡镇属于普通的行政区域，民族自治地方的自治区、自治州、自治县和香港、澳门及未

---

① 谢庆奎、燕继荣、赵成根：《中国政府体制分析》，中国广播电视出版社 1995 年版，第 5 页。

② ［美］彼得·劳伦斯：《胡尔·彼得原理》，严愈政译，台湾台北人人书局 1973 年版，第 95 页。

来的台湾特别行政区则属于特殊行政区域。同时，依照《地方组织法》的规定，我国县级以上人民政府根据需要还可以设立派出机关，在本级政府委托下指导、监督所辖下级政府的工作和办理相关事务，但派出机关不是一级政府，不设立法机关，也不设党委和政协。我国目前尚存的派出机关有省级政府派出的地区行政公署和市、区级政府派出的街道办事处以及乡镇合并后派出的责任片等。

2. 我国行政区域的层级多

我国普通行政区域在法律上分为三级，即省级、市县级和乡镇级，但实际上我国目前的行政区域形成了四级，即省级区域、地级市区域、县级区域和乡镇级区域。其成因在于，宪法只规定直辖市和较大的市才分区带县，但 20 世纪 80 年代中期以来，出于以城市带动农村发展的考虑，原来的省级派出机关——地区行政公署——逐渐由虚转实，成为一级正式的地方行政区域。同时，我国的基层组织——村委会和居委会，虽然被定性为群众性的自治组织，但由于它们也是以地域为基础的结合，并实际在行使着最基层的公共管理职能，把它们视为一级治理区域，并不违背逻辑。之所以在法律上不被称为行政区域，从行政区域的字面意义来看，仅仅意味着国家不对其直接发号施令，但这也同样意味着国家对其不负行政责任和财政责任，是国家一种财政负担的解脱。而从市场经济发展的逻辑来看，以后所有的地方区域都有变成自治体的趋势，目前的居民自治和村民自治仅仅是开了先河而已。这使得我国的行政管理层级过多，远远超过大多数国家实行的两级或三级治理结构。

3. 我国的行政区划兼顾了城乡发展的特点，体现了城乡不同的需要

我国传统上是一个农业占主导地位的国家，历史上长期实行的是郡县制，新中国设立了省、县、乡三级治理结构。但随着工业化、城市化进程的发展，我国城镇化的程度迅速提高，于是，市镇的建制也迅速扩展，其中市又有直辖市、设区的市和不设区的市的不同区分，并分为省级、副省级、地级、副地级、县级 5 个不同的行政级别。其中，我国法律中出现的较大的市，是指省级政府所在的市、国务院批准的较大的市以及经济特区所在的市 3 类，[①]这与宪法中所说的较大的市略有不同，宪法中较大的市专指设区的市。20 世纪 80 年代中期以来，在“城乡合治”的思路下，市管县、撤乡并镇成为时尚，至 2002 年年底，全国 332 个地级单位中，275 个改为了地级市，带管了全国 70%以上的县。[②] 但市管县体制也引发了“市压县”、“市吃县”等消极现象，近年来又出现了市县分置、省直管县等改革思路和实践。

4. 我国行政区域的设置、撤销、变更体现出“行政主导”的特性

根据《宪法》规定，我国除省级行政区域和特别行政区的设置权在全国人大外，县级以上行政区域的设置权和区域划分权都授予了国务院，乡镇的建置和区域划分权则赋予了省级人民政府，同时，县、市、市辖区的部分行政区域界限的变更，国务院授权省级人民政府批准，并报民政部备案。这在较为真实的意义上反映了行政区域的“行政”本意，反映出转型时期“行政主导”的特征。

---

① 目前国务院批准的较大的市有唐山市、邯郸市、大同市等 16 个，副省级的市则有哈尔滨、长春等 15 个。

② 莫纪宏：《宪法学》，社会科学文献出版社 2004 年版，第 450 页。

(三)行政区划争议的解决机制

行政区划争议主要是指有关行政区域边界的争议,即毗邻的行政区域之间就地理界限的确定而产生的地域管辖上的纠纷。根据国务院《行政区域边界争议处理条例》的规定,行政区域争议发生在不具有行政隶属性的同级政府之间,争议内容主要涉及地理边界的不明确。行政区域争议的处理机关是国务院和县级以上的地方人民政府,具体的主管部门则是各级政府的民政部门,主管部门以处理机关的名义作出处理决定。在处理程序上必须先自行协商,再由民政部门组织调解,只有调解不成的情况下,才由有权的人民政府作出处理决定,并履行备案手续。值得注意的是,地方行政区域的撤销、合并或变动,需由上级国家机关会同本级国家机关在充分协商的基础上拟定,并按法律规定的权限和程序报请批准。

三、中央与地方关系法治化

中央与地方关系无疑是国家制度建设的一个重要内容,也是我国全面迈向小康社会进程中政治体制改革的一个重要方面。党的十七大报告中,把中央与地方的关系,列为中国特色社会主义建设过程中必须处理好的带有全局性的重大关系之一,而中央与地方的权力划分实乃中央与地方关系中的核心内容。从宪政国家的经验来看,无论是单一制国家,还是联邦制国家,其中央与地方之间的权力配置以及争端解决都是通过法律机制来谋求其根本出路和稳定格局的。再者,就建设法治国家的战略取向而言,我国中央与地方关系也只有在以规范分权为基础的社会主义宪政体制下才可望得到圆满解决。

经过改革开放以来30年的实践,中央与地方关系在数次"放权"、"收权"、"放权"的反复摸索中,已积累了较为丰富的经验和教训,这为中央与地方关系走向法治化打下了坚实的基础。

(一)政府层级的科学设定是中央与地方关系走向法治化的前提

目前我国实际上形成了中央、省级、地市级、县区级、乡镇五级政府架构,这与成熟的法治国家相比,无疑层级过多了。政府层级过多,必将导致政府间权责关系复杂化,影响中央政令的畅通和执行;扩大行政成本,造成行政资财的浪费;并滋生相互推诿、不负责任的官僚主义习气。从20世纪90年代中期以来,我国部分地方进行了改革行政管理层级的试点,一是在浙江、湖北、江苏、海南等省推行的省直管县改革,其举措主要是县级政府越过地级市,直接向省负责,以减少行政管理的层次,其背后的动因则是根据城乡各自不同的特点,实行城乡分治,但目前大都停留于财政、经济领域。省直接授权到县的初始阶段,只有海南省的省直管县改革基本到位。完全的省直管县体制无疑会大大扩大省的管理幅度,而原先省的管理幅度就已经非常大了,这又势必产生分省的必要。因此,与省直管县改革相配套,为了消减省的管理幅度过大的弊病,还有必要分省建市,扩大国家的一级管辖区。二是四川、浙江、辽宁等省的乡财县管改革,使得乡镇政府实际上变成了县级政府的派出机关。理论界关于乡镇政府的去留问题存在针锋相对的不同观点,实践的推进则受制于既有法律规定的限制。此中关键在于对基层进行乡村治理的综合改革,将基层政权改造为自治组织。这是一场影响深远的立体改革，需要审时度势，审慎决策。

目前，学术界比较一致的观点是建构中央—省—县市三级政府架构，这牵涉国家结构的整体变迁。另一种思路是根据市场经济条件下城镇化发展的需要，将传统的省和县虚化，而建立大城市（州）、中等城市（市）和小城市（镇）的三级实体架构。

（二）政府间事权的合理划分是中央与地方关系走向法治化的基础

政府事权是一级政府对法定范围的公共事务的管辖和治理权力。目前我国政府整体上尚处于从投资型向服务型转变的过程之中，一方面，其职能还没有从竞争性的经营领域中完全退出来。另一方面，对公共物品的供应又明显不足，且分配极不均衡；而从职能的配置机制来看，则往往是中央政府在为自己定职能、上级政府在为下级定职能，实质上还是计划型的政府职能，由此导致的消极后果就是政府的"越位"、"错位"与"缺位"并存。既然我国确立了市场经济的基础地位，就应当从市场和社会的需要来确定政府的职能。从西方发达国家的经验来看，其各级政府职能的确定，是在各级议会对本级政府预算年复一年的审核、修订和批准的过程中来形成其基本格局的。因此，让人民或人民的代表通过审查和批准政府预算来确定各级政府的支出计划，直接体现了市场和社会对于本级政府职能的规范要求，由此形成的各级政府的支出范围和内容才是比较准确反映市场经济要求的政府事权。

应该选择"一上一下"的方式来划分中央与地方政府间的事权范围。所谓"一上"，就是中央有选择性地集中部分事权。在宪法和中央与地方基本法中，贯彻法律保留原则，将对保障国家统一、经济安全有根本性意义的主权性事项和全国性公共产品的提供职能归属于中央。对主权性的事项，中央应设立垂直机构进行直管，而不应把其授权或委托给下级政府行使。实践经验证明，针对全国性的公共物品，在关键领域，中央设立"人、财、物"独立于地方的垂直管理机构正是中央与地方规范分权的必然结果。但为了加强对中央直管机构的监督，直管的范围及直管机构的职责权限必须由宪法或法律作出明确的规定，还要完善中央内部纵向的法定监督渠道和机制，同时也需保障地方人大对中央直属机构的工作监督和绩效评议。在此基础上，结合《立法法》第 8 条的规定，重点将国土、资源等基本市场要素的管理权限收归中央，增强中央政府宏观调控的职能，同时，统一国家司法权力，增强中央政府运用法治手段调控地方的能力。[①] 所谓"一下"，就是要在宪法和基本法中，运用列举的方式明确将纯粹的地方性公共物品的供给职能赋予各级地方政府，在乡镇、县市、省三级地方政府之间划分事权，可以采取地方优先原则进行分配，即首先列举乡镇的职能，只有乡镇无力承担的地方性事项才划归县市，只有县市无力承担的地方性事项才划归省级政府，出现跨省的区域性公共事项可以由中央来组织协调和实施。针对地方性公共事务，一旦在宪法和基本法中明确了归属，中央政府就应该尊重地方的自主权，以充分发挥其主动性和积极性，原则上不应进行干预，当然，中央政府根据需要可以制定基准法，规定地方性公共事项所应达到的最低标准，对难以达到标准的贫困地区，中央按客观标准核准后，负有通过转移支付方式实施财政补助的义务。

在"一上一下"将中央与地方的专属事项明确以后，还存在介于全国性事项与地方性

---

① 季卫东：《宪政新论》，北京大学出版社 2002 年版，第 257 页。

事项之间的大量的"准全国性公共事项",这部分事权的归属是一个世界性的难题。[①] 可以考虑将诸如教育、卫生、环境保护、生态工程等"准全国性公共事项"及一些突发性事项列为中央与地方的共管事项,由中央与各级地方政府按一定的比例来承担管理和支出责任,决策权归属于中央部委,支出责任则授权委托给具体的地方政府。对于大部分准全国性的公共物品的供给而言,地方政府有宪法义务接受中央的授权,充当中央的下属执行机关,在中央法律和政策的范围内因地制宜地发挥其主动性、积极性。但为了有效避免"中央请客,地方买单"的现象,中央应通过规范的财政转移支付提供财力保障。更为根本的是,应创新和完善中央对地方政府行为进行立法规制、政策引导、司法审查的制度性机制和手段,以有效预防并避免地方政府进行"上有政策、下有对策"的博弈游戏。目前,在义务教育领域,我国正在进行积极的中央与地方齐抓共管的探索,取得了一些有益的经验。

依据上述原则方式,未来中国中央与地方事权划分的走向可以描画为:(1)中央承担的公共事务大概有:国防、外交等主权性事务;全国性公共服务事务,诸如全国的铁路、公路、航空、内河航运、海运等,重点是建设和完善西部地区的交通运输网;跨境的公共事务;跨国公共事务;宏观调控职能;司法职能等。(2)地方政府承担的公共管理职能主要有:地方性基础设施;地区间公共资源调剂;地方性公益事业等。(3)中央和地方共同承担的公共事务有:跨地区的公共资源开发利用,如中国的南水北调工程;社会保障方面的事务,如养老保险、医疗保险、失业保障等社会保障服务;环境保护方面的事务,如退耕还林还草、水土保持、保护长江和黄河源头水资源环境,以及防风固沙和污染处理;扶贫工程;灾难救助事务,包括旱涝灾害、地质地震灾害、矿难和风灾、火灾、病虫害以及像非典等疾病灾难的救助和战争等灾难救助。[②]

(三)政府内部财权、财力与事权、支出责任的匹配是中央与地方关系走向法治化的重要保障

一般说来,财权是一级政府为履行其公共管理职责而筹集财政收入的权力,包括征税权、收费权及举债权等,财力则是一级政府实际可支配使用的资金。从应然的角度看,各级政府的事权与财权及财力应该是匹配的,这样才能保障各级政府基于权责对称原则而在依法行使管理的权力的同时,各自承担管理的成本与责任。

我国1994年的分税制改革主要是就中央与省市之间的财权与财力两个体制要素作了新的组合,即通过划分税种重新界定了财权,通过转移支付重新配置财力,而事权则未作正式调整,这直接导致了后来的政府间事权与财权、财力的各种不同的搭配情况。10多年来中央与地方政府的财权基本是锁定的,除所得税由地方税改为共享税并调整分享比例,证券印花税调整分享比例及农业税废除等微调外,中央与地方的财权变化不大,但省以下政府间的财权则有较为明显的上收。与此同时,中央与地方之间,上级与下级政府之间,事权常作非正式调整,财力也常发生非正式转移配置,事权、财力演变的轨迹取决于

① 郑永年、吴国光:《论中央地方关系——中国制度转型中的一个轴心问题》,载《当代中国研究》1994年第6期。

② 齐桂珍:《中央与地方公共服务事权财权划分的走向》,载《中国经济时报》2004年12月7日。

各级政府间博弈的程度、方式和手段。① 从总体来说，支出责任下移，财权有所上收，而财力则作不规则转移，这直接导致了基层县乡政府的财政困局。由此，对经济不发达地区而言，财权与事权不匹配的矛盾就被财力与事权不对称的矛盾取代了。这个矛盾的解决只能依靠规范的政府间转移支付制度，但问题在于，目前我国的财政转移支付制度是一种非制度化的权力博弈，实证数据表明，转移支付对解决少数民族地区的财政困难发挥了一定的作用，但中部地区受益最少，且低于能自求财政平衡的东部富裕省市。②

但我们不能由此轻视事权与财权相匹配的重要性。政府间事权与财权的划分，要保证大部分地区通过其法定财权能筹集到与其事权相对称的财力，至少也要使半数以上的地方能达到基本平衡，否则，这种政府间事权、财权的划分体制就是不科学、不适当的。因为，如果大部分地方都无法通过法定的财权筹集到相应的财力，而都依赖于上级或中央支付的财政转移支付，且不说这会挫伤地方政府发展本地经济的积极性，这种财权的高度集中状况是严重违背财政资金的使用效率的，而无效率的集权则是不可持续的。当然，在政府间事权、财权基本匹配和稳定的财政体制下，也总有少数地方的自筹财力难以与其事权相匹配，这正是财政转移支付发挥作用的地方了。一般来说，中央政府的事权里面就包含一项重要的职责，即维护国家统一和各地区平衡发展，以避免地方分裂和动乱，与这一职责相对称的，就是中央政府控制的财力会超出其直接支付应具备的水准，这超出部分就是中央政府的财政转移支付资金。中央通过一般性转移支付协调地区之间的发展，通过专项转移支付宏观调控整体经济、社会发展的速度和方向，这正是中央政府义不容辞的职责。所以，从这个层面来分析，尽管中央政府的财权较大，其筹集的财力会超过其直接支出的事权范围，但从总体来说，其事权与财权也是匹配的。

（四）建构中央与地方平等沟通的平台和机制

当今中国正处于转型时期，其经济社会已经具有相当程度的多元性，因此整合中央与地方的关系不能再依靠政治说教和人事的直接任命等传统的方式来实现，而应该改造权力结构，建构和完备制度性协调的机制和程序。目前中国在处理中央与地方关系方面的根本问题是，除了中央政府能给地方施加种种或明或暗的压力外，地方政府没有通畅的制度化渠道来对中央的决策施加影响，这就诱发地方政府寻求形形色色的机会主义行径来

---

① 刘尚希、刑丽：《从县乡财政困难看政府间财政关系改革》，载刘尚希、傅志华：《缓解县乡财政困难的路径选择》，中国财政经济出版社 2006 年版。

② 分税制实施以来，中央通过税收共享从地方政府集中了收入，但是转移支付制度又将大部分集中的收入拨付到地方政府进行支出，地方财力的近 1/3 需要中央财政拨付转移支付进行补助。但是，由于转移支付的分配存在区域间的不平衡，使得地区间的财力差距不但没有越来越小，反而呈现出逐渐拉大的趋势。从全国趋势上来看，在过去的 10 年里，东部地区靠工业化、西部地区靠中央补助使得人均财力都有明显而迅速的增长，唯有中部地区基层政府、尤其是县乡政府的人均财力增长缓慢，也与东部与西部的差距越来越大。中西部地区的地方政府可支配财力中，中央补助所占的比重不断提高，中部地区有些县市这个比重超过 50%，而西部有些贫困地区中央补助能够高达地方自身财政收入的 10 倍甚至 20 倍。在这些补助中，专项资金占了相当大的比例，这些专项资金分配的随意性较强，所以在这些地区，“跑项目、跑专项”的“跑部钱进”成了地方财政工作的一项重要内容。这说明转移支付制度还有待进一步完善。周飞舟：《分税制十年：制度及其影响》，载《中国社会科学》2006 年第 6 期。

消极对抗中央的集权举措。因此,当务之急是建构理性的中央与地方沟通和谈判的机制和程序,一方面,地方有法定的平等的参与中央决策的机会,能正当地提出自己的要求,地方的自主性就能得到释放和满足;另一方面,最终的决定是由中央在协调平衡各方利益的基础上批准或同意的,国家的根本利益和整体利益也能得以体现,这样,宪法所规定的发挥两个积极性的原则就能得到贯彻和落实。一种比较可行的思路是:在全国人大内部设立负责中央与地方关系事务的专门组织机构,诸如"中央与地方关系委员会"等,并相应制定中央与地方关系基本法与地方制度法,及时修订各级地方组织法,扭转地方组织法制单一的现状。针对中央与地方政府之间难以避免地会出现的一些权限争执,应尽量在完善行政诉讼和违宪审查制度的基础上通过司法途径来加以解决。

(五)以地方民主促进地方分权实践

地方分权自治本质上是民主政治发展的产物,它内蕴着由地方人民决定地方事务以满足其需求偏好的基本要求,因此,分权而不实施民主,不可能形成理性而健康的中央与地方关系。地方民主包含两层含义:一是国家法律、政策的确立要有地方的全面参与决策;二是各级政府制定法规政策、进行决策要有当地民众参与决策。由此,在向地方放权的过程中,就必须同时加强地方政权的民主法制建设,引进人民的参与和监督,使下放到地方的权力成为人民自己手中的权力,而不致变成少数官僚手中的特权。宪政的发展规律表明,立法对行政部门的监督和制约是防止地方势力坐大形成割据的有效方式。[①] 目前我国民主政权建设的重点是加强人民代表大会制度建设,使人大真正承担起宪法上所赋予的职能,真正树立人大的权威。其中尤为关键的是,人大要真正发挥出宪法赋予人大的职权,真正有权决定政府机构设置和主要干部的任免。

总之,中央与地方关系法治化的焦点在于,地方政府由宪法所赋予的双重地位必须得到尊重和保障。一方面,地方作为中央政府的执行机关,有接受中央委托履行中央政令的职责,另一方面,地方有法定范围的自主权,有按照地方人民的意愿提供高质量公共物品的主体资格。而这都又仰赖于我国民主政治的发展和健全,在人民平等参与的公共选择的理性基础上,建构中央与地方沟通和谈判的机制和程序,制定、完善有关中央与地方关系的法律、法规,保障地方有法定的平等的参与中央决策的权利和机会,尊重和满足地方正当的主体性需求。

第三节 民族区域自治制度

一、民族区域自治制度及其建立

(一)民族区域自治制度

民族区域自治制度是指在国家的统一领导下,以少数民族聚居区为基础,建立民族自

① 李龙:《宪法基础理论》,武汉大学出版社2001年版,第89页。

治地方，设立自治机关，行使自治权，以实现少数民族人民当家作主、管理本民族内部事务的一项基本政治制度。

我国现行《宪法》第4条明确规定："中华人民共和国各民族一律平等。国家保障各少数民族的合法的权利和利益，维护和发展各民族的平等、团结、互助关系。禁止对任何民族的歧视和压迫，禁止破坏民族团结和制造民族分裂的行为。""国家根据各少数民族的特点和需要，帮助各少数民族地区加速经济和文化的发展。""各少数民族聚居的地方实行区域自治，设立自治机关，行使自治权；各民族自治地方都是中华人民共和国不可分离的部分。"这些规定为我国实行民族区域自治提供了充分的宪法依据，包含有以下含义：

第一，民族自治地方是国家统一领导下的行政区域，是中华人民共和国不可分割的组成部分。民族区域自治是我国单一制国家结构形式下的一种自治形式，以接受国家的统一领导、坚持国家统一和领土完整为前提。实行区域自治的自治机关，其自治权来自国家，要在接受国家统一领导的前提下依照宪法、民族区域自治法以及其他法律的规定，行使自治权。因此，民族自治地方不同于联邦制国家中的成员邦或州。

第二，民族区域自治以少数民族聚居区为基础，是民族自治与区域自治的结合。我国的民族区域自治既不是脱离地域的抽象的"民族自治"，也不是单纯的"地方自治"，而是二者的有机结合。其中，民族因素是考虑各项自治权的一个最基本因素，如自治机关人员的组成、使用的语言等方面，都突出体现了这一点。

第三，实行民族区域自治制度，目的是实现少数民族人民当家作主、管理本民族内地方性事务的权利。民族自治机关依法行使自治权是民族区域自治制度的标志，离开了自治权，则自治机关与一般地方国家机关没有任何区别。正因为少数民族聚居区在经济、政治、文化等各方面与汉族地区相比，存在着一定的特殊性以及各种客观差距，所以国家才对它实行不同于一般地区的制度，赋予它比一般地方国家机关更多的权限，以保障少数民族地区与国家其他地区的共同发展。因此，民族自治权是民族区域自治制度的核心。

第四，作为国家的一种政治和法律制度，民族区域自治制度的主要内容包括：民族自治地方的建立和行政区划；自治机关的组成、职能和自治权；自治地方内部民族关系；自治地方与中央、与国家其他地方的关系等。

（二）民族自治地方的建立

民族自治地方是指依照宪法和法律的有关规定，在少数民族聚居地区建立的实行民族区域自治的法定行政区域。我国宪法规定，我国的民族自治地方分为自治区、自治州和自治县三级。自治区相当于省级行政区划，我国目前共有5个自治区，它们是：内蒙古自治区、新疆维吾尔自治区、广西壮族自治区、宁夏回族自治区和西藏自治区。自治州的行政级别介于省和县之间，我国目前共有30个自治州。自治县相当于普通行政区划的县级，我国目前共有117个自治县。另外，我国还在基层、少数民族较多的民族散居区域设立了民族乡，在性质和行政级别上等同于普通的乡，虽然从法律上也照顾其民族特色，但它们不属于一级民族自治地方，不享有自治权。

我国民族自治地方的建立，主要有三种类型：

1. 以单一的少数民族聚居区为基础建立的民族自治地方，如西藏自治区、宁夏回族自治区、四川省凉山彝族自治州等。

2. 以一个大的少数民族聚居区为基础，同时又包括其他一些人口较少的少数民族聚居区共同建立起的民族自治地方，如新疆维吾尔自治区，以维吾尔族为主体，同时还包括回族、哈萨克族、锡伯族、柯尔克孜族等较小的民族聚居区，而且这些民族聚居区也建立了相应的自治州或自治县。

3. 以两个或两个以上范围大致相等的少数民族聚居区联合起来建立的民族自治地方，如湖南湘西土家族苗族自治州、青海省海西蒙古族藏族自治州等。

二、民族自治地方的自治机关及其自治权

(一)民族区域自治地方的自治机关

依照我国《宪法》第 112 条的规定，实行民族区域自治地方的自治机关是自治区、自治州、自治县的人民代表大会和人民政府。需要注意的是，民族自治地方的人民法院和人民检察院不属于自治机关的范畴，它们依照国家法律规定统一行使审判权和检察权。不存在自治问题。民族区域自治的自治机关具有双重性质：一方面，它们是一级地方国家机关，享有宪法规定的一般地方国家机关的职权，其产生、职能与任期等与一般地方国家机关一致，都实行民主集中制的组织原则；另一方面，它又是实行民族区域自治的自治地方的自治机关，享有宪法和民族区域自治法以及其他法律赋予的各项自治权。因此又具有不同于一般地方国家机关的职能。

依照我国宪法和民族区域自治法的有关规定，民族自治地方的自治机关又是当地聚居民族的人民行使区域自治权的政权机关，因而自治机关在人员组成上有显著的自身特点：第一，民族自治地方的人大常委会主任或副主任应当由实行区域自治的民族的公民担任；第二，民族自治地方的人民代表大会中，除实行区域自治的民族的代表外，其他少数民族也应当有适当名额的人大代表；第三，自治区主席、自治州州长、自治县县长必须由实行区域自治的民族的公民担任；第四，民族自治地方的人民政府的其他组成人员和自治机关所属工作部门的干部中，应当尽量配备实行区域自治的民族以及其他少数民族的人员。

(二)民族自治地方的自治权

在民族区域自治制度下，实行民族区域自治的自治区、自治州、自治县的自治机关除行使宪法规定的一般地方国家机关的职权外，依照我国宪法、民族区域自治法以及其他法律的规定，还享有一定范围的自治权。主要表现为：

1. 根据本地方实际情况贯彻执行国家的法律和政策。对于上级国家机关发布的决议、决定、命令和指示，如有不适合民族自治地方实际情况的，自治机关可以报经该上级国家机关批准，予以变通执行或停止执行。

2. 民族自治地方的人民代表大会有权依照当地民族的政治、经济和文化的特点，制定自治条例和单行条例。自治条例是由自治机关制定的，规定民族自治地方自治机关的组织与活动原则、民族自治权等内容的综合性的规范性文件；单行条例是由自治机关制定的，规定民族自治范围内政治、经济、文化等某一方面具体问题的规范性文件。

其中，自治区制定的自治条例和单行条例，报全国人大常委会批准后生效；自治州、自治县制定的自治条例和单行条例，报省、自治区、直辖市的人大常委会批准后生效，并报全国人大常委会和国务院备案。

3. 管理地方财政的自治权。凡是依照国家财政体制属于民族自治地方的财政收入，民族自治地方的自治机关有权自主地安排使用。除应由国家统一审批的减免税收项目外，民族自治地方的自治机关对属于地方财政收入的某些需要从税收上加以照顾和鼓励的，可以实行减税或免税；可以依照法律规定设立地方商业银行和城乡信用合作组织。

4. 自主地安排和管理地方性的经济建设事业。民族自治地方的自治机关在国家计划指导下，可以根据本地方的特点和需要，制定经济建设的方针、政策和计划；在坚持社会主义原则的前提下，可以根据法律规定和本地方经济发展的特点、合理调整生产关系和经济结构，发展社会主义市场经济。

5. 自主地管理本地方的教育、科学、文化、卫生、体育事业，保护和整理民族的文化遗产，发展和繁荣民族文化。比如，民族自治地方的自治机关根据国家的教育方针，依照法律规定，可以决定本地方的教育规划以及各级、各类学校的设置、学制、办学方式、教学内容、教学用语和招生办法等。

6. 民族自治地方的自治机关依照国家的军事制度和当地的实际需要，经国务院批准，可以组织本地维护社会治安的公安部队。

7. 民族自治地方的自治机关在执行职务的时候，依照自治条例的规定，使用当地通用的一种或几种语言文字。同时使用几种语言文字的，可以以实行区域自治的民族的语言文字为主。各民族都有使用本民族语言文字进行诉讼的权利，人民法院和人民检察院对于不通晓当地通用的语言文字的诉讼当事人，应当为他们提供翻译。

第四节　特别行政区制度

一、特别行政区制度及其法律地位

（一）特别行政区制度概述

特别行政区是指在中华人民共和国领域内，根据宪法和法律的规定，实行不同于一般行政区的政治、经济和法律制度，享有高度自治权的特殊地方行政区域。

我国《宪法》第31条规定："国家在必要时得设立特别行政区。在特别行政区内实行的制度按照具体情况由全国人民代表大会以法律规定。"《宪法》第62条又规定，全国人民代表大会有权"决定特别行政区的设立及其制度"。这些规定为我国设立特别行政区、解决历史遗留下来的香港、澳门以及台湾问题，实现祖国统一，提供了宪法依据。

香港、澳门以及台湾地区，自古就属于中国的领土，是中华人民共和国不可分割的组成部分。但由于历史的原因，这些地区长期以来分别与祖国大陆处于隔离状态，实行着不同于祖国大陆的政治、经济和法律制度。为了有效地解决这些历史遗留问题，完成祖国统一，我国党和政府创造性地提出了"一个国家、两种制度"的伟大构想。"一个国家"即统一的中华人民共和国，香港、澳门以及台湾都是中国的领土，既不能分离或分割出去，也不能变成任何独立意义上的政治实体；“两种制度”是指大陆实行社会主义制度，香港、澳门以及台湾可以作为特别行政区，继续保留其资本主义制度。总之，“一国”是前提，“两制”是基础，“一国两制”的核心是实现祖国统一。

(二)特别行政区的法律地位

香港和澳门《基本法》都在第1条中规定，香港、澳门特别行政区是我国不可分离的部分；第12条规定，香港、澳门特别行政区是我国的享有高度自治权的地方行政区域，直辖于中央人民政府。以上规定完整地表明了特别行政区的法律地位，包括以下三层含义：

1. 特别行政区是我国单一制国家不可分离的部分

特别行政区作为单一制国家的组成部分是不能从祖国分离出去的，我国包括特别行政区在内理所当然地要维护国家的统一、主权和领土的完整。“一国两制”是国家对特别行政区的方针，“两制”是“一国”之下的“两制”，既不容许破坏“两制”，也不容许破坏“一国”。

2. 特别行政区是我国的一个地方行政区域

特别行政区与中央的关系是一个主权国家内部中央与地方的关系，是领导与被领导、监督与被监督、授权与被授权的关系，不是平行的、并列的伙伴关系。其所享有的高度自治并不是无限自治。根据《香港基本法》、《澳门基本法》的规定，这一高度自治是在全国人民代表大会授权下的自治，不是特别行政区本身固有的权力，高度自治的权力来源于中央。

3. 特别行政区是实行高度自治的地方行政区域

特别行政区之所以“特别”，重要标志就是享有高度自治权。对特别行政区来说，中央负责管理的仅限于涉及特别行政区的外交、防务以及其他从属于国家主权和国家整体权益范围内的事务。特别行政区的其他事务，除了《香港基本法》、《澳门基本法》规定须受中央监督的情况外，中央不予过问。

二、特别行政区的特点

特别行政区与其他一般行政区相比，有共同的地方，这主要表现在三个方面：第一，都是中华人民共和国不可分割的一部分，是我国地方制度的有机组成部分。特别行政区的设立有个大前提，就是要承认世界上只有一个中国，即中华人民共和国。各个特别行政区都是中华人民共和国领土不可分割的组成部分，不能脱离统一的国家管辖。因此，特别行政区和一般行政区一样，都是我国地方制度的有机组成部分。第二，特别行政区是中华人民共和国的一级地方行政区域，直辖于中央人民政府。特别行政区是中华人民共和国的一个享有高度自治权的地方行政区域，该区域建立的地方政权机关，自然是我国的一级地方政权，受中央人民政府的统一管辖。第三，特别行政区和其他一般行政区一样，选举全国人大代表参加全国人民代表大会。

特别行政区与其他一般行政区相比，又有其特殊性。这主要表现在以下几个方面：

(一)特别行政区享有高度的自治权

根据《香港基本法》和《澳门基本法》的规定,特别行政区享有高度自治权,包括行政管理权、立法权、独立的司法权和终审权,可以依法行使中央授予的有关对外事务权;保持财政独立,其财政收入全部用于自身需要,不上缴中央人民政府;以及中央授予的其他权力等。特别行政区享有的自治权范围明显大于我国一般地方行政区域和民族自治地方,其中有些权力,如司法终审权、货币发行权、出入境管制权等,都是在联邦制下的地方政府所不能享有的应由中央掌握的权力。

(二)特别行政区保持原有的制度和生活方式 50 年不变

《香港基本法》和《澳门基本法》都规定,在香港(澳门)特别行政区"不实行社会主义的制度和政策,保持原有资本主义制度和生活方式,50 年不变"。这一规定,体现了"一国两制"方针。它意味着中央人民政府在 50 年内不改变港、澳的资本主义制度,不能把社会主义制度和政策推行到香港、澳门去。当然,保证香港、澳门现行的资本主义制度和生活方式,50 年不变,50 年后更没有变的必要。

(三)特别行政区实行港人治港、澳人治澳的方针

《香港基本法》和《澳门基本法》都规定,特别行政区的行政机关和立法机关由该区永久性居民依照基本法的有关规定组成。所谓"永久性居民",是指在特别行政区享有居留权和有资格依照当地法律取得载明其居留权的永久性居民身份证的居民。这一特点表明,香港特别行政区和澳门特别行政区由当地人自己管理,中央不派人去管理。这样,有利于充分发挥港澳同胞的积极性和当家作主的精神,有利于香港、澳门地区的进一步稳定和繁荣。

(四)特别行政区原有的法律基本不变

《香港基本法》第 8 条规定,香港原有的法律,即普通法、衡平法、条例、附属立法和习惯法,除同基本法相抵触或经香港特别行政区的立法机关作出修改者外,予以保留。《澳门基本法》第 8 条规定,澳门原有的法律、法令、行政法规和其他规范性文件,除同基本法相抵触或经澳门特别行政区的立法机关或其他有关机关依照法定程序作出修改者外,予以保留。基本法的这一规定,体现了"一国两制"的构想。原有法律基本不变,是指除属于殖民统治性质或带有殖民色彩,以及除同基本法相抵触或经特别行政区的立法机关作出修改者外,原有法律予以保留。基本法的这一规定,既有利于维护我国的国家主权,又有利于特别行政区的繁荣和稳定。

[香港特别行政区高度自治权事例]2007 年 12 月 29 日,第十届全国人民代表大会常务委员会第三十一次会议审议了香港特别行政区行政长官曾荫权 2007 年 12 月 12 日提交的《关于香港特别行政区政制发展咨询情况及 2012 年行政长官和立法会产生办法是否需要修改的报告》。会议认为,2012 年香港特别行政区第四任行政长官的具体产

生办法和第五届立法会的具体产生办法可以作出适当的修改；2017年香港特别行政区第五任行政长官的选举可以实行由普选产生的办法；在行政长官由普选产生以后，香港特别行政区立法会的选举可以实行全部议员由普选产生的办法。

【思考题】

1. 地方自治有哪些价值？
2. 我国中央与地方关系法治化趋势如何？
3. 我国的单一制国家结构具有哪些包容性？
4. 我国民族区域自治地方有哪些自治权？

第十二章　国家机构

【引例】

在我国的国家机构体系中，人民代表大会起着至关重要的作用，其他国家机关由它产生，对它负责，受它监督。人民代表大会常务委员会是各级人民代表大会的常设机构。为保障全国人民代表大会常务委员会和县级以上地方各级人民代表大会常务委员会依法行使监督职权，根据宪法，我国制定了《各级人民代表大会常务委员会监督法》，该法已于2007年1月1日起施行。

第一节　国家机构概述

一、国家机构的概念和分类

（一）国家机构的概念

国家机构是一定社会的统治阶级为实现其统治职能而建立起来的进行国家管理和执行统治职能的国家机关的总和，它包括立法机关、行政机关、审判机关、检察机关和军事机关等。国家机构的本质取决于国家的本质。

国家机构主要有以下特点：第一，有鲜明的阶级性；第二，是一个历史范畴，它是同阶级、国家、法律这些现象联系在一起的，不是从来就有的；第三，强制性，它是以国家名义行使国家权力的，因而具有强制性；第四，有严密的组织体系。

（二）国家机构的分类

按照不同的标准可以对国家机构进行不同的分类。按照国家机构的性质，可分为剥削阶级国家机构和无产阶级国家机构。按照国家机构行使权力的属性不同，可将国家机构分为立法机关、行政机关、司法机关等。

我国国家机构的分类，从行使权力的范围来看，可分为中央国家机关和地方国家机关。从行使权力的不同职能来看，可分为国家权力机关、国家主席、国家行政机关、国家军事机关、国家审判机关和检察机关。

二、我国国家机构遵循的原则

(一)民主集中制原则

现行《宪法》第3条明确规定:“中华人民共和国的国家机构实行民主集中制的原则。”民主集中制是指在民主基础上实行集中,在集中指导下行使民主,这是我国国家机构组织和活动的原则,体现民主与集中的辩证统一。民主集中制在国家机关的组织和活动中主要体现在:

1. 权力机关与人民的关系:全国各级人民代表大会由民主选举产生,对人民负责,受人民监督。其中民主和集中都以遵守宪法和法律为前提。

2. 权力机关与其他国家机关的关系:所有其他国家机关,包括国家行政机关、审判机关、监察机关都由人民代表大会产生,对其负责,受其监督。

3. 中央和地方的关系:中央和地方实行下级服从上级、地方服从中央的原则,充分发挥地方的积极性、主动性和首创精神。

总之,实行民主集中制使各级国家机关都置于人民的监督之下,同时既避免了权力的过分集中,又减少了不必要的牵制,提高了运作的效率。

(二)社会主义法治原则

有法可依、有法必依、执法必严、违法必究是社会主义法治原则的基本要求。在国家机构中具体体现为:国家立法机关要加强立法工作,不断完善社会主义法律体系;所有国家机关的职权都应当具有法律依据;并且各种国家机构都必须依法定程序行使宪法和法律赋予的职权;国家权力机关要加强法律监督,保证同级其他国家机关在宪法和法律的范围内活动。

(三)责任制原则

我国现行宪法规定,一切国家机关必须实行工作责任制。责任制是指国家机关依法对其行使职权、履行职责的后果承担责任的原则。由于各种国家机关行使的国家权力的性质不同,我国宪法规定了两种责任制:集体负责制和个人负责制。

集体负责制是合议制机关在决定问题时,由全体组成人员集体讨论,按照少数服从多数的原则作出决定。集体组织中每个成员的地位和权利平等,任何人都没有特殊权利,由集体承担责任。各级人民代表大会及其常委会、各级人民法院、各级人民检察院都适用集体负责制。

个人负责制亦称首长负责制。它是国家特定机关在行使职权时,由首长个人决定并承担责任的一种领导体制。首长负责制分工明确,在执行决定时可以避免无人负责或推卸责任现象,能够充分发挥首长个人智慧和才能,提高工作效率。各级行政机关以及中央军事委员会都实行个人负责制。

(四)为人民服务原则

一切国家机关和国家工作人员都必须密切联系群众,依靠人民群众的支持,经常保持同人民的密切联系，倾听人民的意见和建议，接受人民的监督，努力为人民服务。首先，在思想上树立密切联系群众，一切为人民服务的思想，认识到自己手中的权力来自于人民的赋予。其次，国家机关及工作人员要坚持“从群众中来，到群众中去”的工作方法。再次，要广泛吸收人民群众参与管理国家并接受人民监督。

（五）精简和效率原则

我国现行《宪法》第 27 条规定：“一切国家机关实行精简的原则，实行工作责任制，实行工作人员的培训和考核制度，不断提高工作质量和工作效率，反对官僚主义。”主要表现在：

1. 在机构设置和人员编制上切实精简，做到该设该用的人一定要设要用，不该设立的机构和不该设用的人一定要精简，切实实行精简原则。定岗定事不定人，管岗管事不管人，岗定人定，因事用人。

2. 实行工作责任制，使每一个担任国家公职的人员明白自己的职责即权限，努力做到尽职尽责，完成相应的任务和业务，奖罚分明，充分调动其主观能动性。

3. 加强队伍建设，建立一支具备专业素质要求的、能够适应社会主义现代化建设需要的、充满活力的国家工作人员队伍。

4. 加强对各级国家机关工作人员的政策水平和业务能力的培训。

三、我国的国家机构体系

根据《宪法》的规定，我国的国家机构包括：全国人民代表大会，中华人民共和国主席，中华人民共和国国务院，中华人民共和国中央军事委员会，地方各级人民代表大会和地方各级人民政府，民族自治地方的自治机关，人民法院和人民检察院。

全国人民代表大会是国家权力机关，它的常设机关是全国人民代表大会常务委员会。全国人民代表大会和全国人民代表大会常务委员会行使国家立法权。全国人民代表大会由省、自治区、直辖市、特别行政区和军队选出的代表组成。各少数民族在全国人民代表大会中都应当有适当名额的代表。

中华人民共和国主席、副主席由全国人民代表大会选举。国家主席根据全国人民代表大会的决定和全国人民代表大会常务委员会的决定，公布法律，任免国务院总理、副总理、国务委员、各部部长、各委员会主任、审计长、秘书长，授予国家的勋章和荣誉称号，发布特赦令，宣布进入紧急状态，宣布战争状态，发布动员令。

中华人民共和国国务院，是国家权力机关的执行机关，也是国家行政机关，由总理、副总理、国务委员、各部部长、各委员会主任、审计长、秘书长组成。国务院实行总理负责制。

中华人民共和国中央军事委员会领导全国武装力量。中央军事委员会由主席，副主席若干人，委员若干人组成。中央军事委员会实行主席负责制。中央军事委员会主席对全国人民代表大会和全国人民代表大会常务委员会负责。

最高人民法院是我国的最高审判机关。最高人民法院监督地方各级人民法院和专门人民法院的审判工作，上级人民法院监督下级人民法院的审判工作。最高人民法院对全国人民代表大会和全国人民代表大会常务委员会负责。地方各级人民法院对产生它的国家权力机关负责，并向其报告工作。

最高人民检察院是国家最高检察机关。最高人民检察院领导地方各级人民检察院和专门人民检察院的工作，上级人民检察院领导下级人民检察院的工作。最高人民检察院对全国人民代表大会和全国人民代表大会常务委员会负责。地方各级人民检察院对产生它的国家权力机关和上级人民检察院负责。

[**案例**]2003年12月30日，辽宁省盖州市70岁的退休工人王淑媛，到全国人大常委会办公厅信访局接待室哭诉说，其子吴恩志为宋恩祥看守砂场，应得劳务费7000元，几经讨要，宋家拒不偿还。1991年5月5日当其子再次向宋家讨要工资时，被宋恩祥之弟宋恩德用5连发猎枪打死。后杀人者被依法判处死刑。1997年王向盖州市人民法院提起诉讼，要求宋偿还债务。虽获胜诉，但时过7年未能得到执行。全国人大常委会办公厅信访局向辽宁省人大常委会办公厅交办此案，要求依法督办。最后，在4级人大的过问下，盖州市法院终于在2004年1月18日将欠款7000元及利息共计11000元全部执行到位。

[**解析**]本案是全国人大履行监督权的体现。根据《宪法》的规定，全国人大有权监督其他国家机关的工作。

第二节 国家权力机关

一、全国人民代表大会及其常务委员会

（一）全国人民代表大会

1. 全国人民代表大会的性质和地位

我国现行《宪法》规定："全国人民代表大会是最高国家权力机关。"这一规定表明了全国人民代表大会的性质和它在整个国家机构中的地位。全国人民代表大会由全国人民在普选基础上产生的代表组成。所以只有它能集中代表全国各族人民的意志和利益，行使国家立法权和决定国家的一切重大问题。全国人民代表大会在我国国家机构体系中居于最高地位，其他中央国家机关都由全国人民代表大会产生并对它负责，受它监督。全国人民代表大会制定的法律和通过的决议，其他国家机关都必须遵守和执行。

2. 全国人民代表大会的组成和任期

我国《宪法》规定："全国人民代表大会由省、自治区、直辖市、特别行政区和军队选出的代表组成。各少数民族都应当有适当名额的代表。"同时，2010年3月第5次修正的《选举法》第15条规定："全国人民代表大会的代表，由省、自治区、直辖市的人民代表大会和人民解放军选举产生。全国人民代表大会代表的名额不超过三千人。香港特别行政区、澳门特别行政区应选全国人民代表大会代表的名额和代表产生办法，由全国人民代表大会另行规定。"《选举法》第16条规定："全国人民代表大会代表名额，由全国人民代表大

会常务委员会根据各省、自治区、直辖市的人口数，按照每一代表所代表的城乡人口数相同的原则，以及保证各地区、各民族、各方面都有适当数量代表的要求进行分配。省、自治区、直辖市应选全国人民代表大会代表名额，由根据人口数计算确定的名额数、相同的地区基本名额数和其他应选名额数构成。全国人民代表大会代表名额的具体分配，由全国人民代表大会常务委员会决定。"《选举法》第 17 条规定："全国少数民族应选全国人民代表大会代表，由全国人民代表大会常务委员会参照各少数民族的人口数和分布等情况，分配给各省、自治区、直辖市的人民代表大会选出。人口特少的民族，至少应有代表一人。"这表明我国城乡具有平等的选举权，也确保应有适量的基层代表，从而在更大程度上体现了平等的原则。

全国人民代表大会的任期由宪法规定，第一届、第二届、第三届任期为 4 年，从第四届全国人大开始任期改为 5 年，这样可以同国民经济建设的 5 年计划协调起来。为保证全国人大工作的衔接，全国人大任期届满前的 2 个月，由全国人大常委会组织完成下届全国人大代表的选举。在遇到不能选举的非常情况时，由全国人大常委会全体组成人员 2/3 以上多数决定，可以推迟选举，延长本届人大的任期。在非常情况结束后 1 年内，必须完成下届全国人大代表的选举。

3. 全国人民代表大会的职权

根据我国《宪法》规定，全国人民代表大会行使下列职权：

第一，修改宪法并监督宪法的实施。宪法是国家的根本大法，只有作为国家最高权力机关的全国人大才有权修改。而且，宪法修改需经过特别的程序。宪法修正案由全国人大常委会或全国人大 1/5 以上的代表联名提出，并由全国人大代表 2/3 以上的多数通过。由全国人大监督宪法的实施有利于保证宪法的权威性，确保宪法的施行。

第二，制定和修改基本法律。基本法律主要是指刑事、民事、国家机构、公民基本权利义务等方面的法律。这些法律涉及整个国家生活，关系到全国各族人民的根本利益，因此必须由全国人民代表大会来行使这些法律的制定权和修改权。

第三，选举、决定和罢免国家机关领导人。《宪法》规定，全国人大有权选举全国人大常委会委员长、副委员长、秘书长和委员，选举国家主席、副主席，中央军事委员会主席，最高人民法院院长，最高人民检察院检察长；根据国家主席的提名，决定国务院总理人选；根据总理提名，决定国务院副总理、国务委员、各部部长、各委员会主任、审计长、秘书长的人选；根据中央军事委员会主席的提名，决定中央军委副主席、委员的人选。对于以上人员，全国人大主席团或者 3 个以上代表团或者 1/10 以上的代表可以提出对他们的罢免案，罢免案由主席团审议后，提请大会全体会议审议，经全体代表的过半数同意即获通过。

第四，决定国家重大问题。包括审查批准国民经济和社会发展计划以及计划执行情况的报告；审查和批准国家预算和预算执行情况的报告；批准省、自治区、直辖市的建制；决定特别行政区的设立及其制度；决定战争与和平的问题。

第五，监督权。根据《宪法》规定，全国人大有权监督其他国家机关的工作。全国人大常委会对全国人大负责并报告工作，全国人大有权改变或撤销全国人大常委会不适当的决定；国务院、最高人民法院和最高人民检察院向全国人大负责并报告工作；中央军事委员会也要对全国人大负责。

第六,应当由最高国家权力机关行使的其他职权。

4. 全国人民代表大会的会议制度

举行会议是全国人大的主要工作方式。全国人大每年第一季度举行一次例会。近年来形成的惯例是每年春节后即举行。但是,全国人大常委会认为有必要或有 1/5 以上的全国人大代表提议,可以召开全国人大的临时会议。全国人大会议由全国人大常委会召集。每届全国人大代表选举完毕后两个月内,由上届全国人大常委会负责召集本届人大的第一次会议。

全国人大代表按原选举单位组成代表团。代表团全体会议推选团长、副团长。代表团负责讨论全国人大常委会提交的有关会议的准备事项,在会议期间,对全国人大的各项议案进行审议,并可由团长或其他代表在主席团会议或全体会议上代表本团对议案发表意见。

全国人大的会议形式有预备会议、主席团会议、大会全体会议和代表团会议等。《全国人大组织法》规定,全国人大每次会议前由常委会主持召集预备会议,选举本次大会主席团和秘书长,讨论决定本次会议的议程以及其他准备事项。大会准备工作就绪,就召开正式的全国人大会议,一般是全体会议和代表团会议并用,代表团会议进行审议和讨论,大会听取报告和进行表决以及选举决定国家领导人。

全国人大举行会议时,由主席团主持会议。全国人大主席团是一个临时性的集体机构,主要解决大会中出现的程序问题。例如,推选主席团常务主席、每次大会全体会议的执行主席;决定大会议程、决定国家机关或代表提出的议案是否列入大会议程;负责提名由全国人大选举的全国人大常委会组成人员和其他国家机关领导人员的人选。全国人大会议主席团自己也可以提出议案。全国人大开会时,法律规定以下人员列席会议:国务院和中央军委的组成人员、最高人民法院院长、最高人民检察院检察长。其他国家机关、群众团体的负责人经主席团决定,也可以列席会议。另外,自 1959 年以来,全国人大和全国政协同时召开会议,全体政协委员列席全国人大会议。

5. 全国人民代表大会的工作程序

全国人大的工作主要是讨论、审议并通过议案,其程序是:第一,提出议案。有权提出议案的有:全国人大会议主席团、全国人大常委会、全国人大各专门委员会、国务院、中央军事委员会、最高人民法院、最高人民检察院、一个代表团或 30 名以上的代表。如果提出罢免案,则有特殊规定。第二,审议议案。对国家机关提出的议案,由主席团决定交各代表团审议,或交有关的专门委员会审议并提出报告,再由主席团决定是否提交大会表决;对代表团或代表联名提出的议案,由主席团交专门委员会审议,提出是否列入大会议程的意见,再决定是否列入大会议程,或者直接由主席团决定。第三,表决议案。除宪法修正案需全体会议代表的 2/3 赞成外,其他议案有过半数代表赞成即获通过。表决结果由会议主持人当场宣布。第四,公布议案。法律由国家主席以主席令的形式公布;选举结果及其他议案由全国人大主席团发布公告予以公布,或由国家主席发布命令公布。

(二)全国人民代表大会常务委员会

1. 全国人大常委会的性质和地位

全国人大常委会是全国人大的常设机关，是在全国人大闭会期间行使部分最高国家权力的机关，也是行使国家立法权的机关。全国人大常委会是全国人大的组成部分，隶属于全国人大，受全国人大的领导和监督，向全国人大负责并报告工作；全国人大有权改变或撤销它的不适当的决议；它的组成人员由全国人大选举产生，也可以由全国人大罢免。

2. 全国人大常委会的组成和任期

全国人大常委会由委员长一人、副委员长若干人、秘书长一人和委员若干人组成。这些人员统称为全国人大常委会组成人员，由每届全国人大第一次会议从代表中选举产生，其中应当有适当名额的少数民族代表。在实践中，七届全国人大以前，常委会组成人员实行等额选举，自七届全国人大开始实行差额选举，但委员长、副委员长、秘书长仍实行等额选举。为使全国人大常委会能集中精力搞好工作，发挥其对其他国家机关的监督作用，宪法规定，人大常委会的组成人员不得担任国家行政机关、审判机关和检察机关的职务。全国人大常委会的任期与全国人大的任期相同，每届任期5年，行使职权至下届全国人大选出新的常委会为止。委员长、副委员长连续任职不得超过两届。

3. 全国人大常委会的职权

根据我国《宪法》的规定，全国人大常委会行使下列职权：

第一，解释宪法、监督宪法的实施以及行使立法权。全国人大常委会有权对宪法进行具有法律效力的解释，同时和全国人大一起监督宪法的实施。根据《宪法》、《香港特别行政区基本法》和《澳门特别行政区基本法》的规定，全国人大常委会不仅有对这两个基本法的解释权，而且有权解释全国人大及其常委会制定的其他法律。同时，全国人大常委会有权制定和修改应当由全国人大制定的基本法律以外的其他法律；在全国人大闭会期间，全国人大常委会有权对全国人大制定的法律进行部分补充和修改，但不得同该法律的基本原则相抵触。而根据我国《立法法》的规定，全国人大常委会对于法律规定需要进一步明确具体含义或者法律制定后出现新的情况需要明确适用法律依据的，有权作出法律解释。

第二，人事任免权。在全国人大闭会期间，全国人大常委会有权根据国务院总理的提名，决定部长、委员会主任、审计长、秘书长的人选；根据中央军事委员会主席的提名，决定中央军事委员会其他组成人员的人选；根据最高人民法院院长的提请，任免最高人民法院副院长、审判员、审判委员会委员和军事法院院长；根据最高人民检察院检察长的提请，任免最高人民检察院副检察长、检察员、检察委员会委员和军事检察院检察长，并且批准省、自治区、直辖市人民检察院检察长的任免；决定驻外全权代表的任免。

第三，决定国家生活中的某些重大问题。在全国人大闭会期间，全国人大常委会有权审查和批准国民经济和社会发展计划，国家预算在执行过程中的部分调整方案；批准和外国缔结的条约或协定；规定外交人员的衔级制度和其他专门衔级制度；决定特赦；决定全国总动员或局部动员；决定全国或个别省、自治区、直辖市进入紧急状态。

第四，监督权。全国人大常委会有权监督国务院、中央军委、最高人民法院、最高人民检察院的工作，有权要求他们向自己报告工作；有权撤销国务院制定的同宪法、法律相抵触的行政法规、决定和命令；有权撤销省级国家权力机关制定的同宪法、法律、行政法规相抵触的地方性法规和决议。

第五，全国人民代表大会授予的其他职权。

4. 全国人大常委会的会议制度

全国人大常委会是合议制机关，主要工作方式是举行会议。委员长主持全国人大常委会的工作，召集全国人大常委会会议。会议有两种形式：一种是由委员长、副委员长和秘书长组成的委员长会议，主要是决定常委会每次会议的议题，对提出的议案和质询案交由有关的专门委员会审议或提请常委会全体会议审议。另一种是常委会全体会议。由委员长主持召集，一般每两个月举行一次。省级人大常委会的主任或副主任一人可以列席会议，发表意见。其他国家机关的领导人员也可以列席会议。

5. 全国人大常委会的工作机构

全国人大常委会除设立秘书处、办公厅、法制工作委员会等办事机构外，还有两个专门的工作机构，分别是：(1)代表资格审查委员会。由全国人大代表组成，专门负责代表资格的审查。审查方式是对新选出的代表进行资格审查后，向常委会提出审查结果的报告，常委会根据审查报告决定代表资格是否有效。(2)香港特别行政区基本法委员会和澳门特别行政区基本法委员会。这两个委员会分别根据1990年七届全国人大三次会议和1993年八届全国人大一次会议的决定而设立，其性质是常委会下设的工作委员会。第一届香港特别行政区基本法委员会共有12名成员，由全国人大常委会任命的内地和香港各6人组成。第一届澳门特别行政区基本法委员会共有10名成员，由全国人大常委会任命的内地和澳门各5人组成。这两个委员会的职责是：为常委会解释基本法提供必需的咨询意见，对修改基本法的提案进行事先研究并提出意见。

6. 全国人大常委会的工作程序

全国人大常委会举行会议时，全国人大各专门委员会、国务院、中央军事委员会、最高人民法院和最高人民检察院都可以向全国人大常委会提出议案。常委会组成人员10人以上联名可以向常委会提出属于其职权范围内的议案；向常委会提出的议案，由委员长会议决定是否提请常委会审议，或者先交有关的专门委员会审议，提出报告，再决定是否提请常委会审议；议案经审议，由常委会表决通过。

(三)全国人大各专门委员会

1. 专门委员会的性质

全国人大各专门委员会是隶属于全国人大的工作机构，在全国人大闭会期间，受全国人大常委会领导，由全国人大从代表中选举产生，并按照专业进行分工而组织起来的机构。专门委员会不是独立行使职权的国家机关，而只是负有帮助全国人大及其常委会审议及拟订议案的职责，它的决议只是向全国人大及其常委会提出的意见、建议或议案。

专门委员会分常设委员会和临时委员会两种。常设委员会目前共九个，分别是：民族委员会、法律委员会、财政经济委员会、教育科学文化卫生委员会、外事委员会、华侨委员会、内务司法委员会、环境保护委员会、农业与农村委员会。

临时委员会也就是特定问题调查委员会。全国人大和全国人大常委会认为必要时可以设立，待任务完成后即撤销。根据全国人大议事规则，全国人民代表大会主席团、3个以上代表团或1/10以上的代表联名提出，由主席团提请大会通过，可成立关于特定问题的调查委员会。

2. 专门委员会的组成和任期

专门委员会由主任委员、副主任委员和委员若干人组成，由每届大会主席团从代表中提名，由代表大会全体会议表决决定。大会闭会期间，全国人大常委会可补充个别副主任委员和部分委员。专门委员会根据工作需要，可由全国人大常委会任命非人大代表专家若干人为顾问。全国人大各专门委员会的任期与全国人大任期一致，即为5年。

3. 全国人大各专门委员会的工作范围

根据宪法和法律的规定，全国人大各专门委员会主要开展以下工作：第一，审议全国人大主席团或全国人大常委会交付的议案；第二，向全国人大主席团或全国人大常委会提出属于全国人大或常委会职权范围内同本委员会有关的议案；第三，审议全国人大常委会交付的被认为同宪法、法律相抵触的国务院的行政法规、决定和命令，国务院各部、各委员会的命令、指示和规章，省级人大及其常委会的地方性法规和决议，以及省级人民政府的决定、命令和规章，并提出报告；第四，审议全国人大主席团或全国人大常委会交付的质询案，听取受质询机关对质询案的答复，必要时向全国人大主席团或全国人大常委会提出报告；第五，对属于全国人大或全国人大常委会职权范围内同本委员会有关的问题进行调查研究，提出建议。

除以上的共同工作以外，各专门委员会还有自己的特殊职责。民族委员会负责起草有关民族方面的法律草案；对加强民族团结问题进行调查研究，提出建议；审议自治区报请全国人大常委会批准的自治条例和单行条例，向全国人大常委会提出报告。法律委员会统一审议向全国人大或全国人大常委会提出的法律草案；财政经济委员会负责审查国民经济和社会发展计划、预算及其执行情况的报告。

近年来，各专门委员会还加强了对相关法律的执法检查和听取有关部门的工作汇报等工作，在协助全国人大及其常委会行使监督权方面取得了一定成效。

(四)全国人大代表

1. 代表的作用和地位

全国人民代表大会代表是最高国家权力机关的组成人员，是人民委派到国家权力机关的使者，也是受人民委托，按照人民的利益和意志，代表人民行使国家权力的勤务员。虽然根据宪法和法律的规定，代表的某些权利受到特殊保护，但这种保护是出于便利代表履行职务的实际需要，并不表明人民代表的特殊化。

2. 代表的职权

根据宪法和法律的规定，全国人大代表享有以下权利：(1)出席全国人民代表大会会议，参与国家重大问题的讨论。在全国人大每次会议召开前一个月，常委会要把开会日期和建议大会讨论的主要事项通知给代表，以使代表有所准备。(2)根据法律规定的程序提出议案，或提出批评、意见和建议。(3)提出质询或询问。全国人大30名以上的代表联名可以提出对国务院或者国务院各部、委，最高人民法院和最高人民检察院的质询案。代表对受质询机关的答复不满意时，主席团可决定，由受质询机关再作答复。询问是代表就某一问题要求有关国家机关负责人说明情况，以便对报告或议案进行审议。(4)对议案进行审议、表决，参加国家机关领导人的选举、决定以及罢免。

3. 代表的义务

根据宪法和法律的规定，全国人大代表还必须履行以下相应的义务：(1)模范遵守宪法和法律，宣传法制，协助宪法和法律的实施。(2)保守国家秘密。(3)接受原选举单位和群众的监督。经原选举单位过半数同意可以罢免全国人大代表的代表资格。(4)密切联系群众和原选举单位，倾听广大人民群众的意见，经常列席原选举单位的人民代表大会会议。

4. 代表履行职责的保障

为保障全国人大代表更好地履行职责，我国法律对全国人大代表的权利作了一些特别规定，包括：(1)言论免责。全国人大代表在全国人大各种会议上的发言和表决不受法律追究。全国人大各种会议包括全体会议、小组会议、代表团会议、专门委员会会议、主席团会议、常委会全体会议和分组会议。代表在闭会期间的言论，不在此范围。"不受法律追究"意味着任何单位和个人都不得引用任何法律、法规、规章来处理代表在人代会上的发言和表决；任何旨在追究代表在人代会上言行责任的规范性文件都是违宪的。对此还应作宽泛的理解，即代表的发言和表决，不仅不受法律的追究，也不能受党纪和政纪的处分。(2)人身自由的特别保护。法律规定，全国人大代表非经全国人大主席团许可，在全国人大闭会期间非经全国人大常委会许可，不受逮捕或刑事审判；代表如因是现行犯被拘留，执行拘留的机关应当立即向全国人大主席团或全国人大常委会报告。对代表采取除逮捕和刑事审判以外的限制人身自由的措施，也须经全国人大主席团或全国人大常委会许可。(3)给予代表履行职责所需的时间、经济保障、交通、通讯便利。

二、地方各级人民代表大会及其常务委员会

(一)地方各级人民代表大会的性质、地位、组成和任期

地方各级人民代表大会指省、自治区、直辖市、自治州、市、县、市辖区、乡、民族乡、镇的人民代表大会。它们是本行政区域内的国家权力机关。在本行政区域内，同级人民政府、人民法院和人民检察院都由其产生，对它负责，受它监督。它们同全国人民代表大会一起构成我国国家权力机关体系。

地方各级人民代表大会由人民选举的代表组成。乡、民族乡、镇、县、不设区的市、市辖区的人民代表大会的代表由选民直接选举产生；省、自治区、直辖市、自治州、设区的市的人民代表大会的代表由下级人民代表大会选举产生。地方各级人民代表大会每届任期5年。

(二)地方各级人民代表大会的职权

根据我国宪法和法律的规定，地方各级人民代表大会享有以下职权：

第一，法制方面的权限。地方各级人民代表大会在本行政区域内保证宪法、法律和行政法规的遵守和执行。省、自治区、直辖市的人民代表大会在不同宪法、法律和行政法规相抵触的前提下，可以制定地方性法规，报全国人大常委会备案。省、自治区人民政府所在地的市和经国务院批准的较大的市人大及其常委会在不同宪法、法律、行政法规和本

省、自治区的地方性法规相抵触的前提下可制定地方性法规，报省、自治区的人大常委会批准后施行，并经省、自治区人大常委会报全国人大常委会和国务院备案。民族自治地方（包括自治区、自治州、自治县）的人民代表大会有权制定自治条例和单行条例。其中自治区的自治条例和单行条例报全国人大常委会批准后生效；自治州、自治县的自治条例和单行条例，报省、自治区人大常委会批准后生效，并报全国人大常委会备案。

第二，地方重大事项的决定权。包括审查和决定地方经济、文化和公共事业建设的计划等。县级以上各级人民代表大会有权审查和批准本行政区域内国民经济和社会发展计划、预算以及它们的执行情况的报告。

第三，选举和罢免权。各级人大分别有权选举和罢免政府的省长和副省长、自治区主席和副主席、市长和副市长、州长和副州长、县长和副县长、区长和副区长、乡长和副乡长、镇长和副镇长。县级以上各级人民代表大会选举并有权罢免本级人大常委会的组成人员、人民法院院长和人民检察院检察长。但对人民检察院检察长的选举和罢免须经上级人大常委会批准。

第四，监督权。包括有权听取和审查政府工作报告；县级以上人大还有权听取和审查本级人大常委会、本级人民法院和人民检察院的工作报告；有权改变或者撤销本级人大常委会不适当的决定；县级以上地方各级人大常委会监督本级人民政府、人民法院和人民检察院的工作，撤销本级人民政府不适当的决定和命令，撤销下一级人大不适当的决议。

（三）地方各级人民代表大会的工作程序

地方各级人民代表大会的工作方式主要是举行会议。会议每年至少举行一次。经1/5以上的人大代表提议，可以召集临时会议。县级以上地方各级人大会议由本级人大常委会召集，乡级人大会议由上一次的会议主席团负责召集。地方各级人大举行会议时先举行预备会议，选举本次会议的主席团和秘书长，通过本次会议的议程和其他准备事项的决定。地方各级人大举行会议时由主席团主持。县级以上地方各级人民政府组成人员和人民法院院长、人民检察院检察长、乡级人民政府领导人员列席本级人大会议。地方各级人大会议的主席团、人大常委会、专门委员会、本级人民政府及县以上人大代表10人以上和乡镇人大代表5人以上联名，可以提出属于本级人大职权范围内的议案，由主席团决定是否提交大会审议。所有议案都必须以全体代表的过半数通过。

（四）县级以上地方各级人民代表大会常务委员会

1. 县级以上地方各级人大常委会的性质、地位和组成

县级以上地方各级人民代表大会常务委员会是本级人民代表大会闭会期间行使地方国家权力的机关，是本级国家权力机关的组成部分。它从属于本级人民代表大会，对本级人民代表大会负责并报告工作。县级以上地方各级人大常委会由主任、副主任若干人、委员若干人组成。其组成人员均由本级人民代表大会第一次会议从代表中选举产生。人大常委会的组成人员不得担任国家行政机关、审判机关和检察机关的职务，以集中精力搞好人大常委会的工作。地方各级人大常委会的会议由主任召集，每两个月至少举行一次。地方各级人大常委会决议需全体组成人员的过半数通过。

2. 县级以上地方各级人大常委会的职权

根据我国宪法和法律的规定,县级以上地方各级人大常委会享有以下职权:(1)重大事项的决定权。包括讨论决定本行政区域的政治、经济、文化、教育、民政、民族等工作的重大事项,在本级人大闭会期间,决定本行政区域国民经济和社会发展计划以及预算的部分变更等等。(2)人事任免权。在本级人民代表大会闭会期间,决定本级行政机关副职领导人的个别任免;在行政机关和司法机关正职领导人不能担任职务的时候,从副职人员中决定代理人选;根据省长、自治区主席、市长、州长、县长的提名,决定人民政府秘书长、厅长、局长、主任、科长的任免,报上一级人民政府备案;根据人民法院组织法和人民检察院组织法的规定,任免人民法院副院长、庭长、副庭长、审判委员会委员、审判员,任免人民检察院副检察长、检察委员会委员、检察员;批准任免下一级人民检察院检察长。(3)监督权。包括有权监督本级人民政府、人民法院和人民检察院的工作;撤销本级人民政府不适当的决定和命令,改变或撤销下一级人民代表大会不适当的决议等等。(4)制定地方性法规。省级人大常委会和省、自治区人民政府所在地的市和经国务院批准的较大的市的人大常委会在不同宪法、法律、行政法规相抵触的前提下,可以制定地方性法规。(5)主持或领导本级人民代表大会代表的选举。

第三节　国家元首

一、国家元首概述

国家元首是国家、联盟、联邦中的最高代表,是国家的象征,是国家机构的重要组成部分。世界各国元首制度由各国宪法加以规定。一般而言,君主制国家的国家元首是君主或国王;在共和制国家,国家元首一般称总统(资本主义国家)、主席(社会主义国家)等,通常由选举产生,有一定任期。国家元首对于国家的作用主要有:第一,象征国家。如果说国家是抽象的,那么作为国家象征的元首则是具体的。这种象征作用,有助于国家的完整和统一,有利于国民向心力的形成。第二,代表国家。我国《宪法》规定:国家主席对外代表中华人民共和国。代表方式一般为,代表国家出访,派遣驻外使节,接受外国使节,对外宣战、媾和及缔结条约等。第三,对内代表国家的统一。如元首签发法律和命令,元首行使统帅权,有利于全体国民一致遵守,从而达到政治和社会的安定。

按照不同的标准,可以把世界各国的元首制度划分为不同的类型。下面两种划分方式最为常见:

第一,根据国家元首行使权力的状态,可以把国家元首制度分为实位元首制和虚位元首制。实位元首制,是指国家元首行使职权时较少受到其他国家机关的干预,所享有的是实实在在的权力。在实位制中,国家元首往往同时是政府首脑,直接掌管行政权。在实行总统共和制的国家,总统就是实位元首。以美国最为典型,其他如阿根廷、墨西哥等。虚位元首制,是指国家元首只是礼仪上的国家代表,其职权行使在很大程度上受到议会和政府的制约,在国家机构中处于一种比较超脱的地位。在议会内阁制国家,国王或总统就是虚位元首。

第二，根据元首本身的组织机构，可以把国家元首制度分为个体元首制和集体元首制。个体元首制，是由一人独任国家元首。世界上多数国家实行个体元首制。集体元首制，是指由两人以上组成合议制机关，由其全体成员共同担任国家元首和行使元首职权。瑞士是其典型代表。

二、新中国国家元首制的历史发展

新中国成立初期，我国的国家机构体系和现在有很大的不同，法律上也没有明确规定国家元首。由中国人民政治协商会议第一次全体会议选举产生的中央人民政府委员会被赋予行使领导国家事务的职权，由它组织产生其他国家机关。同时，它实际上又是我国的国家元首。因为：第一，1949 年的《中华人民共和国中央人民政府组织法》规定，中央人民政府委员会对外代表中华人民共和国，对内领导国家政权。第二，1949 年 9 月，董必武先生在《关于草拟中华人民共和国中央人民政府组织法的经过及其基本内容的报告》中指出，中央人民政府委员会的职权，各国宪法多规定为国家元首的职权。由此可见，设计者的初衷就是把中央人民政府委员会作为国家元首的。第三，从中央人民政府委员会行使的职权来看，它在事实上履行国家元首的职能。至于中央人民政府委员会主席，只是中央人民政府委员会的组成人员之一，不是一个独立的国家机构，不是国家元首。

1954 年《宪法》设置了国家主席，并对国家主席的产生、任期和职权都作了规定。在 1954 年《宪法》中，国家主席不再是中央人民政府委员会的组成人员，而是由全国人大选举产生的独立的国家机构。《宪法》规定，中华人民共和国主席对外代表中华人民共和国；国家主席根据全国人大和全国人大常委会的决定，公布法律、任免国家机关工作人员。当然，尽管当时的国家主席是我国的国家元首，但并不是个体元首。刘少奇在 1954 年《宪法》草案报告中指出，我们的国家元首职权由全国人民代表大会常务委员会和国家主席结合行使。所以当时我们的国家元首是集体的国家元首。但国家主席同时担任国防委员会主席，召集并主持最高国务会议。因此，当时的国家主席不仅对外是国家的代表，而且对内在国家政治生活中也起到了重要的作用。

1975 年《宪法》取消了国家主席的设置，也没有规定由哪个国家机构代表中华人民共和国。国家元首的职权分解给了全国人大常委会和中共中央委员会以及中共中央主席。至于谁是国家元首，宪法未作明确规定。1978 年《宪法》也没有解决这个问题。现行的 1982 年《宪法》恢复了国家主席的设置。这不仅有利于促进我国和外国的正常交往活动，而且对内有利于国家机关之间的分工和各司其职，克服党政不分、职责不明的弊端。

三、我国现行的国家元首制度

(一)我国现行国家元首制度的特点

根据我国现行《宪法》的规定和政治实践中的情况，可以认为我国现行国家元首制度主要有以下特点：

第一，实行个体元首制度。国家主席是我国的国家元首，那种认为我国“国家主席同最高国家权力机关结合起来行使元首职权，是集体的国家元首”的观点并不确切。

第二，实行虚位元首制。国家主席不掌管实际的行政权，作为国家元首行使职权必须以全国人大和全国人大常委会的决议为根据。

第三，与 1954 年《宪法》规定的国家主席相比，现行国家主席不再统率全国武装力量，不再召集和主持最高国务会议，主席实行任期限制。

(二)国家主席的产生和任期

中华人民共和国主席、副主席由全国人民代表大会选举产生。每届全国人大召开第一次会议时，由大会主席团提名，经各代表团酝酿协商后，再由主席团确定正式候选人名单，经大会全体代表过半数表决通过即当选。现行《宪法》规定："有选举权和被选举权的年满四十五周岁的中华人民共和国公民可以被选为中华人民共和国主席、副主席。"国家主席、副主席每届任期同全国人大相同，连续任职不得超过两届。国家主席在任期届满前，由于逝世、罢免或其他原因缺位时，由副主席继任。

(三)国家主席的职权

根据《宪法》的规定，我国国家主席主要有以下职权：

第一，公布法律、发布命令。全国人大及全国人大常委会制定的法律由国家主席以主席令的形式公布，这是法律生效的最后一道必经程序。国家主席还可根据全国人大和全国人大常委会的决定，发布特赦令、宣布进入紧急状态等。

第二，人事任免权。国家主席根据全国人大和全国人大常委会的决定，任免国务院组成人员，派遣和召回驻外全权代表。

第三，外交权。国家主席代表国家进行国事活动、接受外国使节；根据全国人大常委会的决定，批准或废除同外国缔结的条约和重要协定。

第四，荣典权。国家主席根据全国人大和全国人大常委会的决定，授予对国家有功勋的人员以勋章和荣誉称号。宪法没有明确规定国家副主席的职权，只规定了副主席协助主席工作。

第四节　行政机关

一、行政机关概述

(一)行政机关的概念

行政机关是指按照国家宪法和有关组织法的规定而设立的，代表国家依法行使行政权，组织和管理国家行政事务的国家机关。在我国，行政机关是国家权力机关的执行机关，也是国家机构的重要组成部分。它执行代议机关制定的法律和决定，管理国家内政、外交、军事等方面的行政事务。

行政机关不同于行政机构，行政机构是行政机关的内部组成部分，一般表现为内设机构，派出机构，办公机构和办事机构，通常不具有独立的行政主体资格。除非获得了法律、法规和规章的特别授权，否则行政机构不具有行政主体资格，不能以其自身名义作出行政行为。而行政机关是一定行政机构的整体，具有行政主体资格，能独立以自己的名义从事行政活动，并独立承担由此产生的法律后果。

（二）行政机关的组织形式

各国行政机关的组织形式因国家制度不同而有所差异。在资本主义国家，国家机关的组织以“三权分立”原则为指导，国家行政权由行政机关掌管，行政机关肩负着广泛的公共事务管理职能。在实行民主集中制原则的社会主义国家，行政机关包括最高国家行政机关和地方各级国家行政机关。世界各国的行政机关体制差别很大，资本主义国家行政机关的组织形式主要有以下三种：

1. 内阁制

这种组织形式的主要特点是：第一，政府由在国会中占有多数席位的政党或政党联盟的领袖组织，该领袖出任政府总理（在君主立宪制国家一般称为首相）。第二，总理提名内阁组成人员的人选，形式上要经过国家元首的任命，但这只是一种形式，国家元首不可以否决。第三，政府的继续执政以议会的信任为前提，政府对议会负责。如果议会否决政府提出的财政预算案或其他重要议案，或议会通过对政府的不信任案，或议会否决政府提出的要求议会确认信任自己的议案，政府就必须辞职，或者提请国家元首解散议会，重新大选。第四，国家元首是虚位元首，不掌管实际行政权力。从表面上看，内阁制国家的议会对政府的监督非常有力。但实际上，政府首脑和议会中的多数议员属于同一党派，政府首脑是党的领袖，政府成员也同时兼任议员。所以议会的一些重要议案都来自于政府，议会的工作处于政府的指导之下。因此，除非执政党内部出现矛盾和分裂，否则议会一般不大可能通过对政府的不信任案。

2. 总统制

这种组织形式的主要特点是：第一，总统和议会分别由选举产生，政府由总统组织产生。总统既是国家元首，又是政府首脑，所以总统是实位元首。第二，政府不向议会负责。政府成员向总统负政治上的责任，总统向国民负政治上的责任，国会不能通过对政府的不信任案，总统也不能解散国会。第三，政府与国会完全分离，政府成员不能来自于国会。第四，政府实行个人负责制，内阁成员是总统的下属，如不同意总统的意见就必须辞职。实行总统制的国家以美国最为典型。

3. 委员会制

实行委员会制的典型国家是瑞士。瑞士最高国家行政机关是由 7 名委员组成的合议制组织，称为联邦委员会。联邦委员会委员由参加政府的政党提名，由联邦议会从有资格被选为议员的瑞士公民中选举产生。联邦委员会委员不得担任联邦议会议员、联邦法院法官或其他公职人员。议会在选举时必须注意到地域、语言、宗教、政党等方面的合理分配。一般是社会党 2 名、激进党 2 名、基督教民主党 2 名、中间民主联盟 1 名。这种结构被瑞士人称为“二·二·二·一”的神奇公式。联邦委员的任期为 4 年，可连选连任。联邦委员会设公共经济、外交、内政等 7 个部，7 名联邦委员各掌 1 部。另外，每年联邦议会从 7 人中选出 1 人为主席，另 1 人为副主席，任期 1 年，不得连任。实际上是由 7 名委员轮流担任。主席作为联邦委员会的代表对外代表国家，履行一些礼仪上的国事行为，没有其他特殊权力，职权和地位与其他委员平等。联邦委员会从属于联邦议会，因而无权解散议会，但议会在任期内也不罢免联邦委员会或其中的某一成员，国家的大政方针由联邦议会决定，联邦委员会负责执行。

(三)我国的国家行政机关

按照管辖范围，行政机关分为中央行政机关和地方行政机关。地方行政机关又可分为若干层次。国家行政机关是国家权力机关的执行机关，有权制定行政法规，发布决定和命令等，指导所属各部门、下级国家行政机关、企事业单位、社会团体的行政活动。国家行政机关实行首长负责制与集体领导相结合的原则。按照国家行政机关的管辖权和活动地域，国家行政机关又分中央行政机关和地方行政机关。

我国最高国家行政机关是中华人民共和国国务院，即中央人民政府，由全国人民代表大会产生，并对其负责，受其监督。地方国家行政机关为地方各级人民政府，由同级人民代表大会选举产生，受其监督，对同级人民代表大会和上级政府负责并报告工作，服从国务院的统一领导。民族自治地方的人民政府，除行使地方各级人民政府的职权外，还可根据宪法和法律的规定行使自治权。

地方行政机关有：地方各级人民政府及其所属的各工作部门，民族自治地方行政机关(包括自治区、自治州、自治旗和自治县的人民政府及其工作部门)，特别行政区行政机关(包括特别行政区政府及其工作部门，香港特区政府工作部门有政务司、财政司、律政司和各局、处、署；澳门特区政府工作部门有各司、局、厅、处)。此外，有的地方还有地方人民政府的派出机关，如行政公署(省级人民政府派出机关)、区公所(县级人民政府的派出机关)、街道办事处(不设区的市或市辖区人民政府的派出机关)等。

二、我国的国务院

(一)国务院的性质和地位

我国《宪法》规定，国务院是中央人民政府，是最高国家权力机关的执行机关。这一规定表明了国务院的性质和它在国家机关系统中的地位。国务院作为我国的中央人民政府，对外以中央政府的名义活动，地方各级人民政府是它的下级单位，受其领导。"国务院是最高国家权力机关的执行机关"，表明国务院从属于全国人大，国务院由全国人大选举产生，受它监督，向它负责并报告工作，在全国人大闭会期间，受全国人大常委会监督并向全国人大常委会负责。全国人大及其常委会通过的法律和决议要由国务院来执行。国务院是最高国家行政机关，表明国务院在整个国家行政系统中处于最高地位。国务院统一领导所属各部、各委员会的工作和全国地方各级国家行政机关的工作。全国的一切国家行政机关都必须服从它的决定和命令。

(二)国务院的组成和任期

国务院的组成人员包括总理、副总理若干人、国务委员若干人、各部部长、各委员会主任、审计长和秘书长。国务院在每届全国人大第一次会议上组成。根据我国《宪法》的规定，国务院总理人选由国家主席提名，由全国人大决定；通过之后，由国家主席任命。国务院副总理、国务委员、各部部长、各委员会主任、审计长、秘书长由国务院总理提名，由全国人大决定。全国人大闭会期间，全国人大常委会可以变更除总理、副总理、国务委员以外的其他国务院组成人员的人选。国务院的任期同全国人大任期相同，每届5年。如全国人大因特殊情况需延长任期，国务院任期也相应延长。国务院总理、副总理、国务委员连续任职不得超过两届。

（三）国务院的领导体制

国务院的领导体制经历了一个历史发展过程，从新中国成立初期政务院的委员会制到1954年宪法规定的部长会议制，发展到现行宪法规定的总理负责制。总理负责制实际上是个人负责制。

总理负责制是指国务院总理对他主管的工作负全部责任，与负全部责任相联系的是他对自己主管的工作有完全决定权。其主要内容包括：第一，国家主席根据全国人民代表大会的决定任命总理，表明总理受命于国家，接受人民的委托，担负起领导国务院工作的责任。第二，全国人民代表大会根据总理的提名，决定国务院其他组成人员的人选，表明总理对国务院的责任和在国务院中的领导地位。第三，总理召集、主持国务院常务会议和国务院全体会议。凡属重大问题，都由这两种会议充分讨论，在民主讨论的基础上，由总理集中正确意见作出决定，体现总理的领导作用。第四，国务院发布的决定、命令和行政法规，向全国人大及其常委会提出的议案等，均由总理签署。第五，总理代表国务院向全国人民代表大会报告工作。实行总理负责制并不意味着总理可以独断专行，而是要在民主的基础上高度集中，从而可以保证责任明确，行动果断迅速，也有利于提高国务院的工作效率，并符合现代行政效率优先的原则。

与国务院实行总理负责制一样，国务院各部、各委员会实行部长或主任负责制。具体表现为，部长或主任领导本部门的工作，召集和主持部务会议或委员会会议。副部长、副主任协助部长和主任工作。根据法律和国务院的决定，主管部委可以在本部门的权限范围内发布命令、指示和规章，由部长或委员会主任签署。

（四）国务院的会议制度

我国《宪法》规定："国务院工作中的重大问题，须经国务院常务会议或国务院全体会议讨论决定。"国务院全体会议和国务院常务会议是国务院的主要会议形式。全体会议由国务院全体成员组成。国务院常务会议由国务院总理、副总理、国务委员和秘书长组成。除此之外，还有总理办公会议（研究和处理国务院日常工作中的重要问题）、省长会议（部署国务院的工作，就重大问题征询各省人民政府的意见）。

（五）国务院的职权

根据《宪法》规定，国务院的职权包括如下几个方面：第一，根据宪法和法律，规定行政措施，制定行政法规，发布决定和命令。第二，向全国人民代表大会和全国人大常委会提出议案。第三，统一领导各部和各委员会的工作，并领导不属于各部和各委员会的全国性的行政工作；统一领导全国地方各级国家行政机关的工作，规定中央和省、自治区、直辖市国家行政机关职权的具体划分，改变或撤销各部、各委员会发布的不适当的命令、指示和规章以及地方各级国家行政机关不适当的决定和命令。第四，领导和管理各项行政工作，包括编制和执行国民经济和社会发展计划以及国家预算；领导和管理经济工作、城乡建设、教育、科学、文化、卫生、体育、计划生育、民政、公安、司法行政、监察、国防建设和民族事务等工作。此外，还要管理外交、华侨事务，同外国缔结条约和协定；保障少数民族的平等权利和民族自治地方的自治权利；保护华侨的正当权益和侨眷的合法权益。第五，依照宪法和法律任免国家行政机关的领导人员；培训、考核和奖惩行政人员。第六，决定省、自治区、直辖市范围内部分地区的戒严。戒严是全国或部分地区处于紧急状态时所采取的措施，关系到暂时停止公民行使某些自由权利。本来应由国家权力机关行使这一职权，但为了便于及时处理问题，《宪法》规定，省、自治区、直辖市范围内部分地区的戒严由国务院决定。第七，批准省、自治区、直辖市的区域划分，批准自治州、县、自治县、市的建制和区域划分。第八，全国人民代表大会和全国人大常委会授予的其他职权。

1985 年 4 月，第六届全国人民代表大会第三次会议通过"决定"，授权国务院对于有关经济体制改革和对外开放方面的问题，必要时可以根据宪法，在同有关法律和全国人大及其常委会有关决定的基本原则不相抵触的前提下，制定暂行规定或条例，并报全国人大常委会备案。规定或条例颁布实施并经实践检验后，在条件成熟时再由全国人大或全国人大常委会制定为法律。

（六）国务院所属部委及其他机构

1. 各部、各委员会。各部、各委员会是国务院根据全国行政工作需要而设立的专业性的部门机关，在国务院的统一领导下，掌管某一方面的行政工作。各部设部长 1 人，副部长 2 至 4 人，各委员会设主任 1 人，副主任 2 至 4 人，委员 5 至 10 人。部长和委员会主任由国务院总理提名，全国人大或全国人大常委会任免，其他人员由国务院任免。各部、各委员会有权根据法律和国务院的行政法规、决定、命令在本部门权限内，发布命令、指示和规章。

2. 审计机关。国务院设审计署，作为政府的审计机关，在国务院总理的直接领导下，对国务院各部门和地方各级人民政府的财政收支，对国家的财政金融和企事业单位的财务收支，进行审计监督。审计机关依照法律规定，独立行使审计监督权，不受其他行政机关、社会团体和个人的干涉。

3. 直属机构。直属机构是在国务院统一领导下主管专门业务的机关。如国家统计局、海关总署、民航总局等。直属机构的地位比部、委稍低，其负责人不是国务院的组成人员。每个直属机构设负责人 2 至 5 人，由国务院任免。

此外，还有办公和办事机构。办公和办事机构是国务院设立的协助总理办理各项专门事项的机构。主要有：办公厅（由秘书长领导，负责处理国务院的日常工作）、国务院侨务办公室、国务院港澳办公室等。

[案例]郭某被乡人民代表大会选举为乡长，在任职 8 个月后，突然接到县委组织部的调令，令其接通知后立即赴县商业局就任局长。对此，当地有人认为不妥，甚至有评价说“千张选票不如一张纸令”。

[解析]根据《宪法》、《地方各级人民代表大会和地方各级人民政府组织法》的规定，任命和罢免政府组成人员的权力属于人民代表大会及其常务委员会。县委组织部不能直接任命郭某为政府商业局局长，郭某任商业局局长必须经过合法的程序。

三、我国的地方各级人民政府

(一)地方人民政府的性质和地位

地方各级人民政府是地方各级人民代表大会的执行机关，是地方各级国家行政机关。它们负责组织和管理本行政区域内的一切行政事务，它们实行的是双重从属制：一方面，地方各级人民政府都是同级权力机关的执行机关，对同级权力机关负责并报告工作；同时，它们还要对其上一级国家行政机关负责并报告工作，都是国务院统一领导下的国家行政机关，服从国务院的领导。依照地方组织法的规定，地方各级人民政府分为：省、自治区、直辖市人民政府；市、直辖市的区、自治州人民政府；县、自治县、市辖区及不设区的市人民政府；乡(镇)人民政府四级。这种体制有利于保证国家行政活动的统一性，调动地方国家行政机关的主动性，因地制宜地开展工作。

(二)地方人民政府的组成和任期

省、自治区、直辖市、自治州、设区的市的人民政府分别由省长、副省长、自治区主席、副主席、市长、副市长、州长、副州长和秘书长、厅长、局长、委员会主任等组成。县、自治县、不设区的市、市辖区的人民政府分别由县长、副县长、市长、副市长、区长、副区长和局长、科长等组成。民族自治地方，即自治区、自治州、自治县的人民政府的主席、州长、县长应当由实行区域自治的民族的公民担任。乡、民族乡的人民政府设乡长、副乡长。民族乡的乡长由建立民族乡的少数民族的公民担任。镇人民政府设镇长、副镇长。

地方各级人民政府的任期与本级人民代表大会任期相同。省、自治区、直辖市、自治州、市、市辖区、县、自治县人民政府每届任期 5 年。乡、民族乡、镇人民政府每届任期 3 年。

(三)地方人民政府的职权

根据我国《宪法》和地方组织法的规定，地方各级人民政府主要有以下职权：

1. 执行本级人大及其常委会的决定、决议和上级国家行政机关的决定和命令，规定行政措施，发布决定和命令；省、自治区、直辖市人民政府以及省、自治区人民政府所在地的市和经国务院批准的较大的市的人民政府可以制定行政规章。

2. 领导所属工作部门和下级人民政府的工作，改变或者撤销它们不适当的命令、指示、决定。

3. 依照法律的规定任免、培训、考核和奖惩行政机关工作人员。

4. 执行国民经济和社会发展计划、预算，管理本行政区域内的经济、教育、科学、文化、卫生、体育、环保、城乡建设和财政、民政、公安、民族事务、司法行政、监察、计划生育等行政工作。

5. 保护公民各方面的权利。如保护社会主义公共财产和集体经济组织的自主权，保护公民的合法财产，保护妇女的合法权利，保护少数民族的自治权等等。

6. 办理上级国家行政机关交办的其他事项。

（四）地方人民政府的领导体制和工作机构

我国地方各级人民政府分别实行省长、自治区主席、市长、州长、县长、乡长、镇长负责制，即行政首长负责制，由首长主持负责地方行政工作，有利于保证行政工作的效率。

地方各级人民政府根据工作需要分别设立管理各种业务的工作部门。省、自治区、直辖市的人民政府设立厅、局、委员会。自治州、县、自治县、市、市辖区人民政府设局、科，乡、民族乡、镇人民政府不设工作部门。这些部门的设立、增加、减少与合并由本级人民政府报上级人民政府批准。在工作中，有关业务部门既受同级人民政府的领导，又受上一级主管部门的领导或业务指导。

依据宪法规定，县级以上地方各级人民政府设立审计机关。依照法律规定，审计机关独立行使审计监督权，不受其他行政机关、社会团体和个人的干涉。地方各级审计机关对本级人民政府和上一级审计机关负责。其职责是对本级人民政府和政府部门的财政收支、国家金融机构和企事业组织的财务收支进行审计监督。

地方组织法规定，省、自治区人民政府在必要时经国务院批准，可以设立若干行政公署，作为其派出机关。县、自治县人民政府经省、自治区、直辖市人民政府的批准，可以设立若干区公所，作为其派出机关。这些派出机关的职责是领导、督促、检查下级人民政府的工作。市辖区、不设区的市的人民政府经上级人民政府批准，可以设立若干街道办事处，作为其派出机关。依据地方组织法的规定，派出机关虽不是一级人民政府，但实际上却在履行一级政府的职能，在一定的区域内行使着对所有行政事务的组织与管理权，能以自己的名义作出行政行为，并能对行为后果承担法律责任。

[案例]1998年底，湖南省衡山县白果镇联星村根据《村民委员会组织法》的规定，经全体村民选举产生，刘某当选村民委员会主任。经过近一年的工作，白果镇政府认为刘某年龄偏大，文化偏低，工作能力较弱，不适合村民委员会主任岗位，并于1999年11月20日作出刘某不再担任村民委员会主任的决定，而指定一名非村民委员会成员的村民代理村民委员会主任的职务，该决定引起了联星村广大村民的强烈不满，刘某亦先后两次上访至县人民代表大会常务委员会和县民政局。县人民代表大会常务委员会和民政局经过调查核实，认为反映的情况属实。2000年6月12日，衡山县人民代表大会常务委员会副主任张创组织召开村民代表大会，宣布纠正白果镇政府的违法决定，恢复刘某的村民委员会主任职务。

[解析]《村民委员会组织法》明确规定：村民委员会主任、副主任和委员，由村民直接选举产生。任何组织或者个人不得指定、委派或者撤换村民委员会成员；本村1/5以上有选举权的村民联名，可以要求罢免村民委员会成员。罢免要求应当提出罢免理由。被提出罢免的村民委员会成员有权提出申辩意见。村民委员会应当及时召开村民会议，投票表决罢免要求。罢免村民委员会成员须有有选举权的村民过半数通过。该法第4条规定："乡、民族乡、镇的人民政府对村民委员会的工作给予指导、支持和帮助，但是，不得干预依法属于村民自治范围内的事项。村民委员会协助乡、民族乡、镇的人民政府开展工作。"

从这些规定可以看出，基层人民政府和村民委员会的相互关系主要有两个方面的内容：一是基层人民政府与村民委员的指导与被指导的关系，二是村民委员会对基层人民政府的协助与被协助关系。这种法定的指导和协助关系表明，村民委员会不是隶属于基层人民政府的下级行政机关，而是基层群众自治组织。

第五节　司法机关

一、司法机关概述

司法机关是指行使司法权的国家机关。狭义的司法机关仅指法院，广义的司法机关还包括检察机关。我国司法机关包括人民法院和人民检察院。在资本主义国家，司法机关与立法机关、行政机关互不从属；在社会主义国家，司法机关从属于国家权力机关而相对独立于其他国家机关。

司法工作的宗旨和任务是依照法律保护全体公民的各项基本权利和自由以及其他合法权益，保护公共财产和公民私人所有的合法财产，维护社会秩序，保障社会主义现代化建设事业的顺利进行，依照法律惩罚少数犯罪分子。司法机关这一概念不同于司法系统或政法系统。我国的司法系统或政法系统包括法院、检察院、公安机关、国家安全机关、司法行政机关及其领导的律师组织、公证机关、劳动改造和劳动教养机关等。人民法院是国家的审判机关；人民检察院是国家的法律监督机关；公安机关是治安机关，负责刑事案件的侦查、拘留、预审、执行逮捕；国家安全机关在国家安全工作中依法行使侦查、拘留、预审和执行逮捕以及法律规定的其他职权；司法行政机关的主要职责是管理监狱、劳改、律师、公证、人民调解和法制宣传教育等工作。

在我国，司法行政机关从性质上说，属于国家行政机关，而不是司法机关。司法行政机关是我国国家政权的重要组成部分，在中国社会主义法治建设中具有重要作用。新中国成立后，根据《中央人民政府组织法》，于1949年10月30日设立了中央人民政府司法部。1954年《中华人民共和国宪法》颁布后，改称中华人民共和国司法部，同时在各大行政区成立了行政区司法部，大行政区撤销后，又陆续建立了省、自治区、直辖市司法厅、局，地区、市一级设有专管司法行政工作的机构。新中国成立初期的一年里，各级司法行政机关在改革旧的司法制度，建立健全地方各级人民法院，建立律师公证制度，创办政法院校，培养法律专门人才，培训司法干部，开展法制宣传等方面做了大量工作，为巩固人民民主政权，促进社会主义革命和建设作出了积极的贡献。但是，1959 年，全国司法行政机关被撤销，直至“文化大革命”结束，这种状况整整延续了 20 年。1979 年 9 月召开的第五届全国人民代表大会常务委员会第 10 次会议决定，加强司法行政工作，重建司法部。同年 10 月，中共中央和国务院发出《关于迅速建立地方司法行政机构的通知》。中国的司法行政工作又揭开了新的篇章。

二、我国的审判机关

(一)人民法院的性质

我国《宪法》第 123 条规定：“中华人民共和国人民法院是国家审判机关。”在这里，宪法明确规定了人民法院作为审判机关履行国家审判职能的性质。审判权是指法院依法审理和裁决刑事、民事案件和其他案件的权力。人民法院通过审判活动行使国家司法权力。《宪法》第 126 条还规定：“人民法院依照法律规定独立行使审判权，不受行政机关、社会团体和个人的干涉。”人民法院依法独立行使审判权，有利于保证其他机关和个人对法院的审判工作不造成干扰，有利于维护公民权利，也有利于维护国家法律的统一和尊严，保证法律的正确适用，维护国家和人民的利益。

(二)人民法院的组成、任期和领导体制

根据我国有关法律的规定，最高人民法院、高级人民法院和中级人民法院分别由院长 1 人、副院长、庭长、副庭长、审判员若干人组成；基层人民法院由院长 1 人、副院长和审判员若干人组成。基层人民法院可以设刑事审判庭、民事审判庭和经济审判庭，庭设庭长、副庭长。基层人民法院根据地区、人口和案件情况，还可以设立若干人民法庭。上述各级人民法院院长由同级人民代表大会选举和罢免；其他组成人员由同级人大常委会任免。在直辖市内设立的中级人民法院和在省、自治区内按地区设立的中级人民法院院长由直辖市或省、自治区人大常委会任免。根据法律规定，各级人民法院的院长、副院长、庭长、副庭长、审判员和助理审判员必须是具有选举权和被选举权、年满 23 周岁的公民，并具有能够满足工作需要的法律专业知识、取得相应资格。各级人民法院院长的任期均为 5 年，最高人民法院院长连续任职不得超过两届。最高人民法院是国家最高审判机关。

为保证各级人民法院依法独立行使审判权，《宪法》第 127 条规定：最高人民法院监督地方各级人民法院和专门人民法院的审判工作，上级人民法院监督下级人民法院的审判工作。可见，在法院系统内部，上下级法院之间是一种工作监督关系，而不是领导与被领导的关系。

(三)人民法院的组织系统与审级制度

我国的各级人民法院基本上是以国家行政区为基础设置的，其系统是：最高人民法

院、地方各级人民法院、专门人民法院。地方各级人民法院包括:高级人民法院、中级人民法院和基层人民法院。专门人民法院包括军事法院、铁路运输法院、海事法院、森林法院等,其中,有的专门人民法院已经归并入普通法院系统。最高人民法院是最高审判和审判监督机关,审理的案件包括:法律规定由它管辖和它认为应由自己审理的第一审案件;对高级人民法院、专门人民法院判决和裁定上诉和抗诉案件;最高人民检察院按审判监督程序提出的抗诉案件。

省、自治区、直辖市设高级人民法院,审理的案件包括:法律规定由它管辖的第一审案件;下级人民法院移送审判的第一审案件;对下级人民法院判决和裁定的上诉案件和抗诉案件;人民检察院按审判监督程序提出的抗诉案件。

省、自治区按地区设中级人民法院;在直辖市设中级人民法院;在省辖市、自治区辖市、自治州设中级人民法院。其审理的案件有:法律规定由它管辖的第一审案件;基层人民法院移送的第一审案件;对基层人民法院判决和裁定的上诉案件;人民检察院按审判监督程序提出的抗诉案件。

基层人民法院是指县、自治县、不设区的市、市辖区的人民法院。审理民事、刑事和行政等第一审案件。基层人民法院可以设若干派出法庭,往往是派驻乡镇。

我国实行的审判制度是四级两审终审制,即案件经两级人民法院审理即告终结的制度。对地方各级人民法院所作的第一审判决和裁定,如果当事人或他们的代理人不服,可以按法定程序向上一级人民法院上诉;如果人民检察院认为确有错误,应依法向一级人民法院抗诉;上一级人民法院作出的判决和裁定,是终审的、发生法律效力的判决和裁定,当事人不得再上诉;最高人民法院作为第一审法院审判的一切案件都是终审判决。

(四)人民法院的审判工作原则

根据我国《宪法》和《人民法院组织法》的规定,人民法院在开展审判工作中,必须遵守以下主要原则:

1. 公民在适用法律上一律平等的原则。
2. 人民法院依法独立行使审判权,不受行政机关、社会团体和个人的干涉。
3. 公开审判原则。即除涉及国家机密、个人隐私和未成年人的案件外,一律公开审理。不公开审理的案件也应公开宣判。
4. 被告人有权获得辩护的原则。
5. 各民族公民有权使用本民族语言文字进行诉讼的原则。
6. 合议制原则。即除法律规定的情况外,人民法院应组成合议庭审理案件。
7. 回避原则。这是指与案件有利害关系,可能影响公正审判的人不应参加案件的审理。

[**案例**]2010 年 7 月 17 日,陕西省榆林市横山县波罗镇山东煤矿和波罗镇樊河村因矿产纠纷异议的"民告官"案发生了群体性械斗。榆林市中级人民法院判定陕西省国土厅违法行政,但陕西省国土厅召开"合议庭"性质的协调会,以会议的形式否定生效的法院判决。

[解析]这是一种行政干预司法的行为。《宪法》第126条规定:人民法院依照法律规定独立行使审判权,不受行政机关、社会团体和个人的干涉。据此,陕西省国土厅的这一行为是违法的,人民法院生效判决的法律效力和尊严必须得到维护,即使法院的判决是错误的也应按法律规定的程序来纠正,而不应由行政机关协调处理。

三、我国的检察机关

(一)人民检察院的性质

人民检察院是国家的法律监督机关。在我国,人民检察院通过行使检察权,对各级国家机关以及国家机关工作人员、公民是否遵守宪法和法律实行监督,以保障宪法和法律的统一实施。

(二)人民检察院的组成、任期

我国《宪法》和《人民检察院组织法》规定,各级人民检察院由检察长1人、副检察长和检察员若干人组成。最高人民检察院检察长由全国人民代表大会选举和罢免。最高人民检察院副检察长、检察委员会委员和检察员由检察长提请全国人大常委会任免。地方各级人民检察院检察长由同级人民代表大会任免,并须报上一级人民检察院检察长提请该级人大常委会批准;地方各级人民检察院的其他组成人员,由检察长提请本级人大常委会任免。各级人民检察院检察长的任期每届均为5年。最高人民检察院检察长连续任职不得超过两届。

(三)人民检察院的组织系统和领导体制

人民检察院的组织系统为:最高人民检察院、地方各级人民检察院和专门人民检察院。地方各级人民检察院包括:省、自治区、直辖市人民检察院;省、自治区、直辖市人民检察分院;自治州和省辖市人民检察院;县、市、自治县和市辖区人民检察院。省一级人民检察院和县一级人民检察院根据工作需要,提请本级人大常委会批准,可以在工矿区、农垦区、林区等区域设置人民检察院,作为派出机构。

最高人民检察院领导地方各级人民检察院和专门人民检察院的工作,上级人民检察院领导下级人民检察院的工作。这种检察机关系统中的领导关系具体表现在:第一,全国和省、自治区、直辖市人民检察院检察长有权向本级人民代表大会常务委员会提请批准任免和建议撤换下级人民检察院检察长。第二,下级人民检察院在办理重大案件中,如遇到自己不能解决的情况和困难时,上级人民检察院应及时给予支持和指示,必要时可派人协助工作,也可以把案件上调自己办理。

(四)人民检察院的职权

根据我国《宪法》和《人民检察院组织法》的规定,人民检察院主要有以下几项职权:

1. 法纪监督。法纪监督的主要内容有:(1)对背叛国家、分裂国家以及严重破坏国家法律、政策、法令、政令统一实施的重大犯罪案件,行使检察权。这也称特种法纪监督。(2)对贪污、贿赂犯罪、国家工作人员的渎职犯罪、国家机关工作人员利用职权实施的非法拘禁、刑讯逼供、报复陷害、非法搜查等案件进行立案侦查。(3)对直接受理的案件决定是否逮捕、起诉。

2. 侦查监督。包括对公安机关侦查的案件进行审查,决定是否逮捕、起诉或不起诉;对公安机关的侦查活动是否合法实行监督。

3. 公诉和审判监督。这是指人民检察院对刑事案件提起公诉;支持公诉;对人民法院的审判活动是否合法进行监督;如认为人民法院的判决和裁定确有错误,可以依法提出抗诉。

4. 对刑事案件判决、裁定的执行和监狱、看守所、劳动改造机关的活动是否合法进行监督。

(五)人民检察院的内部结构

人民检察院按照法律规定和业务分工设置,分别承办侦查、审查逮捕、审查起诉等业务。

1. 控告申诉部门、举报中心(控告申诉部门和举报中心一般是合在一起的)承办受理、接待报案、控告和举报,接受犯罪人的自首;受理不服人民检察院不批准逮捕、不起诉、撤销案件及其他处理决定的申诉;受理不服人民法院已经发生法律效力的刑事判决、裁定的申诉;受理人民检察院负有赔偿义务的刑事赔偿案件等工作。

2. 反贪污贿赂部门承办对国家工作人员的贪污、贿赂、挪用公款等职务犯罪进行立案侦查等工作。

3. 反渎职侵权局承办对国家工作人员的渎职犯罪和国家机关工作人员利用职权实施的非法拘禁、刑讯逼供、报复陷害、非法搜查、暴力取证、破坏选举等犯罪进行立案侦查等工作。

4. 审查逮捕部门(侦查监督科、处等)承办对公安机关、国家安全机关和人民检察院侦查部门提请批准逮捕的案件审查决定是否逮捕,对公安机关、国家安全机关和人民检察院侦查部门提请延长侦查羁押期限的案件审查决定是否延长期限,对公安机关应当立案侦查而不立案的案件及侦查活动是否合法实行监督等工作。

5. 审查起诉部门(公诉科、处等)承办对公安机关、国家安全机关和人民检察院侦查部门移送起诉或不起诉的案件审查决定是否提起公诉或不起诉,出席法庭支持公诉,对人民法院的审判活动实行监督,对确有错误的刑事判决、裁定提出抗诉等工作。

6. 监所检察部门承办对刑事判决、裁定的执行和监管活动进行监督,直接立案侦查虐待被监管人罪、私放在押人员罪、失职致使在押人员脱逃罪和徇私舞弊减刑、假释、暂予监外执行罪案,对监外执行的罪犯和劳教人员又犯罪案件审查批捕、起诉等工作。

7. 民事行政检察部门承办对人民法院已经发生法律效力的民事、行政判决、裁定,发现确有错误或者违反法定程序,可能影响案件正确判决、裁定的,依法提出抗诉等工作。

8. 检察技术部门承办对有关案件的现场进行勘验,收集、固定和提取与案件有关的痕迹物证并进行科学鉴定，对有关业务部门办理案件中的涉及技术性问题的证据进行审查或鉴定等工作。

9. 纪检监察部门承办受理群众和社会各界对检察人员利用职权进行违法办案、越权办案、刑讯逼供、吃请受贿等违法违纪行为的举报和控告，并进行查处等工作。除上述以外，还有办公室、政治部，现在又增设职务犯罪预防部门，负责预防职务犯罪工作。

当然，以上是检察机关的通常设置，在社会主义法治建设和司法体制改革推进过程中，可能也应当有改革的新生事物出现。而且，人民检察院除业务部门之外，还有一些其他工作部门，如最高人民检察院的外事局、研究室、铁检厅等。

第六节 军事机关

一、我国军事领导机关概述

军队是国家或政治集团为准备、实施和防御战争而建立的正规的武装组织，是国家政权的重要组成部分，是执行政治任务的武装集团，是对外抵抗或实施侵略、对内巩固政权的主要暴力工具。当今各国的军事领导体制，一般都是依照该国的宪法和法律设立的。

我国宪法关于军事领导机关规定的历史沿革：

新中国成立初期，《共同纲领》规定：中华人民共和国的武装力量，即人民解放军、人民公安部队和人民警察，是属于人民的武力。1954 年《宪法》明确规定由中华人民共和国主席统率全国武装力量，担任国防委员会主席，并根据全国人大及其常委会的决定，任免国防委员会副主席、委员。1975 年《宪法》和 1978 年《宪法》都将军事领导权直接划归中共中央委员会主席，使军事领导机关从国家机构体系中脱离出去，从而混淆了党的职能与国家的职能。

1982 年《宪法》明确设立中央军事委员会作为国家军事领导机关。

二、中央军事委员会

(一)中央军事委员会的性质

我国现行《宪法》规定："中华人民共和国中央军事委员会领导全国武装力量。"这表明中央军事委员会作为全国武装力量的领导机关，是中央国家机关体系中的一个独立机构。它从属于全国人民代表大会，对全国人民代表大会负责。

在国家的中央军事委员会成立之后，中国共产党对军队的领导并没有改变。宪法明确肯定了党在国家生活中的领导地位，自然包括对军队的领导。党的中央军委主席、副主席和委员，可以通过宪法途径，成为国家中央军委的组成人员。这既加强了党对军队的领导，也体现了武装力量属于人民的原则。事实上，党的中央军事委员会和国家的中央军事委员会在人员构成上很大部分是重合的。

(二)中央军事委员会的组成、任期和职责

我国《宪法》规定，中央军委由主席、副主席若干人、委员若干人组成。中央军委主席

在每届全国人大第一次会议上选举产生。根据中央军委主席的提名,由全国人大或全国人大常委会(全国人大闭会期间)决定中央军委其他组成人员的人选,中央军委每届任期5年。

中央军委实行主席负责制,由主席向全国人大和全国人大常委会负责;主席有权对中央军事委员会职权范围内的事项作最后决策。中央军委是国家的军事领导、决策和指挥机关,它领导全国武装力量,履行巩固国防、抵抗侵略、保卫祖国的职责。主席负责制的具体表现是:(1)全国人大在组织中央军委时,中央军委副主席、委员的人选由主席提名。(2)全国人大闭会期间,中央军委主席有权提出副主席和委员的人选,报全国人大常委会决定。(3)中央军委发布的军事法规和命令均须由主席签署。(4)由中央军委主席而非委员会向全国人大及其常委会负责。

(三)中央军事委员会的职权

现行《宪法》对中央军事委员会的具体职权没有作出规定,而1997年3月颁布实施的《中华人民共和国国防法》第13条对中央军事委员会的职权作了如下规定:(1)统一指挥全国武装人员。(2)决定军事战略和武装力量的作战方针。(3)领导和管理中国人民解放军的建设,制定规则、计划并组织实施。(4)向全国人大或者全国人大常委会提出议案。(5)根据宪法和法律的规定,制定军事法规,发布决定和命令。(6)决定中国人民解放军的体制和编制,规定总部以及军区、军兵种和其他军区级单位的任务和职责。(7)依照法律、军事法规的规定,任免、培训、考核和奖惩武装力量成员。(8)批准武装力量的武器装备体制和武器装备发展规划、计划,协同国务院领导和管理国防科研生产。(9)会同国务院管理国防军费和国防资产。(10)法律规定的其他职权。

(四)中央军事委员会同全国人大及其常委会的关系

中央军事委员会(简称中央军委)由全国人大产生,从属于全国人大。在全国人大闭会期间,中央军委主席对全国人大常委会负责。中央军委必须遵守全国人大及其常委会制定的法律,并且依照宪法和法律行使职权,必须执行全国人大及其常委会的决议、决定。全国人大有权罢免中央军委主席及其他组成人员。全国人大常委会有权监督中央军委的工作。

第七节 民族自治地方的自治机关

一、民族自治地方自治机关的概念

民族自治地方是指实行民族区域自治的行政区域。根据《宪法》第30条的规定,民族自治地方包括自治区、自治州和自治县。民族乡则不是民族自治地方。

民族自治地方的自治机关是指各少数民族聚居的、实行区域自治的地方,行使自治权的部门,也是少数民族管理本民族内部事务权利的部门,是国家的一级地方政权机关。

我国民族自治地方的自治机关包括自治区、自治州、自治县的人民代表大会和人民政府。民族自治地方的人民代表大会常务委员会中应当由实行区域自治的民族的公民担任主任或副主任；自治区主席、自治州州长、自治县县长由实行区域自治的民族的公民担任。自治区、自治州、自治县的人民代表大会中，除实行区域自治的民族的代表外，其他居住在本行政区域内的民族也应当有适当名额的代表。

二、民族自治地方自治机关的特征

民族自治地方的自治机关是自治区、自治州、自治县的人民代表大会和人民政府。因此，同级的人民法院和人民检察院不是自治机关，因为人民法院和人民检察院是在该民族自治地方代表国家统一行使审判权和检察权的机关，不属于少数民族行使自治权的范围。

自治区、自治州、自治县的自治机关既行使宪法规定的地方国家机关的职权，同时又依照宪法、民族区域自治法和其他法律规定的权限行使自治权。

民族自治地方的自治机关应当有实行区域自治的民族的公民担任领导职务。

三、民族自治地方自治机关的民主集中制原则

按照2001年2月全国人民代表大会常务委员会修正的《中华人民共和国民族区域自治法》的规定，民族自治地方的自治机关实行民主集中制的原则。该法规定：民族自治地方的自治机关必须维护国家的统一，保证宪法和法律在本地方的遵守和执行；领导各族人民集中力量进行社会主义现代化建设；根据本地方的情况，在不违背宪法和法律的原则下，有权采取特殊政策和灵活措施，加速民族自治地方经济、文化建设事业的发展；在国家计划的指导下，从实际出发，不断提高劳动生产率和经济效益，发展社会生产力，逐步提高各民族的物质生活水平；继承和发扬民族文化的优良传统，建设具有民族特点的社会主义精神文明，不断提高各民族人民的社会主义觉悟和科学文化水平；要把国家的整体利益放在首位，积极完成上级国家机关交给的各项任务。

该法还规定：上级国家机关保障民族自治地方的自治机关行使自治权，并且依据民族自治地方的特点和需要，努力帮助民族自治地方加速发展社会主义建设事业；维护和发展各民族的平等、团结、互助的社会主义民族关系。禁止对任何民族的歧视和压迫，禁止破坏民族团结和制造民族分裂的行为。民族自治地方的自治机关保障本地方各民族都有使用和发展自己的语言文字的自由，都有保持或者改革自己的风俗习惯的自由；保障各民族公民有宗教信仰自由。

四、民族自治地方自治机关的组成和任期

民族自治地方的人民代表大会及其常务委员会的组成：民族自治地方的人民代表大会是各民族自治地方的地方国家权力机关。它的常设机关是本级人大常委会，在本级人大闭会期间行使自治地方的国家权力。民族自治地方的地方国家行政机关、审判机关和检察机关都由本级人大产生，对它负责，受它监督。

自治区、自治州的人民代表大会代表由下一级人民代表大会选举产生，自治县的人民代表大会代表由选民直接选举产生。

自治区、自治州的人大常委会由本级人大在代表中选举主任1人、副主任若干人、委员若干人和秘书长1人组成；自治县的人大常委会由本级人大在代表中选举主任1人、副主任若干人和委员若干人组成。名额分别与省、设区的市、县相等。

民族自治地方的人民代表大会及其常务委员会的任期：自治区、自治州、自治县的人民代表大会及其常务委员会每届任期均为5年。

民族自治地方的人民政府的组成：民族自治地方的人民政府是本级人大的执行机关，是民族自治地方的行政机关。自治区、自治州、自治县的人民政府分别由自治区主席、副主席、州长、副州长和秘书长、厅长、局长、委员会主任等组成。

民族自治地方的人民政府的任期：自治区、自治州和自治县的人民政府由本级人民代表大会选举产生，任期与本级人大相同，自治区、自治县的人民政府分别实行主席、州长和县长负责制，主席、州长和县长召集和主持本级人民政府全体会议和常务会议，政府工作的重大问题须经政府常务会议或全体会议讨论后作出决定。

五、民族自治地方的自治权

民族自治地方的自治权，是指自治地方的自治机关根据宪法、民族区域自治法和其他法律的规定，根据实际情况自主地管理本地方、本民族内部事务的权利。

自治区、自治州、自治县的自治机关行使《宪法》第三章第五节规定的地方国家机关的职权，同时依照宪法、民族区域自治法和其他法律规定的权限行使自治权，根据本地方实际情况贯彻执行国家的法律、政策。其职权主要表现在：

1. 民族自治地方的人民代表大会有权依照当地民族的政治、经济和文化的特点，制定自治条例和单行条例。自治区的自治条例和单行条例，报全国人民代表大会常务委员会批准后生效。自治州、自治县的自治条例和单行条例，报省或者自治区的人民代表大会常务委员会批准后生效，并报全国人民代表大会常务委员会备案。

2. 民族自治地方的自治机关有管理地方财政的自治权。凡是依照国家财政体制属于民族自治地方的财政收入，都应当由民族自治地方的自治机关自主地安排使用。民族自治地方的自治机关在国家计划的指导下，自主地安排和管理地方性的经济建设事业。国家在民族自治地方开发资源、建设企业的时候，应当照顾民族自治地方的利益。

3. 民族自治地方的自治机关自主地管理本地方的教育、科学、文化、卫生、体育事业，保护和整理民族的文化遗产，发展和繁荣民族文化。国家从财政、物资、技术等方面帮助各少数民族加速发展经济建设和文化建设事业。国家帮助民族自治地方从当地民族中大量培养各级干部、各种专业人才和技术工人。

4. 民族自治地方的自治机关依照国家的军事制度和当地的实际需要，经国务院批准，可以组织本地方维护社会治安的公安部队。

5. 民族自治地方的自治机关在执行职务的时候，依照本民族自治地方自治条例的规定，使用当地通用的一种或者几种语言文字。

【思考题】

1. 什么是责任制原则？我国宪法对此是如何规定的？意义如何？
2. 试比较人民政府和人民检察院的领导体制。
3. 哪些国家机关有权制定地方性法规？其制定程序如何？

第十三章 国家制度

【引例】

为发现各地创新社会管理先进典型,推广社会建设经验,国家行政学院政治学部和人民网于2011年7月起联合开展“加强和创新社会管理典型案例征集”活动,共征集到案例1560份,最终采取网上投票和专家评审相结合的方式评选出最佳案例10个,优秀案例20个。

2012年4月14日,由国家行政学院和人民网联合主办的“和谐中国·2012加强和创新社会管理理论论坛暨社会管理创新案例颁奖典礼”在江苏睢宁举行。首批6个创新社会管理示范基地在会上正式发布。

第一节 国家制度概述

一、国家制度的概念

国家制度是一国通过宪法确认或认可的基本社会关系的原则、规则和国家基本政策的总和。

这里所论述的国家制度特指宪法学意义上的国家制度,它是由宪法所确认或认可的基本社会关系。宪法是国家的基本法,它所确认或认可的是国家的基本社会关系,而不是一般社会关系,表现为国家的基本制度而不是一般制度或具体制度。它与其他学科意义上的国家制度之间既有联系,又有区别。

国家制度与基本社会关系之间的关系可以表现为以下几个方面:

第一,国家制度是由基本社会关系决定的。基本社会关系与国家制度之间是内容与形式之间的关系。基本社会关系是国家制度的基础,这一基础是宪法的基本制度事实。没有基本制度事实,宪法不可能凭空创制出国家制度。列宁认为:“当法律同现实脱节的时候,宪法是虚假的;当它们是一致的时候,宪法便不是虚假的。”[①]国家制度应反映基本社会关系,并通过宪法原则、宪法规则和国家政策的形式准确表达出来。

第二,通过宪法所确认或认可的基本社会关系转化为宪法关系。通过宪法确认或认可的基本社会关系已不再是一种原始意义上的基本社会关系,而是一种宪法关系。由于宪法是国家的根本法,具有最高的法律效力。全国各族人民、一切国家机关和武装力量、各政党和各社会团体、各企业事业组织,都必须以宪法为根本的活动准则,并且负有维护

① 《列宁全集》(第15卷),人民出版社1959年版,第309页。

宪法尊严、保证宪法实施的职责。这就要求,任何个人和团体都必须坚持国家制度。国家制度不因领导人的改变而改变,不因领导人的看法和注意力的改变而改变。

第三,宪法确认或认可的国家制度对基本社会关系具有能动作用。作为上层建筑的一部分,真实反映基本社会关系的国家制度有利于维护社会稳定、促进社会发展;虚假反映基本社会关系的国家制度会影响社会稳定、阻碍社会发展。宪法通过确认或认可国家制度对基本社会关系的形成与发展具有重要作用。本质主义的宪法观认为宪法是对各种社会力量对比的反映。在决定论层面,这一结论是正确的,但不是充分的。现代民主法治国家越来越重视宪法价值对基本社会关系的促进作用。国家制度不仅应反映基本社会关系,而且应引导基本社会关系朝着进步的方向发展。富强、民主、文明是宪法所确认的国家目标,也是宪法的价值追求。国家制度必须有利于基本社会关系朝着国家的目标发展。

第四,妥善处理社会变动与国家制度变迁之间的关系。社会基本关系总是处在不断发展变化之中的,当社会基本关系的变化积累到一定程度,就必须对国家制度作出相应的调整。由于国家制度的调整会引起基本社会关系的巨大变动,引发基本利益格局的深刻调整,因此,这种调整必须以维护国家制度的稳定性为基本原则。即:可以不调整的坚决不调整,可以调整也可以不调整的原则上不调整,非调整不可的坚决调整。调整的方式可以选择宪法解释的方式,也可以选择宪法修改的方式。能采用宪法解释的方式就不要选择宪法修改的方式调整国家制度。

由于我国处于社会的转型期,基本社会关系和利益格局处在不断变动之中,这也给国家制度的调整带来了挑战和机遇。从总体来看,我国的国家制度与社会转型之间是基本适应的,但也有局部调整的必要。在宪法经过几次重要修改后,我国的国家制度基本上能够适应社会转型的需要,不需要通过"违宪"方式来进行调整,社会实践中存在的所谓"良性违宪"问题本质上是违反宪法原则的。

二、国家制度的构成

国家制度的构成是指国家制度的所有领域及其相互关系。国家制度的构成是一个不断完善、不断充实的过程。在世界范围内,第一次世界大战以前,宪法所确立的国家制度主要是政治制度。第一次世界大战以后,经济制度和部分社会制度在部分国家的宪法中得以确立。第二次世界大战以后,社会制度和文化制度在绝大多数国家的宪法中确立。在全球化背景下,各国宪法已通过不同的宪法形式在不同程度上确立了政治制度、经济制度、社会管理制度、文化制度和生态保护制度,从而引起了世界范围的宪法变革。①

我国是一个社会主义国家,从宪法诞生之日起就特别注重从实质宪法的角度确立国家制度。当然,这不是说我国的宪法从一开始就达到了完善的程度,就妥善处理好了不同领域中国家制度的关系,没有进一步完善和发展的需要。实际上,我国的国家制度一直处于不断完善和发展之中,而且仍有进一步完善和发展的必要。

我国的国家制度包括政治制度、经济制度、社会管理制度、文化制度、生态保护制度和其他基本制度。从我国国家制度的变迁史和现行宪法的规定来看:

---

① 龚祥瑞:《比较宪法与行政法》,法律出版社 2012 年版,第 32~34 页。

政治制度由于建国前即有比较丰富的局部执政经验和政权建设经验，制度化程度比较高，通过宪法确认后也比较稳定，除了不断丰富以外，没有出现大规模的调整。目前的重点是如何落实政治制度的具体规定，不断完善政治体制和机制，推进政治体制改革，切实保障人民当家作主权利的实现。

从社会主义改造基本完成以后，我国就确立了经济制度的基本框架，宪法规范的数量多，仅次于政治制度的规范数量，每一次确认的内容都是连贯和一致的。但由于经济是社会基本关系中最活跃的要素，因此，每一次宪法的修改，经济制度的变化都是最大的，这是客观条件变化所需要的制度调整。通过几次经济制度的重大变革和调整，我国的经济制度已基本适应社会主义市场经济的需要。目前的重点是如何在坚持经济制度的前提下转变经济增长方式，促进生产力的发展，完善分配制度，实现经济民主与公平，让改革的成果更多、更公平地惠及每一个公民。

社会管理制度在我国的宪法中也有部分规定，但多属于政治制度、经济制度的附属性规范，尚未构成一个相对独立的制度体系。由于我国宪法在社会管理制度方面的规范滞后，我国的社会建设也比较落后，不能完全适应社会转型的需要，积累了大量的社会矛盾和问题。目前，我国在“党委领导、政府负责、社会协同、公民参与、法治保障”的社会管理体制下进行的加强和创新社会管理的经验有必要在科学总结的基础上上升为宪法规范。

文化制度在我国的宪法中有许多规定。表现为社会主义核心价值，对传统中国文化的继承与发展，教育、科学、文化、技术、体育、出版、新闻等各个方面，是一个复杂的制度体系。由于自鸦片战争以来，近代中国受到帝国主义的侵略，内忧外患，加上西方先进国家在教育、科学、技术等方面的发达，民族的文化自信受到损害。在古今文化与中外文化之间，出现过惜今非古，抑中扬外的文化取向，这些都在不同时期的宪法规范中有所表现。现行宪法关于文化制度的规定基本克服了文化复古主义和文化废弃主义、文化民粹主义和全盘西化等极端文化观，基本妥善处理好了古今中外文化的关系。目前，我国的文化观表现在四个层面：意识形态层面倡导爱国主义、集体主义、社会主义；国家建设层面倡导富强、民主、文明、和谐；社会价值层面倡导自由、平等、公正、法治；道德层面倡导爱国、敬业、诚信、友善。在经历了“破四旧”、反右斗争扩大化、“文化大革命”那样的文化浩劫以后，民族自信与包容的文化观对于促进我国文化的健康发展弥足珍贵。①

生态保护制度是宪法所确立的一项重要制度，但其位阶一般较低，多属于经济制度的补充规范，当代宪法的发展有提高生态保护制度位阶，将其作为独立制度体系的趋势。以德国《基本法》为例，1994 年，德国《基本法》才在第 20 条第 a 款中确立了环境国原则。由于德国《基本法》第 1 条将人的尊严确立为最高宪法原则，因此，《基本法》第 20 条第 a 款的规定服从《基本法》第 1 条的规定，认为环境在宪法上不具有独立于人之外的价值。在经济发展与环境保护之间出现冲突的境况下，环境保护并不是优先的目标。最高的指导原则是所有经济活动不超出环境的承受能力。② 欧盟发展了世界上最高水平和最严格的

---

① 梁漱溟：《中国文化的命运》，中信出版社 2010 年版，第 32～33 页。

② [德]罗尔夫·施托贝尔：《经济宪法与经济行政法》，谢立斌译，商务印书馆 2008 年版，第 329～331 页。

生态保护原则。《欧共体条约》第 174 条和《欧盟基本权利宪章》第 37 条规定成员国的经济和基本设施方面的利益不得优先于环境保护。① 我国《宪法》第 26 条确立了生态保护原则，但规范体系化程度低。我国《宪法》第 9 条是涉及生态保护的宪法原则，但这一原则不是一项独立的宪法原则，而是附属于经济制度的一项环境保护原则。由于宪法规范没有确立完整的环境国原则，已产生了资源趋紧、环境污染严重、生态系统退化的严重后果。我国亟须通过宪法规范确立完整的生态保护制度和法律体系。

总之，我国的政治制度、经济制度、社会管理制度、文化制度和生态保护制度与社会发展基本相适应，但仍然存在需要完善的地方。具体而言，政治制度的优越性还没有充分发挥出来，离人民当家作主的要求还有一定距离；经济制度建设还不够完善，离实现共同富裕的目标还很远；社会管理制度还很不完善，离和谐社会的目标还有差距；生态保护制度执行不力，面临资源趋紧、环境污染严重、生态系统退化的严峻形势。我国的政治制度、经济制度、社会管理制度、文化制度和生态保护制度之间总体上是相互协调、相互促进的。但不可忽视的是，这五种基本国家制度之间仍然存在不协调的问题。特别是政治体制中尚未变革的旧成分阻滞经济制度的发展；经济制度的不完善影响社会公平正义；经济发展方式粗放严重破坏生态环境；社会管理制度规定不充分和文化制度规定不完善约束综合国力的提高；生态保护制度缺失严重影响中华民族的永续发展。因此，必须在总结实践经验的基础上实现国家制度构成的协调发展，将其上升为宪法规范。

第二节　国家制度体系

一、国家制度体系概述

国家制度体系是国家制度构成中规范领域的体系化提炼所形成的相对独立的制度类型及其制度结构。

（一）国家制度体系化研究的必要性

法律体系研究是分析法学派的重要理论成果，凯尔森是系统研究法律体系概念的第一位法学家。② 体系化程度是检验国家制度和宪法理论成熟的重要标志。国家制度体系研究的重要功能是促进国家制度建设的内在完善、协调和统一，以便有序调整基本社会关系。

我国宪法理论对国家制度体系的研究不够重视。改革开放后我国第一本宪法学教材将经济生活、社会生活、文化生活列入物质保证的权利范畴。③ 这种研究方式是按照《经济、社会、文化权利保护公约》的思路进行安排的，限制了国家制度的研究范围。其后的宪

---

①　[德]罗尔夫·施托贝尔：《经济宪法与经济行政法》，谢立斌译，商务印书馆 2008 年版，第 331～321 页。

②　[英]约瑟夫·拉兹：《法律体系的概念》，吴玉章译，中国法制出版社 2003 年版，第 5 页。

③　龚祥瑞：《比较宪法与行政法》，法律出版社 2012 年版，第 163～168 页。

法学教材一般将经济制度、精神文明或文化制度纳入国家性质范围进行研究。这种研究方式是一种政治学的研究方式，而不是一种规范宪法学的研究方式。其重大理论缺陷是无法区分政治学意义上的国家制度与宪法学意义上的国家制度之间的关系，使得政治学意义上的国家制度经常借修改宪法之机替代了宪法学意义上的国家制度的发展，其必然结果就是宪法学意义上的国家制度研究的碎片化和非体系化。

我国宪法对国家制度体系的安排也不够重视。我国的国家制度集中在总纲中进行表述。但个别国家制度与相应规范之间的关系表述比较松散、混乱。个别宪法规范有时又难以归为某一国家制度类型。属于一种混合规范。如《宪法》第 9 条第 1 款属于经济制度的范畴，而第 9 条第 2 款属于生态保护制度的范畴。这就导致国家制度体系在总纲中安排的混沌或混乱。

个别重要国家制度应该在总纲中进行表述，但却将其归类于宪法结构的其他类型之中。如我国《宪法》第 2 章第 33 条第 2 款规定："国家尊重和保障人权。"这无疑是我国人权保障历史上的一个重大进步，但从法律体系化的角度考察，"人权条款"的规定显然不妥当。现代法治国家均承认"人权条款"的终极宪法价值和元宪法规范地位，一般将"人权条款"置于宪法总纲的第一条款。另外，我国《宪法》第 33 条的内在体系也有不妥当之处。《宪法》第 33 条第 1 款规定的是中华人民共和国的公民资格，第 2 款规定的是中华人民共和国公民的平等权，第 3 款规定的是"人权条款"，第 4 款规定的是中华人民共和国公民的义务。显然，《宪法》第 33 条的规定使人与公民、人权与公民权的内在逻辑处于混乱状态。这种混乱，部分原因是我国的宪法价值选择的结果，部分原因则是国家制度体系化研究欠缺的结果。

这一体系化的欠缺我们还可以从宪法规定的"惩罚条款"的对照中看出。我国在《宪法》"总纲"第 28 条规定："国家维护社会秩序，镇压叛国和其他危害国家安全的犯罪活动，制裁危害社会治安、破坏社会主义经济和其他犯罪的活动，惩办和改造犯罪分子。"这一条款属于典型的体系化国家制度类型，并无不当之处。但由于"人权条款"置于"惩罚条款"之后，违法者和犯罪人的人权保障就可能存在问题。

(二)国家制度体系与国家制度构成的关系

国家制度构成与国家制度体系之间的关系反映了现实与理论、事实与规范之间的关系。它们之间的联系与区别如下：

1. 国家制度构成以基本社会关系为基础，以整体化为目标，国家制度体系以规范类型化为基础，以体系化为目标

国家制度构成反映的是基本社会关系的要求，侧重于国家制度反映基本社会关系的广度和相互关系的完整性与总体性。国家制度体系反映的是国家制度构成规范领域的体系化要求，侧重于国家制度类型反映国家制度构成的丰富性与自足性。

2. 国家制度构成是国家制度体系的基础，国家制度体系是国家制度构成的深化

国家制度构成反映的是国家制度与基本社会关系之间的事实性关系，基本社会关系决定国家制度的构成，体现了客观法的要求。国家制度体系是对国家制度构成的规范领域的体系化提炼，国家制度构成决定国家制度体系，体现了主观法的要求。国家制度构成

的发展拓宽了国家制度体系的范围，国家制度体系的发展深化了国家制度构成的表现形式。

3. 国家制度体系化是国家制度构成发展的根本途径

社会的发展必然导致社会关系的发展，社会关系的发展必然激发特定社会关系转入国家制度构成的要求。这就使得国家制度构成取向于通过经验民主的路径构建国家制度。① 因此，国家制度构成追求功能主义的政治宪法风格。② 但不是所有的社会关系都适宜通过宪法规范确认，只有基本社会关系属于宪法调整的范围。现实的情形是，所有的社会关系都有转入国家制度构成的要求，这就使得一部分非基本社会关系试图通过形成社会政策或政治政策的方式进入国家制度构成领域。由于社会政策或政治政策不仅受到社会关系变化的影响，也易于受到领导人偏好的影响，而这对于宪法的安定性造成巨大压力，也造成宪法的合法性困境。③ 国家制度体系反映的是国家制度构成规范领域的体系化要求，属于确定的基本社会关系领域。因此，国家制度体系追求规范主义的宪法政治风格。④ 国家制度体系取向于规范性民主的路径建构国家制度。⑤ 国家制度体系阻止了特殊利益通过社会政策或政治政策进入宪法的通道，⑥但缺陷在于国家制度体系对社会关系变化的敏感性降低。

国家制度体系不可化约为国家制度构成的目的在于维护宪法的安定性、民主的价值和宪法程序的地位。国家制度构成必须通过民主的方式进退，国家制度体系必须通过法治的方式完善。

二、国家制度体系的分类标准

从法律体系的角度对国家制度体系进行分类，可以分为体系化的国家制度、未完全体系化的国家制度和未体系化的国家制度。

体系化的国家制度指宪法所确立的基本社会关系明确、周延、系统，相应的宪法原则和规则完备，结构内在和谐的国家制度类型。我国的政治制度和经济制度基本可以归为这一类型。

未完全体系化的国家制度指宪法所确立的基本社会关系的内容和边界只有大致的轮廓，相应的宪法原则或规则或结构完备性欠缺的国家制度类型。未完全体系化的国家制度又可以分为三种类型：第一种类型，指存在抽象的宪法原则，但宪法原则本身没有规则

① [德]哈贝马斯：《在事实与规范之间：关于法律与民主法治国的商谈理论》，童世骏译，三联书店2003年版，第360页。

② [英]马丁·洛克林：《公法与政治理论》，郑戈译，商务印书馆2002年版，第85页。

③ [美]罗纳德·德沃金：《原则问题》，张国清译，江苏人民出版社2005年版，"英文版作者序"，第3页。

④ [英]马丁·洛克林：《公法与政治理论》，郑戈译，商务印书馆2002年版，第86页。

⑤ [德]哈贝马斯：《在事实与规范之间：关于法律与民主法治国的商谈理论》，童世骏译，三联书店2003年版，第361页。

⑥ [美]罗纳德·德沃金：《原则问题》，张国清译，江苏人民出版社2005年版，"英文版作者序"，第3～4页。

化。我国的生态环境保护制度基本可以归为这一种类型。第二种类型，指存在抽象的宪法原则，但支持宪法原则的理论是多样的，原则与原则、原则与规则、规则与规则间没有形成一个内在的和谐统一的结构。我国的社会管理制度和文化制度基本可以归为这一类型。第三种类型，指不存在抽象的宪法原则，但存在宪法规则。我国的计划生育政策基本可以归为这一类型。

未体系化的国家制度指宪法原则、规则和结构都欠缺的国家制度类型。未体系化的国家制度形成的原因有两种：一种是基本社会关系本身无体系化的可能与必要。如我国的国旗、国歌、国徽制度。另一种是特殊原因造成体系化的困难，如我国的特别行政区制度。

从基本社会关系的角度对国家制度体系进行分类，可以分为政治制度体系、经济制度体系、社会管理制度体系、文化制度体系、生态保护制度体系和其他国家制度规范。

由于政治制度体系在本书其他章节已有论述，其他国家制度还没有体系化或者无体系化之必要，故下文我们将分节介绍经济制度体系、社会管理制度体系、文化制度体系、生态保护制度体系。

第三节　经济制度体系

一、经济制度体系概述

(一)经济制度体系的概念

经济制度体系是国家经济制度构成中经济规范的体系化安排所形成的相对独立的经济制度类型及其经济制度结构。

经济制度既是一个政治学上的概念，也是一个经济学上的概念，还是一个宪法学上的概念。我国宪法文本关于经济制度的规定没有严格区分这三种概念类型。① 我国的宪法学教材一般都将经济制度归类于国家性质的范畴进行研究，突出了经济制度的政治学属性。自社会主义市场经济确立以后，学者更为注重经济制度的经济学意义。按照本书的理解，经济制度在经济学与政治学上的意义属于国家制度构成的范畴，一般由宪法序言进行表述，经济制度的宪法学意义属于国家制度体系的范畴，一般由宪法总纲进行表述。

按照政治学意义上的经济制度分类，可以分为社会主义经济制度与资本主义经济制度。社会主义经济制度与资本主义经济制度的分类标准以所有权为基础。一般认为社会主义经济制度以公有制为基础，资本主义经济制度以私有制为基础。由于现代经济的发展，出现了公有与私有相混合的混合经济形式，以所有制为社会主义经济制度与资本主义经济制度为分类的标准变得比较模糊。鉴于这一情况，我国发展出了以公有经济成分占支配地位的新分类标准。

按照经济学意义上的经济制度分类，可以分为计划经济的经济制度与市场经济的经

① 桂宇石、祝捷：《经济制度变革释义》，载《武汉大学学报(哲学社会科学版)》2005年第1期。

济制度。传统宪法学理论认为，以计划经济为主的经济制度属于社会主义经济制度，以市场经济为主的经济制度属于资本主义经济制度。自政府干预理论出现以后，资本主义国家也吸收了计划经济成分，而社会主义国家为了发展生产力，也吸收了市场经济成分，相互借鉴形成了一种反思性平衡关系，共同服从经济自身的发展逻辑。在这一背景下，我国认为无论是计划还是市场都是经济发展必要的手段，在此基础上，我国提出了社会主义市场经济的目标。从而结束了市场是姓“社”，还是姓“资”的争论。

按照宪法学意义上的经济制度分类，可以分为直接经济制度规范与间接经济制度规范。[①] 无论是直接经济制度规范还是间接经济制度规范都属于经济制度体系分量不同的组成部分。“判断一个条款是否属于经济宪法，并不取决于该条款是否直接对经济活动作出了规定，而是取决于该条款的内容是否能够涉及经济生活。”[②]由于经济制度体系研究的目的在于整合规范于体系之中，故其研究侧重于直接经济制度规范。这是学科建设自身的需要，也是促进宪法规范有效性的需要。

（二）资本主义国家经济制度体系的发展

经济制度规范体系的建立和发展在资本主义国家和社会主义国家存在差异。

在18世纪自由资本主义时期，主要资本主义国家都规定了生产资料的私人所有制，强调私有财产神圣不可侵犯原则和契约自由原则。这些都属于经济制度的直接规范，但没有形成经济制度规范体系。另外，这一时期的宪法多从公民权利的角度间接规定经济制度，极少国家的宪法规定经济发展的国家基本政策。

19世纪末20世纪初，由于自由资本主义在经济方面引起了一系列经济、政治和社会问题，宪法开始对自由资本主义的经济制度进行系统的修正。1919年的《魏玛宪法》(《德意志共和国宪法》)开创了经济制度规范体系化的历史。《魏玛宪法》在经济制度规范的体系化方面提供了四种典范方式：第一，适应社会化的要求，以公共利益为标准对私有财产神圣不可侵犯的原则进行了限制。第二，以权利滥用为标准对契约自由原则进行了限制，并首次确立了公民的社会权。第三，确立了国家干预的宪法地位，以矫正市场的弊端。第四，宪法设专章、专节和更多的条款对经济制度作出体系化的安排。

第二次世界大战以来，随着世界范围内的政治、经济和社会变迁，各国宪法开始确立了许多新的经济原则和经济制度，对《魏玛宪法》所确立的经济原则和经济制度进行了充实、丰富和发展，形成了一股“经济立宪”潮流，而经济立宪又以“知识立宪”为重要内容。[③]其特征可以概括为以下几个方面：

第一，确立了混合经济的宪法地位。由于经济规模的扩大，单一所有制制约了经济的发展，因此，所有制出现了结构性变化，公私混合的所有制形式大量产生，宪法确立了混合经济的地位，同时也引起了产权制度的变迁。

---

① [德]罗尔夫·施托贝尔:《经济宪法与经济行政法》，谢立斌译，商务印书馆2008年版，第9页。

② [德]罗尔夫·施托贝尔:《经济宪法与经济行政法》，谢立斌译，商务印书馆2008年版，第32页。

③ 李龙:《宪法基础理论》，武汉大学出版社1999年版，第76～77页。

第二，社会国原则的确立。《魏玛宪法》确立了公民的社会权，二战以后，以社会权为基础发展出福利国家政策。福利国家政策成为发达资本主义国家经济制度变化最主要的部分，并在宪法中以社会国的原则为基础进行了体系化。

第三，环境国原则的确立。经济的发展引起全球生态环境的恶化，保护生态环境成为人类的共识。同时，生态环境的恶化也成为制约经济进一步发展的约束条件。在这一背景下，作为经济发展要素的环境国原则在越来越多国家的宪法中确立。作为人类共同生活的生态原则也在少数国家的宪法中确立。

第四，确立了经济计划的宪法地位。由于市场经济具有盲目性的缺陷，引起一系列政治、经济、社会和生态问题。个别发达资本主义国家在宪法中确立了经济计划的宪法地位，一些民族主义国家在"泛社会主义"旗帜下也确立了经济计划的宪法地位。多数资本主义国家已在社会政策或政治政策层面上鼓励扩大经济计划的适用范围，为经济计划入宪准备条件。

第五，确立了文化资本的宪法地位。以教育、科学、文化、卫生、体育、出版、新闻为基础的文化制度的经济价值受到越来越多国家的重视。文化资本与知识经济是21世纪经济发展的巨大引擎，许多国家的宪法以《魏玛宪法》为范本规定了文化制度，并将其作为重要的间接经济制度规范纳入经济制度体系的范围。

二、我国的经济制度体系

（一）我国经济制度体系的发展历程

我国的经济制度体系属于中国特色社会主义的重要组成部分，其发展历程充满艰难与曲折。

马克思主义认为，经济制度是经济基础的反映，而经济基础决定上层建筑。尽管经济制度属于上层建筑的范畴，但在所有上层建筑中，经济制度是其他上层建筑的中心。传统的社会主义模式使经济制度体系从一开始就担负着促进生产力发展的经济学使命和消灭剥削的政治学使命。在确立了经济制度在其他制度领域的中心地位的同时，经济制度的作用长期被夸大，最终甚至成了生产力发展的障碍，经济制度体系出现了自反性。以致改革开放30多年来，我国还必须同这种机械唯物论支配下的经济制度体系进行不懈的斗争才能不断解放和发展生产力。

社会主义国家坚持实质宪法观，一开始就坚持经济、社会和文化制度建设优先的思路，虽然取得了巨大的成就，但民主、法治、人权这样的政治建设相对迟缓，以致成为经济发展的障碍，必须进行改革才能与社会主义市场经济相适应。

苏联宪法所确立的经济制度体系包括旨在消灭剥削的公有制和按劳分配原则、旨在消除市场经济盲目性的计划经济体制、旨在消灭私有财产的公共财产制度，其根本目的旨在解放和发展被资本主义和封建主义经济制度体系约束的生产力，为进入共产主义奠定经济基础。在战争时期，这一经济制度体系的确产生过巨大的生产力。但列宁很快发现在和平建设时期，这一经济制度体系存在单一、僵化和不适应生产方式的根本缺陷，于是开始实行新经济政策。列宁逝世后，由于战争的威胁，也由于对经济基础与上层建筑关系的机械理解，还有对乌托邦共产主义的狂热追求，斯大林恢复和强化了战时共产主义的经济制度体系，并在宪法中将这一经济制度体系确立下来。这一经济制度体系的确立以牺牲基本人权、压制民主和破坏法治为代价，曾经取得过经济上的巨大成就，但最终因其单一、僵化和不适应生产方式的发展，使经济走到了崩溃的边缘。

我国的经济制度体系是以苏联宪法所确立的经济制度体系为范本开始的。

我国第一部宪法性文件——《共同纲领》(《中国人民政治协商会议共同纲领》)根据中国的国情确立了与当时的生产方式相适应的经济制度体系。《共同纲领》规定："经济建设的根本方针，是以公私兼顾、劳资两利、城乡互动、内外交流的政策，达到发展生产、繁荣经济之目的。"同时，《共同纲领》确认了五种经济成分的地位，即：国营经济、合作社经济、农民和手工业者的个体经济、私人经济、国家资本主义经济。虽然强调将国营经济作为主导力量进行培育和保护，但仍然承认其他经济成分的宪法地位，经济制度体系比较丰富、灵活，能满足不同生产方式的要求。

1954 年，我国通过了第一部宪法，即五四宪法。五四宪法确认了生产资料的四种形式：国家所有制，即全民所有制；合作社所有制，即劳动群众集体所有制；个体劳动者所有制和资本家所有制。五四宪法规定国营经济是国民经济的领导力量和社会主义改造的物质基础，应优先发展。国家保护合作社的财产，鼓励和帮助合作社经济的发展。国家依法保护个体劳动者的生产资料所有权，指导和帮助他们改善经营，并鼓励他们根据自愿的原则向合作社经济过渡。国家依法保护资本家的生产资料和其他资本家的所有权。但对民族资产阶级进行"利用、限制、改造"。五四宪法同时还确立了计划经济体制。

《共同纲领》和五四宪法所确立的经济制度体系反映了我国当时生产方式的实际，促进了经济的发展。但 1956 年社会主义改造基本完成以后，就不断偏离和违背八大所确立的总路线，五四宪法被束之高阁。1975 年和 1978 年的宪法所确立的经济制度体系几乎照搬苏联宪法的经济制度体系，建立了以绝对公有制和计划经济体制为核心的经济制度体系，与生产力的发展完全不相适应，阻滞了生产力的发展，国民经济几乎崩溃。

十一届三中全会将国家工作的重心转移到经济建设上来，1975 年和 1978 年宪法与此极不适应，改革宪法被提到议事日程上来。1982 年的《宪法》(八二宪法)确立了与当时的生产力发展水平相适应的经济制度体系，在很大程度上是对五四宪法的继承和发展。随着我国改革开放的深入，八二宪法的部分条款必须根据经济发展的需要进行修改。1988 年、1993 年、1999 年、2004 年国家对八二宪法进行了四次修改，形成了 31 条宪法修正案，其中直接和包含经济制度的修正案有 18 条，占全部修正案的 58%。在规定国家根本制度、基本原则、基本制度、基本政策的宪法总纲的 32 条规范中有 13 条属于直接经济制度规范、4 条属于直接包含经济制度的规范，占总纲的 53%，基本形成了适应经济社会发展的经济制度体系。

(二)我国经济制度体系的组成部分

我国的经济制度体系由国家根本任务、经济政策、所有制结构、分配制度、财产权制度和国家经济管理体制几部分组成。

1. 根本经济任务

我国宪法序言明确将“推动物质文明”，建设“富强”的社会主义国家作为国家的三大根本任务之首。国家所确立的根本经济任务是经济制度体系的基石。

2. 基本经济政策

我国的基本经济政策有两项。一项是宪法序言中确立的社会主义市场经济。一项是国家建设以经济建设为中心。以经济建设为中心的国家政策宪法没有具体条文进行明确表述，但从宪法总纲规定的经济制度规范比重和宪法其他条款的规定中，我们不难发现这一政策的存在。基本经济政策是经济制度体系的价值导向。

3. 所有制结构

宪法确认了公有制和非公有制两种所有制成分。公有制包括全民所有制和集体所有制两种类型。

全民所有制指生产资料归全体人民所有，人民作为一个整体拥有生产资料的所有权形式。由于全民所有制在进入经营领域实际上不可能由人民这一整体进行经营管理，而必须由其代表进行经营管理，因此，国家必须将所有权与经营权分开。由于所有权与经营权分开以后，企业必须适应现代经济发展的需要，在股份制改造过程中，出现了包括国有成分，集体成分或非公有制成分的混合经济组织。混合经济组织是否为国有经济，其判断标准不仅要看量，而且要注重质，关键要看控制力。如果国有成分具有控制力，则混合经济组织也属于国有经济。

我国《宪法》认为，“国有经济是国民经济的主导力量”，要求“国家保障国有经济的巩固和发展”。改革开放以来，我国的国有经济在不断发展壮大。但随着经济环境的复杂化，国有经济的比重在下降。股份制改造是提高国有经济质量的重要途径，为经济组织的现代化提供了有效形式，促进了国有经济的发展。但不可忽视的是，在国有经济股份制改造过程中也出现了大量国有资产流失的现象。由于国有经济是社会主义制度的经济基础，“国家保障国有经济的巩固和发展”是社会主义制度的必然要求，但某些国有经济乘国家保护之机，形成经济垄断，严重阻碍了社会主义市场经济的建立和发展。因此，国有经济必须通过提高市场竞争力的方式提高控制力。

集体所有制指生产资料归集体经济组织内部的劳动者共同所有的一种公有制形式。我国的集体所有制包括农村集体经济所有制和城镇合作经济两种类型。农村集体经济所有制的实现形式包括两种类型：一种是家庭承包经营为基础、统分结合的双层经营体制，一种是生产、供销、信用、消费等各种形式的合作经济。城乡集体经济在改革开放初期极大地支持了国家经济的发展，特别是各种类型的合作经济发展迅速。但由于各方面的原因，集体经济在很长一段时间发展迟缓，如何实现“国家保护城乡集体经济组织的合法的权利和利益，鼓励、指导和帮助集体经济的发展”的宪法要求，关键还是靠继续深化改革。农村、农民、农业问题仍是我国经济制度必须重点解决的核心问题之一。

宪法所确认的非公有制经济包括三类：第一类是个体经济；第二类是私营经济；第三类是中外合资企业、中外合作企业和外商独资企业。改革开放以后，我国的非公有制企业迅速发展，成为社会主义市场经济的重要组成部分。党的十八大报告提出“鼓励、支持、引导非公有制经济发展，保证各种所有制经济依法平等使用生产要素、公平参与市场竞争、同等受到法律保护”。

4. 分配制度

我国宪法坚持“按劳分配为主体、多种分配方式并存的分配制度”。

这一原则包括两个部分:第一部分,是在社会主义公有制范围内,坚持按劳分配原则。《宪法》规定:“社会主义公有制消灭人剥削人的制度,实行各尽所能、按劳分配的原则。”这一原则在国有经济组织内部或者城乡合作组织内部基本上能得到贯彻,但地区之间、行业之间仍然存在很大差异。国家正努力使改革成果更多地惠及最广大人民,致力于在分配领域贯彻公平原则。第二部分,是在非公有经济范围内,实行“多种分配方式”。由于利息收入、股息收入、财产性收入、私营经济和“三资”企业利润都不是按照“各尽所能、按劳分配”原则进行分配的,这一分配方式与我国长期处于社会主义初级阶段的实际相适应。

5. 财产权制度

财产权制度是一个复杂的制度体系,其复杂性主要源于财产权对象的多样性。由于“新财产”形式不断出现,因此,宪法不可能规定所有类型的财产权,只能作概括的规定,具体的财产类型由下位法进行规定。

我国《宪法》规定了公共财产和私有财产两种类型。

《宪法》列举了两种类型的公共财产权。一种是土地所有权,一种是自然资源所有权。

《宪法》规定了两种形式的土地所有权。一种是国家土地所有权。国有土地包括城市的土地和法律规定属于国有的农村和城市郊区的土地。一种是集体土地所有权。集体土地所有权包括依据法律规定属于国有的农村和城市郊区的土地之外的所有农村和城市郊区的土地,其中,宅基地、自留地和自留山都属于集体所有。为了提高国有土地资源的利用效力,国家将土地所有权与土地使用权适当分开,并规定“土地的使用权可以依照法律的规定转让”。由于大规模的城镇化对用地提出了更多要求,因此,《宪法》规定:“国家为了公共利益的需要,可以依照法律规定对土地实行征收或者征用并给予补偿。”由于土地是一种不可再生的稀缺资源,因此,在城镇化建设过程中,有些土地的征收和征用并不符合公共利益的需要,并且存在补偿标准混乱的情况,导致大量社会矛盾纠纷,影响社会和谐。

《宪法》规定了两种形式的自然资源所有权。一种是国家自然资源所有权。《宪法》规定:除法律规定属于集体所有的森林、山岭、草原、荒地和滩涂外,矿藏、水流、森林、山岭、草原、荒地和滩涂等自然资源,都属于国家所有。一种是集体自然资源所有权。《宪法》规定:森林、山岭、草原、荒地和滩涂可以由法律规定属于集体所有。宪法没有规定自然资源的使用权,但有些下位法规定了自然资源的使用权。在经济发展过程中,我国自然资源的破坏和浪费是极为严重的,不仅影响到可持续发展问题,而且影响到生态环境的保护和中华民族的永续发展问题,已经引起了社会的广泛关注和重视。因此,宪法有必要规定自然资源的使用权。

随着经济的发展和收入的提高,公民拥有财产的数量和种类越来越多,它是公民提高生活质量的重要保障。在资本主义国家,私有财产权不仅具有保障生活质量的功能,而且具有自我捍卫权利的功能。我国是社会主义国家,理论上认为公民生活质量的提高主要依赖于国民经济的发展,同时,我们认为社会主义国家是人民当家作主的国家,私有财产权不具有自我捍卫权利的功能。《宪法》第22条规定:“公民的合法的私有财产不受侵犯。

国家依照法律规定保护公民的私有财产权和继承权。"因此，公民的私有财产的保护依赖于法律的规定。《宪法》第 13 条还规定："国家为了公共利益的需要，可以依照法律规定对公民的私有财产实行征收或者征用并给予补偿。"由于宪法未规定补偿原则，现实生活中，补偿的标准具有很大的随意性，大多数以损害公民合法财产权为代价，产生了严重的社会问题，已引起社会的广泛关注和重视。

我国确立了两项财产权保护原则：一项是公共财产神圣不可侵犯原则，一项是公民的合法的私有财产不受侵犯原则。两项原则的法律位阶和保护机制存在显著差异。对于公共财产进行无任何附加条件的实质宪法保护，对私有财产进行附法律条件的形式宪法保护。这是社会主义制度在财产权领域的必然反映。由于宪法只保护公民的合法财产，因此，宪法对公民财产权的保护是一种形式保护，私有财产是否受宪法保护依赖于法律的规定。但我国是一个多层次、多部门立法的国家，现行法律体系并非都是良法，即使应属于公民的合法财产，如果遭遇恶法，私有财产就会遭受损失。

6. 国家经济管理体制

我国宪法确立了社会主义市场经济体制。国家经济管理体制必须与这一目标相适应。宪法确立的国家经济管理体制包括四个方面：

第一个方面，要求处理好市场和政府之间的关系。处理好市场与政府的关系是市场经济体制最重要的内容。为了处理好政府与市场之间的关系，我国将"政企分开"作为经济体制改革的重要目标。"政企分开"的核心是政府尊重市场主体的经营自主权，市场主体服从政府的依法管理。

第二个方面，要求处理好企业经营自主权与政府宏观调控的关系。保障企业经营自主权是市场经济的核心。但市场经济也有自身不可克服的缺陷。因此，"政企分开"不是政府放任不管，而是尊重市场规律，更好地发挥政府的作用，目的在于发挥市场在配置资源中的基础性作用。宪法确立了政府宏观调控的宪法地位。国家对国民经济必须进行动态的宏观调控。宏观调控的根据主要是经济方面的法律和经济发展规划。法律在政府宏观调控中具有基础地位，这是市场经济的规律，也是依法治国和依法行政的要求。经济计划与现代市场经济之间并不存在矛盾，相反，必要的经济计划是保障国民经济科学发展的必要工具。

第三个方面，是处理好经济组织与劳动者之间的关系。国有企业必须根据法律的规定建立完善的公司治理结构，同时必须根据法律的规定实行民主管理，以便企业提高自身的竞争力，劳动者充分享受经济民主的权利。集体经济组织必须实行民主管理，依照法律的规定选举和罢免管理人员，决定经营管理的重大问题。由于集体经济组织多种多样，并不都符合现代企业的要求。因此，民主管理既是集体经济组织的治理方式，也是劳动者享受经济民主权利的重要途径。

第四个方面，是处理好政府与非公有制经济之间的关系。改革开放以来，非公有制经济得到了很大发展，在国民经济中的比重不断提高，成为社会主义市场经济的重要组成部分。由于非公有制经济自身的特点，国家在鼓励、支持和引导非公有制经济发展的同时，还必须对非公有制经济依法实行监督和管理。

总之，在建设社会主义市场经济体制的过程中，政府管理经济的任务更为繁重和复杂。因此，无论是政府对国民经济的宏观调控，还是对微观经济的管理，善于运用法治思维和法治方法都是实现国家经济管理的最好方式。

第四节　社会管理制度体系

一、社会管理制度体系概述

（一）社会管理制度体系的概念

社会管理制度体系是国家社会管理制度构成中社会管理规范的体系化安排所形成的相对独立的社会管理制度类型及其社会管理制度结构。

社会管理有狭义和广义之分。广义的社会管理是指除国家政权建设外管理社会关系的所有活动。政权建设实际上是为社会管理建立一个基础。① 广义的社会管理包括经济领域、政治领域、社会领域、文化领域和生态保护领域各方面社会关系的管理。狭义的社会管理仅指经济领域、政治领域、文化领域和生态保护领域之外的社会关系的管理活动。

从社会学的角度，郑航生先生对社会管理进行了定义。“社会管理，是指执政党和政府与其他社会主体，运用法律、法规、政策、道德、价值等社会规范体系，直接地或间接地对社会不同领域和各个环节进行服务、协调、组织、监控的过程和活动。”②“社会管理就是通过规范社会行为、协调社会关系、促进社会认同、解决社会问题、化解社会矛盾、维护社会安全、应对社会风险，为人类社会的生存和发展创造基础运行条件和良好社会环境。”③即使是狭义的社会管理，所包含的范围也极为宽泛，边界也很模糊，处于不断发展定型之中。

社会管理可以分为两种类型：一种社会管理是国家利用公共权力对社会关系进行的管理，一种社会管理是社会主体在法律允许的范围内对社会进行的自治管理。

（二）资本主义国家社会管理制度体系的发展

自由资本主义时期，基于市民社会与国家分离的理念，没有形成国家公共权力主导管理社会的制度体系。按照市民社会与国家二元对立的观念，国家不得跨越宪法所确立的边界进入市民社会，市民社会属于自治的范畴。尽管在自由资本主义时期也有部分社会救济方面的法案，但这些零星的法案并没有构成一个社会管理的制度体系。

1919 年的《魏玛宪法》开创了社会管理制度规范体系化的历史，首次确立了公民的社会权。社会权的确立标志着国家负有为公民社会生活提供保障的义务。随着社会权的不断发展，主要资本主义都不同程度地确立了福利国家的地位。

---

①　[苏联]A. M. 奥马罗夫：《社会管理——某些理论与实践问题》，王思斌等译，浙江人民出版社 1987 年版，第 1 页。

②　郑航生：《社会管理基本理论问题研究》，载魏礼群：《新形势下加强和创新社会管理研究》，国家行政学院出版社 2011 年版。

③　马凯：《新形势下社会管理面临的挑战和机遇》，载魏礼群：《新形势下加强和创新社会管理研究》，国家行政学院出版社 2011 年版，代序 1。

由社会权发展而来的福利国家由两个方面的理论构成：第一，风险是市场社会的典型特征，公民将遭受风险之苦并因此产生特定需要，国家负有为他们提供援助和支持的宪法义务。① 第二，福利国家承认社会主体通过集体力量维护自身权益和自治的宪法地位。

由社会权发展而来的福利国家本质上仍属于国家—市民社会结构的一部分，但由于福利国家需要公共权力对社会援助和支持进行管理，这就为国家进入市民社会提供了契机。随着国家越来越多地介入市民社会，也随着社会的复杂化，社会管理理念开始从市民社会自治转向对社会的系统管理。② 在此基础上，主要资本主义国家建立了系统的社会管理制度体系。

随着资本主义国家社会管理制度体系的建立，社会学领域总结出了社会控制理论、社会治理理论、社会系统理论、福利国家理论、风险社会理论等不同的理论类型。在这些理论中，福利国家理论和社会治理理论在社会管理制度体系的形成过程中居于主要地位。

20世纪80年代开始，由于行政权借福利国家不断扩张，西方出现了大规模的"新公共管理运动"。"新公共管理运动"竭力在公共管理过程中嵌入新自由主义的要素，这一运动形式嬗变为社会治理模式，对世界各国产生了广泛影响。

二、我国的社会管理制度体系

（一）我国社会管理制度体系的发展历程

新中国成立以后，为了保卫新生的国家政权和对旧社会结构进行改造，我国的社会管理采取了苏联的社会管制模式。随着计划经济体制的确立，对社会的管制越来越严格，对公民权利进行了严格限制，使社会缺乏应有的活力，严重阻碍了经济社会的发展。

十一届三中全会以后，随着农村家庭承包责任制的确立和国有企业改革的深入，特别是社会主义市场经济体制的确立和发展，大量人员脱离了原有管理单元和序列进入社会。大量人员进入社会，增加了人口的流动性，也产生了社会管理的需求。我国急需通过宪法确立社会管理制度体系。

由于我国八二宪法时期社会结构还没有出现大规模变动，宪法修正案又主要涉及经济制度和政治制度，所以，现行宪法总纲没有任何一个社会管理制度的专属条款，涉及社会管理的条款主要在公民权利和义务规范中表述，属于社会权的范围。因此，从宪法规范的角度分析，我国还没有建立起社会管理的制度体系。尽管近年来我国以国家力量强力推动加强和创新社会管理，但由于宪法没有确立社会管理制度体系，实践中出现了各种各样的试验，取得了显著的成就，也出现了严重的问题。

（二）我国社会管理制度体系的组成部分

1. 社会管理的目标

社会管理属于社会建设的一部分，社会建设的目标是构建和谐社会。为实现社会和

---

① ［德］克劳斯·奥菲：《福利国家的矛盾》，郭忠华等译，吉林人民出版社2006年版，第1页。

② ［英］马克·尼奥克里尔斯：《管理市民社会》，陈小文译，商务印书馆2008年版，第23页。

谐的目标，社会管理需要处理好四个方面的关系：

第一，维护社会秩序和激发社会活力的统一。社会秩序的维护和社会活力的激发是社会管理的双重目标。维护社会秩序是社会管理的主要目标，社会秩序为社会发展提供了基础条件和社会环境。没有社会秩序就没有社会发展的基础条件。但维护社会秩序不能窒息社会活力，不能对社会进行管制。激发社会活力是社会发展的实质内容，必须将维护社会秩序的目标融入激发社会活力的过程之中，在激发社会活力的过程中维护社会秩序，在社会秩序的保障下激发社会活力。

第二，政府主导和社会参与的统一。现代的社会管理既不是政府对社会进行管制，否定社会自治的社会，也不是社会自治拒绝政府介入的社会。现代的社会管理既是政府向社会提供公共服务并依法对社会事物进行规范和调节的过程，也是社会自我服务并依法律和道德进行自我规范和调节的过程。

第三，源头治理与化解社会纠纷的统一。社会是一个复杂的系统，存在不协调、不和谐因素。不协调、不和谐因素的相对固定化成为社会矛盾的源头，不协调、不和谐因素的个体化成为社会纠纷。从社会管理的角度分析，社会矛盾的源头主要是社会建设不充分造成的。当前我国社会矛盾的源头主要集中在就业、教育、住房、医疗、社会保障等基本民生领域。表现为两种类型：第一类是公共权力对公民权利的侵害。这类矛盾属于为消除社会矛盾而形成的次生社会矛盾。主要表现为城市扁平化发展思路中大规模征地、拆迁对公民物权的侵害、点多面广的基层腐败所导致的公共权力信任危机、干部作风不正所导致的官民对立、选择性执法对公民合法权益的隐形损害、司法不公所导致的公民不服从、处理应急事态时策略短缺所导致的公共事件。这类矛盾主要是权力不正当行使所形成的社会矛盾。第二类是社会管理“虚置化”所导致的公共服务短缺。这类矛盾属于公民社会权无保障所引发的社会矛盾，背离了“社会和谐人人有责”的要求。主要表现为不完全城市化所导致的身份差序、城市扁平化现象所导致的“城中村”劣质公共服务、乡村“空心化”所导致的社会资本萎缩、基层政权衰微所导致的痞子运动现象、流动性所导致的不确定性风险、虚拟社会所导致的价值混乱。这类矛盾主要是公共领域缺失和公共责任体系缺位所形成的社会矛盾。

在改革进入深化阶段，社会纠纷凸显。主要表现为市场经济的缺陷加剧了利益的分化，出现了显著的社会不公。这类纠纷属于私权纠纷引发的社会纠纷，主要是权利或权力不当行使造成的。主要表现为垄断企业对市场的操纵，权钱交易对市场的扭曲；一部分人的预期利益落空、一部分人的权利无法实现、一部分人在追求权利的过程中忽视他人的权利、一部分人的权利行使超越权利的边界、一部分人权利的行使以损害他人的权利为代价。

2. 社会管理模式

在社会管理创新过程中，我国并存两种模式。

第一种模式致力于社会重构。选择社会重构模式的理由是：第一，由于农村实行包产到户的责任制，也由于农业税被取消，基层政府对农村的有效管理日趋松弛。同时，从农业中解放出来的大量农民在农村和城市之间大规模高速自由流动，其权利和义务处于不确定状态，成为弱势群体，也引发了某些社会矛盾。一方面，农村的各种变动形成一种多重制度变迁的内在动力，为农村的社会重构提供了契机。另一方面，农村的社会资本呈短缺趋势，社会重构的管理资源极为稀缺。因此，政府必须向农村注入社会资本，不断提高村民的自治能力和互助共济水平。第二，在"政企"分开、"政事"分开的改革条件下，企事业单位不再承担公共行政管理职能。不再承担公共行政管理职能的企事业单位以市场为导向，有利于社会进步和经济发展。但是，部分公用企业和公益事业单位忘记了提供公共服务的社会责任。同时，随着企事业单位改革的不断深入，大量人员从企事业单位中分离出来脱离了原有的管理序列成为"社会人"，其权利和义务需要重新界定。一方面，改革后的企事业单位整体上提高了公共服务水平，但部分公用企事业单位没有履行相应的公共责任；另一方面，企事业单位人员分流有利于促进社会发展，但脱离原有管理序列的"社会人"需要纳入新的社会体制之中。城乡两方面未完全权利义务化的事项汇聚成社会领域的核心问题，亟须借助于政府力量进行有序重构。当然，在实践过程中某些试验点的管制化倾向试图复活计划经济时代的管制模式必须引起我们的高度重视。第三，地方发展型政府的行为逻辑制度化的消极后果导致地方社会管理组织功能错位，抑制了公共服务型地方政府的成功塑造和地方服务组织的培育，必须通过社会重构模式使社会管理组织回归理性。

第二种模式致力于社会治理。选择社会治理模式的理由是：第一，自改革开放以来所形成的社会关系不可逆转，改革开放的政策不会改变，计划经济时代所确立的社会管制模式在新的社会关系中已丧失效力，只有富于弹性和应变能力的社会治理模式才能适应社会的新要求。第二，在国内，以权利保障为依归的改革试验激发了公民的首创精神，极大地促进了我国的高速发展，而以权利为基础的公民社会必将贡献于我国未来的社会发展。第三，在西方，规模宏大的"新公共管理运动"通过市场机制和公民民主的制度性嵌入在一定程度上消解了自凯恩斯以来政府干预的刚性，增加了社会的应变能力，促进了公民民主权利的发展，它们的改革成果值得我们借鉴。但必须注意的是：在我国，作为公民社会基础条件的个人责任尚缺乏社会根基，其普遍化尚是一个悬而未决的问题。在西方，社会治理模式是市场机制与政府治理技术化、公民民主制度化相结合的产物，内部仍存在一种多元竞争的态势，并未形成一种整体性治理模式。西方社会治理模式致力于在个人责任基础上发展公共责任，培育社会的公共性。它是以权利体系的发达为前提条件的，致力于培育公共责任的目的是为了建立与发达权利体系之间的反思性平衡关系。而在我国，权利保障体系极为脆弱，公共责任体系极为稀薄，被市场所激发的欲望的个人主义和在市场中寻租的公共权力都极力压制公共责任的生成，社会治理模式受到各种障碍的掣肘，使社会治理模式的愿景遭受一定程度的挫折。

创新社会管理是社会建设的重要内容，无论是社会重构模式还是社会治理模式都是促进社会和谐的重要途径。但两种模式都必须在法治的轨道上选择具有适应性的有效领域。社会重构模式的核心是实现社会管理体制的功能回归和功能深化，使社会管理组织通过管理提高公共服务水平，而不是放弃管理迁就无政府主义倾向。社会治理模式的核心是民间组织再造，使民间组织与社会管理组织之间建立制度化、结构性合作伙伴关系，丰富社会管理的主体，延伸社会管理的链条，拓展公共服务的空间，提升公共服务的水平。结合我国的实际，当前宜采取社会重构模式为主，社会治理模式为必要补充的社会管理创新模式。值得注意的是:社会重构模式与社会治理模式之间仍然存在制度性摩擦,必须提高社会管理体制、机制的包容性。党的十八大在“党委领导、政府负责、社会协同、公民参与”社会管理总格局的基础上明确加入了“法治保障”这一重要内容,为社会管理体制、机制的包容性奠定了基础,从而形成了完整的社会管理格局。

创新社会管理的目的是化解社会矛盾,减少社会纠纷,加强社会建设,促进社会和谐。但是,某些地方在认识和实践上出现了偏差,不仅没有实现上述目的,反而导致了次生社会矛盾。具体表现为:坚持刚性的“维稳观”,片面强化政府管控,不愿发展社会组织,只讲维稳、不讲维权,只讲民生、不讲民主,滥用网络化管理等。这些误解和偏差的出现,究其根本,在于不善于运用法治思维和法治方法化解社会矛盾、解决社会纠纷,在于偏离了法治轨道,违背了依法治国方略的精神。

总之,我们在社会管理创新实践中,既不能采取废弃主义的立场否定社会重构模式的合理要素,也不能采取民粹主义的立场拒斥社会治理模式的合理诉求,而应该根据现实的需要,善于运用法治思维和法治方法化解社会矛盾,坚持在法治轨道上选择社会管理创新的模式、步骤、程序、方式和方法。

第五节　文化制度体系

一、文化制度体系概述

(一)文化制度体系的概念

文化制度体系是国家文化制度构成中文化规范的体系化安排所形成的相对独立的文化制度类型及其文化制度结构。

文化是一个范围广泛,边界难以界定的概念。广义的文化指人类改造自然和社会形成的全部成果。18世纪的欧洲思想家一般从这一角度定义文化,相当于现代语言中的社会文明。狭义的文化指人类改造自然和社会创造的全部精神财富。19世纪的欧洲思想家一般从这一角度定义文化,相当于现代语言中的精神文明。最狭义的文化指教育、科技、卫生、体育、文艺创作、新闻、出版等特定的社会事业。20世纪以后,为了制度化的需要,以最狭义的文化概念为主。

一国宪法所确立的文化制度体系以意识形态为核心,目的在于形成民族凝聚力,保持民族特色,增强民族创造力,提升民族文化的实力与影响力,满足人民文化生活的需要。

(二)资本主义国家文化制度体系的发展历程

自由资本主义时期,以个体主义为核心,以自然权利学说和社会契约论为理论指导建立了资本主义国家的文化制度体系。自由资本主义文化制度体系的核心范畴是自由、平等、人权和法治。宪法在公民基本权利中确认上述价值,但侧重于政治权利的视角,也没有确立国家的文化政策。著作权、受教育权和少数民族权利也有未体系化的规定。

20世纪,资本主义发生了深刻变化,文化制度体系的重要性进一步受到重视。1919

年的《魏玛宪法》不仅规定了比较详细的公民文化权利，而且明确规定了国家的基本文化政策，形成了系统的文化制度体系，被许多资本主义国家所效仿。

尽管资本主义文化制度体系在20世纪初期增加了社会权、福利国家等基本文化制度，但主导资本主义国家文化制度体系的核心仍然是自由资本主义的文化观念，在世界范围内形成了广泛而深远的影响。在20世纪后期，出现了以社会正义为核心，反思自由主义文化的新自由主义思潮，也出现了以回归古典传统为核心，反思自由主义文化的社群主义思潮。[①] 两股思潮相互反思，相互规训，对资本主义文化制度体系产生了不同层面的深刻影响。

二、我国的文化管理制度体系

（一）我国文化制度体系的发展历程

我国的文化属于社会主义文化，在意识形态上，以集体主义为核心建立了社会主义文化理论体系，在文化事业上，逐步形成了教育、科技、卫生、体育、文艺创作、新闻、出版等文化事业。

在我国文化制度体系的发展过程中，《共同纲领》和五四宪法都确立了与当时的社会实际相适应的文化制度体系，促进了我国文化的发展。但随着“极左”思潮的泛滥，以“破四旧”、“反右”扩大化运动和“文化大革命”为标志的错误文化政策，对我国的传统文化和文化事业造成了巨大灾难。

改革开放以后，八二宪法确立了比较完整的文化制度体系，但由于当时处于拨乱反正时期，文化制度体系在概念表述上仍然比较凌乱。现行宪法与文化相关的表述有“教育、科学、文化等事业”、“社会主义思想教育”、“物质文明、政治文明和精神文明”、“富强、民主、文明”、“发展同各国的外交关系和经济、文化的交流”、“管理国家事务，管理经济和文化事业，管理社会事务”、“帮助各少数民族地区加速经济和文化的发展”、“逐步改善人民的物质生活和文化生活”、“提高全国人民的科学文化水平”、“对工人、农民、国家工作人员和其他劳动者进行政治、文化、科学、技术、业务的教育，鼓励自学成才”、“历史文化遗产”等，这些文化概念语境不同、内涵各异，错综复杂，不利于文化建设，需要根据文化制度建设的经验和理论研究的成果进行规范表述，才能形成完整的、清晰的文化制度体系。

（二）我国文化制度体系的组成部分

1. 中国特色社会主义理论体系

现行宪法确立了马克思列宁主义、毛泽东思想、邓小平理论和“三个代表”的思想指导地位。党的十八大指出，中国特色社会主义理论体系，就是包括邓小平理论、“三个代表”重要思想、科学发展观在内的科学理论体系，是对马克思列宁主义、毛泽东思想的坚持和发展。中国特色社会主义理论体系的确立，目的在于建设面向现代化、面向世界、面向未

---

① ［美］丹尼尔·贝尔：《资本主义文化矛盾》，严蓓文译，江苏人民出版社2007年版，“1978年再版序言”，第5页。

来的，民族的、科学的、大众的社会主义文化，延续民族的血脉，为人民营造精神家园。

2. 社会主义核心价值体系

现行宪法确立了以集体主义为基础的社会主义核心价值体系。党的十八大对社会主义核心价值体系进行了系统表述，分为四个层次：第一个层次属于意识形态范畴，表述为爱国主义、集体主义、社会主义。第二个层次属于国家意识范畴，表述为富强、民主、文明、和谐。第三个层次属于社会意识范畴，表述为自由、平等、公正、法治。第四个层次属于社会道德范畴，表述为爱国、敬业、诚信、友善。

我国是社会主义国家，又长期处于社会主义初级阶段，人民的价值观念具有多样性，在坚持社会主义意识形态占主导地位的同时，也尊重和包容不同的积极价值观念。由不同层次和位阶构成的社会主义核心价值体系适应我国现阶段价值观念多样性的实际，是一个巨大的进步。

3. 文化事业

现行宪法确立了教育、科技、卫生、体育、文艺创作、新闻、出版等社会事务的文化制度体系，极大地提高了人民的创造力，丰富了人民的文化生活。在新时期，国家将学有所教、病有所医确立为保障和改善民生的重点内容。

4. 文化产业

我国现行宪法没有明确规定文化产业，但在新时期，为了增强文化整体实力和竞争力，国家已着手进行文化体系改革，坚持把社会效益放在首位、社会效益和经济效益相统一，推动文化事业全面繁荣、文化产业快速发展。发展哲学社会科学、新闻出版、广播影视、文学艺术事业。加强重大公共文化工程和文化项目建设，完善公共文化服务体系，提高服务效能。促进文化和科技融合，发展新型文化业态，提高文化产业规模化、集约化、专业化水平。构建和发展现代传播体系，提高传播能力。增强国有公益性文化单位活力，完善经营性文化单位法人治理结构，繁荣文化市场。扩大文化领域对外开放，积极吸收借鉴国外优秀文化成果。营造有利于高素质文化人才大量涌现、健康成长的良好环境。

第六节 生态保护制度体系

一、生态保护制度体系概述

(一)生态保护制度体系的概念

生态保护制度体系是国家生态保护制度构成中生态保护规范的体系化安排所形成的相对独立的生态保护制度类型及其生态保护制度结构。

生态(Eco-)一词源于古希腊 οικος，原意指“住所”或“栖息地”。1866 年，德国生物学家 E. 海克尔(Ernst Haeckel)最早提出生态学的概念，当时认为它是研究动植物及其环境之间、动物与植物之间及其对生态系统的影响的一门学科。

20 世纪 60 年代末，人类开始关注环境问题。1972 年 6 月 5 日，联合国召开了“人类环境会议”，提出了“人类环境概念”。各国在可持续发展思路下定义人类环境概念，基于不同的立场和认识，出现了各种不同的关于可持续发展的定义。1987 年世界环境与发展委员会在《我们共同的未来》报告中第一次阐述了可持续发展的概念。报告认为，可持续发展是“既满足当代人的需求，又不对后代人满足其自身需求的能力构成危害的发展。”这一定义在国际社会达成了广泛共识。

可持续发展是在对人类经济无限增长假设的深刻反思基础上发展出的理论体系。由于将环境作为经济发展的一个约束条件进行考察并不必然得出生态保护优先于经济发展的结论，[①]生态环境没有得到根本改善。因此，在更深层次上，人类提出了生态文明的概念，试图在超越经济发展的更广泛的层面建立起保护生态环境的制度体系。

300 年来的工业文明以人类征服自然为主要特征，世界工业化的发展使征服自然的文化达到极致。特别是在资本逻辑的支配下，一系列全球性的生态危机说明地球再也没有能力支持工业文明的继续发展，需要开创一个新的文明形态来延续人类的生存，这就是生态文明。生态文明，是指人类遵循人、自然、社会和谐发展这一客观规律而取得的物质与精神成果的总和；是指人与自然、人与人、人与社会和谐共生、良性循环、全面发展、持续繁荣为基本宗旨的文化伦理形态。但仅有伦理的约束无法阻止生态危机，改善生态环境，必须通过制度建设以保护生态文明。在此基础上，国际组织和各主权国家都开始致力于构建生态保护制度体系，并产生将生态保护提升到宪法保障层面的内在要求。

（二）资本主义国家生态保护制度体系的发展历程

文艺复兴以后，由于相信人类理性的无限性和科学技术的力量，资本主义开始了征服自然的历程。在自由资本主义时期，由于资本的积累和聚集程度比较低，对生态的破坏主要出现在局部范围，没有危及一国和人类共同的生存环境。资本主义国家也没有通过宪法对生态环境进行保护。

随着资本的不断集中和科学技术的迅猛发展，人类改造自然的能力越来越强大，同时对生态环境的破坏也越来越严重，直接威胁人类的生存环境，对人的健康和生命造成了严重的威胁。特别是第二次世界大战以后，随着经济全球化的加速和科学技术的迅猛发展，对生态的破坏已出现种种危机的迹象，主要资本主义国家不得不面对资本逻辑与生态危机的关系问题。少数国家已将生态环境保护提升到宪法层面，[②]欧盟致力于在更高层次和更大范围内保护生态环境。[③] 但由于各主权国家基于自身利益的需要，生态保护制度的实施效果并不理想。在资本逻辑支配下，破坏生态环境的事实并没有从根本上改变。[④]生态环境保护仍然是一个悬而未决的全球性问题，需要人类共同面对，宪法必须起到根本

---

① ［德］罗尔夫·施托贝尔：《经济宪法与经济行政法》，谢立斌译，商务印书馆 2008 年版，第 331 页。

② ［德］罗尔夫·施托贝尔：《经济宪法与经济行政法》，谢立斌译，商务印书馆 2008 年版，第 329 页。

③ ［德］罗尔夫·施托贝尔：《经济宪法与经济行政法》，谢立斌译，商务印书馆 2008 年版，第 331～332 页。

④ 陈学明：《资本逻辑与生态危机》，载《中国社会科学》2012 年第 11 期。

法的作用,发挥根本法的功能。

二、我国的生态保护制度体系

(一)我国生态保护制度体系的发展历程

建国以后,我国的经济发展水平很低,科学技术的应用范围也极为有限,生态环境的保护没有作为宪法的任务提出,也没有建立生态保护制度体系。在"极左"思潮的指导下,我国对生态环境曾造成过大规模的破坏。但由于生产力发展水平比较低,生态环境在一定程度上得以自我修复。

改革开放以后,由于生产力和科学技术的迅猛发展,也由于尚未建立起先进的生态保护观念,虽然宪法明确确立了保护生态环境的制度,也形成了以宪法为基础,以《环境保护法》为主体的生态环境保护法律体系,但是制度的执行力很弱,以致出现了资源约束趋紧,环境污染严重,生态系统退化的严峻形势,严重威胁人民的生命健康,严重阻滞中华民族的永续发展。亟须建立完善的生态环境保护制度,加大生态保护制度的执行力度,探索改善生态环境的方式和方法,改善我们赖以生存和发展的生态环境。

(二)我国生态保护制度体系的组成部分

1. 生态文明理念

我国的生态文明理念经历了以下几个阶段:第一阶段是无生态环境保护观念阶段。在生产力水平低下的背景下,为了大力发展生产力,满足人民物质生活的需要,在"人定胜天"思想的支配下,没有建立起生态环境保护的观念,也没有制定完整的生态环境保护制度体系,出现过大规模破坏生态环境的事实。第二阶段是有限生态环境保护阶段。改革开放以后,为了实现现代化的目标,满足人民日益增长的物质生活需要,我国进行了大规模的经济建设,取得了举世瞩目的巨大成就,但也出现了严重的生态环境问题。在这一阶段,国家也认识到生态环境保护的重要性,并将生态环境保护纳入宪法和环境法保障范围,形成了比较完整的生态环境保护法律体系。但由于这一阶段的生态文明观是建立在将生态环境保护作为经济发展的约束条件基础上的认识,因此,生态环境保护的力度仍然欠缺,出现了严重的生态环境问题。第三阶段是全面生态环境保护阶段。由于在发展过程中出现了严重的生态环境问题,我国提出了科学发展观,开始在更广泛领域和更高层次上考察生态环境保护问题,从而形成了全面保护的生态文明理念。

全面保护的生态文明理念要求尊重自然、顺应自然、保护自然,并把生态文明建设放在突出地位,融入经济建设、政治建设、文化建设、社会建设各方面和全过程,努力建设美丽中国,实现中华民族永续发展。

现阶段我国的生态理念不仅从生产力发展的角度对生态环境保护提出了更高的要求,而且着眼于从生产关系的角度对生态环境保护提出了全面要求,还从人类共同的生存环境角度对生态环境保护提出了伦理要求,标志着我国生态环境保护理念的巨大历史进步,也预示了我国生态环境保护制度发展的未来。

2. 生态环境保护原则

在坚持以经济建设为中心的基本国策背景下，经济建设仍然是我国发展的主题。为保证科学发展，我国坚持节约资源和保护环境的基本国策；坚持节约优先、保护优先、自然恢复为主的方针；着力推进绿色发展、循环发展、低碳发展，形成节约资源和保护环境的空间格局、产业结构、生产方式、生活方式；致力于从源头上扭转生态环境恶化的趋势；竭力为人民创造良好生产生活环境，为全球生态安全作出贡献。

3. 生态环境保护措施

第一，优化国土空间开发格局。国土是生态文明建设的空间载体，必须珍惜每一寸国土。要按照人口资源环境相均衡、经济社会生态效益相统一的原则，控制开发强度，调整空间结构，促进生产空间集约高效、生活空间宜居适度、生态空间山清水秀，给自然留下更多修复空间，给农业留下更多良田，给子孙后代留下天蓝、地绿、水净的美好家园。加快实施主体功能区战略，推动各地区严格按照主体功能定位发展，构建科学合理的城市化格局、农业发展格局、生态安全格局。提高海洋资源开发能力，发展海洋经济，保护海洋生态环境。

第二，全面促进资源节约。节约资源是保护生态环境的根本之策。要节约集约利用资源，推动资源利用方式的根本转变，加强全过程节约管理，大幅降低能源、水、土地消耗强度，提高利用效率和效益。推动能源生产和消费革命，控制能源消费总量，加强节能降耗，支持节能低碳产业和新能源、可再生能源发展，确保国家能源安全。加强水源地保护和用水总量管理，推进水循环利用，建设节水型社会。严守耕地保护红线，严格土地用途管制。加强矿产资源勘查、保护、合理开发。发展循环经济，促进生产、流通、消费过程的减量化、再利用、资源化。

第三，加大自然生态系统和环境保护力度。良好的生态环境是人和社会持续发展的根本基础。要实施重大生态修复工程，增强生态产品生产能力，推进荒漠化、石漠化、水土流失综合治理，扩大森林、湖泊、湿地面积，保护生物多样性。加快水利建设，增强城乡防洪抗旱排涝能力。加强防灾减灾体系建设，提高气象、地质、地震灾害防御能力。坚持预防为主、综合治理，以解决损害群众健康突出环境问题为重点，强化水、大气、土壤等污染防治。坚持共同但有区别的责任原则、公平原则、各自能力原则，同国际社会一道积极应对全球气候变化。

第四，加强生态文明制度建设。保护生态环境必须依靠制度。要把资源消耗、环境损害、生态效益纳入经济社会发展评价体系，建立体现生态文明要求的目标体系、考核办法、奖惩机制。建立国土空间开发保护制度，完善最严格的耕地保护制度、水资源管理制度、环境保护制度。深化资源性产品价格和税费改革，建立反映市场供求和资源稀缺程度、体现生态价值和代际补偿的资源有偿使用制度和生态补偿制度。积极开展节能、碳排放权、排污权、水权交易试点。加强环境监管，健全生态环境保护责任追究制度和环境损害赔偿制度。

第五，培育全民生态文明意识。加强生态文明宣传教育，增强全民节约意识、环保意识、生态意识，树立保护生态环境人人有责的观念，形成合理消费的社会风尚，营造爱护生态环境的良好风气。

[**宪法事例**]2012年11月8日开幕的党的十八大报告中，胡锦涛同志提出，建设中国特色社会主义，总依据是社会主义初级阶段，总布局是"五位一体"，即经济建设、政治建设、文化建设、社会建设、生态文明建设要一起抓，这标志着我国社会主义现代化建设进入新的阶段，体现了中国共产党治国理政的新境界。把生态文明建设列入"五位一体"总布局，为建设美丽中国、实现中华民族可持续发展指明了奋斗方向。

1986年，党的十二届六中全会首次提出以经济建设为中心、坚定不移地进行经济体制改革、坚定不移地进行政治体制改革、坚定不移地加强精神文明建设的总体布局，这一"三位一体"的总布局一直延续到党的十六大。十六届六中全会上，我党提出构建社会主义和谐社会的重大任务，在"三位一体"基础上增加了社会建设，总体布局由此拓展为"四位一体"。党的十八大提出生态文明建设，总体布局又拓展为"五位一体"，反映了我国社会主义建设的不断发展与完善。

【思考题】

1. 论我国国家制度的构成。
2. 我国的社会管理制度体系有何特征？
3. 为什么要建立健全生态保护制度体系？

第十四章　选举制度

【引例】

2010 年 9 月，21 岁的西北政法学院大学生马某休学回到家乡洛南县麻坪镇合兴村支农，并于 10 月份把户口从西安迁回村里。11 月 12 日，合兴村将进行村委会换届选举。此前进行的选民登记确认了马某的选民资格。正当他积极准备参选时，合兴村选举委员会突然宣布取消其候选人资格和选民资格，理由是马某属非农业户口。马某不服，于 11 月 7 日向洛南县人民法院提起诉讼，请求确认其候选人资格和选民资格。

案件审理过程中，控辩双方就具有非农业户口的马某是否有选民资格进行了激烈辩论。经审理，洛南县人民法院判决认为，依据《中华人民共和国村民委员会组织法》、《陕西省村民委员会选举办法》，确认起诉人马某具有洛南县麻坪镇合兴村第六届村民委员会换届选举的选民资格。

第一节　选举制度概述

一、选举的概念

汉语中“选举”一词源自《礼记·礼运》：“大道之行也，天下为公，选贤与能。”从词汇学上来说，“天下为公，选贤与能”中的“与”是“举”的通假字，天下选举就是“天下为公，选贤举能”。可见，在中国古代，选举是由统治者来选择统治者，或者说是以“贤”选“贤”，也就是通过少数来选择少数，但它又是被相当强韧地客观化和制度化了的，不以个人的意志和欲望为转移。

在英语中，“选举”一词为 election，它源自拉丁语动词 eligere，意指挑选。“它（选举）是一种具有公认规则和程序形式，人们据此而从所有人或一些人中选举几个人或一个人担任一定职务。”①选举与任命或者抽签的选拔方法不同。总之，它是一种自上而下的选择，其意指与现代意义上的选举含义迥异。

概而言之，选举作为一种政治活动现象，从广义上说，是指一定的社会成员根据自己的意愿，按照一定的程序和方法，选拔、推举代表或者主要负责人的活动。从狭义上说，选举仅指选民或者代表根据自己的意志，根据法律规定的原则、程序和方式，选出国家代议

---

① ［英］戴维·米勒、韦农·波格丹诺：《布莱克维尔政治学百科全书》，邓正来译，中国政法大学出版社 2002 年版，第 229 页。

机关代表(议员)和国家权力机关组成人员的行为。

二、选举权

世界各国宪法都明确规定,选举权是公民的基本政治权利之一。关于选举权的来源,学界存在两种主流观点,一是选举权的固有权利,或曰“固有权利说”和“法律授权”说。

固有权利说其实就是主张选举权是天赋的人权。“在 18 世纪法国大革命时期内,有一部分人将选举权完全看作国民的固有权利。所谓固有权利,即国民当然享有的权利,既无须国家宪法或法律赋予,也不是国家宪法或法律所能剥夺。这种理论,乃根据卢梭的主权论。”但“倡导此说者,原意只在对抗十七八世纪欧洲各国的选举制度,因为当时的选举权,限于贵族、僧侣及有产阶级,而不及一般的人民。这种限制,自然应该取消;但因而倡导固有权利之说,则亦不免矫枉过正”①。

与天赋人权说不同,法律授权说认为选举权不是天赋而是人赋的,但这个“人”是指人民而不是国家,选举权是人民通过宪法创造而不是国家通过法律创造的。宪法上的选举权是作为制宪者的人民赋予个体公民的权利,而选举法作为法律是国家实施、细化公民宪法权利的结果,选举法本身并没有、也不能“赋予”(只能细化)公民选举权,公民的选举权不是来自于国家而是来自于作为制宪者的人民。人民是整体,公民是个体,人民由公民组成,人民是公民全体,因此选举权是人民整体授予自己的每一个个体参与国家事务的权利,是人民主权“化整为零”的一种表现形式。②

选举权不是宪法“认可”的权利,而是人民通过宪法“创造”的权利,是与人民主权联系最密切的权利。选举权是权利也是权力,其权利属性表现为它具有可放弃性、利益性、意志性;其权力属性表现在它能够决定他人(候选人)的利益和命运,但选举权的权利属性和权力属性都是不完整的。选举权是个人权利而不是集体权利。选举权与国家权力的关系是间接的,它与国家权力“人”的关系才是直接的(产生他们)——通过产生权力人来影响权力。③

从实定法的角度看,选举权是指公民依照宪法和法律规定享有参加选举的权利,包括参加提名代表候选人,参加选举讨论、酝酿、协商代表候选人名单,参加投票选举的权益。

三、被选举权

(一)被选举权的含义

关于被选举权的定义是宪法学界一个有争议的命题。一方面,有人认为被选举权是选举权的一项附属权利,二者是统一的。“选举权有广义和狭义的理解,广义上的选举权包括被选举权在内,而狭义的选举权不包括被选举权,而是构成一对相对称的概念。所谓选举权是指公民按照法律规定享有选举国家代表机关代表或者其他由选举产生的国家机

① 王世杰、钱端生:《比较宪法》,中国政法大学出版社 1997 年版,第 134～135 页。

② 焦洪昌:《选举权的法律保障》,中国政法大学 2005 年博士论文。

③ 马岭:《宪法权利解读》,中国人民公安大学出版社 2010 年版,第 207～222 页。

关领导人的权利；所谓被选举权，就是公民按照法律规定享有的被选为国家代表机关代表或者其他由选举产生的国家机关领导人的权利。"另一方面，有人认为被选举权是一项独立的权利，如"被选举权是人民具备何种条件，而后国家法律承认其当选为有效的权利。被选举权本伴随选举权而来，为选举权利的一种，实际上被选举权的性质与选举权不同"。"人民当选为代表、或议员、或官吏之后，其依法行使各该职务，乃是国家授予的权限。所以国家又可以用各种法律，强制各种当选人，履行其职务。"可见，被选举权是一项独立的权利，是指公民在选举中有被选举为代议机关代表的权利、特定组织人员和特定国家机关公职人员的权利。[①]

（二）被选举权的属性和普遍性

被选举权的实现和选举权一样，必须依赖于选举活动。虽然当代社会公民参与政治的形式和方法越来越多，但选举制度到目前为止被历史证明是最为有效的统治方式。权利不仅具有法定性，还必须是可行性和现实性的统一。就被选举权而言，在近代政治国家形成之后，公共权力在形式上表现为少数人行使权力而在实质上归属于全体公民。自近代资产阶级革命以来，选举成为公民参与政治的最佳方式，民主的选举制度的设计不仅表明了国家权力的公共性，使得任何公民都有资格成为国家权力的行使者，但权力归属的公共性和行使的少数性之间必然产生矛盾，这就要求对选举这一制度设计尤其是对公民被选举为代议机关代表的资格、程序用法律予以明确的规定。

选举制度的完善是政治文明的重要标志，基于所需要的普遍的、理性的、自由的、透明的选举制度，选举的普遍性必然是选举制度的基本原则之一，传统的宪法学研究认为选举的普遍性只限于选举权的普遍性，不包括被选举权的普遍性，甚至认为由于被选举权在现实中的受限制而不认为被选举权具有普遍性，这不仅混淆了应然与实然的关系，对被选举权的概念和其普遍性的实质认识不够。被选举权的普遍性，是指公民在选举过程中能被公平地提名，在代表提名权、正式候选人的确定、介绍和宣传中和其他人在同一平台上进行博弈，使得绝大多数人的被选举权都能够得到法律的保障。

[案例] 2002年1月15日，株洲县渌口镇王家洲村进行村级换届选举。陈某和陈某两位村主任候选人均未过半数通过。次日，渌口镇政府委派两名负责干部监督重新选举，共发出选票1009张，收回选票1016张，多出了7张选票。此后，该村民选举委员会经举手表决，一致通过陈某当选为该村村主任。随后，陈某履行村主任职责。事后，株洲县民政局接到群众举报，反映王家洲村村主任的选举有多票行为。经民政局派员核实后，根据《湖南省村民委员会选举办法》之有关规定，下发书面通知，确认本次村主任选举无效。渌口镇人民政府随即终止了陈某的村主任职务。

为此，陈某向株洲县人民法院提起行政诉讼，以民政局下发的通知侵犯其的合法权益为由，要求撤销确认通知，并为其恢复名誉。株洲县人民法院受理案件后，依法作

① 张佐国：《被选举权的普遍性》，载《企业导报》2009年第9期。

出判决，认为根据最高人民法院《关于执行〈中华人民共和国行政诉讼法〉若干问题的解释》第57条、《湖南省村民委员会选举办法》第34条、第35条之规定，株洲县民政局作出的确认王家洲村选举无效的行政行为事实依据充分，适用法律准确，程序合法，驳回陈某的诉讼请求。陈某不服，向株洲市中级人民法院提出上诉，二审法院依法维持了原审判决。

[评析]选举工作具有高度严肃性，必须严格依法进行。本案中，王家洲村村民委员会主任依法应由村民直接选举产生。因为在选举中出现了违法情况，有关主管部门理应依法纠正。人民法院也应依法维护法律的严肃性，保证法律的正确实施，确认有关部门的依法处理结果。

四、选举权与被选举权的联系和区别

（一）选举权与被选举权的联系

选举权和被选举权是现代民主国家公民的基本政治权利，是衡量一个国家民主化程度的主要标尺，是公民参与国家管理的基础和标志。选举权和被选举权都为公民参政权的表现形式之一，是公民参与国家管理最基本的政治权利，受宪法或法律的保护，任何人不得非法加以限制或剥夺。《中华人民共和国选举法》第34条规定："凡年满18周岁的公民，不分民族、种族、性别、职业、家庭出身、宗教信仰、教育程度、财产状况、居住期限，都有选举权与被选举权，但是依照法律被剥夺政治权利的除外。"

当然，行使选举权时还必须神智健全。《中华人民共和国选举法》第26条规定："精神病患者不能行使选举权利的，经选举委员会确认，不列入选民名单。"根据全国人大常委会《关于县级以下人民代表大会代表直接选举的若干规定》第4条的规定：因严重刑事犯罪案被羁押，正在受侦查、起诉、审判的人，人民检察院和人民法院有权决定暂停其行使选举权。可见，我国年满18周岁的公民无法行使选举权的主要有三种情况：其一，依法被剥夺政治权利；其二，因患精神病不能行使选举权；其三，依法被暂停行使选举权。

1983年《全国人大常委会关于县级以下人民代表大会代表直接选举的若干规定》对公民行使选举权和被选举权的问题作出了进一步明确的规定。其主要内容有三：一是精神病患者不能行使选举权利的，经选举委员会确认，不行使选举权利。精神病患者本身享有选举权和被选举权，但由于其患病失去了行为能力，丧失了行使政治权利的能力，因此，经选举委员会确认确实无法行使选举权利后，暂不行使其选举权利。二是因反革命案（现为"危害国家安全罪"）或者其他严重刑事犯罪案被羁押，正在受侦查、起诉、审判的人，经人民检察院或者人民法院决定，在被羁押期间停止行使选举权利。三是下列人员准予行使选举权利：被判处有期徒刑、拘役、管制而没有附加剥夺政治权利的；被羁押，正在受侦查、起诉、审判，人民检察院或者人民法院没有决定停止其行使选举权利的；正在取保候审或者被监视居住的；正在被劳动教养的；正在受拘留处罚的。以上所列人员参加选举，由选举委员会和执行监禁、羁押、拘留或者劳动教养的机关共同决定，可以在流动票箱投票，或者委托有选举权的亲属或者其他选民代为投票。被判处拘役、受拘留处罚或者被劳动教养的人也可以在选举日回原选区参加选举。以上所列人员不论是精神病患者还是“五种人”，本身都享有选举权利。精神病患者只是在其患病失去了行为能力，丧失了行使政治权利的能力，经选举委员会确认确实无法行使选举权利后，暂不行使其选举权利。因危害国家安全罪或者其他严重刑事犯罪案被羁押，正在受侦查、起诉、审判的人，经人民检察院或者人民法院决定，在被羁押期间，暂时停止行使选举权利。

必须指出的是，依据我国法律的规定，上面“五种人”并不是没有选举权和被选举权。1984年《全国人大常委会法制工作委员会、最高人民法院、最高人民检察院、公安部、司法部、民政部关于正在服刑的罪犯和被羁押的人的选举权问题的联合通知》对于过去已判刑，但没有附加剥夺政治权利的严重刑事罪犯和被羁押正在受侦查、起诉、审判的人是否准许行使选举权问题，作出了进一步的规定：“依照法律规定经人民检察院或者人民法院决定，在被羁押期间停止行使选举权利；其他未经人民检察院或者人民法院决定停止行使选举权利的，应准予行使选举权利。”“凡是需要剥夺选举权利的，也可由人民法院依照审判监督程序，判处附加剥夺政治权利。”

综上所述，公民只要依法具有中华人民共和国国籍，到选举日为止年满18周岁，未被剥夺政治权利，都有选举权和被选举权，任何组织和个人都不得以任何其他理由将其剥夺。

（二）选举权与被选举权的区别

选举权与被选举权在我国一直被作为同等概念来使用。应该说，在大多数情况下，选举权与被选举权是一致的，如无法行使选举权也就无法行使被选举权。但两者的构成要件与实现方式不尽相同，如我国《宪法》规定，年满18周岁就可以享有选举权与被选举权，但只有年满45周岁的我国公民才可以成为国家主席、副主席的候选人。由此可见，在特定的情况下，选举权与被选举权是不一致的。更为重要的一点是，被选举权不仅是一项权利，且是一项独立于选举权的权利。从主体上来看，选举权的主体是选民或者代表，代表候选人才是被选举权的主体。从客体上来看，选举权和被选举权具有相同的内涵，即都是通过选举而担任的某些公共职位。从内容上来看，选举权的内容包括资格确认权、提名权、投票表决权，被选举权的内容则包括资格确认权、组织竞选机构、开展竞选活动的权利、获得公共财政支持的权利以及自行募集选举经费的权利。

此外，选民的条件与人大代表的条件，人大代表的条件与国家公职人员的任职条件也有所不同，这是客观实际的需要。被选举权作为选民的一种行为能力，从实际出发，有必要规定较严格的条件，以体现被选举权的严肃性。当然，对候选人的条件作了适当的限制并不是要限制我国公民享有选举权与被选举权的主体范围。选举权与被选举权在构成要件和实现方式上虽有所不同，但就其作为公民的基本政治权利的本质而言，两者是一致的，公民对待和行使这两种权利的态度也应该相同。然而，长期以来，选民行使选举权与被选举权往往处于一种比较被动的状态，特别是在行使被选举权时更是如此，有的甚至把行使权利看作走过场，这种态度与做法是与选举权和被选举权作为基本政治权利的本质相违背的。

五、选举制度

选举制度，是一个国家通过法律规定的关于选举国家代表机关的代表和国家公职人员的原则、程序与方法等各项制度的总称，它包括选举的基本原则、选举权利的确定、组织选举的程序和方法，以及选民和代表之间的关系等。

选举制度有广义和狭义之分，广义的选举制度是指法律规定的关于选举国家代表机关代表和国家公职人员的各项制度的总和。狭义的选举制度是指由选举法所规定的选举制度。在我国，特指由《中华人民共和国全国人民代表大会和地方人民代表大会选举法》所规定的选举制度。本文所论述的选举制度指的是狭义的选举制度。

选举制度是民主政治的基础。选举体现了"主权在民"的宪政原则，是法治国家中公民参与国家政治和表达自己意愿的基本政治权利和行使国家公权的权利来源。选举制度的确立是为了实现公民参与国家政治、当家作主的目的。然而，由于各国的政治、文化和历史的原因，各国间的选举制度存在差异。

从人类政治进程看，现代意义的选举制度作为一种政治制度源自西方，其发源地则在古希腊。古希腊的选举实行的是直接选举，这虽然是由当时的地域环境所决定的，但给后世的影响却是深远的，被誉为是现代民主制的摇篮。近代西方选举制度伴随资产阶级议会制度的产生和发展，是在同封建势力反复斗争的过程中，在继承和借鉴古代社会选举制度的基础上，为适应资产阶级的政治统治和民主政治发展的需要而逐步产生的。

从现代国家的宪政原理来看，选举制度是实现代议制民主的保障和手段。选举制度不仅是包括有关选举的某项具体制度，而且还是包括有关选举的原则、程序和方法等事项的总称。①

第二节　选举制度的基本原则

一、选举制度基本原则的概念

选举原则是贯穿整个选举制度的根本准则。选举原则反映的是选举制度的本质及其内涵，对选举制度的具体实施具有相应的指示作用。

二、我国现行选举法的基本原则

(一)普遍选举原则

普遍选举是相对于限制选举而言的。普遍选举原则是指，凡符合法定年龄的中国公民，除被剥夺政治权利者外，不受限制地、普遍地享有选举权和被选举权。根据《宪法》规定，我国是人民民主专政的社会主义国家，国家的一切权利属于人民，人民依照法律规定，通过各种途径和形式，管理国家事务，管理经济和文化事业，管理社会事务。因此，上述规

① 韩大元:《比较宪法学》，高等教育出版社 2005 年版，第 266～267 页。

定从根本上决定了我国人民必然要享有广泛的选举权。普遍选举作为我国选举制度的一项基本原则,不仅为宪法所肯定,而且也具体地体现在选举法中。《选举法》第3条规定:除依照法律被剥夺政治权利的人外,凡年满18周岁的中国公民,不分民族、种族、性别、职业、家庭出身、宗教信仰、教育程度、财产状况和居住期限,都有选举权和被选举权。历次换届选举的实践表明,在我国,依法被剥夺选举权和被选举权的人,占人口的极少数。普遍选举原则的贯彻实施,从法律上保证了占人口绝大多数的中国公民,能够依法享有选举权和被选举权,切实参与国家管理。以普遍选举为基础产生国家政权机关,有助于从制度上确保国家政权机关组成人员能够真正代表人民的利益,接受人民的监督。同时也只有在普遍选举基础上产生的国家权力机关,才能切实保证其具有人民性和代表性。普遍选举原则的贯彻落实,不仅要求广大选举工作人员必须尊重广大选民的民主权利,严格依法办事,努力使选举工作能真正反映民意;同时也需要广大的选民珍惜法律赋予的民主权利,积极参选参政,选出自己利益的真正代表者。

(二)平等选举原则

平等选举原则是基于平等选举权而规定的选举原则。所谓平等选举权,是指享有选举权的主体实现权利的效力是相等的。平等选举原则在选举中具体体现为:所有的选民在一次选举中只有一个投票权,所有选票的效力完全相等。平等选举原则作为我国选举制度中的又一项基本原则,不仅明确为宪法和法律所规定,而且也体现在换届选举的具体实践中。这一平等原则,集中表现为:(1)参选权上的平等。年满18周岁的中国公民,除被依法剥夺政治权利者外,在享受选举权和被选举权方面,均不因民族、种族、性别、职业、家庭出身、宗教信仰、教育程度、财产状况和居住期限等方面的差别而享受特权或受到歧视。(2)投票权上的平等。即每一选民在一次选举中只有一个投票权。所有有效选票都具有相等的法律效力。(3)代表名额上的平等。我国地方各级人大代表名额是按照基数加人口数来计算,并使各民族、各地区、各方面都能有适当数量代表的原则统一确定的,这便体现了被选举权上的平等和重视实际上的平等。此外,贯彻实施选举法还要注意体现法律所规定的被提名权上的平等,即选民或代表依法联名提出的代表候选人,具有同等的法律地位,都应当依法列入初步候选人名单。应当指出,我国选举制度中的平等选举原则在具体的贯彻实施中,带有一定的相对性。过去,选举法从我国的实际情况出发,规定了城市和农村间,汉族和少数民族之间,每一代表所代表的人口数不同的比例。这在形式上似乎是不平等的,但实际上是符合我国国情的。如果只追求形式上的平等,脱离城市和农村、汉族和少数民族的实际状况,都用同一人口比例分配代表名额,则显然不利于保证工人阶级在国家中的领导地位,不利于照顾各少数民族的实际利益。随着社会主义现代化事业的发展,工农差别、城乡差别的逐步缩小,各少数民族地区经济的发展进步,这种不同比例的情况已经得到改变。

(三)直接选举和间接选举并用原则

直接选举与间接选举两者是相对而言的,由选民按选区直接投票选举产生国家权力机关组成人员的选举,叫作直接选举。在由选民按选区选出本级人大代表的基础上,再由这些代表依法投票选举产生出本级国家机关组成人员和上一级人大代表的选举，叫作间接选举。直接选举和间接选举并用作为一项原则，在我国具体表现为：按宪法和有关法律规定，不设区的市、市辖区、县、自治县、乡、民族乡、镇的人民代表大会的代表，由选民直接选举产生；全国人民代表大会代表，省、自治区、直辖市、设区的市、自治州的人民代表大会的代表，均由下一级人民代表大会选举产生；各级行政机关的领导人、县级以上人大常委会组成人员和法院院长、检察院检察长均由本级人民代表大会选举产生。我国实行直接选举和间接选举并用的民主选举制度是从 1953 年开始的。基于当时的实际情况，选举法只规定基层人大的代表由直接选举产生，县以上（包括县）地方各级人大和全国人大代表都由间接选举产生。随着政治、经济、文化和交通等各方面的发展，1979 年的《选举法》规定，直接选举扩大到县级。30 多年来，特别是党的十一届三中全会以来的实践证明，直接选举和间接选举并用的民主选举制度，既符合我国的国情，又能使人民当家作主的民主权利得到较好的实现。

毫无疑问，直接选举是比间接选举更为理想的一种选举方式。它不仅有利于选民直接根据自己的意愿，挑选自己所信任的人进入国家权力机关，代表他们管理国家，从而有利于选民直接向代表反映意见和要求，并监督代表的工作，而且也有利于代表联系选民，向选民负责并报告工作，有利于增强广大选民的主人翁意识和参政、议政的积极性，还有利于激发代表作为人民公仆的责任感。因此，随着我国政治、经济的发展，人民民主意识的增强和文化素质的提高，我国将会进一步扩大实行直接选举的范围。

（四）秘密选举原则

秘密选举亦称无记名投票选举，指的是选举中的一种表决方式，其基本特征是，选票上不注明选举人的姓名，选票由选举人亲自填写，而且可以在秘密投票处填写选票，选谁不选谁别人无从知道，并由选举人本人将选票投入特制的票箱。秘密选举也是我国现行选举制度的一项基本原则。

作为一项基本原则，秘密选举经历了一个逐步确立的过程。早在新民主主义革命时期，中国共产党领导广大人民群众在各革命根据地范围内，就曾开展过一系列民主选举活动。这个时期的选举表决采用过烧香、投豆、举手、投票并用的表决方式。在选举制度不完善，尤其是选举人的文化程度普遍不高，参政经验普遍不足的情况下，采用上述表决方式有其客观必然性。但是，由于这类表决方式具有不同程度的公开性，不利于充分表达选举人的意志。经过 20 多年的社会实践，我国的政治、经济、文化有了根本的发展，选举人的政治素质、文化程度普遍有所提高，采用秘密投票的表决方式已具备客观的可能性，因此，自 1979 年起，《选举法》明确规定，全国和地方各级人大的换届选举，一律采用无记名投票的方式进行。选民如果是文盲或者因残疾不能写选票，可以委托其信任的人代写。全国人大议事规则还规定，全国人民代表大会全体会议在进行国家机构组成人员的选举或者决定任命时，设秘密写票处。秘密选举原则的确立，标志着我国选举制度民主化程度的进一步提高。实行秘密选举，有助于选民或代表在不受外界干预和影响的情况下，更加自由地表达自己的意志，选举自己信任的人。现行《选举法》规定："全国和地方各级人民代表大会代表的选举，一律采用无记名投票的方法。选民如果是文盲或者因残疾不能写选票的，可以委托他信任的人代写。”这就要求选举人在选举时只需在正式代表候选人姓名下注明同意或不同意，也可以另选他人或者弃权而无须署名，选举人将选票填好后亲自将选票投入票箱。这样，选举人的意思表示是秘密进行的，他人无权干涉。因此，秘密投票作为我国选举制度的基本原则之一，为民主选举提供了自由表示意愿的重要保障，使选民在不受外力的影响下，能完全按照自已的意愿挑选他所信赖的人进入国家机关，代表人民行使国家权力。

（五）差额选举原则

差额选举是相对于等额选举而言的。差额选举是指正式候选人名额多于应选名额的选举。我国1953年制定的《选举法》规定，各级人大代表的选举实行等额选举。差额选举作为一项基本的选举原则，是从1979年《选举法》、《地方各级人民代表大会和地方各级人民政府组织法》修改后开始实行的。

根据我国现行《选举法》及《地方各级人民代表大会和地方各级人民政府组织法》的规定：(1)全国人大代表和地方各级人大代表的选举一律实行差额选举。具体的差额幅度为，由选民直接选举的代表候选人名额，应多于应选代表名额1/3至1倍；由地方各级人民代表大会选举上一级人大代表候选人的名额，应多于应选代表名额1/5至1/2。(2)人大常委会主任、秘书长，乡、民族乡、镇的人大主席，人民政府正职领导人员，人民法院院长，检察院检察长的候选人数一般应多1人，进行差额选举；如果提名的候选人只有1人，也可以等额选举。人大常委会副主任，乡、民族乡、镇的人大副主席，人民政府副职领导人员的候选人数应比应选人数多1至3人，人大常委会委员的候选人数应比应选人数多1/10至1/5。具体差额数由本级人大根据应选人数在选举办法中规定，进行差额选举。如果提名人数超过差额数，实行直接选举的要经过选民反复酝酿、讨论、协商，按多数人的意见确定正式代表候选人；实行间接选举的则应在酝酿、讨论的基础上先进行预选。差额选举的实施，不仅为选举人依法行使选举权提供了选择的余地，而且在本年度被选举人的选择上形成了相应的竞争机制，有助于从制度上切实提高选举的民主化程度，也有利于人才的选拔，使优秀人才脱颖而出。

（六）选举权利保障原则

选举权利保障原则是贯穿于选举法始终的又一项基本原则，其主要含义是指选举人选举权利实现的有保障性。选举法在保障选举人选举权利实现方面的具体规定集中体现在：(1)物质保障。《选举法》明确规定，全国人大和地方各级人大的选举经费，由国库开支。这一规定从法律上保证了我国公民依法参选，实现选举权利所必需的经费来源由国家提供保障，不至于因经济方面的原因而影响到选民和代表的参选参政。(2)程序保障。《选举法》在有关选举的一系列程序规定中，同样贯彻了选举权利的保障原则。如在选举日前20日公布选民名单；选举委员会对有关选民名单方面的申诉意见，应在3日内作出处理决定；选举委员会应向选民介绍代表候选人的情况；选民或者选举单位有权依法罢免自己选出的代表等规定，为选民和代表切实有效地依法行使选举权利，提供了具体的程序上的保障。(3)法纪保障。依照《选举法》的规定，凡用暴力、威胁、欺骗、贿赂等非法手段破坏选举或者妨害选民自由行使选举权和被选举权的;伪造选举文件、虚报选举票数或者有其他违法行为的;对于控告、检举选举中违法行为的人,或者对于提出要求罢免代表的人进行压制、报复的,均应依法给予行政处分或刑事制裁;等等。选举权利保障原则在换届选举中的贯彻实施,为我国公民依法实现选举权和被选举权提供了良好的制度保障。

第三节 我国现行的选举制度

一、我国选举制度的历史沿革

新中国成立后,1953 年 2 月中央人民政府委员会第 22 次会议通过了《中华人民共和国全国人民代表大会及地方各级人民代表大会选举法》,确立了普遍、平等、直接选举与间接选举相结合的适合我国国情的人大代表选举原则和制度。根据《选举法》的规定,人大代表选举制度的具体内容包括代表名额的确定和分配、选举机构、选民登记、代表候选人的提出、选举程序、对破坏选举的制裁等。1979 年 7 月,五届全国人大二次会议通过的《中华人民共和国全国人民代表大会和地方各级人民代表大会选举法》,对 1953 年的《选举法》进行了重大修订。这次修订在继承和坚持 1953 年《选举法》基本原则和基本制度的同时,根据新时期的实际情况,对我国人大代表选举制度作了一系列改革和发展,包括将直接选举的范围从乡镇一级扩大到县一级、改进选区划分办法、改进推荐和酝酿代表候选人办法、实行差额选举、改进表决方式等,在选举机构、选举程序改革的其他方面等也有新的规定。1982 年 12 月五届全国人大五次会议、1986 年 12 月六届全国人大常委会十八次会议、1995 年 2 月八届全国人大常委会十二次会议、2004 年 10 月十届全国人大常委会十二次会议和 2010 年 3 月十一届全国人大三次会议,又五次对选举法进行了重要修改。可以说,这一次次对选举法的修正,是我国人大代表选举制度向民主化方向不断迈出新的、重要的步伐的见证。特别是第五次修正,引起了社会各界的强烈反响。选举法修正案有许多体现进步意义的亮点。

二、现行选举法的特点

我国现行选举法是 2010 年 3 月十一届全国人大三次会议通过的,新修订的选举法有以下几个特点:

(一)新选举法第一次规定城乡居民享有同等的选举权

这个变动是我国民主法制建设的标志性事件,也是我国从农业社会进入工业化社会的象征。中国人民大学法学院院长韩大元认为,这一修改直接意味着农村人口在选举上及政治权利的实现上向平等原则迈出了一大步,促成宪法规定的平等原则的充分实现。这一修改有利于调整人大代表的构成,反映多种利益需求,扩大公民的政治参与,为人大制度的作用的发挥提供主体条件。在保障人人平等的基础上,此次修改还体现了地区平等和民族平等,即各行政区域无论人口多少都应有相同的基本名额数,人口再少的民族也要有一名代表,以保障各地方、各民族的利益在国家权力机关中得到体现。三者是相互密切联系的统一体，要综合地分析，不能相互割裂开来。

(二)候选人应当与选民见面，以保障选民知情权

“选举委员会根据选民的要求，应当组织代表候选人与选民见面，由代表候选人介绍本人的情况，回答选民的问题。”将未修改前的“可以”改为“应当”，代表候选人与选民的见面不再是可有可无的了，这有利于选民深入了解候选人，鉴别候选人参政议政能力，以便选民更好地选举。

(三)确保一线代表的数量，解决“官民比例”失衡问题

全国人民代表大会和地方各级人民代表大会的代表应当具有广泛的代表性，应当有适当数量的基层代表，特别是工人、农民和知识分子代表。从制度上保证了一线的工人、农民的代表比例，以期能够扩大人民代表大会制度的民主基础，强化人大的监督权，拓宽群众参与国家政治生活的途径。

(四)禁止“身兼两地人大代表”，确保代表更好履职

“公民不得同时担任两个以上无隶属关系的行政区域的人民代表大会代表。”

(五)选举时设“秘密写票处”，方便选民参加投票选举，更好地保障选民行使选举权利

可以说，这些亮点是目前我国民主政治建设所急需的，但是，笔者认为，我国选举制度仍有诸多不足。

三、我国代议机关的选举程序

(一)选举的组织

根据有关法律的规定，我国主持选举工作的组织有两种：一是在实行间接选举的地方，如全国人大，省、自治区、直辖市的人大，设区的市和自治州的人大，由人大常委会主持本级人大代表的选举工作；二是在实行直接选举的地方，设立选举委员会主持本级人大代表的选举。

(二)划分选区和选民登记

选区是指以一定数量的人口为基础进行直接选举，产生人大代表的区域，也是人大代表联系选民开展活动的基本单位。在我国直接选举的地方，即在不设区的市、市辖区、县、自治县、乡、民族乡、镇，其人大代表的名额分配到各个选区，由选民按选区直接投票选举。在划分选区过程中，必须遵循从具体情况出发，便于选民行使权利，便于代表联系选民和接受选民监督的原则。因此，现行《选举法》规定：“选区可以按居住状况划分，也可以按生产单位、事业单位、工作单位划分。”选民登记是对选民资格的法律认可，是关系到公民是否有选举权和被选举权以及是否能行使选举权的重大问题。根据我国《选举法》的规定，

凡年满18周岁没有被剥夺政治权利的我国公民都应列入选民名单。

(三)代表候选人的提出

代表候选人的提出是民主选举的基础环节,是能否充分发扬民主、选好人民代表的关键。根据我国《选举法》的规定,全国和地方各级人民代表大会代表的候选人,按照选区或者选举单位提名产生。而且《选举法》还规定,选民或者代表10人以上联名可以推荐代表候选人,各政党、各人民团体,可以联合或者单独推荐代表候选人。具体说来包括两个层次:一是在实行直接选举的单位,代表候选人由选区的选民和各政党、各人民团体提名推荐。选举委员会汇总后,在选举日的15天以前公布,并在该选区的各选民小组反复酝酿、讨论、协商,根据多数选民的意见,确定正式代表候选人名单,在选举日的5天以前公布。二是在实行间接选举的单位,则由各政党、各人民团体和代表提名推荐代表候选人。县以上地方各级人民代表大会在选举上一级人民代表大会代表时,由各级人民代表大会主席团把各政党、各人民团体和代表提出的代表候选人名单提交全体代表反复酝酿、讨论、协调,并根据多数代表的意见,确定正式代表候选人名单。

同时,《选举法》规定,各级人民代表大会代表的选举,均实行差额选举。差额选举是指候选人的人数多于应选人数的选举。《选举法》还规定,选举委员会或者人民代表大会主席团,应当向选民或者代表介绍代表候选人的情况。推荐代表候选人的政党、人民团体和选民、代表,也可以在选民小组或者小组会议上介绍所推荐的代表候选人的情况,但在选举日必须停止对代表候选人的介绍。

(四)投票选举

投票是选民或代表行使选举权的最后环节。《选举法》规定,在实行直接选举的地方,由选举委员会主持投票选举工作,并可通过召开选举大会,设立投票和流动票箱的方式进行投票。县以上地方各级人民代表大会在选举上一级人民代表大会代表时,由该级人民代表大会主席团主持。选举投票结束后,要对选票进行统计和核对。对此,《选举法》规定:每次选举所投的票数,多于投票人数的无效,少于投票人数的有效,每一选票所选的人数,多于规定应选代表人数的作废,少于规定应选代表人数的有效。同时,在实行直接选举的地方,选区全体选民的过半数参加投票选举有效,代表候选人获得参加投票的选民过半数的选票即为当选。在实行间接选举的地方,代表候选人必须获得全体代表过半数的选票才能当选。

(五)对代表的罢免和补选

罢免是防止人民代表由人民公仆蜕化为高高在上、脱离人民的官老爷,从而使国家政权始终属于人民的根本保证。我国选举法以专章规定了对代表的监督、罢免和补选的措施。《选举法》规定:罢免直接选举所产生的代表,须经原选区过半数的选民通过;罢免间接选举产生的代表,须经原选举单位过半数的代表通过,在代表大会闭会期间,须经各该级人大常委会组成人员的过半数通过。被罢免的代表可以出席上述会议或者提出书面申诉意见。罢免决议须报上一级人大常委会备案。同时,《选举法》规定:人民代表因故在任期内出缺，由原选区或原选举单位补选。全国人大代表，省、自治区、直辖市、设区的市、自治州的人大代表，均可向选举他的人大常委会提出辞职。

［案例］2000 年 12 月，被告人姜某为达到当选陕西省吉县人民政府县长的个人目的，在得知即将召开的吉县第十二届人民代表大会第五次会议将选举产生吉县人民政府县长的消息后，即与被告人冯某、冯某（均系吉县政府办司机）在自己家中密谋策划贿拉选票事宜，并指使二冯贿赂部分吉县第十二届人大代表。从 2000 年 12 月 30 日至 2001 年 1 月 2 日，冯某、冯某在姜某的指使下给 34 名吉县第十二届人大代表每人送了人民币 500 元，并要求受贿的人大代表投票选举姜某当县长。被告人姜某、冯某、冯某的上述犯罪行为，致使吉县第十二届人民代表大会第五次会议的选举工作不能正常进行，被迫延期。

事发后，法院以破坏选举罪判处被告人姜某有期徒刑一年，缓刑两年，同案被告人冯某、冯某分别被判处有期徒刑一年，缓刑一年。

［解析］选举权是公民的一项重要的基本权利，是人民主权的体现，也是现代民主法治的必然要求。选民根据自己的判断，独立行使选举权，是实现选举工作意义的保证。姜建仲等人的贿选行为既影响了选民的自主判断和意思表示，也破坏了选举工作的正常进行，理应受到法律制裁。

四、我国选举制度的进一步完善

我国现行的代表选举制度，是我们党把马克思主义的人民代表选举理论与本国具体国情相结合，创造出来的一种新型的民主政治制度。这些年来的实践证明，这个制度对保障人民当家作主、依法参与对国家事务的管理，推进我国民主政治建设和经济与社会其他各项事业的发展，起到了重要作用。但也应当看到，这个制度也有不完善的地方，有的地方不能完全适应形势日益发展的需要，有的问题已到了必须认真研究和加以解决的时候。这涉及代表选举制度的改革，更大量的工作还是代表选举制度的完善。只有根据形势发展的需要适时地进行这种改革和完善的工作，才能使我们的代表选举制度充分体现我国人民当家作主的地位和权利，体现这个制度的生机和活力，体现马克思主义与时俱进的品格，也才能有效地促进我国经济与社会其他各项事业的健康发展。

选举制度是人民代表制度的基础和重要组成部分。随着时间的推移，环境的变迁，选举制度也需要进一步的改革和完善，一票一价的实现，代表名额的商讨，竞争性选举的引入，差额选举的完善等一系列问题的探讨，对我国选举制度的改革和完善，回顾我国选举制度的发展历史，我们可以清楚地看到，我国的选举制度经历了一个民主化程度不断提高的循序渐进的发展过程。但是，我们同时也应该看到，在我国政治生活的实际中，选举制度的一些环节和方面还不够健全，已经确立的选举制度，在实际执行中也还没有得到普遍而严格的遵守，从而使社会主义选举制度的优越性没有得到充分的发挥。因此，进一步完善我国的选举制度，加强选举制度的民主化乃是完善人民代表大会制度，实现政治体制改革目标的重要环节。

（一）扩大直接选举的范围

1979 年的《选举法》将直接选举的范围由乡镇一级扩大到县一级，这在当时是一大进步。但是，时至今日，随着中国经济的高速发展，中国公民文化素质的普遍提高，公民参政、议政愿望日趋强烈，因此，进一步扩大直接选举的范围，以推进选举的民主化进程已势在必行。那么，目前可将直接选举的范围扩大到哪一级呢？研究人大制度的专家认为："其一，根据我国城市与农村经济文化发展很不平衡这一点，我们现在也完全可以在发达的城市扩大直接选举；其二，即使目前全国人大实行直接选举还有困难的话，而省以下地方各级人大代表直接选举则完全是可以办到的。专家的意见应该得到充分重视。扩大直接选举到省市一级人大，乃至全国人大，不是实践问题，而且观念的问题。因此，首先要解决的是：我们如何实现理论和认识上的突破。"

（二）完善和健全候选人的提名办法

在选举中，充分尊重选民和代表的意志；对各政党、各人民团体推荐代表候选人应规定一定的比例，适当限制各政党、各人民团体的提名数；切实保障选民或代表 10 人以上联名推荐的候选人同各政党、各人民团体提名推荐的候选人在法律地位上平等；坚持实行差额选举。通过改进和健全代表候选人的提名办法，既能保证选民或代表充分行使民主权利，增强其主人翁责任感；又能使选民或代表对代表候选人的选择成为一种广泛的社会选贤，让更多的能充分代表人民意志的优秀人才脱颖而出，从而有利于提高代表素质，有利于促使代表或公职人员接受人民群众监督，增强公仆观念。

（三）完善代表候选人的介绍办法

主持选举的机构和推荐者在介绍代表候选人情况时，一定要客观、全面、公正，让选民或代表对代表候选人的素质构成进行全面了解，以便对最佳素质代表人选作出准确选择；将竞争机制引入选举过程，逐步建立起具有中国特色的竞选制度。

（四）建立竞选机制

在当前实践中，为了使选民充分了解和熟悉候选人，避免选民"盲目投票"，保证当选的代表有较高的素质，通常需要对候选人基本情况进行介绍。但是，目前对候选人的介绍办法尚不完善，有些地方介绍过于简单、抽象，套话连篇，或有意厚此薄彼，反映不出候选人的政治水平、议政能力及文化素养等等。为了避免上述不民主的做法，应当实行竞选，使选民通过充分比较、鉴别，择优"录取"。可以有效地激发选民或代表的选举热情，增添选举活力，拓宽选举范围，提高选举质量，为候选人创造公平竞争的舞台，选出高素质的人民代表和领导干部。

五、我国选举的制度保障

为了保障公民的选举权和被选举权，我国选举的制度保障主要表现为物质保障和法律保障。

(一)物质保障

我国《选举法》第7条明确规定:"全国人民代表大会和地方各级人民代表大会的选举经费,由国库开支。"这一方面,从物质条件上保障了整个选举活动能够正常、顺利地进行;另一方面,则可使每一个选民和候选人能够不致因财产占有的悬殊而在选举中受到任何限制或处于不利的地位,也可避免一些人利用经济实力来控制和操纵选举。

(二)我国对公民的选举权还有严格的法律保障

这一方面,表现在我国选举法和其他有关选举的法律文件规定了我国选举的原则、组织、程序和方法,使我国选举制度得以法律化、条文化,因而不仅对选举权的剥夺、选民资格争议的申诉及破坏选举行为的诉讼与制裁等一系列重要问题作出了规定,而且还规定各省、自治区、直辖市的人大常委会可以根据《选举法》的规定,结合本地区的实际,制定有关选举的实施细则,以保证选举工作的顺利进行。另一方面,则表现在对破坏选举行为的制裁上。我国《选举法》第52条规定,对有下列违法行为之一,破坏选举,违反治安管理规定的,依法给予治安管理处罚;构成犯罪的,依法追究刑事责任:一是以金钱或者其他财物贿赂选民或者代表,妨害选民和代表自由行使选举权和被选举权的;二是以暴力、威胁、欺骗或者其他非法手段妨害选民和代表自由行使选举权和被选举权的;三是伪造选举文件、虚报选举票数或者有其他违法行为的;四是对于控告、检举选举中违法行为的人,或者对于提出要求罢免代表的人进行压制、报复的。国家工作人员有前款所列行为的,还应当依法给予行政处分。以第一种情况所列违法行为当选的,其当选无效。这些规定,不仅从法律上保证了选民和代表自由行使选举权和被选举权,而且也保证了选举工作的正常进行。

【思考题】

1. 试论述无记名投票原则。
2. 试论述人民代表大会少数民族代表名额的分配。
3. 案例分析

某地进行乡人民代表大会代表选举,某选区应选举代表3名。在各政党,各人民团体和本选区选民提名和协商的基础上,乡选举委员会最后确定正式候选人3人。经过投票选举,获得参加投票选民过半数选票的候选人中,只有1人系原确定的正式候选人,另2人系选民自发投票选出的独立候选人。乡选举委员会认为,独立候选人非正式确定的候选人,因而不予确认其当选结果,决定进行第二轮投票另选。

试问在整个选举过程中,乡选举委员会的行为违反了我国宪法和选举法的哪些规定?为什么?

第十五章　国家标志

国家标志，或曰国家象征，是以宪法或专门法律规定的，象征国家主权、代表国家尊严的标志物。国家标志主要有四个：国旗、国歌、国徽和首都。

第一节　国　旗

国旗是国家的一种标志性旗帜，是国家的象征。它通过一定的式样、色彩和图案反映一个国家政治特色和历史文化传统。在一个主权国家领土上一般不得随意悬挂他国国旗。世界上各国国旗的颜色主要有红、白、绿、蓝、黄、黑等，这些颜色各有一定的含义，形状绝大多数是长方形。中华人民共和国国旗是五星红旗，是中华人民共和国的象征和标志。每个公民和组织，都应当尊重和爱护国旗。

一、中国国旗的由来和规定

1949 年 6 月，全国政协筹备会议正式成立，制定新中国国旗的任务被列入议事日程。7 月，《人民日报》《解放日报》《新华日报》等报刊刊登了中国人民政治协商会议筹备会征集国旗图案的通知。不到一个月的时间，政协筹备会国旗审查组就收到了 2992 幅应征作品。关于国旗的问题，毛泽东主席指出，五星红旗这个图案表现我们革命人民大团结。现在要大团结，将来也要大团结，因此，现在也好，将来也好，又是团结，又是革命。1949 年 9 月 27 日，全国政协第一届全体会议的全体代表通过决议，选定了由曾联松设计的五星红旗为中华人民共和国国旗。决议指出："中华人民共和国的国旗为红底五星旗，象征中国革命人民大团结。"

1954 年《中华人民共和国宪法》第 104 条规定："中华人民共和国国旗是五星红旗。"以后，历次《宪法》均保留了这个规定。现行《中华人民共和国宪法》第 136 条规定："中华人民共和国国旗是五星红旗。"1990 年 6 月 28 日，中华人民共和国第七届全国人民代表大会常务委员会第十四次会议通过了《中华人民共和国国旗法》，并由中华人民共和国主席发布主席令，予以公布，自 1990 年 10 月 1 日起实行。

二、中国国旗图案的含义

中华人民共和国国旗的红色象征革命。旗上的五颗五角星及其相互关系象征共产党领导下的革命人民大团结。五角星用黄色是为了在红地上显出光明，黄色较白色明亮美丽，四颗小五角星各有一尖正对着大星的中心点，这是表示围绕着一个中心而团结，在形式上也显得紧凑美观。星用黄色是为了能够在红底上显出光明，黄色较白色明亮美丽；四颗小五角星各有一尖正对着大星的中心点，表示围绕着一个中心而团结，在形式上也显得紧凑美观。旗面为红色，长方形，其长与高为 2/3 之比，旗面左上方缀黄色五角星 5 颗。一星较大，其外接圆直径为旗高 3/10，居左；四星较小，其外接圆直径为旗高 1/10，环拱于大星之右。旗杆套为白色。

为维护国旗的尊严，国家发布《国旗》和《国旗颜色标准样品》两项国家标准，规定了国旗的形状、颜色、图案、制版定位、通用尺寸、染色牢度等技术要求，并于 1991 年 12 月 1 日起正式实施。

第二节　国　徽

一、中国国徽的由来和规定

1950 年 9 月 20 日，中央人民政府主席毛泽东发布命令，公布中华人民共和国国徽图案。中华人民共和国成立前夕，政务院邀请有关人士开会讨论国徽设计问题。按中央规定，组成国徽的素材为国旗、天安门、齿轮、谷穗与红绶带，而完美的组合则需要依靠艺术家们的政治和艺术修养。会上，清华大学建筑系教授高庄的发言语惊四座、掷地有声："在塑造国徽模型时，我有一个愿望，就是想使我们的国徽更庄严、更明朗、更健康、更坚强、更程式化、更统一；并赋予更高的民族气魄和时代精神，以冀我们国徽的艺术性提到国际水平，永放光芒。"当时，由清华大学梁思成教授等人设计的国徽平面图案，已由政协代表大会审议通过。

1954 年 9 月，第一届全国人民代表大会第一次会议及其通过的《中华人民共和国宪法》第 105 条规定："中华人民共和国国徽，中间是五星照耀下的天安门，周围是谷穗和齿轮。"以后历次宪法均予以确认。

为维护国徽的尊严，正确使用国徽，1991 年 3 月 2 日第七届全国人民代表大会常务委员会第十八次会议通过了《中华人民共和国国徽法》。当天，国家主席杨尚昆签发主席令予以公布，并自 1991 年 10 月 1 日起施行。

中华人民共和国国徽，中间是五星照耀下的天安门，周围是谷穗和齿轮。1991 年 3 月 2 日，第七届全国人大常委会第十八次会议通过了《中华人民共和国国徽法》，并于 1991 年 10 月 1 日起施行。

二、中国国徽的含义

中华人民共和国国徽的内容主要由国旗、天安门、齿轮和谷穗构成。其蕴含的深刻内容是：中国的新民主主义革命是从"五四"运动开始的，到 1949 年取得了伟大胜利，建立了中华人民共和国，天安门是"五四"运动的发源地，又是新中国成立时举行开国大典的盛大场所，用天安门图案作新的民族精神的象征，是十分恰当的。用齿轮、谷穗象征工人阶级与农民阶级；用国旗上的五星，代表中国共产党领导下的中国人民大团结，鲜明地表现新中国的性质是工人阶级领导的以工农联盟为基础的人民民主专政的社会主义国家。在建国一周年之际，国徽挂上了天安门。

第三节　国　歌

国歌，是代表一个国家民族精神的歌曲，是被国家的政府和人民认为能代表该国家政府和人民意志的乐曲。一般来说它们都带有爱国主义色彩。

一、中国国歌的由来和含义

中华人民共和国国歌为《义勇军进行曲》，诞生于 1935 年，由剧作家田汉作词，中国新音乐运动的创始人聂耳作曲。这首歌原为电影《风云儿女》的主题歌。影片《风云儿女》描写的是“九·一八”事变之后，日本侵占了中国的东北三省，中华民族处于生死存亡的危急关头，一些知识分子从苦闷、彷徨中勇敢走向抗日前线。歌曲随电影的放映，更由于救亡运动的开展，流传于全国每一个角落，被称为中华民族解放的号角。毛泽东曾说过选这首做国歌的理由：要不忘国耻，居安思危！

二、中国国歌的宪法法律规定

1949 年，中国人民政治协商会议通过讨论，把《义勇军进行曲》暂时定为国歌。1978 年，第五届全国人民代表大会第一次会议通过，确定它为《中华人民共和国国歌》。

2004 年 3 月 14 日，第十届全国人民代表大会第二次会议正式将《义勇军进行曲》作为国歌载入《中华人民共和国宪法》。

《中华人民共和国宪法修正案（四）》（2004 年 3 月 14 日第十届全国人民代表大会第二次会议通过）第 31 条规定：《宪法》第四章章名“国旗、国徽、首都”修改为“国旗、国歌、国徽、首都”。《宪法》第 136 条增加一款，作为第 2 款：“中华人民共和国国歌是《义勇军进行曲》。”

第四节　首　都

首都，又称国都、首要城市或行政首府，首都通常是一个国家的中央政府所在地，是国家政治和经济活动的中心城市，各类国家级机关集中驻扎地，国家主权的象征城市。

1949 年 6 月 15 日，中国新政治协商会议筹备会在北平召开。次日，周恩来主持筹备会常委会第一次会议，会议决定在常委会领导下设立六个小组。其中第六小组的任务是研究草拟国旗、国徽、国歌、纪年、国都等方案，第六小组于 9 月 14 日一致提出建都北平，改名为北京。

在表决前，沈雁冰汇报了第六小组的研究讨论意见，提出了定都北平的理由：“国民党反动派过去定都南京，主要原因是在政治上和经济上，便于依赖帝国主义，因为南京靠近上海，而上海是帝国主义和买办资产阶级剥削中国人民的中心城市。中华人民共和国为人民自己的国家，它依靠的是中国人民，自不一定要建都南京了。北平为中国的首都已有七百多年的历史。在政治上，北平位于华北老解放区内，人民力量雄厚，规模宏伟，文物集中，是世界上有名的历史的大都市之一，且自‘五四’以来，这里就是新文化思想的摇篮。”

1949年9月27日，中国人民政治协商会议第一届全体会议一致通过：中华人民共和国的国都定于北平，即日起北平改名北京。

北京作为中华人民共和国的首都，是中央四个直辖市之一，是全国政治和科学文化的中心，也是国际交往的中心，是中国历史文化名城。北京位于中国华北大平原的北端。城市西边和北边是连绵不断的群山，属于太行山脉和燕山山脉，东边和南边是缓缓倾向渤海的大平原。

图书在版编目(CIP)数据

宪法学/沈桥林主编.—厦门:厦门大学出版社,2013.8
江西省法学教材系列
ISBN 978-7-5615-4569-0

Ⅰ.①宪…　Ⅱ.①沈…　Ⅲ.①宪法学-中国-高等学校-教材　Ⅳ.①D921.01

中国版本图书馆CIP数据核字(2013)第045964号

厦门大学出版社出版发行
(地址:厦门市软件园二期望海路39号　邮编:361008)
http://www.xmupress.com
xmup@xmupress.com
厦门市金凯龙印刷有限公司印刷
2013年8月第1版　2013年8月第1次印刷
开本:787×1092　1/16　印张:22.75　插页:2
字数:547千字　印数:1～3 000册
定价:36.00元